企业家儒商精神读本系列

Excellent Cultural Cases of Confucian Merchants

儒商优秀文化案例

徐国利　刘旻娇 ◎ 编著

上海财经大学出版社

图书在版编目(CIP)数据

儒商优秀文化案例/徐国利,刘旻娇编著. 一上海:上海财经大学出版社,2023.3

(匡时·企业家儒商精神读本系列)

ISBN 978-7-5642-3552-9/F·3552

Ⅰ.①儒… Ⅱ.①徐…②刘… Ⅲ.①儒学-商业文化-案例-中国 Ⅳ.①F729

中国版本图书馆 CIP 数据核字(2020)第 089052 号

□ 责任编辑　廖沛昕
□ 封面设计　张克瑶

儒商优秀文化案例

徐国利　刘旻娇　编著

_____

上海财经大学出版社出版发行
(上海市中山北一路 369 号　邮编 200083)
网　　址:http://www.sufep.com
电子邮箱:webmaster@sufep.com
全国新华书店经销
上海华业装璜印刷厂有限公司印刷装订
2023 年 3 月第 1 版　2023 年 3 月第 1 次印刷

_____

710mm×1000mm　1/16　22.5 印张(插页:2)　333 千字
定价:98.00 元

匡时·企业家儒商精神读本系列编委会名单

顾 问（按姓氏笔画排序）

北尾吉孝（日本）　　朱杰人　　　　汤恩佳　　　　李存山
吴　震　　　　　　　何　俊　　　　张立文　　　　周春生
徐洪兴　　　　　　　梁成武（韩国）　董金裕　　　　黎红雷

编委会主任

蒋传海　　国承彦

主 编

张　雄　　牛廷涛

副主编

朱　璐　　丁兴才

编委会委员（按姓氏笔画排序）

王建宝　　　　　　　王　格　　　　朴成镇（韩国）　刘旻娇
刘静芳　　　　　　　李润和（韩国）　吴晓番　　　　陈　焱
郑文泉（马来西亚）　细沼蔼芳（日本）宫崎诚（日本）
祝家华（马来西亚）　钱　晟　　　　徐国利　　　　郭美华
黄灵芝

总　序

2018年5月19日，由上海财经大学、中国孔子基金会、上海市儒学研究会联合主办，上海财经大学国际儒商高等研究院承办的"儒商教材编写首轮研讨会"在上海财经大学召开，来自国内清华大学、复旦大学、中国人民大学等多所高校，以及日本、韩国、澳大利亚等国家的专家学者及部分企业家出席，会议决定由上海财经大学国际儒商高等研究院组织编写国内首套儒商教材，并对如何编写好教材进行了专题研讨。

哲学有着形而上的思辨形式，更有走向实践深处、改革深处、市场深处的精神自觉。改革开放以来，从物质形态审视，我们已从贫弱、短缺走向世界第二大经济体；从市场精神的向度看，我们已从一般市场精神的培育和体验走向社会主义市场精神的自觉探索和践行。尤其是具有中国风范的当代中国企业家精神，在国际市场竞争中早已露出"尖尖角"。与之相呼应的是，学界出现了当代中国企业家精神的文化个性、儒学与儒商、现代儒商精神等热点论题。毫无疑问，这是国内经济哲学贴近中国叙事的学术深入。

海德格尔说，哲学就是借用一个范畴、一个思想体系来追问一个新时代。本套教材编写围绕着一个范畴——"当代中国企业家精神"，来追问中国现代性发育与发展及社会主义市场经济精神诞生史的时代。在从计划经济向有中国特色社会主义市场经济体制转变的过程中，一大批现代中国企业家成长起来，他们中有的从起早摸黑的个体户做起，有的白手起家摸爬滚打，有的砸掉自己的"铁饭碗"跃入商海，有的放弃海外安逸的生活归国创业，有的在国企领导岗位上抓住机遇勇于改革，为中国经济的发展做出了巨大的贡献。人们看到在世界500强榜单中,占据前位的中国企业,年年刷新,中国成为进入世界500强企业最多的国家。我们的成功展示了两个事实:一是在中国特色社会主义市场经济体制下产生了一大批优秀的、成功的企业和企业家;二是中国当代企业家的成长道路证明了,西方新教伦理所催生的资本主义精神并不是当代"企业家精神"的唯一源泉。上述两个事实引出了三个追问:第一,中国当代企业家成功的文化基因是什么?中华优秀传统文化,特别是秉承儒家思想的儒商精神是如何影响中国当代企业家的?第二,如何自觉把握世界历史进程,融会具有中国特色的革命文化、建设文化、先进文化以及世界文化精粹为一体,实现古代儒商精神的现代转化,建构中国当代企业家精神?第三,中国当代企业家精神的特征是什么?如何顺应世界经济发展趋势?回答上述追问,提高企业家的文化自觉和文化自信,正是我们编撰本套教材的目的。

本套教材基于三种视阈展开阐释空间:其一,理解认知当代中国"企业家精神"的概念、内涵及原理,以知识性、思想性、历史与现实相贯通的分析逻辑,重点解答什么是儒商、儒商精神,什么是企业、企业家、企业家精神,具体阐释当代中国企业家成长历程以及企业家精神之思考,最后诠释企业家精神境界。其二,在本套教材中我们还注意收编了儒家思想关于经济行为价值观的原典、经典论述,并做相应解释。其三,本套教材还收集了大量有关儒商、儒商精神实证分析的案例,从可感的、经验的、历史叙事的方法论角度,把历史上儒商伦理与具体商业实务相结合,充分显示知与行相互统一的特征,从而最大化地呈现出儒商案例分析的历史档案。总之,本套教材以当代中国"企业家精神"原理、儒学原典、儒商案例以及对古代儒商精神形成的历史发展脉络等方面的研究为底色,描绘出中国传统儒商精神的特征、实质以及现代转化的历史图像,并通过对中西方文化的比较研究,建构了具有中国特色的中国当代"企业家精神"。这种中国版MBA式的商业伦理教材,既是中国的,又是世界的,这种内容的探索仅仅是我们迈出的第一步。

未来我们还将进一步，有规划地推出新的教材成果。该系列教材的编著将持开放式态度，主要表现在：

第一，作者是开放的。作者既要有国内学者，又要动员国际学者积极参与，目前日本等国家的学者已经在做准备。为了使这套教材不仅具有理论性，更具有实践性，我们已经并将继续容纳理论家和实业家，他们中间有经济哲学专业教授、专家、国内知名学者，也有在市场上成功实践的实业家，还有国外大学教育与企业经营兼顾的成功人士。

第二，内容是开放的，是与现实实践紧密结合的。本套教材编撰的目的之一，是要探索中国版"企业家精神"的学术定位，我们要系统梳理历史上的儒商精神，但我们的目的不是停留在过去，而是要追寻今天活跃在960万平方公里中国大地上的那些生龙活虎的、一代代传承的企业家的心智历程，为企业家建立健康价值观和经营观提供一系列可供学习和阅读的读本。他们以及他们的企业代表着中国特色社会主义市场经济的市场精神，追寻他们的风范，讨论他们所追求的精神目标，正是我们这套教材构成的质料因所在；从传统走向现实，从历史的积极性走到当代中国"企业家精神"的显现，正是我们编写本套教材的宗旨。因此，从这一点上说，它也是开放的，这里我们将吸纳很多知名的、经典的、成熟的人士的现有著作和论文的思考，在此基础上，打开思维空间，借助学科交叉研究的特色，展示出中国精神、商业文化与商业伦理相契合的教材风格。当然，这仅仅是一个初步的尝试，效果如何，等待着专家学者及企业家的批评、匡正，使我们再把思考的问题、研究的空间、探索的触角不断放大，不断引向更深入的界面。

本套教材的编撰工作显然刚刚起步，作为一个交叉性的跨学科的思考，存在的问题在所难免，但是我们毕竟向中国精神、中国文化、中国符号的认知方向迈出了很重要的一步。正是在这个意义上，我们期待着读者的理解和宽容，使得我们有信心继续朝着这条学术道路走下去。相信今后随着内容、资料以及研究角度的不断丰富，对这一问题的研究，将会结出更多的学术硕果,这也正是哲学社会科学成果如何孵化出当代"中国企业家精神"的积极探索。希望本套教材能够成为企业家、学者、学生们关注和研究当代"中国企业家精神"问题的心头之爱。

张 雄

上海财经大学国际儒商高等研究院

2023 年 1 月

目 录

第一章 儒商的历史与文化和当代儒商文化建构　001

第一节 儒商和儒商文化的释义/001
　一、儒商概念的出现与定义/001
　二、儒商文化的内涵与基本内容/006
第二节 古代儒商的发展历程和传统儒商文化的形成/009
　一、古代儒商和儒商文化的形成和发展/010
　二、传统儒商文化及其缺失/015
第三节 近代儒商的形成与儒商文化的近代转型/018
　一、近代民族资本主义发展和近代儒商的形成/018
　二、近代儒商文化的基本内容和主要表现/021
第四节 儒商的当代发展和中国当代儒商文化建构/028
　一、儒商的当代发展/028
　二、中国当代儒商文化的建构/031

第二章 仁道的商业价值观　039

第一节 儒学的核心理念"仁"及其发展/039
　一、先秦儒家"仁"的思想提出/039
　二、宋明理学对"仁"的发展——天理和良知/042

第二节　仁道与明清和近代儒商的伦理建构/045
　　一、仁道与明清儒商的伦理和人格塑造/045
　　二、近代实业家的仁道经营思想与实践/047
第三节　以仁为本和当代儒商价值观的建构/051
　　一、树立仁爱企业价值观的重要性/051
　　二、以仁爱为核心理念的企业经营管理/053
第四节　案例选编/056
　　一、修仁德和献仁术的"同仁堂"/056
　　二、以仁道经营的晋商翘楚乔致庸/058
　　三、"状元实业家"张謇的仁者商道/061
　　四、荣氏兄弟"以仁为本"的管理/063
　　五、涩泽荣一：仁义道德是获取财富的根本/066
　　六、丰田公司"以人为本"的管理/068
　　七、松下幸之助"以人为中心"的经营理念/070
　　八、"人人是人才"：张瑞敏的企业管理观/074
　　九、万达的"以人为本"理念和人文关怀/077
　　十、方太的"仁义"企业文化/079

第三章　义利兼济的商道　　084

第一节　儒家的义利观/084
　　一、先秦儒家的义利观/084
　　二、宋明理学对义利观的发展/086
第二节　明清和近代儒商的义利观与近代转型/087
　　一、传统儒商的义利观及其践行/087
　　二、传统儒商义利观的近代转型/090
第三节　儒商义利观的当代建构和践行/095
　　一、当代企业正确认识义利关系的重要性/095

二、当代儒商企业要正确处理好义利关系/097

第四节　案例选编/100

　　一、棠樾"义字坊"与徽商鲍氏父子的义行/100

　　二、"红顶商人"胡雪岩的义利兼重之道/102

　　三、"义商"瑞蚨祥/104

　　四、"义在利先"：近代义赈楷模经元善/106

　　五、兼顾公义私利的穆藕初/108

　　六、重义轻利的华人首富李嘉诚/111

　　七、李锦记"思利及人"的企业精神/112

　　八、《论语》与算盘：日本儒商的义利观/115

　　九、稻盛和夫的"利他"哲学/118

　　十、客户第一：阿里巴巴的"利他主义"/121

第四章　诚信为本的经营原则　　125

第一节　儒家的诚信观/125

　　一、先秦儒家的诚信观/126

　　二、宋明理学对诚信观的发展/127

第二节　明清和近代儒商的诚信观与近代转型/128

　　一、传统儒商的诚信观及其践行/128

　　二、传统儒商诚信观的近代转型/129

第三节　儒商诚信观的当代建构和践行/131

　　一、当代企业的诚信伦理/131

　　二、诚信观对当代企业的规范作用/132

第四节　案例选编/136

　　一、诚信徽商胡雪岩/136

　　二、乔致庸以诚信克服困难/139

　　三、诚信瑞蚨祥/141

四、诚信经营的萧则可/143

五、老品牌"稻香村"靠诚信赢得新市场/145

六、以房地产业诚信建设金的"自律"推动"他律"/147

七、上海塔汇纺织厂以诚信度"危机"/150

八、阿里巴巴的"诚信创造价值"/152

九、方太企业的新时代儒商文化/154

十、农夫山泉诚信做好水/158

第五章　自强不息的创新精神　　　　　162

第一节　儒家的创新观/162

一、先秦儒家的创新观/163

二、宋明理学对创新观的发展/165

第二节　明清和近代儒商的创新观与近代转型/167

一、传统儒商的创新观及其践行/167

二、传统儒商创新观的近代转型/169

第三节　儒商创新观的当代建构和践行/172

一、"由仁义行"与企业社会责任/172

二、融贯中西的管理创新与技术创新相结合/173

三、大义为先的历史使命/174

第四节　案例选编/174

一、徐润创办石印书局/174

二、李鸿章创办招商局/176

三、味精大王吴蕴初/179

四、李宏龄力倡票号改革/181

五、文雅华商庄金耀/184

六、辞旧迎新同仁堂/186

七、推陈出新的珠江啤酒/191

八、知识创新的典范——大连路明集团/192

九、养"菜鸟"释放"磁场效应"/196

十、海尔集团的互联网时代新策略/198

第六章 克己敬业的管理理念　　203

第一节　儒家的敬业观/203
  一、先秦儒家的敬业观/203
  二、宋明理学对敬业观的发展/204
第二节　明清和近代儒商的敬业观与近代转型/206
  一、传统儒商的敬业观及其践行/206
  二、传统儒商敬业观的近代转型/208
第三节　儒商敬业观的当代建构和践行/210
  一、当代企业正确认识敬业观的重要性/210
  二、克己敬业对儒商管理行为的规范作用/212
第四节　案例选编/216
  一、乐群敬业马中选/216
  二、实业救国的"火柴大王"刘鸿生/218
  三、为振兴中华而不悔的华商陈嘉庚/221
  四、以身作则、不断进取的日企——京都陶瓷/224
  五、百年传奇——永安百货/226
  六、以孔训在美创业的中国新儒商桑士聪/229
  七、"以身作则"的联想控股/232
  八、力争上游的快递——顺丰快递/234
  九、"仁者必有勇"的安踏铁军文化/237
  十、海底捞成就服务明星/239

第七章　公益慈善与家国情怀　244

第一节　儒家思想与中国公益慈善观的建构/244
　　一、先秦儒学为传统公益慈善观提供了思想来源/245
　　二、宋明理学公私观与传统公益慈善观的建构/246
第二节　明清儒商的义行和近代儒商的公益事业及爱国义举/249
　　一、明清儒商的义行/249
　　二、近代儒商的公益慈善事业和爱国义举/253
第三节　儒家公益观和当代企业责任观与公益慈善事业/257
　　一、传统慈善文化现代转型的必要性和价值/257
　　二、当代企业的社会责任与公益慈善事业/259
第四节　案例选编/263
　　一、中国近代慈善事业的开拓者经元善/263
　　二、乐善好施的"首善之商"叶澄衷/265
　　三、近代大实业家张謇的慈善公益事业/268
　　四、以销售国货著名的商人宋则久/272
　　五、"嘉庚精神"：陈嘉庚的爱国兴学之举/275
　　六、近代船王卢作孚的爱国情怀和壮举/277
　　七、急公好义的香港爱国实业家霍英东/279
　　八、李嘉诚：多为世间播下慈善的种子/282
　　九、万达集团：获"中华慈善奖"最多的企业/285
　　十、马云的"善""富"观/287

第八章　"儒商并重"的企业文化和企业家精神　291

第一节　宋明理学的儒商关系新论与传统儒商文化的建立/291
　　一、朱熹对儒商关系的新阐释/292
　　二、王阳明的"儒贾同道"论/293
第二节　明清儒商的文化价值观和中国近代企业的儒商文化/296

一、明清儒商的文化价值观/296

二、中国近代企业的儒商文化/299

第三节　儒家文化的传承和当代企业文化与企业家精神建设/304

一、当代企业文化建设必须传承儒家文化/304

二、以儒家思想建设当代企业文化与企业家精神/306

第四节　案例选编/310

一、"贾而好儒"的清代富商"扬州二马"/310

二、重德、立诚、守信的同仁堂文化/312

三、企业家的理想人格：涩泽荣一的"士魂商才"论/314

四、近代巨商张謇的儒商精神/317

五、荣氏兄弟"中西兼容"的企业家精神/319

六、南洋儒商典范林健民的文化情怀/321

七、方太企业文化的儒家精神/324

八、儒有合志同方——清华同方的企业文化/326

九、马云"太极思维"的企业文化/329

十、华为企业文化对传统文化的多方继承/332

参考文献　　　　　　　　　　　　　　　　　　336

后　记　　　　　　　　　　　　　　　　　　345

第一章　儒商的历史与文化和当代儒商文化建构

儒商的概念虽然是明清时期才出现,但是,儒商古已有之,是商人与儒学相结合的产物。春秋战国时期,商业的兴盛和儒家思想成为显学从而促生出儒商。然而,秦汉以后儒商发展却长期陷于停滞状态,直到宋代才得以复生,明清时期获得大的发展,成为独立的社会阶层。随着儒商的出现和发展,形成了传统儒商文化。近代以来中国社会开始了转型,随着民族资本主义发展和"实业救国"思潮的兴盛,民族资产阶级中产生了大批近代儒商。随着当代中国改革开放和市场经济的发展,一批优秀企业家成为当代儒商。同时,在海外华人企业家和东亚儒家文化圈的国家中也出现了许多儒商。当代中国企业家在中华民族伟大复兴的事业中扮演着极为重要的角色,因此,建构起中国特色的当代儒商文化便成为当代中国企业界和文化界必须完成的历史使命。

第一节　儒商和儒商文化的释义

儒商和儒商文化虽然形成于中国古代,但对它们进行学术研究却始于当代。有学者说:"对'儒商'现象的研究,大约兴起于以'四小龙'为代表的东亚经济起飞的七八十年代。"[①]那么,什么是儒商和儒商文化呢?这是首先必须了解和认识清楚的问题。

一、儒商概念的出现与定义

儒商概念出现于何时?内涵是什么?这是儒商文化研究的最基本问

[①] 刘凌:《反思传统　重识泰山》,线装书局2010年版,第86页。

题。学术界对此有诸多不同看法,有关儒商的定义更是众说纷纭。下面,综合分析各种观点的得失,以做出更加合理和科学的解释。

关于儒商概念出现的时期,主要有以下两种观点:

一是明清说,这也是主流观点,诸多学者对此做了比较详尽和深入的阐述。周生春、杨缨说,儒商在春秋战国之际虽已出现,但"儒商"一词的出现却很晚,"文献中的'儒商'一目最早出现于清康熙间人杜浚所撰《汪时甫家传》中,约在1671—1687年","而与'儒商'义同的'儒贾'一词则在嘉靖时即已出现",如著名学者汪道昆所撰《范长君传》和《程长公墓表》等商人传记中大量出现"第为儒贾,毋为贾儒"和"与其为贾儒,宁为儒贾"等表述。其后,张鼐的《寿汪雨翁太年伯八十序》、邹迪光的《榆村程居士传》和万历时叶向高的《封文林郎兰溪县知县程公墓志铭》等也大量出现"儒贾"一词。著名学者耿定向还为程豪写了《儒贾传》,"据此可知,儒贾一词当出现、流行于明嘉靖、万历之际","儒贾已成为意义分明的专用词语"[①]。唐凯麟、罗能生说:"最早把儒与商概念结合起来应该是在明清之际。我们知道,明中叶以后,随着商品经济的发展,社会上经商之风盛行,大批儒士或因世俗经商之风的诱惑,或因仕途无望以求出路,纷纷'下海'经商。他们'亦儒亦商','左儒右贾',形成了一个儒士商人群体。当时把这些儒士出身的商人称为'士商'或'儒贾'。……当时的'士商''儒贾'就是指儒士出身、并把儒家的思想观念运用到经商活动中的商人。应该说,这是'儒商'一词的本义。"[②]施炎平也说:"儒商一词,初见于明清时期一批亦儒亦商人士的言论和著述。当时,儒业与商务间的相互沟通和转化已属社会常见现象,所谓'习儒旁通于贾''良贾何负闳儒'的说法也颇为流行。从本质上看,儒商应是儒家文化精神和商业经营活动相结合的产物。"[③]

二是当代说。个别学者认为,儒商是当代中国出现的新名词,"在古代

[①] 周生春、杨缨:《历史上的儒商与儒商精神》,《中国经济史研究》2010年第4期。
[②] 唐凯麟、罗能生:《传统儒商精神与现代中国市场理性建构》,《湖南师范大学学报》1998年第1期。
[③] 施炎平:《儒商精神的现代转化》,《探索与争鸣》1996年第10期。

的典籍中,有儒士、儒医、儒将的提法,现尚未查到'儒商'的名词";同时,"无论在旧版还是新版的《辞海》中,均没有'儒商'词条。一些外国的学者说,'儒商'这一概念,尚未有合适的表述来翻译成外文"①。

综上所述,"儒商"概念确实出现于明清时期。首先,从逻辑上说,明清时期"士"即是儒生,"贾"即是商贾,故"士商"即"儒商","儒贾"即"儒商"。士与儒、贾与商名异实同,是可以相互置换的概念。其次,从历史事实看,明清时期占社会意识形态统治地位的是宋明理学,商品经济大发展又造就了大量的商人阶级。不仅新兴的商人大量来自士人,而且许多商人秉持儒家思想经商业贾,儒商成为重要的社会力量。当代说过于执着"儒商"字面形式提出的时间,且以辞书中没有该词的解释为依据,缺乏说服力。

那么,何为儒商？或者说,如何定义儒商呢？目前,主要有三种观点:

1. 从广义和狭义两个层面来定义儒商

这类定义的基本观点是:广义的儒商,是指以中国传统文化思想为指导经商事贾的商人;狭义的儒商,则是指以儒家思想为指导经商事贾的商人。如,戢斗勇说:"所谓'儒商',广义地来说就是具有以儒家思想为核心的中国传统文化精神的商人、企业家;狭义地来说就是以孔子倡导的儒家思想、理念来指导和规范自己的经济行为的商人、企业家。简言之,'儒商'就是'以儒经商'的商人、企业家。"②水中石说:"儒商是以儒家理念为指导、从事商品经营活动的商人,……儒商有狭义和广义之分:从狭义说,是指以儒家学说作为行为准则的商人;从广义说,是指具有中国传统文化兼收儒、道、墨、法、兵家之长的商人。"③成中英的"儒商二层次说"亦属此类定义,不过更有哲理性。他说,"第一种意义或第一个层次的儒商是从商者或企业管理人服膺与实践儒家的社会伦理与经济伦理,在一般的社会事务与特殊的经济事务上都能自觉及有恒或系统地履行与表现儒家关切社会和谐、文化创造活动的精神,对于经济事务更要强调儒者重人的风范、人性的关怀与人性的生活安

---

① 戢斗勇:《儒商精神》,经济日报出版社2001年版,第3页。
② 戢斗勇:《儒商精神》,经济日报出版社2001年版,第6页。
③ 水中石编著:《中华精神》,上海人民出版社2012年版,第168页。

排以及待人处世力求公平、公正之道。""第二种意义的或第二个层次的儒商则只在经济事务上着眼儒家的社会伦理与经济伦理,并将之转化为管理之用;但在一般的社会事务上却不甚在意是否自觉与恒常履行与表现儒家关切社会和谐与一般的人道淑世精神及文化创造活动。"[1]成中英所说的第一层次儒商相当于广义的儒商,第二层次则相当于狭义的儒商。

2. 从广义上定义儒商

这类定义大体又分两类:其一,儒商是有良好中国传统文化知识和修养的商人,只是有的学者强调儒家文化在中国传统文化中的主导地位。施忠连说,儒商"是指具有很深的文化素养,有知识分子气质的商人。当然,在儒家思想占主导地位的传统文化氛围中成长起来的'儒商'自然深受儒学影响"[2]。贺雄飞说,儒商"即具有中国传统人文美德和现代化管理意识的商人",而中国传统人文美德"并不单指儒家思想,而是指以儒家思想为主流的中国传统人文精神和美德"[3]。蔡伯元说,儒商的内涵是,"受中华传统文化的哺育,有良好的文化教养及职业道德,人际关系和谐,商务活动文明而精明,效益良好"[4]。其二,儒商就是有文化和有知识的企业家。潘亚暾说:"凡有较高的文化素养、品格高尚、见利思义、对社会有所贡献的成功商人,就可称之为'儒商'。"[5]赵云喜说:"所谓'儒商',指的就是'有知识的商人'或'有知识的企业家'。'儒商'的本义和知识型企业家道理是一样的。"[6]应当说,这种定义太过宽泛。

3. 从狭义上定义儒商

狭义上的定义,即主张从严格意义上定义儒商,认为儒商就是以儒家思

---

[1] 成中英:《C 理论:中国管理哲学》,东方出版社 2011 年版,第 304—305 页。
[2] 施忠连:《传统中国商人的精神弘扬》,海天出版社 1993 年版,第 233 页。
[3] 贺雄飞主编:《儒商时代——中国人的第五次发财机遇》,远方出版社 1996 年版,第 90—91 页。
[4] 蔡伯元:《贵和思想的现代价值》,《社会科学》1994 年第 7 期。
[5] 潘亚暾:《南洋儒商文化》,世界华商经济年鉴编辑委员会编:《世界华商经济年鉴(1996—1997)》,企业管理出版社 1996 年版,第 119 页。
[6] 赵云喜编著:《知识资本家:中国知识分子面对知识经济的抉择》,中国工商联合出版社 1998 年版,第 145 页。

想为价值观并以此为指导从事商业经营的商人。施炎平说:"从本质上看,儒商应是儒家文化精神和商业经营活动相结合的产物。尽管儒商兼有儒士和商人的双重身份,但构成儒商根本特征的还是看其在商业经营的理念和生活方式上是如何代表了或体现着儒家文化的基本精神。……儒商是指传统商人中具有儒者气质和儒家文化精神的承担意识和实践品格的那一部分。"①唐凯麟、罗能生说,儒商主要是从文化角度对东方商人类型的概括,"儒商是指受以儒家为代表的中国传统文化的影响,具有良好的文化道德素养和优秀的经营才能,其经营理念和行为方式体现出儒家文化特色的东方商人"。儒商不同于西方商人、犹太商人、阿拉伯商人。儒商既指有良好文化素养和传统美德的中国商人,也指优秀的海外华裔商人,还指日本及东亚深受儒家思想影响的商人。② 宋长琨说:"儒商是指受以儒学为代表的中国传统文化的影响,具有良好的文化道德素养和优秀的经营才能,其经营理念和行为方式体现儒学文化特色的商人。"③唐任伍也说:"儒商应是儒家文化精神尤其是儒家伦理价值观念和商业经营活动有机结合的产物。判断儒商,应该看其在商业经营理念和生活方式上是如何代表了或体现着儒家文化的基本精神。"④

综上所述,可见从狭义上定义儒商更为准确和合理。因为,儒商虽然有文化知识,但这并非儒商的本质特征,古今中外有文化知识的商人很多,如果把他们都称为儒商,显然是错误的。给概念下定义,应当抓住其指涉对象的本质特征。儒商是"儒"与"商"的合一,因此,定义儒商应当从"儒"和"商"这两个角度进行。首先,儒商必须是信奉儒家文化的商人,必须以儒家伦理作为商业经营和个人生活的准则,这是价值理性的衡量标准。其次,儒商必须是懂得商业经营管理,有出色的经营管理技能,并取得商业成就的商人,

---

① 施炎平:《儒商精神的现代转化》,《探索与争鸣》1996年第10期。
② 唐凯麟、罗能生:《传统儒商精神与现代中国市场理性建构》,《湖南师范大学学报》1998年第1期。
③ 宋长琨:《儒商文化概论》,高等教育出版社2010年版,第13页。
④ 唐任伍:《论儒商精神的塑造》,中国企业文化研究会编:《中国企业文化年鉴(2011—2012)》,吉林人民出版社2012年版,第223页。

小商小贩不能称为儒商,这是工具理性的衡量标准。概括地说,儒商就是以儒家思想作为商业经营管理准则和个人生活指导,有良好品德修养和专业知识,在商业经营上取得成就的商人。当然,儒商是在历史中生成的,是一个历史概念。在不同的时代,儒商的具体内涵、本质特征和表现形式是有差异的,这是我们理解和解释儒商时必须注意的。

二、儒商文化的内涵与基本内容

随着儒商的出现和发展,儒商文化随之形成。那么,什么是儒商文化呢?目前,人们对儒商文化的研究大体上包括两类:一类是以"儒商文化"为主题的研究,一类是以"儒商精神"为主题的研究。[1] 狭义的儒商文化,即形而上的儒商文化,实际就是精神层面的儒商文化,亦即儒商精神,从这个角度说,儒商精神研究和儒商文化研究可谓同一问题的不同表述。事实上,学术界和商业界谈到儒商文化时基本上也是从精神层面来定位和阐述的。因此,本书也是从狭义上来定义和分析儒商文化的。下面,结合有关儒商文化和儒商精神的研究,对儒商文化的定义和基本内容加以分析和叙述。

儒商文化,就是儒商在长期商业实践中依据儒家思想形成的经营理念、管理思想、行业准则和行为规范;它体现在经营理念、经营目的、经营方针、经营行为、经营形象、管理制度、组织形式、产品服务和社会责任等商业经营管理的方方面面,对儒商商业发展有导向、教化、约束和凝聚的功能。儒商文化将经济效益的追求与道德价值的追求相统一,将工具性的经济理性与价值性的道德理性有机统一起来,既反映了商品经济的一般要求,又有儒家

---

[1] 以"儒商文化"为题名的书主要有:邵作昌、王永超主编:《儒商文化》,上海财经大学出版社2017年版;张桂平、林锋、王作言:《21世纪儒商文化》,光明日报出版社2016年版;宋长琨:《儒商文化概论》,高等教育出版社2010年版;戢斗勇:《以义取利的生意经 儒商文化》,山东教育出版社2011年版。

以"儒商精神"为题名的书主要有:戢斗勇:《儒商精神》,经济日报出版社2001年版;唐凯麟、罗能生:《契合与升华 传统儒商精神和现代中国市场理性的建构》,湖南人民出版社1998年版;张启元:《儒商精神与企业管理》,青海人民出版社2006年版。

以"儒商文化(精神)"为题名的论文也不少。但这些著述和文章多是对儒商文化(精神)做了一些解释和分析,对这两个概念进行严格的科学定义者不多。

文化的鲜明特质。儒商文化的基本内容主要有以下六个方面：

一是仁道的核心价值观。"仁"是儒家思想最核心的概念，也是儒家最根本的价值观，是标志人的道德品格和政治理想的范畴。"仁"既对儒学其他概念和价值有统摄性，又包含多元的发展维度。传统和近代儒商奉行儒家仁学思想，根据所处时代要求和社会需要对其加以阐发，以仁道和仁爱作为商业或企业经营管理的核心价值观。仁道及其内含的仁本、仁爱和人本理念构成儒商文化的核心价值观，在儒商文化的建构中有着本源性、决定性的地位和作用。当代中国儒商文化建设必须以"仁"作为核心价值，以仁道和仁爱作为企业经营管理的价值取向。只有这样，才能成为名副其实的现代儒商企业。

二是义利兼济的商道。义和利是分别标志道德原则和物质利益的范畴。义，是指道德行为之当然；利，是指物质利益。利又有私利和公利之分。凡是片面追求个人物质利益，损害民族和国家利益的，为私利；凡是谋求国家和民族利益的，为公利。儒家特别重视义利之辨，主张在以义为先、和为本的基础上讲利和求利，强调公利优先。如何看待义利关系，是社会主体生存和发展的基本问题，更是商人考虑的首要问题。因为，经商必然要讲利和求利，这是商业生存和发展的前提。但是，商人又不能唯利是图，还要考虑仁义道德。传统儒商秉承儒家义利观，主张以义制利、以义取利和义利合一。许多近代企业家对儒家义利观做了近代转换，特别强调在坚守民族国家大义的前提下求利盈利。中国当代企业家在塑造儒商文化时，应当充分吸收儒家义利观的精髓，坚持义利兼济的商道。

三是诚信为本的经营原则。在儒家思想中"诚"与"信"主要是指君子、圣人的品质。先秦儒学视"诚"与"信"为君子道德修养的要求，规定了儒者生活的方方面面，以"诚"成己，以"诚"接物，以"诚"待人。在先秦儒家思想中，"诚信"并没有与商业活动发生直接关联。随着古代商业的发展，"诚信"作为儒者的德行要求开始被古代商人吸收和内化。儒商作为优秀商人，将儒家诚信观加以发展并付诸实践，使之成为规范商业经营的伦理准则。在现代企业伦理中，诚实守信具有特殊和重要的地位。现代工商活动是在公平竞争、平等交易的市场经济中进行的。这种竞争和交易只有秉持"诚实不欺"和"保持信誉"等伦理原则,才能保障市场经济活动顺畅运作,促使商业生存环境保持良性循环。可见,只有以"诚信"为准则的企业才符合市场经济运行规律,才能得到健康发展。

四是自强不息的创新精神。儒家思想中与创新关系最密切的范畴是"常"与"变",或者说"经"与"权",它们又统一在"道"的"不易"与"变易"关系中。这些范畴似乎呈现出对立关系,因"变"者需要革旧迎新,"权"者则"反经而行"。然而,"道"虽有永恒的超越性,是"道一以贯之",可以为一切变化背后的最终依据,但"道"又是多样性呈现的,"时变"而"中",是不断生成运动着的。因此,这看似对立的范畴实际是辩证统一的。儒家所讲的"变",不是无规律的"随变",而是有目的和方向的,要求人的主观能动性参与"应变"。儒者在信奉兼济天下的崇高理想下,主张"因时制宜"和与时俱进。现代社会高速发展,知识大爆炸,技术大革新,市场变化瞬息万变,因此,现代企业要想在市场竞争中脱颖而出,创新突破便成为企业的核心问题。企业必须不断向市场和行业学习,自我革新,在"变"与"不变"的辩证关系中找准定位,在"时变"中"时中",才能获得发展。

五是克己敬业的管理思想。在先秦儒学中,依照"敬"的对象可以分为敬人、敬事、敬天(道)。由于"道"为儒家伦理提供了普遍依据,"敬天"者就是以普遍性的道德要求做事待人。"敬人"则意味着待人真诚,与人为善,要把人当作目的本身,而不是工具手段。"敬事"则要求在事中磨炼,有所作为。到宋明理学时,"敬"衍生出一种恭敬肃穆、严谨专注的修养功夫,并落实在日用伦常中。因此,"敬"包含了随处行事的认真态度,成为君子修身求道必备的功夫。"敬"不再局限于儒家祭祀之礼和君臣父子之礼,而成为儒者为人处事的日常行为规范。对现代企业而言,"敬业"意味着强烈的责任感,能信守承诺,高质量提供服务或产品,不断求新进取、提高自我;对于员工而言,"敬业"则意味着勤奋刻苦,遵守秩序,保质保量完成工作。企业和员工共同发挥"敬业"精神,不仅能成就企业与员工,更能使整个行业和市场在积极竞争中良性发展,最终实现经济持续繁荣和社会财富不断积累。

六是热心公益慈善的家国情怀。先秦儒家思想含有慈善观,同时,其仁爱性善观、民本思想、大同思想和义利观也为后世慈善思想形成提供了重要思想来源。宋明理学对公私观的丰富和发展,则为传统公益慈善观建构提供了新的思想。传统儒商吸收儒家这些思想建构起儒商慈善观,大量从事宗族、乡里、社会和国家等层面的慈善公益活动,体现了传统儒商的社会责任感,通俗地说,就是家国情怀。近代儒商吸收西方慈善公益观对传统慈善公益观做了近代转换,不仅积极参与社会公益慈善活动,还大力投身近代民族爱国运动,把传统儒商的家国情怀提升到新境界。当代中国企业社会化愈益增强,企业肩负起了更大的社会责任,因此,融合传统儒商公益慈善观与当代企业责任观建构起当代儒商公益慈善观,是当代中国儒商文化建设的必然要求。

当然,儒商文化既是一个逻辑范畴,也是一个历史范畴,也就是说,随着社会和儒商的发展,中国古代、近代和当代的儒商文化,在内涵和外延上既有延续的同质性,也有变化的异质性,这是我们理解和把握儒商文化必须要注意的。

第二节 古代儒商的发展历程和传统儒商文化的形成

中国古代儒商的形成和发展历程颇为曲折。儒商的形成和发展是商人群体大量出现,商人职业地位和社会地位提高,儒家思想成为社会统治思想的产物。因此,中国历史上并非每个时期都有儒商,或者说,并非每个时期儒商都能得到发展。总体上看,春秋战国时期儒商初步形成,儒商文化亦随之出现。秦汉至隋唐时期儒商发展基本陷入停滞。两宋时期儒商开始复兴,宋代理学为儒商文化建构提供了思想指导。然而,到了元代,儒商发展又陷于停滞。明清时期,传统儒商发展走向兴盛,传统儒商文化最终建立起来。传统儒商文化既有思想精华,又有思想局限性。

一、古代儒商和儒商文化的形成和发展

1. 春秋战国时期儒商的初步形成和儒商文化的出现

春秋战国时期,商品经济得到大发展,商人群体不断壮大和社会地位不断提长。儒家思想成为显学,为一批商人提供了职业伦理观。这两个因素使儒商初步形成,其标志是出现了子贡等以儒家思想经商事贾的商人群体。

春秋战国时期,商人群体成为社会的重要阶层,在社会经济乃至政治上发挥着日益重要的作用。当时社会生产力得到发展,社会分工明确,出现了士、农、工、商四民分业的局面。从周王室到各诸侯国对工商业发展总体上持积极态度,商业繁荣,商人成为社会重要阶层和群体。商人主要来自贵族、士人和农民,其中前两者在大商人中占很大比重,这大大提升了商人的社会地位。① 这一时期出现了许多名垂商史的巨商大贾,他们精于商道,富可敌国,可与诸侯分庭抗礼。子贡、范蠡、白圭是杰出代表,被后世奉为商业鼻祖。过去商家往往会在店铺悬挂"陶朱事业,端木生涯"八个大字,陶朱是指范蠡,端木是指端木赐。范蠡,春秋时楚国人。他助越王灭吴后,功成身退,隐姓埋名,开始经商。其经商"与时逐而不责于人","能择人而任时"(《史记·货殖列传》),也就是说,他做生意善于掌握市场商机变化,善于用人。他很快就拥有数十万家财,后到陶经商,十九年中又三致千金,被后世誉为"商业神"和"财神"。端木赐,字子贡,春秋卫国人,经商"与时转货赀,……家累千金"(《史记·仲尼弟子列传》),富可敌国,《史记》说:"子贡结驷连骑,束帛之币以聘享诸侯,所至国君无不分庭与之抗礼。"(《史记·货殖列传》)战国巨商白圭,有过人经商智慧,提出"乐观时变,故人弃我取,人取我与"的经商之道,司马迁称赞说:"盖天下言治生祖白圭。"(《史记·货殖列传》)

春秋战国时期儒商的形成还得益于儒家思想的出现。春秋战国时期百家争鸣,儒家思想出现并成为三大显学之一,先后出现孔子、孟子和荀子三

---

① 宋长琨:《儒商文化概论》,高等教育出版社2010年版,第63—64页。

位思想大师。儒家建立了一套规范人与社会的道德伦理准则,其仁爱、诚信、义利等观念为商业经营提供了伦理规范,为儒商形成奠定了伦理价值观。[①] 许多商人开始用儒家思想指导和规范自己的商业经营,成为历史上最早的儒商。子贡是孔子的弟子,是公认的儒商鼻祖。首先,重视商业道德。他问孔子:"如有博施于民而能济众,何如?可谓仁乎?"孔子说:"何事于仁,必也圣乎!"(《论语·雍也》)"博施于民而能济众"体现了儒商的"家国情怀"。其次,富有儒商品格。他问孔子:"贫而无谄,富而无骄,何如?"孔子说:"可也。未若贫而乐,富而好礼者也。"(《论语·学而》)"富而无骄"说明他虽富可敌国,却相当谦逊。范蠡虽不是儒家,却重义轻利,仗义疏财,有儒商风范。他经商得数十万家财后,便将其散给穷人。后到陶经商又三致千金,"再分散与贫交疏昆弟",被誉为"富好行其德者"。(《史记·货殖列传》)白圭亦有儒商精神。他说,商人应"能薄饮食,忍嗜欲,节衣服,与用事僮仆同苦乐";商人要有智、勇、仁、强"四德","吾治生产,犹伊尹、吕尚之谋,孙吴用兵,商鞅行法是也。是故其智不足与权变,勇不足以决断,仁不能以取予,强不能有所守,虽欲学吾术,终不告之矣"。(《史记·货殖列传》)其中,"仁不能以取予"就是指经商要遵守儒家道德规范。

可见,春秋战国时期随着儒商初步形成,儒商文化也应运而生。春秋战国时期的儒商为后世商人树立了榜样,其儒商文化也成为中国儒商文化发展的源头活水。

2. 两宋时期儒商和儒商文化的复兴

秦汉至隋唐是中国统一多民族国家建立和发展时期。然而,这一时期统治者大多采取严厉的重农抑商政策,打压商人,使商人成为四民中最低贱的职业。同时,东汉以后儒家的独尊地位受到佛教、道教等思想的强烈冲击,佛教思想在南北朝至隋唐时期十分盛行。这两个因素使儒商发展缺乏广泛的阶级基础和思想基础,因此,这一时期儒商发展基本陷入停滞状态。到宋代,这种局面才发生变化,儒商发展得以新生,儒商文化也开始复兴。

---

① 施炎平:《儒商精神的现代转化》,《探索与争鸣》1996年第10期。

宋朝统治者开始改变"重农抑商"政策,采取了诸多有利商业发展的政策,如商税较低,允许商人自由经商,土地可以自由买卖等,这些都刺激了商品经济的发展。商业市镇大量形成,商业行业增多,纸币广泛使用,商业行会不断出现,海外贸易蓬勃发展。统治者还改变了贱商政策,取消汉唐时对商人着衣和乘坐车马的歧视性规定。南宋淳化三年,诏令贡举要广搜人才,"乃至工商之子,亦登仕进之途"①。科举考试对商人开放,使商人与士农有了平等的政治和社会地位。为增加财政收入,宋朝还鼓励商人捐官从政,以致宋徽宗大观年间,商贾为官者"一州一县无处无之"②。商人的政治和社会地位得到提高,商人基本得到了与士人、农民平等的地位,重农贱商的观念基本被扭转。北宋的苏轼说,农工商同样重要,"农力耕而食,工作器而用,商贾资焉而通之于天下"③。南宋功利学派代表陈亮更是直言,"农商一事也","商藉农而立,农赖商而行,……官民农商,各安其所而乐其生。夫是以为至治之极"④。上述各种有利因素导致商人群体快速扩大。大量官员和士人投身商海,其中既有因仕途不达和生计所迫经商的士子,也有因厚利诱惑经商的官员,儒士与商贾的隔阂被打破,儒与商开始融合。商人群体的扩大、特别是大量士人转化为商人,为儒商的新生提供了社会阶级基础。

儒商发展的又一重要条件是必须以儒家思想作为商业核心价值观。到了宋代,儒学复兴完成,新形态儒学——程朱理学形成。其集大成者朱子以天理和人欲之辨为核心,对儒家的公私、义利和诚信观做出新阐发。其天理论及理学成为儒商伦理建构的根本,商人大多以朱子的天理作为安身立命的准则和人生的终极追求。朱子强调理欲同一,肯定人的正当欲望,为商人追求正当的生活欲望和财富提供了伦理依据。其公私观与义利观要求商人

---

① 刘琳、刁忠民、舒大刚等校点:《宋会要辑稿 9》,上海古籍出版社 2014 年版,第 5538 页。
② 刘琳、刁忠民、舒大刚等校点:《宋会要辑稿 8》,上海古籍出版社 2014 年版,第 4518 页。
③ [宋]苏轼:《关陇游民私铸钱与江淮漕卒为盗之由》,张春林编:《苏轼全集》上,中国文史出版社 1999 年版,第 535 页。
④ [宋]陈亮:《四弊》,《陈亮集》,中华书局 1987 年版,第 140 页。

将奉公和守公作为处理公私关系的前提和根本,私(利)必须服从和服务于公(利),并将此原则落实到各层面公私关系的处理。朱子以义取利、以义制利的义利观为儒商职业观确立了价值导向,使商人发财致富后,多能化利为义,造福乡梓和服务社会。朱子还发展了儒家诚信观,将诚信纳入天理范畴,使诚信在商人伦理中具有本体地位和意义。总之,这种新儒家伦理观为建构符合时代要求的儒商文化提供了思想依据。[1]

然而,宋代儒商和儒商文化的复兴进程到元代未能持续下去。元代虽然商业相当发达,特别是海外贸易繁荣。但是,由于对汉族采取歧视政策,汉族地位低下,其中的"南人"更是最下等贱民。富商大贾基本是蒙古贵族和色目人。因此,元代虽然也有儒商和儒商文化,但是与宋代相比却是倒退了。

3. 明清时期儒商的兴盛和儒商文化的确立

明清时期,在商品经济繁荣、人口迅速增长和大量儒士面临治生压力等因素的作用和推动下,商人数量和群体急剧扩大,形成了区域性的"十大商帮"。而宋明理学适应时代要求对儒学做了大量新解释,为明清儒商伦理建构提供了理论依据和思想论证,使传统儒商文化最终确立。

明清时期随着社会生产力的发展,社会分工不断扩大,手工业部门和行业不断增多,导致地域分工的增长和农产品商品化的发展。随着货币经济的发展,官府赋税折银征收比重不断增加,生产者被迫出售产品以换取货币。大批产品投入市场后,极大地促进了长途贸易的发展,商品流通范围与规模日益扩大,商品经济空前活跃,全国形成了以长江中下游、东南沿海、运河沿岸等地区为中心的全国性区域商品市场。同时,明中叶以后人口快速增长,尤其是清代中前期人口膨胀,由顺治八年(1651)的 0.53 亿人激增到道光三十年(1850)的 4.14 亿人[2],二百年间人口增长了近 6.8 倍。然而,清代耕地增长有限,农业生产技术无根本改进,以致人口压力骤然加大。上述因

---

[1] 参见徐国利:《朱子伦理思想与明清徽州商业伦理观的转换和建构》,《安徽史学》2011 年第 5 期。
[2] 周源和:《清代人口研究》,《中国社会科学》1982 年第 2 期。

素使大量民众主动或被动地去经商事贾,商人群体迅速壮大,形成了徽商、晋商、陕西商、洞庭商、宁绍商、龙游商、江右商、泉漳商、临清商、粤商共十大地域性商人群体(十大商帮)。① 其中,徽商和晋商势力最强大,"富室之称雄者,江南则推新安(即徽商),江北则推山右(即晋商)"②。徽商更是称雄明清商界,以致明清时出现"无徽不成镇"和"钻天洞庭(指洞庭商,即苏商)遍地徽(指徽商)"的谚语。

明清大量经商事贾者中多是儒士和儒生。明清科举鼎盛,不过能中举和成为进士者凤毛麟角,能享受免除赋役和朝廷补贴的儒生也相当少,绝大多数儒生为生计所迫只能"弃儒就贾"。这便促成了儒士与商人的结合,使"士商相混"和"儒贾合一"的现象大量出现。这些商人是儒商的重要组成部分。而那些不是从儒生和儒士转化来的商人,因长期受儒家思想熏陶,恪守儒家伦理纲常,也多成为儒商。如,徽州百姓十有六七经商,明人王世贞说:"大抵徽俗,人十三在邑,十七在天下。"③然而,徽州是朱子故里,被誉为"东南邹鲁",大量徽人虽弃儒经商,却依然"贾而好儒",徽州社会倡行"贾而好儒""儒贾相通"和"良贾何负闳儒"等,商人多为儒商。再如,江右商,即江西商人亦多儒商。江西是宋明理学重镇,《哲学大辞典·中国哲学史卷》收入的宋明理学人物中江西籍占1/6。④ 浓厚的儒家文化造就了江右商人的儒商品格,其他地域商人亦大体如此。

明清商人群体迅速壮大和大批儒生"弃儒就贾"带来的"士商相混"为明清儒商文化的形成奠定了阶级基础,宋明理学、特别是朱子学与阳明学则为儒商文化的最终确立提供了思想依据和理论论证。宋明理学既是明清的政治意识形态,也是社会主流意识形态。其重要特征是伦理观的世俗化,旨在为社会各阶层提供安身立命的伦理准则。面对宋代以来,特别是明清社会出现的重商观念和士商儒贾关系的新变动,宋明理学为之提供了儒家伦理

---

① 参见张海鹏、张海瀛:《中国十大商帮》,黄山书社1993年版。
② [明]谢肇淛:《五杂俎》卷4,中央书店1935年版。
③ [明]王世贞:《弇州山人四部稿》卷61《赠程君五十叙》,张海鹏、王廷元主编:《明清徽商资料选编》,黄山书社1985年版,第42页。
④ 戢斗勇:《儒商精神》,经济日报出版社2001年版,第35页。

正当性和价值合理性的解释。它主要包括四个方面:(1)朱子学和阳明学对理欲之辨的新阐释为治生伦理,特别是以商贾治生做了新的伦理证明;(2)阳明学的"体用一源"和"百姓日用即道"论建构起新的儒家治生伦理观,为商人追求财富提供了有力的伦理支持;(3)朱子学和阳明学对"天理"和"良知"的阐释,为"儒贾并重"和"贾不负儒"等新儒贾观的建构做出了理论解释;(4)阳明学对"四民异业而同道"与"贾服儒行"新四民观的阐释,极大提升了商人的社会地位。可见,宋明理学为明清商人提供了职业伦理观和价值追求。[①] 明清商人也主动参与到这场商人伦理观转换的运动中来,以宋明新儒家阐释的商人伦理观作为商业和生活规范,以此构建儒商文化和塑造儒商精神。宋明新儒学与明清商人的这种思想互动,最终使儒商文化成为传统社会的主流商业文化。

二、传统儒商文化及其缺失

中国传统儒商文化是儒商文化形成发展的重要阶段,确立了儒商文化发展的主要精神、基本内容和发展路向。传统儒商文化既集中体现在传统儒商身上,又大量反映在中国民间商业生活习俗中。传统儒商文化既有精华,又有糟粕,需要历史和辩证地看待。

传统儒商文化是古代儒商在长期的商业实践中把儒家文化与商品经济法则相整合所形成的经营理念、管理思想、行业准则和行为规范。儒商文化的基本内容大致包括:以仁爱为本、经世济民的价值理念,以义制利、以义取利的经营原则,诚信为本、忠信不欺的商业道德,以人为本、以和为贵的管理思想,积极进取、自强不息的职业精神,勤奋自律、敬业守责的工作伦理,好善乐施、急公好义的家国情怀,学养丰厚、谦和儒雅的人格形象。它既反映了商品经济的一般要求,又体现出儒家文化的鲜明特色。

儒商既是儒商文化的创造者,又是儒商文化的载体。因此,儒商文化首先集中体现在儒商身上,传统儒商给人们充分展现出这种形象。有学者说:

---

① 徐国利:《宋明新儒学与中国传统儒商及其精神的形成》,黎红雷主编:《企业儒学·2018》,人民出版社 2019 年版,第 177—196 页。

"所谓儒贾（商）、贾儒,是指好儒重文,倜傥有儒者风范;其人孝友礼让,仁义慈善,重族谊、乡里、故旧,恤孤弱,厚人伦,好善乐施,急公好义,热心社会公益活动,具有社会责任感;为贾先义后利,仁在其中,诚心质行,勤俭、敬业,忠信不欺,中藏干略,精于权会,候时转物,操赢制馀,不屑屑权子母,多智善贾,人乐为用,其利十倍常贾,贾而士心,虽以贾起家,一以信义行之,而精神常在儒,能做到儒行与贾业的统一和良性互动,且获成功的商贾。简言之,传统儒商是具有以儒家为核心的中华文化底蕴,关爱亲友、孤弱,热心乡里和社会公益之事,能做到儒行与贾业的统一和良性互动,具有厚重文化底蕴的工商业者。"[1]

传统儒商文化不仅集中体现在儒商身上,还大量反映在中国民间商业文化和习俗上。首先,民间商业习俗有重义和信的传统。如把关公当作财神供奉,就是取关公的重"义"和"信"的精神。中国古代儒商做生意往往不订契约,而是遵从"一诺千金"的习俗。传统商业习俗中有许多儒商伦理道德的成分,如"和气生财"和"诚招天下客,信纳万家财"等。其次,店名文化有浓厚的儒商伦理思想,如中国的老字号用得最多的儒家词汇,大体有六类:(1)仁,包括同仁、聚仁、庆仁、仁祥、仁和、志仁等;(2)义,包括广义昌、德义斋、义利、义兴、义泰、义和、义善源、黄盛义等;(3)德,包括大德光、大德通、大德恒、正兴德、全聚德等;(4)礼,包括礼和、礼康、礼让斋、谦礼斋等;(5)信,包括志成信、世义信、谦信誉、信赐福、公信、立信等;(6)谦,包括谦祥益、谦和、谦信、谦泰、谦诚等。[2] 再次,商业楹联富含儒商文化的色彩。如衣料店楹联:"衣德人自暖,被世岁无寒";洗染店楹联:"嫩绿娇黄,可随人意;轻黄淡白,能称客心";药店楹联:"常体天地好生德,独存圣贤济世心","但愿世间人无恙,哪怕架上药生尘";商号通用联:"厚生资利用,和众兆丰财","交以道接以礼,近者悦远者来","经之营之,财恒足矣;悠也久也,利莫大",

---

① 周生春、杨缨:《历史上的儒商与儒商精神》,《中国经济史研究》2010年第4期。
② 林一民、卢太宏:《商业传播中的儒家传统与现代规范——中国"老字号"与西方品牌的文化比较》,《南昌大学学报》1999年第3期。

"和气迎人,生涯富足;通商互市,信用交孚。"①

然而,传统儒商文化亦存在颇多消极性和局限性。传统儒商形成发展于以自然经济为主的中国古代社会,虽然宋代以来,特别是明清时期商品经济有了快速发展,社会平民化也取得较大进展,但农业经济毕竟占主导地位,地主阶级是统治阶级,儒家思想主要是服务封建君主专制统治,因此,古代儒商很难发展为一个自为的阶级,难以真正形成独立的人格精神,这就使传统儒商文化存在诸多消极性和局限性。主要有三点:一是过于讲谦和忍让,缺乏现代商业的积极竞争精神。传统儒商受儒家"中庸"与"和"的伦理影响,大多主张谦和忍让。现代市场经济却是竞争的经济,只有通过竞争,经济才能发展。因此,过分讲儒家"和"文化,过于谦和忍让,不愿、不敢和不善于在市场中竞争,很容易在市场经济竞争中失败。二是依附和投靠官府,官商色彩浓厚。政治与商业有着密切关系,这在传统儒商身上表现得尤为明显。许多商人与官府有紧密联系,甚至相互勾结。一些商人不惜重金捐官买爵,大商巨贾更是依附朝廷和官府,以取得封建特权商业行业的垄断和控制权。徽商和晋商等传统儒商不乏胡雪岩一类的"红顶商人"。官商结合乃至勾结,阻碍了传统商业的正常和健康发展,更是与现代市场经济自由和平等竞争精神相违背的。三是家族性经营,基本依靠家族血缘关系来运作。家族经营是传统儒商企业的组织方式,在传统社会不失为较好的商业模式。它可以利用亲情和乡情带来的信任减少管理成本,提高经营决策效率。即便是在儒商文化传统浓厚的东亚地区和海外华人中,不少现代企业仍采用家族性经营。然而,家族性经营总体上已不能适应现代市场经济发展。因为,资本是逐利的,企业发展要向社会融资,就意味着外部股权和控制权的渗入。同时,现代企业经营管理的复杂化和专业化,也会使许多家族成员力不从心。因此,中国当代民营企业必须打破家族经营管理,建立真正的现代企业制度。②

总之,中国传统儒商秉承儒家思想和精神,建构起一套富有中国文化特

---

① 戢斗勇:《儒商精神》,经济日报出版社2001年版,第14页。
② 戢斗勇:《以义取利的生意经 儒商文化》,山东教育出版社2011年版,第194—203页。

色的商业理念、职业规范和经营方法,为中国近代以来工商业发展和商人文化建设提供了重要的思想资源和可资借鉴的商业文化模式,这从中国近代以来儒商历史文化的发展可以看出。然而,传统儒商文化是自然经济条件下宗族社会的产物,是以儒家思想为主干的传统文化的产物,不可避免地存在与现代市场经济发展相背离、阻碍现代商品经济发展的弊病和缺陷。因此,在看待和评判传统儒商文化时必须采用历史和辩证的眼光,取其精华,去其糟粕。

第三节 近代儒商的形成与儒商文化的近代转型

中国近代民族资本主义的发展培育出近代民族资产阶级,中国近代儒商便产生于中国近代民族资产阶级,特别是爱国实业家中。近代儒商在积极吸收近代西方企业经营管理思想和方法时,又大力继承和发扬传统儒商优秀文化,实现了传统儒商文化的近代转型。

一、近代民族资本主义发展和近代儒商的形成

鸦片战争后,中国逐渐步入半殖民地半封建社会。在西方资本主义入侵的刺激下,19世纪70年代中国近代民族资本主义产生了。伴随民族资本主义的不断发展,形成了中国近代民族资产阶级。其中,涌现一批堪称儒商的近代实业家和企业家,标志着近代儒商的形成。

中国近代民族资产阶级产生于19世纪70年代,是近代民族资本主义发展的产物。由于鸦片战争后自然经济逐渐瓦解,在西方资本主义经济入侵的刺激,以及19世纪六七十年代清政府举办洋务运动的诱发下,在东南沿海和长江中下游通商口岸城市,一些官僚、地主、买办和商人开始投资创办近代企业,产生了中国最早的民族资产阶级,如郑观应、徐润和王炽等。中日甲午战争后到第一次世界大战(以下简称"一战")前,即19世纪末至20世纪初,民族资本主义得到较快发展。原因是中日甲午战争后西方帝国主义对中国大量输出资本,导致自然经济快速瓦解;清政府确立了发展近代实业的

政策,放宽民间设厂限制。民族危机的加剧则促成了"实业救国"思潮的兴起,许多实业家纷纷设厂以求实业救国。中国民族资产阶级力量逐步壮大,开始登上政治舞台。代表人物有张謇、经元善和张元济等。一战前后,中国民族资本主义发展迎来"短暂春天"(亦称"黄金时代")。1912年"中华民国"建立后,民国政府采取了发展民族资本主义的政策措施。1914年7月,爆发了一战。欧洲列强因忙于一战,放松对中国的经济侵略,中国民族工业发展获得有利的环境。同时,中国人民的反帝斗争,特别是收回利权运动、抵制日货和提倡国货运动等也推动了民族资本主义的发展,使民族资产阶级力量进一步壮大。代表人物有荣德生、荣敬宗兄弟,叶澄衷和宋则久等。1918年11月,一战结束。一战后外国资本主义卷土重来,他们凭借雄厚实力和低价竞争打压中国民族工商业,使其发展陷入萧条期。1927—1937年抗战全面爆发前,是中国经济发展的"黄金十年"。1927年南京国民政府建立,1928年基本统一全国,政局稳定。南京国民政府采取了一系列政策和措施促进经济发展,鼓励民营经济发展。而1931年"九一八"事变后民族危机再次加剧,民众抵制洋货和提倡国货的运动此起彼伏。上述因素都有利于民族资本主义经济的发展。1936年,国民生产总值创历史纪录。其中,民族资本迅速崛起,民族工业资本年均增长率超过8%,民营企业在纺织、煤炭、水泥和电力等关乎国计民生的非垄断领域占有产业优势。[①] 这一时期涌现出大批著名的企业家,如卢作孚、穆藕初、陈嘉庚、范旭东、吴蕴初、刘鸿生、郭乐和郭泉兄弟等。1937年7月抗日战争全面爆发后至1949年10月中华人民共和国成立前,受抗日战争和国共内战的严重摧残,加上官僚资本的沉重压榨等,民族资本主义发展再次遭受沉重打击,全面萎缩,大批工厂企业破产倒闭。

中国近代民族资本主义的发展,培育出一批儒商式的近代民族实业家和企业家。他们大力发展民族企业,既积极吸纳西方经营管理思想,又继承和弘扬传统儒商文化,走"实业救国"之路。清末民初,由于商人社会地位日益提升,儒与商、士与商、绅与商交融的趋势更加明显,绅商这一新的社会阶

---

① 江怡:《民营经济发展体制与机制研究》,浙江大学出版社2016年版,第266页。

层应运而生。所谓"绅商",是指既有功名职衔,又经营工商实业的商人。他们集社会政治地位与雄厚财力于一身,逐渐取代传统绅士,成为清末民初大中城市乃至部分乡镇最有权势和最活跃的社会阶层。据估算,晚清绅商有5万人左右,占绅士阶层人数的3.3%。[①] 在绅商中,许多由士人商和以儒家伦理经商者便是儒商。到20世纪30年代,民族资本主义的不断发展催生出许多著名民族资本企业集团,儒商化的近代企业家群体颇具声势,例如,以经营面粉和纺织业为主的荣德生、荣宗敬的荣氏企业集团,以发展化学工业闻名海内外的范旭东的"永(利)久(大)黄(海)"企业集团,以经营长江轮船运输业出名的卢作孚的民生企业集团,专做烟草业的简照南、简玉阶的南洋烟草公司,以开办百货商店和纺织业闻名的郭氏家族的永安纺织企业集团等。

中国近代许多民族企业家是"商儒"不分,正如清末民初实业家张謇所说"言商仍向儒"。张謇以儒家义利观作为经营原则,说:"人之道德,端赖养成。寻常商业,虽卖贵买贱,皆有计心,而利己损人,必为众弃。"[②] 主张以义取利和以义制利,"两利上也;利己而不利人,次之。若害大多数人而图少数人之利,必不可"[③]。可见,其义利观有鲜明的儒家色彩。创建中国近代义赈制度的实业家经元善,自述其志是以儒学,特别是阳明心学为本,"元善束发授书,长而服贾,寡学不文,未青一襟,惟四子书幼读颇熟。壮岁以后,私淑乡先贤阳明心学,渐能淡于荣利,论是非利害"[④]。1899年5月,他在致友人盛宣怀的信中则说:"自知余生有几,亟须勤学励志,乃以王文成全书,回环三复,知先贤得力,全在物我无间四字,乃能成就盖世勋业。……此关即破,自然富贵不淫,贫贱不移,威武不屈,心志湛然莹澈。"[⑤] 荣氏兄弟以儒家思想

---

① 马敏:《近代儒商传统及其当代意义——以张謇和经元善为中心的考察》,《华中师范大学学报》2018年第2期。
② 张謇:《改革全国盐法意见书》,李明勋、尤世玮主编:《张謇全集》第4卷,上海辞书出版社2012年版,第202页。
③ 张謇:《为南通保坍事声告全国及南通父老书》,李明勋、尤世玮主编:《张謇全集》第4卷,上海辞书出版社2012年版,第374页。
④ 虞和平编:《经元善集》,华中师范大学出版社2011年版,第266页。
⑤ 虞和平编:《经元善集》,华中师范大学出版社2011年版,第231页。

作为经商信念和原则。荣德生说:"古之圣贤,其言行不外《大学》之'明德',《中庸》之'明诚',正心修身,终至国治而天下平。吾辈办事业,亦犹是也,必先正心诚意,实事求是,庶几有成。"①他极为重视对企业职工进行传统道德教育,亲自主持、手订纲目和聘请专家撰写《人道须知》,印行数万册,在员工中广为散发。该书分孝悌、忠信、礼仪、廉耻、家庭、生活、自治、处世八卷,倡导孝悌、忠信、礼仪、廉耻。著名棉纺业家穆藕初以引进和推行泰勒的《科学管理法》著称,却又主张以儒家文化唤起中国商人的"天职"观,说:"此'天职'二字并非新名词,即孟子所谓'古之人修其天爵者'是。人不论托业何途,对于所立地位,皆有发达其业务之天职,必如是方可以无愧乎为职业家。"②著名银行家陈光甫既采西式方法来管理银行,又重视儒家伦理的作用,说:"近来余观世故,愈了解古人日常道德之训,永远是真。盖道德非他,乃维持团体合作之必要条件。忠、诚、廉、让四字,余觉其特与商业团体有关。"③

可见,中国近代民族企业家在采用西方资本主义经济思想兴办和经营近代企业时,大多强调儒家思想的重要地位和作用,将中西文化思想融合到近代企业经营管理中,建构起中国近代儒商文化,推动了传统儒商的近代转型。

二、近代儒商文化的基本内容和主要表现

中国近代民族企业家既积极学习西方近代企业经营管理模式,又大力传承和弘扬传统文化、特别是儒家思想,形成了富有特色的近代儒商文化。近代儒商文化上承古代儒商文化传统,下开现代企业文化先河,呈现了由传统向近代转型的特点。其基本内容和主要表现有以下七个方面:

一是传承和弘扬儒家仁道。近代儒商兴办近代新式工商业,然而仍恪

---

① 荣德生:《乐农自订行年纪事》,上海古籍出版社2001年版,第150页。
② 穆藕初:《实业上之职业教育观》,《穆藕初自述》,安徽文艺出版社2013年版,第188页。
③ 陈光甫:《1945年10月在纽约发致告同人之命寄言》,傅国涌、周振新编著:《金融的原理:陈光甫言论集》,新世界出版社2016年版,第210页。

守儒家信条与道德规范。著名实业家、近代慈善业的开创者经元善说:"三十岁前,从大学之道,至无有乎尔,经注均能默诵。故终身立志行事,愿学圣贤,不敢背儒门宗旨。"①他认为要在商业上建立盖世勋业,"惟将妻孥室家渐渐看淡,欲退则理进,由是亲亲仁仁之意渐渐加浓,久之,益明乎天寿不二,修身以俟"②。荣德生说,要想取得商业成功就必须弘扬儒家仁道,"古之圣贤,其言行不外《大学》之'明德',《中庸》之'明诚',正心修身,终至国治而天下平。吾辈办事业,亦犹是也,必先正心诚意,实事求是,庶几有成"③。不少企业家将体现儒家仁道的思想写入"行训"和"厂训"等,使之成为企业精神和经营原则。天津东亚毛纺公司的"厂训"是:"你愿人怎样对待你,你就先怎样对待人。"这体现了儒家仁道精神。④ 天津华新纱厂要求员工"尚勤、尚实、尚公、尚廉、各秉血忱、拔除旧习"。天津国货售品所提出"爱人、惜物、忠事、守章、耐久"的所训;开国产印铁制罐业先河的项康元提出"勤、俭、诚、勇、洁"的厂训。⑤ 这些训示对儒家仁道思想从不同角度做了近代性的诠释,对企业经营管理者和员工的为人处事予以指导和规范。

二是将以义取利和义利合一作为经营之道。近代儒商企业家在坚持儒家以义制利和以义取利原则的前提下,强调利的重要性,主张义利并重,建构起"义利统一"的近代商业伦理观。张謇对义利做了新阐释,说:"两利上也;利己而不利人,次之。若害大多数人而图少数人之利,必不可。"⑥利对做生意很重要,但利己不能损人,"人之道德,端赖养成。寻常商业,虽卖贵买

---

① 经元善:《五誓斋记》,虞和平编:《经元善集》,华中师范大学出版社2011年版,第203页。
② 《又致盛京卿书(1899年5月)》,虞和平编:《经元善集》,华中师范大学出版社2011年版,第232页。
③ 荣德生:《乐农自订行年纪事》,上海古籍出版社2001年版,第150页。
④ 廖树东、向翔、冯德辅主编:《企业文化建设理论及其在云南的实践》,云南民族出版社1993年版,第60页。
⑤ 参见陈春花、曹洲涛等编著:《企业文化》,机械工业出版社2010年版,第238—239页。
⑥ 张謇:《为南通保坍事声告全国及南通父老书》,李明勋、尤世玮主编:《张謇全集》(第4卷),上海辞书出版社2012年版,第374页。

贱,皆有计心,而利己损人,必为众弃"①。近代义赈楷模经元善以义利并重为商业宗旨,反对商人一味逐利,"锱铢必较,实非本性所近,且所觅蝇头,皆是末中之末"②。棉纱大王穆藕初主张因义生利,兼顾公义和私利,批评一些商人重私利不讲公利,"每有微利可图,则群起拾抉,奸伪贪诈,恬不为怪,人方精益求精,而我乃得过且过,甚且冒牌戬影,视同固常,徒见目前之小利,而不顾信用之丧失"③。火柴大王刘鸿生反对片面追求个人利益,倡导"与人便利,于己得利",他说:"你要发大财一定要让你的同行、你的跑街和经销人发小财。有饭大家吃,不可一个人独吞。最愚蠢的人,就是想一个人发财,叫别人都倒霉。"④可见,近代儒商建构的义利并重和义利统一的商业伦理观,是中西商业伦理观有机融合的产物。

三是以诚信为本,做忠信之商。许多近代企业家视诚信为经营道德准则。经元善对"诚"高度重视,说:"学问之道,入手是一个诚字,欲寻诚字门径,当从不妄语始。诚求诚应,诚之至,金石能开;不应不开,诚未笃也。诚者,真实无妄之谓也。"⑤在他们看来,经商之人做事待人必须诚实守信,尽心尽力,不能弄虚作假。荣德生谈到如何经商时说,"其行为必孝悌,其任事必诚笃,其待人必忠信,对社会义务必肯尽力,经营事业,不图居奇,不取意外之财,谨慎从事,勉为良善"⑥。关于商人的忠信,他说:"与商人言忠信,似乎高远,而理实浅近","劝用国货,抵制外货,此忠之存心也,意必有

---

① 张謇:《改革全国盐法意见书》,李明勋、尤世玮主编:《张謇全集》(第2卷),上海辞书出版社2012年版,第133页。
② 经元善:《富贵在天说》,虞和平编:《经元善集》,华中师范大学出版社2011年版,第205页。
③ 穆藕初:《中国实业进行滞缓之原因》,《穆藕初自述》,安徽文艺出版社2013年版,第205页。
④ 刘念智:《实业家刘鸿生传略——回忆我的父亲》,文史资料出版社1982年版,第67页。
⑤ 经元善:《姚江折柳序》,虞和平编:《经元善集》,华中师范大学出版社2011年版,第230页。
⑥ 荣德生:《乐农自订行年纪事续编》,《荣德生文集》,上海古籍出版社2002年版,第155页。

信用也"①。他将使用国货和抵制外货作为近代商人忠信的内容,反映了近代民族主义色彩。有些企业家把商业信用看得重于性命。如,穆藕初将"重信用"列为企业家精神的首要条目,谈到如何振兴中国棉业时,提出要恢复华商固有商业道德,"我华商向重信用,第自革政以来,商业道德,日就沦丧,其殆受恶政治之影响使然耶?抑社会多数自行堕落致此耶?……苟不及早觉悟,革除此项积弊,棉花业一败涂地之日不远矣"②。显然,"重信用"包括了近代意义的契约精神,与依法经商的法治观念不谋而合。

  四是自强不息、勇于创新的精神。自强不息和勇于创新是儒家易学的精华之一,同样是现代企业的生命和精神所在。中国近代民族资本主义发展十分艰难,外有西方发达资本主义的竞争和排挤,内有封建主义和官僚资本的压迫和吞并。然而,许多近代爱国企业家没有被困难吓倒,而是充分发扬儒家自强不息和开拓创新的精神,使近代民族工商业在困境中不断发展壮大。有学者将这种积极进取和勇于创新概括为五个方面:积极引进股份制,不断更新设备和改进工艺,大力推进近代化管理,开发新产品和新产业,不断开辟新市场。③ 荣氏企业就特别重视吸收西方近代企业的先进技术和经营管理模式,荣宗敬总结企业兴办经验时说,"茂、福、申新各厂得力于:造厂力求其快,设备力求其新,开工力求其足,扩展力求其多,因之无月不添新机,无时不在运转;人弃我取,将旧变新"④。银行家陈光甫对改革与创新有精辟论述,说:"能有创造之精神,仍完全在于改革,更在于继续不断的改革。故有创办之精神不足为奇,仍须有勇猛改革的精神,创办而改革,改革而成功,成功再改革,改革又成功,俾创办改革成功三事循环不断,周而复始,一

---

① 荣德生:《人道须知》,《荣德生文集》,上海古籍出版社2002年版,第367页,第368页。
② 穆藕初:《振兴棉业刍议》,穆家修、柳和城等编:《穆藕初文集(增订本)》,上海古籍出版社2011年版,第48页。
③ 章开沅、马敏、朱英主编:《中国近代民族资产阶级研究(1860—1919)》,华中师范大学出版社2000年版,第297—303页。
④ 李国伟:《荣家经营纺织和制粉企业六十年》,文史资料研究委员会编:《工商史料(1)》,文史资料出版社1980年版,第6页。

直向上进展,此即所谓自强不息也。"①他在银行事业上的自强不息就是通过这种不断改革和创新实现的。

五是富有敬业精神,恪守勤俭美德。敬业和勤俭是儒家倡导的创业和守业的美德,这一传统被近代儒商企业家发扬光大。许多民族企业家以强烈事业心和敬业精神面对和克服企业生存和发展面临的困境。卢作孚提出"事业中心论",说,"凡现代的事业,都是公众的事业,必须每一个人为了公众,即亦必须每个人依赖着公众","每一个人都依赖着这个事业,一直到老;而每一个人的努力,亦一直到老为着这桩事业、这个目的,纯在造成一个社会,而非为着个人。"②正是这种强烈事业心使民生公司发展成中国近代最大的民营航运公司。陈光甫金融事业的成功亦在于其强烈事业心,他说:"人生在社会有一真正快乐之事……是树一目标,创一事业,达到目的地及成功,为最快乐。此种快乐是从艰危困苦中得来,尤为永久,尤为有纪念价值。"③"勤俭"则是企业家致富后守业的保障。著名实业家聂云台提倡廉俭的生活,说:"盖礼教与俭约者,中国文化之美粹也。"④荣德生认为,社会进步后亦不能过分逾越界限,否则必起争端,"所以吾国将来工业发达,生产大增以后,必须保持知足,提倡古训,人人勤俭,衣食自足;地上生产,地下启发,物质生活,无虞匮乏"⑤。他家财万贯,却常年穿着布衣、布袜和布鞋,一生不沾烟酒,一张白纸也舍不得浪费。卢作孚声称中国人有两种美德可以战胜世界上任何其他民族,即勤和俭,在职工中倡导和开展勤俭运动,说,"大胆生产之谓勤,小心享用之谓俭",以使职工骄奢淫逸的旧习,"逐渐减少以至

---

① 陈光甫:《1932年9月28日总经理处会议谈话》,傅国涌、周振新编著:《金融的原理:陈光甫言论集》,新世界出版社2016年版,第115页。
② 童少生:《忆民生轮船公司》,周永林、凌耀伦主编:《卢作孚追思录》,重庆出版社2001年版,第187—188页。
③ 陈光甫:《1930年12月26日在天津与同人聚餐谈话》,傅国涌、周振新编著:《金融的原理:陈光甫言论集》,新世界出版社2016年版,第29页。
④ 弘化社编:《廉俭救国说》,佛学书局1934年版,第8页。
⑤ 荣德生:《乐农自订行年纪事续编》,《荣德生文集》,上海古籍出版社2002年版,第222页。

于无，而能够俭以养廉"①。可见，近代儒商不仅视敬业和勤俭为传统美德，还将其与近代实业兴办成功与否相联系，赋予了两者近代的思想特色。

六是，有浓厚家国情怀，走实业救国之路。许多近代民族企业家将"实业救国"作为兴办实业的主要目的，舍个人和企业小利，求民族国家之大利，实是对传统儒商家国情怀的升华。荣氏将救国救民视为兴办实业的目的，荣宗敬回顾三十年企业人生历程时说："余不敢谓于社会、国家有所裨益，惟力之所能为者，任何艰苦困难在所弗辞，亦聊尽国民一分子之义务而已。"②穆藕初将如何正确认识为国家民族谋福利与个人谋福利的关系做了深刻阐发，说："工厂对于国家的贫富强弱，民族的兴衰存亡，关系如此密切，因此我要郑重地大声疾呼，办工厂的目的应该是为国家民族谋福利，而不是仅仅为私人获取利润。办工厂的人应该把握住国家至上、民族至上的观念，而把私人的利益搁在后面，因为皮之不存，毛将焉附。"③在抗战中，他号召实业家支持抗日救亡，把生产经营与抗日救国相联系。荣氏兄弟的"实业救国"之路展现了儒家经国济世的情怀。刘鸿生被誉为"爱国心长，义无反顾"④。他创办鸿生火柴厂时面对日本等列强企业的排挤和打击，感受到国家与企业是休戚与共的，只有深明民族大义，才能换来企业之利，故提出"完全国货"的宣传口号。卢作孚创办的民生公司以"富强国家"为经营宗旨之一，希望"用事业的成功去影响社会，达到改变国家落后面貌，实现国强民富的目的"⑤。

七是有强烈社会责任感，热心公益慈善事业。许多近代企业家兴办实业，不仅是为救国，还大力投身社会公益和慈善事业，将回馈社会作为义不

---

① 李金铮、邓泓：《民生公司的人事管理》，周永林、凌耀伦主编：《卢作孚追思录》，重庆出版社2001年版，第364页。
② 荣宗敬：《总经理自述》，江苏无锡文史资料委员会编：《无锡文史资料》（第28辑），第16页。
③ 穆藕初：《科学管理》，穆家修、柳和城等编：《穆藕初文集（增订本）》，上海古籍出版社2011年版，第419页。
④ 刘念智：《实业家刘鸿生传略——回忆我的父亲》，"序（胡厥文）"，文史资料出版社1982年版。
⑤ 卢国纪：《我的父亲卢作孚》，四川人民出版社2003年版，第66页。

容辞的责任。张謇提出"父教育而母实业"①,认为实业和教育的近代化同等重要,"然则图存救亡,舍教育无由,而非广兴实业,何所取资以为挹注。是尤士大夫所当兢兢者矣"②。因此,他在南通大力普及和推广新式教育,使南通成为近代教育最发达的城市之一,在近代中国产生了广泛深远的影响。陈光甫将"服务社会"确立为上海商业储蓄银行营业宗旨,称这"实在是本行生活的要素,第二的生命,无论政局如何变化,环境如何恶劣,思想如何更换方向,……然而'服务社会'这四个大字的精神及应用方面,却始终如一,丝毫不改"③。"中国民族化学工业之父"范旭东被毛泽东称为"四大民族资本家"之一,先后创办和筹建久大精盐公司、久大精盐厂、永利碱厂、永裕盐业公司、黄海化学工业研究社等企业。他把"我们在行动上宁愿牺牲个人,顾全团体;我们在精神上以能服务社会为最大的光荣"④列入职工共同遵守的四大信条中。近代儒商企业家以参与公益事业、回馈社会民众作为更高追求,使其企业经营具有崇高使命感,展现了近代儒商高尚的精神境界。

中国近代儒商文化既是明清儒商文化的延续,又适应了社会的新发展和时代的新要求。马敏说,"近代儒商具有更加强烈的救亡图存意识,更为强调自己的政治责任和社会责任,更加重视推广新式教育,建立商人社团,实行商人自治、地方自治,以天下为己任";近代儒商文化是传统和现实相结合的产物,"是儒家经世致用、修齐治平等价值观念在近代条件下的应用、展开和变异,具有与时俱进的特点"⑤。可见,近代民族爱国企业家所创建的儒商文化已经完成了传统儒商文化的近代转型。

---

① 张謇:《通州中学附国文专修科述义并简章》,李明勋、尤世玮主编:《张謇全集》(第5卷),上海辞书出版社2012年版,第111页。
② 李明勋、尤世玮主编:《张謇日记》,上海辞书出版社2017年版,第566页。
③ 陈光甫:《资本主义的一条新出路》,何品、宣刚编注:《陈光甫日记言论集》,上海远东出版社2015年,第183页。
④ 傅国涌:《大商人——影响中国的近代实业家们》,鹭江出版社2016年版,第257页。
⑤ 马敏:《近代儒商传统及其当代意义——以张謇和经元善为中心的考察》,《华中师范大学学报》2018年第2期。

第四节　儒商的当代发展和中国当代儒商文化建构

中国当代儒商主要形成于改革开放时期,特别是20世纪90年代后,进入21世纪得到了进一步发展。随着中国经济迅速崛起和成为世界第二大经济体,企业家和商人已经成为中国经济发展的重要阶层和力量,在实现中华民族伟大复兴的进程中扮演着越来越重要的角色。因此,实现传统儒商文化的现代转型,建构中国当代儒商文化,使当代中国企业家和商人都成为高素质的儒商,不仅十分必要,而且具有重大意义。中国当代儒商文化的建构,必须秉承取其精华、去其糟粕的原则,只有这样,才能真正建构起有中国特色的当代儒商文化。

一、儒商的当代发展

儒商在现代获得重要发展,开始从中国走向世界,在当代已经形成了以中国大陆儒商、海外华裔儒商、日本和韩国等东亚国家儒商为主的三大儒商群体。中国当代儒商主要形成于改革开放时期,特别是20世纪90年代后。海外华裔儒商、日本和韩国等国的儒商虽然在近代就已经出现,但是,这些儒商成为有重要国际影响力的儒商群体还是在第二次世界大战(以下简称"二战")后伴随着东亚儒家资本主义崛起才出现的。

大陆儒商的现代发展一度中断。中华人民共和国成立初期,民族资本主义企业得到恢复和发展。不过,从1953年开始,民族资本主义企业开始接受资本主义工商业的社会主义改造。到1956年底,对资本主义工商业公私合营的改造基本完成,民族资产阶级作为阶级不复存在。此后,中国建立起全民所有制和集体所有制的社会主义工商企业,国家实行高度的计划经济体制,企业和工厂的经营管理没有独立自主权。同时,中华人民共和国成立后以儒家思想为主体的传统文化受到排斥和批判,甚至出现了"文化大革命"时期的彻底反传统。因此,1949—1978年改革开放前,中国缺乏形成当代儒商的社会历史条件和思想基础。自改革开放,特别是20世纪90年代以来,中国开始建立社会主义市场经济体制,国营企业进行经营管理机制的改革,民营企业则获得好的发展环境,一大批优秀企业家成长起来。特别是市场经济发展为大批知识分子下海经商提供了广阔空间,如北京"中关村"出现高校知识分子和科研院所人才经商热潮,四通、联想、方正、紫光、京海、科海和华讯等高科技企业崛起,其中涌现出一批有知识、有才干和有理想的企业家。同时,90年代后伴随着对反传统文化的反思和批判,社会上出现传统文化热,传统文化的现代价值开始得到重新认识。而20世纪六七十年代以来,日本、韩国、新加坡、中国台湾和中国香港等东亚国家和地区儒家文化资本主义的崛起则让世人认识到儒家思想在现代企业经营管理中的巨大价值。中国当代儒商在上述诸多因素的影响和作用下出现和成长起来,国内企业界形成了"儒商热"。如,北大"方正"的取名就体现了儒家文化精神和人文品格,王选为汉字激光照排系统取名时说:"取名方正吧,方方正正。朴实无华,这正是咱北大人的治学风格。"[①]1999年,海尔集团总裁张瑞敏在山东济宁召开的"儒商与21世纪国际学术研讨会"上阐述了儒商"内义外利"的本质,介绍了"以人为本"的企业管理经验。进入21世纪,中国经济飞速发展,涌现出千百万企业家;传统文化的大力弘扬和中国文化自信的加强,使当代中国企业家进一步认识到传统文化对企业发展的重要作用,许多企业家将儒家文化确立为企业经营管理的核心价值理念和精神,以房地产起家的王健林建立了儒家"以人为本"的万达企业文化。"中国高端厨电专家与领导者"方太集团形成了以仁义为核心的"中学明道,西学优术"的企业文化。南方李锦记弘扬儒家义利观,确立了"思利及人"的企业文化。马云的阿里巴巴倡导儒家诚信经营理论,提出"诚信创造价值"的口号。华为企业文化对中国传统文化做了多方的传承和发展。可以说,中国当代大批优秀企业家的出现和以儒家文化为主体传统文化的复兴,使中国当代儒商群体不断发展壮大,做一名儒商已成为许多当代中国企业家的共识和追求。

当代儒商的第二大群体是海外华裔儒商。20世纪50年代以来,海外华裔商人异军突起,出现了一批杰出企业家和巨富。如,"世界船王"包玉刚、

---

① 戢斗勇:《儒商精神》,经济日报出版社2001年版,第50页。

"世界塑料大王"王永庆、中国香港首富李嘉诚、新加坡"企业巨人"郭芳枫、马来西亚"亚洲糖王"郭鹤业、泰国首富"金融巨擘"陈弼臣、印尼"世界巨富"林绍良、菲律宾"企业皇后"郑绵绵、美国"电脑大王"王安、美国"钢铁大王"唐仲英等。海外华人资本额巨大,据英国学者估算,1987 年海外 4 000 万华人的国民生产总值达 2 000 亿美元之多。① 据美国《福布斯》杂志统计,1994 年东南亚最大的 1 000 家上市公司中,517 家由华人经营,上市股份额占总数的 42%。东南亚经济 70% 控制在华商手里。② 可见,华人富商在世界经济中占举足轻重的地位。海外华商多为儒商。潘亚暾、汪义生等著《儒商列传》列举了 40 多位儒商大多是我国港澳台、新马泰及其他国家和地区的华商,单纯主编的《儒商读本(人物卷)》收录了海外儒商 37 人。他们列举的儒商,有中国香港的董建华、李嘉诚、霍英东、曾宪梓和汤恩佳等,中国澳门的马万祺,中国台湾的朱伯舜,还有美国的王安和陈香梅等。海外儒商多把经商成功秘诀归于儒家文化。他们在采用现代企业经营管理思想的同时,又将中国传统文化,特别是儒家思想运用到经营管理当中。他们认同中华文化,有强烈的中国文化认同感和自豪感,关心和支持祖国建设和改革开放。他们以人为本、关爱员工、诚信经营、以义取利、艰苦创业、自强不息、勤奋俭朴、知识渊博。他们有强烈的社会责任感,积极投身社会公益慈善事业。在海外华人儒商中,东南亚和我国港澳台地区的儒商特别多。原因是多方面的,不过最主要原因则是这些国家和地区的华商特别重视儒商文化的传承与弘扬,"今日南洋儒商在商业活动中遵守儒家道德规范,讲究仁义为立身之本,利以义制,信守公平,以顾客为上帝,以服务为目的,视同行同业为战友,视职工为兄弟,风雨同舟,共进共荣"③。海外儒商的巨大成就充分说明,儒家经济伦理在现当代商品经济、企业经营管理和社会经济发展中依然能够发挥重要作用。

---

① 参见[英]S. B. Redding 著,张遵敬等译:《海外华人企业家的管理思想——文化背景与风格》,三联书店上海分店 1993 年版,第 4 页。
② 戡斗勇:《儒商精神》,经济日报出版社 2001 年版,第 48 页。
③ 潘亚暾:《南洋儒商文化》,世界华商经济年鉴编辑委员会编:《世界华商经济年鉴(1996—1997)》,企业管理出版社 1996 年版,第 121 页。

当代儒商的第三大群体是日本、韩国等国的儒商。隶属于东亚儒家文化圈的日本和韩国等国家,因历史上长期受儒家文化影响,甚至是由儒家文化主导,因此,儒商及其文化在这些国家也得到发展。实际上,日本在近代就出现了儒商和儒商文化。被称为"日本近代企业之父"的涩泽荣一(1840—1931)便是著名的儒商,一生创办600多家企业,所著《论语与算盘》深刻阐发了见利思义、义利合一的经营思想,提出"和魂商才"的理念,将西方工具经济理性与儒家道德价值理性统一起来,为日本近现代企业发展确立了指导思想和价值观。自此,日本企业家普遍重视应用儒家思想来管理企业。二战后,日本企业家运用儒家思想经营管理企业取得举世瞩目的成就,一度成为世界第二大经济体,其经济发展模式得到西方有识之士的广泛认同。如弗兰克·吉布尼说,日本是东西合璧的"儒家资本主义",以人为中心的"人力资本思想""和谐高于一切"的人际关系、"高产乃是为善"的劳动道德观,是日本经济发展不容忽视的因素。米切欧·莫里西则说,"儒家价值观念决定了日本资本主义制度中集体主义伦理道德体系的确立"。[①] 韩国企业家也重视儒家思想的运用和发展,同样使二战后的韩国经济实现了腾飞。日本、韩国等东亚国家企业家把儒家文化与西方现代企业思想和经营模式相结合,创造出与西方资本主义发展不同的"东亚模式",即"儒教(家)资本主义"。可见,日本、韩国等东亚国家儒商已经成为这些国家企业家的主要力量。

二、中国当代儒商文化的建构

随着中国当代社会主义市场经济的建立和完善,儒商应当成为中国当代企业家和商人的主体,这就需要使传统儒商文化和近代儒商文化转型为当代儒商文化,因此,建构中国当代儒商文化既是必要的,又是可能的。中国当代儒商文化的建构,在充分积极吸收其思想精华时,又要去除其思想糟粕,只有这样,才能真正建构起有中国特色的当代儒商文化。

[①] 转引自黎红雷:《儒家管理哲学》,李锦全"序",广东高等教育出版社2010年版,第3页。

随着中国当代社会主义市场经济的发展,企业家和商人群体不断壮大,建构中国当代儒商文化显得相当紧迫和必要。首先,中国当代企业家和商人的素质亟待提高。中国当代经济崛起培育出大批商人和企业家,其中不乏高素质的儒商商人或企业家。然而,他们的总体素质还是比较低的,缺乏中国特色的商业文化精神。具体表现为三个方面:一是大批素质低下的商人混迹市场。中国市场经济的迅速发展和商业利润,诱使各行各业的人涌入商海,其中大部分人没有商业经验和商业知识,甚至有不少文盲、半文盲。二是商人或企业家道德或市场伦理不健全。他们未能形成积极的企业价值观念和道德精神,各种不道德商业行为充斥市场,给市场经济正常运行与健康发展造成了很大的消极影响。三是经营理念和方式陈旧。受旧经济观念的影响,加之许多商人文化素质低及现有市场机制还不完善,造成他们在经营观念上与现代市场经济要求还存在很大距离。[1] 其次,建立有中国特色的儒商文化是建立中国特色社会主义市场经济的必然要求。中国特色社会主义市场经济必须与中国的具体国情、特别是文化传统相结合才能有效运行,而只有中国特色的企业家文化才能对中国市场经济加以引导和规范。西方新制度经济学代表人物、诺贝尔经济学奖获得者道格拉斯·C.诺思1995年来华访问时说,"我们的文化传统,我们的信念体系,这一切都是根本的制约因素"[2]。其《经济史中的结构与变迁》一书指出,一个国家在选择一种制度安排时,必须把引进的正式制度安排与本国文化传统、习俗等非正式制度调适起来,才能使制度有效运行和发挥作用。[3] 可见,建构中国当代儒商文化不仅对于中国企业家和商人,而且对于中国特色社会主义市场经济发展都是必然要求。

传统儒文化也可以为当代中国企业家和商人所继承和发扬,成为当代儒商文化精神的重要组成部分。首先,传统儒商文化能较好地适应商人或

---

[1] 唐凯麟:《传统儒商精神的现代建构》,《求索》2017年第1期。
[2] [美]道格拉斯·C.诺思:《制度变迁理论纲要》,《改革》1995年第3期。
[3] 详见[美]道格拉斯·C.诺思著,陈郁、罗华平等译:《经济史中的结构与变迁》,三联书店上海分店1991年版,第3—78页。

企业家的行为习惯和精神心态,有效发挥其引导激励作用。作为市场主体的商人和企业家的行为一方面受客观市场法则制约,一方面受内在精神观念、行为方式的影响和引导。中国商人和企业家从小受传统文化熏陶,传统文化已内化到他们的观念和行为中。因此,建构儒商文化与他们的精神心态和行为方式是相契合的,这样能有效对其发挥导向、激励和规范作用。其次,传统儒商文化将传统道德理性主义与现代经济功利主义相结合,比片面强调和追求经济功利主义的西方文化更能适应现代市场经济发展。当代新儒家成中英说,西方现代企业管理充分发挥了人的工具理性,形成了管理制度的机械化;儒家则是"人性论的管理哲学",代表了对人性普遍潜能的自觉和普遍价值目标的认知,并发展出行为规范、制度规范、组织规范以作为追求及达到目标的方法;我们把这套管理哲学,"投射在现代管理功能、管理目标和管理方法的架构上,凸显出其发挥人性、开拓人力的管理特色。……儒家哲学无疑是具有普遍性的管理哲学"[1]。可见,西方当代企业管理存在严重缺陷,只有辅以儒家人性管理哲学,才能提高现代企业管理的有效性和价值。最后,传统儒商文化的现代价值已为当代经济发展事实所证明。二战后东亚儒家资本主义的成功和海外儒商的巨大成就充分和有力地证明了这一点。美国著名作家约翰·奈斯比特在其《亚洲大趋势》一书的第一章中说,海外华人企业家运用中国传统文化于企业经营中,以独特的"游戏规划"驰骋世界经济舞台,取得了卓越经营成就,已成为全球最杰出的企业家。以西方"游戏规则"建立起来的经济正走向衰落,建立在中华文化基础上的华人"游戏规划"则愈益显示出独特的价值和魅力。[2] 唐凯麟则说:"事实表明,对现代市场经济来说,基于中国文化传统的儒商精神有着一种比西方商人精神更大的亲和性,能更有效地促进现代市场经济的发展。"[3]可见,建立当代中国儒商文化不仅是必要的,也是可能的。

---

[1] 黎红雷:《儒家管理哲学》,成中英"序",广东高等教育出版社2010年版,第12页。
[2] 详见[美]约翰·奈斯比特著,蔚文译:《亚洲大趋势》,外文出版社1996年版,第9—39页。
[3] 唐凯麟:《传统儒商精神的现代建构》,《求索》2017年第1期。

传统儒商文化所蕴含的丰富和优秀思想资源,具体来说,可以为当代中国企业经营管理提供四方面的资源:其一,借鉴儒商文化,将商业活动和经济伦理相渗透和结合,减弱现代市场经济活动中赤裸裸的功利主义,使现代经营管理活动有更多的人文精神。其二,借鉴儒商职业观,净化现代企业经营管理。儒商文化不是用纯商业和经济的观点来看待商业活动,而是倾向于把商业经营看成社会性的广结善缘活动,在追求利益目标时建立和扩大人际缘分网络。其三,传承儒家"义利合一"准则,培养大批有德有能的现代经营管理人才。知识经济时代的企业管理离不开大批高素质人才,其中,最根本的是要培养既有道德理性精神,又有追求功利能力的人才。其四,以儒商诚信观建构现代企业文化。在市场经济条件下,诚信是市场经济的基础,也是企业的财富和资源。儒商以诚为本,将诚信视为企业的生命,这是一种内在的、主动的诚信观,与西方企业依靠契约精神和规则来外在约束企业不同。树立企业的儒家诚信观,能够更好地使企业讲信用,保持良好的信誉和竞争力,维护市场经济的秩序。[①]

然而,传统儒商文化是传统社会的产物,要使其成为当代儒商文化的有机组成部分,就必须要根据社会主义市场经济发展要求,对传统儒商文化进行扬弃和改造,这样才能建构出与社会主义市场经济法则相适应的当代儒商文化。当代中国儒商文化及其精神建构的基础是中国特色社会主义市场经济,因而必须遵循三个基本原则:"一是要反映现代科技革命和现代市场经济的客观要求,二是要体现出社会主义的本质和核心价值观,三是要符合中国的国情和文化传统。"可见,传统儒商文化及其精神与这三条基本原则既有种契合之处,又不完全一致。因此,与传统儒商文化相比,当代儒商文化的建构必须完成两个重大转变:"一是在价值取向上由私有制条件下的商人观念向社会主义商人价值观的转变,二是在观念和形式上由传统商品经济观念向现代市场经济观念的转变。"[②]这两大转变的完成将促使传统儒商

---

① 参见唐任伍:《论儒商精神的塑造》,中国企业文化研究会编:《中国企业文化年鉴(2011—2012)》,吉林人民出版社2012年版,第223—224页。

② 唐凯麟:《传统儒商精神的现代建构》,《求索》2017年第1期。

文化转化为中国当代儒商文化。

建构当代中国儒商文化的路径是对传统儒商文化加以扬弃和改造。所谓"扬弃",就是根据社会主义现代市场经济的客观要求,对传统儒商文化进行深入的考察、分析和辨别,剔出其陈旧和消极的思想,提取其有当代价值和生命力的思想精华。所谓"改造",就是在扬弃的基础上对保留下来的思想成分进行现代转换,使其具有当代内涵和精神。具体来说,传统儒商文化在两个方面与社会主义市场经济所需要的企业文化存在不一致和差距,需要加以扬弃和改造。一是核心价值观,即义利观存在差异。传统儒商价值观主要以义利统一为原则,社会主义市场经济价值观原则上也是如此,但是,两者在"义"的具体内涵上却有很大区别。社会主义市场经济价值观是由社会主义生产目的决定的,旨在促进社会生产力发展,实现广大人民的共同富裕。传统儒商文化虽然也包含服务社会、扶贫济困的价值观,但多是基于个人和家族利益而为社会尽力的。近代儒商价值观有了提升,但是与社会主义核心价值观仍存在差距。因此,必须对传统儒商义利观加以改造和升华。二是经营管理理念差异。传统儒商文化是在封建时代和资本主义商品经济中形成的。封建时代商品经济在性质和规模上都与现代市场经济有着重大区别。近代儒商文化与现代市场经济联系在一起,但企业经营多是家族式的,经营理念仍有浓厚的旧色彩,与当代中国特色社会主义市场经济也有相当差距。经过扬弃和改造的传统儒商文化可以内化为当代儒商文化的有机成分,但还不足以构成当代中国儒商文化。当代儒商文化的建构需要在此基础上构筑新框架和注入新内容,应该体现社会主义的价值本质和现代市场经济的根本要求。至此,当代中国儒商文化的"建构"才完成。正如唐凯麟所说:"重构的现代儒商精神,应该是中国文化传统、社会主义核心价值观与现代市场经济法则的互补整合而形成的一种具有中国特色的现代商人或企业家精神。也就是说,中国文化传统形成其鲜明特色,社会主义核心价值观引导其根本取向,现代市场经济法则规定其基本内容。"[1]当代儒商文化建构之后,还要通过舆论宣传引导和典型示范,并使之体现在具体的制

---

[1] 唐凯麟:《传统儒商精神的现代建构》,《求索》2017年第1期。

度中,逐步成为广大商人和企业家自觉的精神导向和行为习惯,这样,才能使当代中国儒商文化真正成为中国企业界和商业界的文化。

当代中国儒商文化的建构和建设已取得初步成就。不少中国商人和企业家对儒商有向往之情,自觉不自觉地运用传统文化从事企业和商业经营。儒商研究专家黎红雷教授的《儒家商道智慧》一书系统和深入总结了中国企业家运用儒家思想经商办企业的实践,归纳出中国当代儒家商道的八大智慧,即拟家庭化的企业组织形态、教以人伦的企业教化哲学、道之以德的企业管理文化、义以生利的企业经营理念、诚信为本的企业品牌观念、正己正人的企业领导方式、与时变化的企业战略智慧、善行天下的企业责任意识等。[1]他还对苏州固锝、东莞泰威、宁波方太、联想控股、海尔集团、大连万达等儒商企业文化作了案例分析,运用儒家商道经营管理企业的实践,阐发了当代中国企业经营管理的中国经验,充分展现了中国当代儒商及其文化风采。

总之,随着中国经济在世界经济中扮演越来越重要的角色,随着中国企业家群体迅猛壮大并成为国际企业界的有生力量,随着中华民族伟大复兴进程的推进,随着中国传统文化"普世价值"在世界上得到越来越多的认同,传统儒商文化复兴开始融入中华民族伟大复兴事业之中,中国当代儒商文化发展必将道路宽广和前景光明。

主要参考文献

[1]杨伯峻译注:《论语译注》,中华书局1980年版。
[2][清]焦循:《孟子正义》,中华书局1987年版。
[3][宋]朱熹:《四书集注》,岳麓书社1987年版。
[4][汉]司马迁:《史记》,中华书局2008年版。
[5][宋]程颢、程颐:《二程集》,中华书局2004年版。
[6][宋]朱熹:《朱子全书》,上海古籍出版社、安徽教育出版社2002年版。

---

[1] 详见黎红雷:《儒家商道智慧》,人民出版社2017年版。

[7][宋]陈亮:《陈亮集》,中华书局 1987 年版。
[8][明]王阳明:《王阳明全集》,上海古籍出版社 2011 年版。
[9]张海鹏、王廷元主编:《明清徽商资料选编》,黄山书社 1985 年版。
[10]李明勋、尤世玮主编:《张謇全集》,上海辞书出版社 2012 年版。
[11]李明勋、尤世玮主编:《张謇日记》,上海辞书出版社 2017 年版。
[12]虞和平编:《经元善集》,华中师范大学出版社 2011 年版。
[13]荣德生:《荣德生文集》,上海古籍出版社 2002 年版。
[14]荣德生:《乐农自订行年纪事》,上海古籍出版社 2001 年版。
[15]穆藕初:《穆藕初自述》,安徽文艺出版社 2013 年版。
[16]穆家修、柳和城等编:《穆藕初文集(增订本)》,上海古籍出版社 2011 年版。
[17]傅国涌、周振新编著:《金融的原理:陈光甫言论集》,新世界出版社 2016 年版。
[18]何品、宣刚编注:《陈光甫日记言论集》,上海远东出版社 2015 年。
[19]周永林、凌耀伦主编:《卢作孚追思录》,重庆出版社 2001 年版。
[20]弘化社编:《廉俭救国说》,佛学书局 1934 年版。
[21]宋长琨:《儒商文化概论》,高等教育出版社 2010 年版。
[22]邵作昌、王永超主编:《儒商文化》,上海财经大学出版社 2017 年版。
[23]张桂平、林锋、王作言:《21 世纪儒商文化》,光明日报出版社 2016 年版。
[24]戢斗勇:《儒商精神》,经济日报出版社 2001 年版。
[25]戢斗勇:《以义取利的生意经 儒商文化》,山东教育出版社 2011 年版。
[26]施忠连:《传统中国商人的精神弘扬》,海天出版社 1993 年版。
[27]唐凯麟、罗能生:《契合与升华 传统儒商精神和现代中国市场理性的建构》,湖南人民出版社 1998 年版。
[28]张启元:《儒商精神与企业管理》,青海人民出版社 2006 年版。
[29]黎红雷:《儒家商道智慧》,人民出版社 2017 年版。
[30]黎红雷:《儒家管理哲学》,广东高等教育出版社 2010 年版。
[31]刘凌:《反思传统 重识泰山》,线装书局 2010 年版。
[32][美]成中英:《C 理论:中国管理哲学》,东方出版社 2011 年版。
[33][美]道格拉斯·C. 诺思著,陈郁、罗华平等译:《经济史中的结构与变迁》,三联书店上海分店 1991 年版。
[34][美]约翰·奈斯比特著,蔚文译:《亚洲大趋势》,外文出版社 1996 年版。
[35]章开沅、马敏、朱英主编:《中国近代民族资产阶级研究(1860—1919)》,华中

师范大学出版社 2000 年版。

[36]周永林、凌耀伦主编:《卢作孚追思录》,重庆出版社 2001 年版。

[37]江怡:《民营经济发展体制与机制研究》,浙江大学出版社 2016 年版。

[38]徐国利:《宋明新儒学与中国传统儒商及其精神的形成》,黎红雷主编:《企业儒学:2018》,人民出版社 2019 年版。

[39]潘亚暾:《南洋儒商文化》,世界华商经济年鉴编辑委员会编:《世界华商经济年鉴 1996—1997》,企业管理出版社 1996 年版。

[40]唐任伍:《论儒商精神的塑造》,中国企业文化研究会编:《中国企业文化年鉴(2011—2012)》,吉林人民出版社 2012 年版。

[41]周生春、杨缨:《历史上的儒商与儒商精神》,《中国经济史研究》2010 年第 4 期。

[42]唐凯麟:《传统儒商精神的现代建构》,《求索》2017 年第 1 期。

[43]马敏:《近代儒商传统及其当代意义——以张謇和经元善为中心的考察》,《华中师范大学学报》2018 年第 2 期。

[44]施炎平:《儒商精神的现代转化》,《探索与争鸣》1996 年第 10 期。

[45]林一民、卢太宏:《商业传播中的儒家传统与现代规范——中国"老字号"与西方品牌的文化比较》,《南昌大学学报》1999 年第 3 期。

[46]张雄:《从经济哲学看市场精神》,《光明日报》2019 年 5 月 13 日。

第二章　仁道的商业价值观

"仁"是儒家思想最核心的概念,也是儒学最根本的价值观,是标志人的道德品格和政治理想的思想范畴。"仁"既对儒家的其他概念和价值具有统摄性,又包含多元的发展维度。先秦儒学和宋明理学对其都有丰富的论述,并且构成了儒家思想体系的核心内容。传统儒商和近代儒商汲取儒家仁学思想,根据各自的时代要求和社会需要对其加以阐发,以仁道和仁爱作为商业和企业经营管理的核心价值观。当代中国企业儒商伦理的建构,必须以"仁"作为核心价值来建构伦理价值观,以仁道和仁爱作为企业的经营管理原则,只有这样,才能成为名副其实的现代儒商企业。

第一节　儒学的核心理念"仁"及其发展

"仁",是儒家思想最核心的概念,也是儒学最根本的价值观,是标志人的道德品格和政治理想的思想范畴。"仁",既对儒家的其他概念和价值具有统摄性,又包含多元的发展维度。自先秦孔子将"仁"作为儒学核心加以论述后,此后历代儒家都根据时代和社会发展需要对其内涵加以丰富和发展,为儒商提供了最重要的儒家思想资源。

一、先秦儒家"仁"的思想提出

"仁",是儒家文化的核心,是标志人的道德品格和政治理想的思想范畴。许慎《说文解字·人部》说:"仁,亲也;从人从二。"可见,"仁"是人和二两字的合写,二人成仁,本意是指人与人之间的亲爱之意。儒家文化把"仁"当作社会生活和日常行为的准则,同时也是精神价值的取向。

春秋时期,随着人本主义思潮的兴起,"仁"字的使用逐渐多了起来。儒家创始人孔子把"仁"作为儒家思想的核心,不到两万字的《论语》出现最多的字就是"仁",达109次[①]。他将"仁"提升到哲学高度,并从各个角度加以阐发,构成了以"仁"为核心的儒家思想体系。首先,"仁"是道德概念。孔子对"仁"最本质的界说是"仁者爱人",即"泛爱众",要求爱社会上的一切人,就是在处理人际关系时要亲爱一切人。"爱人"有两条原则:"己欲立而立人,己欲达而达人"(《论语·雍也》);"己所不欲,勿施于人"(《论语·颜渊》)。可见,"仁"是爱善者与憎恶者相统一的美德。孔子认为,"仁"是一切美德的总称,孝、悌、恭、敬、忠、宽、信、敏、惠等美德,是"仁"在道德行为上的不同表现。此外,还可以从"仁"引申出礼、乐、智、勇、不忧、静、寿、博学、笃志、切向、近思等美德。以"仁"为核心的道德范畴体系,既有人的认知心理、语言仪表、道德感情、行为动机等主观因素,也有人的道德行为因素,从不同侧面反映着"仁"的内容。其次,"仁"还是政治范畴。孔子把"仁"落实到政治层面,提出了"为政以德"的治国之道,"道(导)之以政,齐之以刑,民免而无耻;道(导)之以德,齐之以礼,有耻且格。"(《论语·为政》)"德治"主要有三方面内容:在政治上,极力反对滥施刑罚的暴虐统治;在经济上,主张减轻徭役和赋税,大力提倡"富民""利民""养民""惠民";在吏治上,主张"举贤才"。孔子的"德治"是以"仁"为前提和基础的,实际是"仁"的人道理性精神在不同侧面的具体展现。"仁"是孔子终身追求的政治理想和道德目标,要求人们一刻也不能离开"仁",孔子说:"君子无终食之间违仁,造次必于是,颠沛必于是。"(《论语·里仁》)只有将人的言行都"归于仁",才是理想的人格——仁人(君子)。那么,如何才能达到"成仁"的道德理想呢?孔子说:"克己复礼为仁。一日克己复礼,天下归仁焉。为仁由己,而由人乎哉!"(《论语·颜渊》)"为仁由己",即由己及人,由内及外,有三层意义:克己以正身,克己以敬人,克己以复礼。有学者说:"这种'为仁由己'的成仁之道,实际是一种主观的内省式的修养模式,它为后世的儒家的道德修养论奠定了

---

① 孙景坛:《仁是孔子思想核心新证》,《南京社会科学》1991年第5期。

理论基础。"①

战国中期的孟子全面继承和发展了孔子的仁学思想。一是从人性论高度为"仁"寻找到理论根据。孔子虽然反复讲"仁",但没有从理论上回答人为什么能"仁"。孟子则认为,"仁"存在于先天的人性中,即"性本善",并把它作为"仁"的心性根据,肯定"仁"是由人的"不忍人之心"发展而来。孟子说:"仁义礼智,非由外铄我也,我固有之也。"(《孟子·告子上》)又说:"人皆有不忍人之心。……所以谓人皆有不忍人之心者,今人乍见孺子将入于井,皆有怵惕恻隐之心,非所以内交于孺子之父母也,非所以要誉于乡党朋友也,非恶其声而然也;……恻隐之心,仁之端也。"(《孟子·公孙丑上》)"人之所不学而能者,其良能也;所不虑而知者,其良知也;孩提之童,无不知爱其亲也;及其长也,无不知敬其兄也;亲亲,仁也;敬长,义也,无他,达之天下也。"(《孟子·尽心上》)"仁"正是导源于这种天生和固有的"不忍人之心"。不过,它只是"仁"的潜在形态,只有将它扩充起来,方可成为爱人之"仁"。二是扩大了"仁"的对象和范围。孔子的"仁"主要限于"爱人",孟子则将其扩大到"爱物",将"仁"扩展到人与人、人与社会生活的各个方面。以仁为本,以事其亲;以仁其民,以治其国,以平天下。孟子把"仁"分为由内向外的三个层次,说:"君子之于物也,爱之而弗仁;于民也,仁之而弗亲。亲亲而仁民,仁民而爱物。"(《孟子·尽心上》)亲亲、仁民、爱物虽有远近、厚薄之分,但都是爱的扩充与表现。三是将"仁"落实到政治层面,提出了仁政学说。仁政学说是以"不忍人之心"为基础,"人皆有不忍人之心。先王有不忍人之心,斯有不忍人之政矣;以不忍人之心,行不忍人之政,治天下可运之掌上。"(《孟子·公孙丑上》)"仁政"源于"仁心",是将仁心由近及远扩展到全体社会成员,即"老吾老,以及人之老;幼吾幼,以及人之幼"(《孟子·梁惠王上》)的"推恩"过程。在经济上,他主张井田制,使民有恒产,保证"仰足以事父母,俯足以畜妻子"(《孟子·梁惠王上》),要求"取于民有制""不违农时"和"与民同乐"。在政治上,主张"省刑罚"和"施仁政于民",提倡王道,反对霸

---

① 葛荣晋:《中国哲学范畴通论》,首都师范大学出版社2001年版,第703页。

道,以争取民心;在吏治上,主张"尚贤",提倡"贤者在位,能者在职"(《孟子·公孙丑上》)。孟子的"仁政"学说为中国封建社会儒家治国奠定了理论基础。

《礼记》对"仁"也有诸多发挥。如《礼记·大学》说:"仁行以财发身,不仁者以身发财。"认为仁者以分财济贫来获取好名声,而不仁者则以身殉财。《礼记·儒行》对"仁"的具体德行和表现做了说明,"温良者,仁之本也。敬慎者,仁之地也。宽裕者,仁之作也。孙接者,仁之能也。礼节者,仁之貌也。言谈者,仁之文也。歌乐者,仁之和也。分散者,仁之施也。儒者兼此而有之,犹且不敢言仁也,其尊让有如此者。"这可视为对理想人格——仁者气象的具体描绘。其中,"分散者,仁之施也",意为分财济贫,是仁德的实施,是儒家看待"仁"与"财"的关系的重要论述,体现了儒家商业伦理思想。

二、宋明理学对"仁"的发展——天理和良知

北宋以降,融合儒释道为一体的新儒学,即宋明理学对仁学思想做了新发展。以程朱为代表的理学派将"仁"纳入理学体系中,把天理作为最高伦理范畴,形成了以仁为本的儒家纲常伦理。王阳明则以良知说为基础阐发了其仁学,提出了"万物一体之仁"的重要思想。

二程(程颐与程颢)是程朱理学的奠基者,对仁的思想做了新的拓展。首先,对"理"与"仁"的关系做了阐述。他们都以"理"为最高范畴和世界本原,认为"理"既在事物之中,又在事物之上。程颢提出"天者理也"的命题,把"理"作为宇宙的本原,程颐说:"所谓万物一体者,皆有此理,只为从哪里来。"(《二程遗书》卷二)天道即是"生","天只是以生为道"(《二程遗书》卷二),故"天地之大德曰生";生是天道,是天地之心,故天道为仁。在生生不已的天道下,通过阴阳二气的絪缊化生天地万物,人只不过是得天地中正之气,故"人与天地一物也"(《二程遗书》卷一)。人能明白这个道理,达到这种精神境界,即为"仁者"。他说,"只心便是天,尽之便知性,知性便知天,当处便认取,更不可外求"。只要通过"诚敬"的自我体验工夫,达到"仁"的境界,"仁者以天地万物为一体,莫非己也。认得为己,何所不至?若不有诸己,自不与己相干,如手足不仁,气已不贯,皆不属己"。(《河南程氏遗书》卷二上)程颐把"仁"视为形而上的道德本体,说"仁"源于天道生生之理而具于心,从根本上说"仁"就是"理","仁,理也;人,物也;以仁合在人身言之,乃是人之道也。"(《河南程氏遗书》卷六)"生人之理便是仁。"(《河南程氏遗书》卷一八)他还以公释仁,说:"仁者,公也。"孔子讲仁,"要之不出乎公也。"(《河南程氏遗书》卷九)又说:"仁之道,要之只消道一公字;公只是仁之理,不可将公使唤作仁。公而以人体之,故为仁。只为公则物我兼照,故仁所以能恕,所以能爱;恕则仁之施,爱则仁之用也。"(《河南程氏遗书》卷一五)他主张"仁"是"体","爱则仁之用也",不可把性与情、体与用混同,强调"仁"的本体论意义和形而上的超越性。理学集大成者朱熹发展了二程"仁即理"的思想,进一步将"仁"理学化。他把"心之德"与"爱之理"视为"仁"的基本内容,说:"仁者,爱之理,心之德也。"(《论语集注·学而》)"心之德"是以心言仁,就人而言;"爱之理"是以理言仁,就天而言。"仁"是天理与人心合一的理想境界。他认为,"仁"是"纯是天理之公,而绝无一毫人欲之私"的境界,而要达到"仁"的境界,"仁者本心之全体。……盖心之全德莫非天理,而亦不能不坏于人欲,故为仁者必有以胜私欲而复于礼,……则私欲净尽,天理流行,而仁不可胜用矣。"(《论语集注·颜渊》)程朱理学创立理学并以之改造和发展仁学,将"仁"绝对化和唯理化,提升和凸显了"仁"在人生和社会中的绝对地位和价值。

明代大儒王阳明以良知说建构其儒学观,以良知解释和发展仁学,丰富和发展了仁学的内涵。首先,将良知、心、性与理(天理)统一起来。他说,良知是人人必具的至善之性,"性无不善,故知无不良";良知即是天理,"吾心之良知,即所谓天理也"(《传习录》中);"天理在人心,亘古亘今,无有终始,天理即良知"(《传习录》下)。良知亦即是心,是心之本体及其发用流行的统一,"夫心之本体,即天理也。天理之昭明灵觉,所谓良知也。"(《王文成公全书》卷五《答舒国用》)而"心即性,性即理"(《传习录》上)。总之,"心外无物,心外无事,心外无理,心外无义,心外无善"。(《王文成公全书》卷四《与王纯甫》)良知即心,心即性,心即理,将四者说成是一个东西,是阳明心学的核心,也是其与程朱理学的区别所在。由于良知存在于每个人心中,是人与生俱来的,所以圣贤与普通人同具此心,"是非之心,不虑而知,不学而能,所谓良知也。良知之在人心,无间于圣愚,天下古今之所同也"。(《传习录》中)由于良知存于每个人心中,村夫村妇、商人市井等都有良知,不待外求,只要人能除却私欲和自我省觉,便可为贤为圣,即此"满街人都是圣人"(《传习录》下)。这就挺立了普通民众的道德主体自觉精神,使心学成为符合大众道德教化的学说。其次,把良知说与"万物一体"说相结合,深入论述了"万物一体之仁"的重要思想。他说:"大人者,以天地万物为一体者也,其视天下犹一家,中国犹一人焉。若夫间形骸而分尔我者,小人矣。大人之能以天下为一体也,非意之也,其心之仁,本若是其与天下万物为一也。岂惟大人,虽小人之心,亦莫不然。……是乃根于天命之性,而自然灵昭不昧者也。是故谓之明德。……是故苟无私之蔽,则虽小人之心,而其一体之仁,犹大人也。"(《王文成公全书》卷二六《大学问》)"大人者,以天地万物为一体",既是"天人一气"的本体论,"万物一体之仁"的心性论,又是心理合一"无我"的道德境界论。尤其是从境界论上说,"天地万物一体"就是一种"无私"的大我天地境界。在这种境界中,人不只觉悟到自己是整个社会的一员,"其视天下之人无外内远近,凡有血气,皆其昆弟赤子之亲,莫不欲安全而教养之,以遂其万物一体之念。"(《传习录》中)而且觉悟到自己是宇宙的一员,"君臣也,夫妇也,朋友也,以至于山川草木鬼神鸟兽也,莫不实有以亲之;以达我一体之仁。"(《王文成公全书》卷二六《大学问》)所做之事不但有益于社会,也有益于天地万物。这种思想从仁爱精神出发,有一种强烈的拯救意识和社会责任感,彰显了崇高的道德境界。

　　宋明理学对"仁"的发展,对儒商伦理的建构具有积极意义。程朱理学将"仁"理学化,把"仁"视为天理,在理论上发展和完善了"仁"的思想,为儒商践行"仁"提供了绝对的思想和信念基础与保障,即天理(仁)不可违。程朱理学将"仁"与"公"相联系,实际是强化了"仁"的社会价值优先,有助于儒商正确看待公私关系,树立社会责任感。阳明心学的"良知说"则为商人获得与士人平等的地位提供了理论依据。既然良知(仁)是天然自有之理,是人与生俱来的,人人皆与圣贤有同样的良知,他们在道德人格上是天生平等的,那么,商人自然就可能和儒士一样拥有平等的社会地位与政治地位。再者,阳明心学以良知为仁,将"仁"视为人的心性所具有的,倡导"万物一体之仁",既凸显了"仁"及其实践的主体性,又强化了行"仁"的目标是实现万物一体,为儒商道德伦理建构指明了方向。

第二节 仁道与明清和近代儒商的伦理建构

一、仁道与明清儒商的伦理和人格塑造

仁道是儒家文化的核心,既是社会生活和日常行为的准则,也是精神价值的取向。儒商经济伦理便是以"仁"的人道主义为基础的。大凡儒商都会按《礼记·大学》所说的"仁者以财发身,不仁者以身发财",奉行"君子爱财,取之有道"的原则。儒商将做人与经商结合起来,以仁爱经商,成为儒商的传统。

程朱理学以天理释仁,将以仁为本的儒家纲常伦理理论化和绝对化,视之为亘古不变的天道。天理及理学成为明清儒商建构新商业伦理的根本,他们多以天理作为安身立命的准则和人生的终极追求。明人程春宇编纂著名商书《士商类要》专辟"养心穷理"篇,说:"夫君子存心皆天理,天理存则心平而气和,心平而气和则人有过自能容之矣,……然则学量之功何先? 曰穷理。穷理则明,明则宽,宽则恕,恕则仁矣。"[1]明清晋商的《行商遗要》说:"为商贾,托天理,常存心上,不瞒老,不欺幼,义取四方,领东本,遵号令,监制茶货,逐宗事,照旧规,勤勤俭俭。"[2]一些商人家族的家训也以仁道和天理训诲子弟和后人。如祁县富商《渠氏家训》规定:"善人则亲近之,恶人则远避之,不可口是心非,须要隐恶扬善,此训以格人非、捐资以成人美,做事须循天理,出言要顺人心。""诸恶莫作,众善奉行,永无恶曜加临,常有吉神拥护,近

---

[1] 贾嘉麟等主编:《商家智谋全书》,中州古籍出版社2002年版,第97页。
[2] 张正明主编:《明清晋商商业资料选编》(上),山西经济出版社2016年版,第196页。

报则在自己,远报则在儿孙。"山西代县《崔氏家乘》则说:"治家要勤谨朴俭,仁让和缓,须戒贪戾二字。处乡要廉静谦退,且要亲亲,而贤贤。最怕好胜出头,多事多言;又怕偏执任性,逞小忿,见小利,不近人情。"

　　许多儒商服膺甚至精研理学。休宁商人汪鈜,"居尝精研理学,欲希圣超凡"①。歙县商人胡山对子孙耳提面命:"吾有生以来惟膺天理二字,五常万善莫不由之。仰不愧天,俯不怍人,南面而王天下,乐何逾此。因名其堂为'居理'。"②休宁商人汪应浩精研理学为一般儒士望尘莫及,"虽游于贾人乎,好读书,其天性雅善诗书,治《通鉴纲目》《家言》《性理大全》诸书,莫不综究其要,小暇披阅辄竟日。每遇小试,有宿士才人茫不知论题始末者,质之,公出某书某卷某行,百无一谬"③。黟县商人程尚隆,"虽早年发箸,不废典籍,尤精左传三史,皆能贯串,为宋儒学,辑《修齐格言》四卷"④。理学对明清商人的修身养性也确实发挥了重要作用。绩溪商人章策积书万卷,"暇辄手一编,尤喜先儒语录,取其有益身心以自励,故其识量有大过人者"⑤。"仁心为质"是指在经营活动中,以仁爱之心做人,追求高尚的个人品质。《丰南志》称赞康乾年间歙县盐商吴炳"平生以仁心为质,视人之急如己"。他临终前留给他儿子的十二字"家训",即"存好心,行好事,说好话,亲好人"。

　　"仁"的伦理首先表现为家族的孝悌,许多明清儒商是这方面的榜样。明代临汾人李大经,"少贾於外,母丧,遂跬步不出"。沁水人张希鲁,"少商游。母偶疽发……归疗之"。⑥清代汾西人吴学泰,"少随父外贸,顺志承欢。父病,亲涤污秽,朝夕焚祝,祈以身代"。兴县人郭茂,"事继母赵得欢心。……及父卒,而母所生子有废疾,乃迎继母与弟同爨,服贾致富,为弟娶,生四子,而弟没,抚之皆如己出"⑦。寿阳人魏檀,"七岁失怙恃,赖兄嫂抚育成

---

① (康熙)《休宁县志》卷6《人物·孝友》。
② [明]李维桢:《大泌山房集》卷73《胡仁之家传》,明万历三十九年刻本。
③ 《休宁西门汪氏宗谱》卷6《光禄应诰以七秩寿序》。
④ (同治)《歙县三志》卷15(四)《艺文志·人物类》。
⑤ (绩溪)《西关章氏宗谱》卷26《例授儒林郎候选布政司理问绩溪章君策墓志铭》。
⑥ (光绪)《山西通志》卷138"孝友录"。
⑦ (光绪)《山西通志》卷139"孝友录二"。

立,经商於获鹿,事兄嫂备极恭顺……每临行予嘱卖货者,由兄赊买,归即代为偿之,如是者四十余年"①。文水人曹天平,"分产俱让诸弟,弟以贾殁于外,营柩归葬,诸侄幼俱为之成立婚娶"②。

二、近代实业家的仁道经营思想与实践

儒家以仁为核心形成的仁道观深刻影响着中国近代民族企业的发展,成为近代民族企业文化的基本要素。许多企业家继承和发扬儒家仁道观从事经营管理,把关注民生、服务社会作为企业发展的目标之一,实现了企业经营发展的"大仁",在思想上和实践上都推动了儒商仁道观的现代转型。

创建中国近代义赈制度的著名实业家经元善,弘扬儒家仁爱观,将经商和以义赈救灾为中心的社会慈善事业视为同等重要的事。经元善自述其志,要以儒学、特别是阳明心学为本,"元善束发授书,长而服贾,寡学不文,未青一襟,惟四子书幼读颇熟。壮岁以后,私淑乡先贤阳明心学,渐能淡于荣利,论是非利害"③。1899年5月,他在致友人盛宣怀的信中则说:"自知余生有几,亟须勤学励志,乃以《王文成公全书》,回环三复,知先贤得力,全在物我无间四字,乃能成就盖世勋业。然必先勘破生死一关,因思欲泯物我之见,忘生死之机,从何处入手。惟将妻孥室家渐渐看淡,欲退则理进,由是亲亲仁仁之意渐渐加浓,久之,益明乎天寿不二,修身以俟……此关即破,自然富贵不淫,贫贱不移,威武不屈,心志湛然莹澈。安有忿悷、恐惧、好乐、忧患之偏乎?"④他一生致力于中国的公益慈善事业。1879年,为专心致力于赈救灾,他毅然将自己的"仁元钱庄"停办,用以创办"协赈公所",作为组织上海绅商从事义赈慈善活动的常设机构,由此名声大盛。他认为慈善事业要从扶贫做起,"民生困穷,日甚一日,丰年啼饥,况于歉岁。灾患无穷,荒年之饥民有限,丰年之饥民无限",因此,救急不如救贫,"不知不救贫,则贫亦变急

---

① (光绪)《续修寿阳县志》卷8"人物"上。
② (康熙)《文水县志》卷7"贤才志下·人物"。
③ 虞和平编:《经元善集》,华中师范大学出版社2011年版,第266页。
④ 虞和平编:《经元善集》,华中师范大学出版社2011年版,第231页。

……必至相为终始,则善后之法,所宜亟讲矣"。所谓善后之法,"一曰兴农开荒,一曰课工教艺",尤以后者尤为重。因为,设立工艺院,教给贫者以谋生手段,是惠广泽远的最大善举,"工艺院教成一艺,则一身一家永可温饱,况更可以技教人,功德尤无限量"。① 经元善以儒家、特别是乡贤王阳明的心学为评判自己事业是非利害的得失,一生将赈灾公益事业看得比经商盈利事更为重要,可谓是王阳明"万物一体之仁"思想的光大。

无锡荣氏企业在这方面可谓是榜样。荣宗敬和荣德生兄弟是荣氏企业的创办人,先后创办21家棉纺织和面粉企业,坐拥中国面粉和纺织业的半壁江山,有"棉纱大王"和"面粉大王"的美誉。荣宗敬曾豪气地说:"从衣、食上讲,我拥有半个中国。"毛泽东这样评价荣氏家族:"荣家是中国民族资本家的首户,中国在世界上真正称得上是财团的,就只有他们一家。"②他们继承和发扬儒家思想,将之作为经商的信念和原则。荣德生明确说:"古之圣贤,其言行不外《大学》之'明德',《中庸》之'明诚',正心修身,终至国治而天下平。吾辈办事业,亦犹是也,必先正心诚意,实事求是,庶几有成。"③他们极为重视对荣氏企业职工和社会公民进行传统道德教育。荣德生主持、手订纲目、聘请专家撰写《人道须知》印行数万册,在荣氏企业和社会上广为散发。该书分孝悌、忠信、礼仪、廉耻、家庭、生活、自治、处世八卷,倡导孝悌、忠信、礼仪、廉耻,在继承儒家伦理道德基础上赋予近代的新思想。如,此书阐发何为四民的"忠信"时说,士之"忠信","一在品行。改过迁善,具有实心,忠也;内不欺己,外不欺人,信也。一在学问。切实研求,从无满足,忠也;外来名誉,惧不符实,信也"。农之"忠信",要戒奢华、懒惰、欺诈,宜虚心受益、绝意外缘,近世农学新法,"亟应随时听受,率其子弟扩充见闻,方谓忠于其事"。工之"忠信",就是既要善待工人,提升工人地位,又要考其勤惰,"如此,则工人能自效忠于其业,亦能征信于用物之人","工人能于用物之人实心体验,忠也。作成之物,不负用物之人,信也"。商之"忠信","与商人言

---

① 虞和平编:《经元善集》,华中师范大学出版社2011年版,第208页、209页。
② 徐鸣、尚坊伯:《荣宗敬传》,东华大学出版社2015年版,"序",第5页。
③ 荣德生:《乐农自订行年纪事》,上海古籍出版社2001年版,第150页。

忠信,似乎高远,而理实浅近","劝用国货,抵制外货,此忠之存心也,意必有信用也"。① 荣氏用儒家伦理道德来要求和管理企业员工,同时又大力采纳西方近代先进的管理思想,如在企业管理中采用西方泰勒制管理方法。荣氏创办企业,旨在实现"实业救国",让民众真正摆脱贫困,让国家走向富强。荣宗敬说:"丈夫生世,所贵在能恤人忧患耳。吾恨无力,不克尽发国中实业,衣食天下贫困,使人人得免于饥寒。指囷赠麦,不过聊尽吾心,讵足言功德耶!"② 他回顾自己三十年企业人生历程时则说:"余不敢谓于社会、国家有所裨益,惟力之所能为者,任何艰苦困难在所弗辞,亦聊尽国民一分子之义务而已。"③ 荣氏兄弟的"实业救国"之路体现出儒家经国济世的家国情怀,他们为近代中国富强所做的贡献无疑是"大仁"之事业。

不少企业家还将儒家仁本、仁义、仁爱和仁道思想写入"行训"和"厂训"等,使之成为企业精神和经营原则,并积极践行。著名爱国实业家卢作孚1925年在重庆创办的民生公司,20世纪40年代成为中国最大的民营轮船公司和长江航线最大的私营轮船公司,独占四江的航运。民生公司的商业成功与其儒家仁道经营理念和精神密不可分。卢作孚将创办公司的目的设定为"服务社会、便利人群、开发产业、富强国家","个人为事业服务,事业为社会服务","事业是超经济的,个人的工作是超报酬的",提出"公司问题,职工来解决;职工问题,公司来解决"的宗旨和口号,树立企业的人本经营管理精神。④ 范旭东被毛泽东称为"四大民族资本家"之一,是近代中国化工实业家,中国重化学工业的奠基人,被誉为"中国民族化学工业之父"。他先后创办和筹建久大精盐公司、久大精盐厂、永利碱厂、永裕盐业公司、黄海化学工业研究社等企业,生产出中国第一批硫酸铵产品、更新了中国联合制碱工艺,其所形成的"永久黄"团体是近代中国第一个大型私营化工生产和研究

---

① 荣德生:《荣德生文集》,上海古籍出版社2002年版,第361—368页。
② 文明国编:《荣德生自述》,安徽文艺出版社2014年版,第220页。
③ 荣宗敬:《总经理自述》,江苏无锡文史资料委员会编:《无锡文史资料》第28辑,第16页。
④ 廖树东、向翔、冯德辅主编:《企业文化建设理论及其在云南的实践》,云南民族出版社1993年版,第59页。

组织。他把"我们在行动上宁愿牺牲个人,顾全团体;我们在精神上以能服务社会为最大的光荣"①列入职工共同遵守的四大信条之中。20世纪40年代西南最大百货公司的宝元通公司的宗旨是:"以经营百货、从事生产为业务,发展民族经济为目的。"公司要求职工必须遵守"牺牲小我,顾全大我,服务社会,发展事业"的号训。② 公司后来改组为宝元通兴业股份有限公司,由股东、职工大会通过的《组织大纲》将上述训条明确称为"宝元通固有的精神",亦即"宝元通精神"。天津东亚毛纺公司的宋棐卿有一套对职工进行"精神训练"的艺术,公司用格言形式记述了东亚公司的主义、厂训、厂歌和为人做事的准则,以及对人格、尽责、功绩、过失等的认识和要求,被称为"东亚铭"(东亚职工的座右铭)。其"主义"说:"人无高尚之主义,既无生活之意义;事无高尚之主义,即无存在之价值;团体无高尚之主义,即无发展之动力;国家无高尚之主义,即无强盛之道理。""厂训"说:"你愿人怎样对待你,你就先怎样对待人。"③上海冠生园的创立者冼冠生提出"三本主义"——本心、本领、本钱。华新纱厂要求员工"尚勤、尚实、尚公、尚廉、各秉血忱、拔除旧习";天津国货售品所提出"爱人、惜物、忠事、守章、耐久"的所训;项康元创办制罐厂提出"勤、俭、诚、勇、洁"的厂训。④ 这些训示都包括教导和规范企业经营管理者和员工如何做人、做事的规定,实际是对儒家仁道和仁本思想做了适应时代发展的新解释。

综上可见,中国近代许多成功的实业家大多自觉继承中国传统儒家的仁道和仁爱思想,将之作为自我人生事业和企业经营管理的精神追求和指导原则。他们积极践行儒家家国天下的仁爱观,在以实业"救国救民"上做出了重要贡献。

---

① 傅国涌:《大商人——影响中国的近代实业家们》,鹭江出版社2016年版,第257页。
② 叶童:《"论语"与现代管理62》,西苑出版社2000年版,第79页。
③ 廖树东、向翔、冯德辅主编:《企业文化建设理论及其在云南的实践》,云南民族出版社1993年版,第60页。
④ 陈春花、曹洲涛等编著:《企业文化》,机械工业出版社2010年版,第238—239页。

第三节 以仁为本和当代儒商价值观的建构

一、树立仁爱企业价值观的重要性

儒家的学说称为仁学,仁爱是儒家最基本和核心的价值理念。中国当代企业要想获得健康和长远发展,应当遵循儒家的仁爱观,将以仁为本作为企业精神价值和经营管理的基本原则,企业家要有儒家的品格修养,在企业经营管理中推行仁爱观。可以说,这是当代中国企业能够展示其新儒商品质的根本标识所在。作为当代儒商企业家和企业应该将仁道、仁爱作为企业赖以生存发展的价值观和生存之道,把仁爱作为企业管理的重要伦理原则;否则,它就不可能成为儒商,其企业也难以产生强大凝聚力和长久生存发展。

仁爱属于价值观的范畴。企业要树立自己的价值观,要有远大的价值追求,已经成为当代企业家的共识。如果一个企业缺乏道德追求,没有价值理想,只知谋利赚钱,那么,企业员工便会离心离德,各自为自己的私利着想,企业就谈不上有良好的发展壮大,最终只会走向消亡。美国管理学家托马斯·彼得斯和罗伯特·沃特曼所著《追求卓越》一书的副标题为"美国杰出企业成功的秘诀",作者通过访问美国62家大公司总结出优秀公司的八大特征,旨在恢复管理学的基本面貌,赋予那些被管理专家们所藐视和视而不见却在实践中表现出强大生命力的东西。作者认为:"杰出公司相当重视价值观念,公司的领导者经由个人的关注、努力不懈的精神,以及打入公司最基层的方式,来塑造令员工振奋的工作环境。"[①]美国著名企业家小托马斯·沃森以其在IBM的经验写了一本纯粹讨论价值观的书《企业与信念》,他说:"我认为一个公司的成败,在于它如何有效运用组织成员的能力和才智,如何帮助大家找到共同的目标,以及如何透过代代相传的改变而保持共同的

---

① 参见[美]托马斯·彼得斯、罗伯特·沃特曼著,天下译:《追求卓越:美国杰出企业成功的秘诀》,光明日报出版社1986年版,第128页。

目标与方向。你会发现,能屹立数年的大组织,并非得力于组织形态及行政技巧,而在于信念的力量,以及信念对组织成员的吸引力。因此我的理念是:任何企业要想生存、成功,首先就必须拥有一套完整的信念,作为一切政策和行动的最高准则。其次,必须遵守那些信念。处在千变万化的世界里,要迎接挑战,就必须准备自我求变,而唯一不变的就是信念。换句话说,企业的成功,主要是跟它的基本哲学、精神和驱策动机有关。信念的重要性远超过技术、资源、结构、创新以及时效。"[1]

可见,价值观对于企业的发展是极为重要的。虽然东西方企业文化和东西方文化有较大差异,但优秀的企业应当有自己的价值理念和追求则是相同的。作为当代儒商化的企业家及企业,无疑应当以儒家的仁道和仁爱作为自己的道德理想与价值追求。"仁"作为一种道德理想,其核心便是以人为本——关心人,爱护人,把对人的重视置于核心位置。日本深受儒家文化影响。日本许多当代企业便吸收儒家文化的仁爱思想来经营管理企业。其中,最有名的便是被尊称为"日本实业之父"的涩泽荣一。他在日本第一个提出将西方科学技术与东方儒家道德结合,著《论语与算盘》一书,提出"士魂商才"的新理念,把《论语》作为培养士魂的根基。他被公认是一位在经济、物欲的社会中充分实现了仁道精神的儒商。三井物产的创始人益田孝、大仓财阀的大仓作郎、古河财阀的古河市兵卫等许多财界巨子都受过涩泽荣一的帮助,众人谈及涩泽,均交口称赞,感激之情溢于言表。当时的第一生命保险会社社长野恒太说,像涩泽先生那样的智者和勇者都大有人在,"但像涩泽那样的仁者以前是没有的,而且,今后也不那么容易产生吧。许许多多的人围聚在涩泽先生周围,有许多人是因为仰慕他的品德,也有人是仰慕他的财富,这样的人也不少。但最终人们渐渐明白,涩泽先生的一切都来自仁的力量"[2]。

作为当代中国企业应当树立仁爱的价值观,把仁爱施之于社会大众和

---

[1] 转见[美]沃特曼著,康毅仁译:《IBM 变革管理 基业长青的伟大学问》,哈尔滨出版社 2004 年版,第 163 页。
[2] 叶童:《"论语"与现代管理 62》,西苑出版社 2000 年版,第 66 页。

民族国家。儒家的仁爱之心对于企业管理来说有着重要价值。在企业内部,人与人之间应该是互爱的。只有以仁爱之心去对待别人,企业内部才能有和谐的环境。企业家们要以仁爱之心去对待自己的下属和工人;管理人员也必须以仁爱之心去对待企业的领导和其他管理人员。只有这样,企业才能产生内在的凝聚力。西方企业管理的基本原则是公平,或公平竞争,即确立统一利益标准来调节雇主与雇员的利益关系,让每位员工参与竞争,衡量优劣与取舍。谁能够给企业带来更多利润,谁就可以提升和获得更多利益;反之,则可能被降职和解雇。雇主与雇员基本是契约化的利益关系,企业除了关注员工的工作外,对员工的生活并不关心。因此,劳资矛盾、雇主与雇员之间的矛盾比较突出。儒商的仁爱则力求把员工当作大家族的成员,这种管理更合乎人的需要,能有效调动员工的积极性。再者,企业只有树立起这种价值观,以服务社会大众和民族国家为宗旨,才能在产品质量、销售服务和售后服务上下功夫,形成严格、有序和有效的经营管理,从而取得良好的经济效益。相反,那些缺乏仁爱观念,以制售假冒伪劣产品来坑害消费者,甚至是以违法行为为赚钱手段的企业,既会受到社会的道德谴责,也会受到法律的惩罚,最终是难以生存发展下去的。[①] 总之,当代中国企业树立仁爱的价值观,实施仁道的企业经营管理,既是成为儒商企业的前提条件,也是企业生存发展的必由之路。

二、以仁爱为核心理念的企业经营管理

如上所述,当代中国儒商的经营管理本质上应当是仁爱管理,儒商应当将内求仁心、外行仁政以待人、处事和治世的儒家原则,转化为企业经营上的立业、做人的依据,实行仁爱管理。为此,当代企业经营管理要做好以下五个方面的工作:

第一,企业管理者要有仁爱之心等儒家人格修养。在儒商层面看,管理者必须是人格健全、仁爱善良的人,否则无法做好企业经营管理。儒商不同

[①] 参见唐凯麟、曹刚:《重释传统:儒家思想的现代价值评估》,华东师范大学出版社2000年版,第346—347页。

于普通的商人，必须是明理尽性和品格高尚的人，必须是对家国天下关怀的企业家。而修身是管理者取得管理资格的必由之途。所谓"修身"，最根本的就是以仁爱之心和天理良知，来修养心性，提升精神生命，塑造道德人格。现代儒商要修身，就要潜心向学。这里的"学"不仅指学习企业管理和经营的专业知识技能，更包括学习如何"明理""求道"，具体来说，就是通过学习儒家以"仁""天理"和"良知"等为核心的道德伦理及其致用于身心、家国和天下之道。只有这样，才能提升生命境界，完善道德人格。与此同时，还要重视"事上磨炼"，将儒家以仁为本的道德伦理积极践行，在经营管理、社会生活和在家国事业中去磨炼自己，建功立业，为企业、为社会、为国家做出重要贡献。这样的学习和修身，才能真正彰显儒家以仁为本、修齐治平的人格理想。

第二，企业应该尊重员工，这是企业与员工之间的基本关系。有"经营之神"之称的日本企业家松下幸之助认为，企业经营就是经营人，说"制造松下产品前，先制造松下人"。日本索尼公司的口号则是"要让管理工作去适应人，而不是让人去适应管理工作"。这些都体现了日本企业对员工的充分尊重。尊重爱护员工最起码的要求就是以员工为本，把员工放在第一位。只有充分尊重员工，员工才能尊重企业。随着科学技术的发展，自动化、机械化等代替了人的直接劳动，但这不意味着人要被技术化，人的价值和尊严更应该得到承认和尊重。实际上，西方"管理员工"的管理思维把员工等同于物来看待，与中国文化大相径庭。仁爱观要求企业在处理与员工的关系时更多地讲究德性，而不是发出制度化的命令。不管是孔子还是孟子，都倡导"为政以德"，德性的感化力量最强，强调德性其实是尊重员工的人性，仁爱型的企业文化应该是人性化的。

第三，企业应当充分考虑和满足员工切身利益。作为一种雇佣关系，仁爱体现在为员工提供好的福利，为员工营造充满爱的工作环境。企业除了满足员工个人的利益，还应该考虑员工不是孤立的个人，而是有家庭、有人伦的关系存在，员工的利益是与其家庭利益关联在一起的，因此企业有必要对员工的家庭有所体恤。孔子说，"节用而爱人，使民以时"（《论语·学而》),"因民之所利而利之"(《论语·尧曰》),这是仁政的要点。因此,企业在任用安排员工工作时应当节用人力,有所限度,要设身处地为员工着想,把仁爱真正落实。

第四,企业要能够发挥员工的积极主动性。有仁爱的企业一定会珍惜员工的才能,让员工充分展现自己。员工在仁爱的企业中能够实现其价值和意义,而不是单纯地把工作当作赚钱的手段。企业若要在竞争激烈的市场上站稳脚跟并取得发展,人才是最宝贵的。只有营造仁爱的企业文化并实行仁爱的管理,从物质、精神等方面调动员工的主动性和创造性,才能使员工有参与企业管理的自豪感和责任感,员工才能与企业融为一体。也只有这样,员工才不会只把企业当作获取工资的场所,而是把企业看作自己不可失去的生活共同体,从根本上关心企业发展。如果没有仁爱作支撑,一个企业的核心价值理念就很难得到员工的认同。

第五,企业作为社会成员在对外关系中要表现出大仁大爱。在对顾客的关系上,企业要赢得顾客的青睐,必须对顾客有颗仁爱之心,设身处地为顾客着想,这样才能真正在竞争中取胜,达到孟子所说的"仁者无敌"。在市场经济的洪流中,企业为了在竞争中取得优势似乎不能心慈手软,仁爱的企业似乎显得迂腐。其实,那些倒闭破产的企业多半都是由于缺少仁爱所致。一个企业要想进入市场,但又缺乏仁爱之心,不讲奉献,只要索取,不讲义务,只要权力,到头来只能被市场驱逐。市场需要的是有仁爱之心的企业,而不是自私自利的企业。讲仁爱的企业能够为企业营造健康良好的市场竞争环境。[1]

总之,"以仁为本"是儒家的核心价值理念。因此,当代中国儒商企业必须认同和践行"以仁为本"的价值理念,在企业经营管理中践行儒家仁爱观。只有这样,中国当代企业才能真正成为儒商意义的企业,企业才能得到长远、健康的发展,企业家才能真正实现自我的人生价值。

---

[1] 参见段俊平:《传承的力量:解码中国化企业文化管理》,中国发展出版社2013年版,第58—61页;周北辰:《儒商管理学》,中国发展出版社2014年版,第186—188页。

第四节 案例选编

一、修仁德和献仁术的"同仁堂"

北京同仁堂是中国中药行业著名的老字号,由乐显扬创建于清康熙八年(1669)。自1723年开始供奉御药,历经八代皇帝,共计188年。同仁堂作为中国第一个驰名商标,参加了马德里协约国和巴黎公约国的注册,受到国际组织的保护。1992年,在整合21个核心单位的基础上,同仁堂集团公司正式成立,其发展迈向了新时代。

同仁堂在300多年的历史中长盛不衰,关键在于坚持"以仁为本"的儒家精神。同仁堂字号的取名便体现了对儒家仁道思想的传承和弘扬。创始人乐显扬(1630—1688),祖籍浙江宁波府慈溪县,曾任清皇宫太医院的吏目。明永乐年间,曾祖乐良才举家迁往北京,以走街串巷、行医卖药为生,在当时称为"铃医"。乐显扬是乐家第四代传人,早期也是铃医,在皇宫太医院出任出纳文书的吏目,收集了大量的宫廷秘方、古方、民间验方及家传秘方。他说:"可以养生,可以济世者,惟医药为最。""同仁堂"字号取自儒家经典"大道之行也,天下为公,选贤举能,讲信修睦。故人不独亲其亲、不独子其子。……是为大同"和"仁者,爱人也"。乐显扬从中选取"同仁"二字,说:"'同仁'二字可以命堂名,吾喜其公而雅,需志之。"后来,同仁堂又据此确立了堂训:"同修仁德,亲和敬业,共献仁术,济世养生。"把"修仁德"和"献仁术"作为同仁堂的堂训,充分彰显了同仁堂的儒商文化精神和价值追求。同仁堂就是在这种儒商精神的指导下开展药店的经营和管理的。

首先,在产品的制作上严格自律,重信义求品质,旨在制作和生产品质优良的产品。为此,同仁堂确立了"修合无人见,存心有天知"的经营座右铭。其意是,制药谁也看不见,但是我们要以良心对待。药店创始人乐显扬的儿子乐凤鸣接续祖业后,在宫廷秘方、民间验方及家传配方的基础上总结前人的制药经验,编纂了《乐氏世代祖传丸散膏丹下料配方》,汇集乐家祖传秘方、太医良方、宫廷秘方等362种,对这些方剂的制药标准进行严格规范。为保证质量,他提出了"遵肘后,辨地产。炮制虽繁,必不敢省人工;品味虽贵,必不敢减物力"的训条,后来成为历代同仁堂人恪守的信条。这种兢兢业业、精益求精的精神,使其产品以"配方独特、选料上乘、工艺精湛、疗效显著"而声誉鹊起。康熙四十一年(1702),北京同仁堂药铺创办。雍正元年(1723),同仁堂开始供奉御药。从雍正三年开始,根据雍正帝批奏,同仁堂药铺每年可预领官银四万两。有清一代,同仁堂为清廷供奉御药长达188年。目前,同仁堂生产经营的中草药和丸、散、膏、丹等中成药有800余种,以"配方独特、选料上乘、工艺精湛、疗效显著"而闻名于世,十大王牌产品如牛黄清心丸、大活络丹、乌鸡白凤丸、安宫牛黄丸等更是享誉海内外,产品销往海外40多个国家和地区。2002年,同仁堂被国家工业经济联合会和名牌战略推进委员会推荐为最具冲击世界名牌的16家企业之一,同仁堂也成为中国中医药质量和信誉的象征。

其次,在经营上以仁道服务顾客,博得了"同仁堂真是药好人更好"的美誉。仁者,爱人。仁爱体现在企业待客之道上,就是将顾客时时放在心中,时刻考虑顾客的利益。同仁堂有个规矩,就是不许对顾客说"不"字。顾客要什么药,店里如果没有,请顾客写下来,他们帮助去买,对顾客总是有求必应。在经营中,同仁堂最起码的要求是不少分量,不售假药、劣药。无论买卖大小,都一视同仁。20多年前,同仁堂药店收到一封来自山西太原的信。信中说他在同仁堂抓的药缺龟板一味药,信中还附有当地医药部门的证明。药店立即派两名职员,带着龟板赶到山西。经过查验,药中并不缺龟板,而是当地的龟板是块状的,同仁堂为了更好地发挥药效,把龟板研成了粉末。顾客不仅消除了误会,对同仁堂的服务态度更是赞不绝口。1998年,一位广州顾客来电话要求买5公斤铁落花急用。这种药平时用量少,同仁堂也没有这么多,但销售人员马上给市内其他批发部联系,凑齐了5公斤,再打长途电话告诉广州顾客。当那位顾客来同仁堂拿钱取药时,才知道只要10元钱的药,却使同仁堂费了很大周折。这位顾客激动地说:"我在南方问遍了大半个中国都没有找到5公斤铁落花,最后抱着一线希望找同仁堂。没想到你们真为我这 10 元钱的药花了这么多的精力。"同仁堂坚持本小利微,甚至做赔钱的代客加工、邮寄、代客煎药、为人送药等工作。这不仅为同仁堂取得了社会效益,而且增加了客源,带动了其他药品的销售。

正是由于"修仁德"和"行仁术"的儒商文化,使同仁堂这个百年老店依旧焕发着青春活力,并不断走向壮大。2006 年,"同仁堂中医药文化"被列入首批国家级非物质文化遗产名录。同仁堂还与国家汉办签署了联合推广同仁堂中医药文化的战略合作框架协议,运用孔子学院平台进一步加大了同仁堂文化的海外传播力度。

(资料来源:《德诚信:铸同仁堂金字招牌》,叶陈刚等著:《企业伦理概论》,对外经济贸易大学出版社 2009 年版,第 29—33 页。韩凝春主编:《商道循之:中华老字号辑录》,中国经济出版社 2016 年版,第 68—72 页。田发:《仁者无敌 诚信常青——北京"同仁堂"的启示》,《决策与信息》2002 年第 5 期。)

二、以仁道经营的晋商翘楚乔致庸

乔致庸(1818—1907)是晋商典范,生于山西祁县的商贾世家,乔家商业第三代传人。自幼父母双亡,由兄长乔致广抚育成人。少年时因兄嫂疼爱,沾上富家子弟的慵懒与浮夸的恶习。后欲以科举博取功名,孰料刚考中秀才,兄长故去,他只得弃文从商,开始掌管乔氏家族生意。从此,他一改往日不治家宅习惯,以儒家仁术治理商务,使乔氏家族事业日益兴盛,成为山西富甲一方的商户,被称为"亮财主"。同治初年修建了乔家大院,被当代专家誉为清代北方民居的明珠。

乔致庸是位儒商,以仁道经商,以德经商,使"仁"与"利"融会贯通。其经商理念是:"一信,二义,三利",即以信誉待客,以义待人,信义为先,利取正途。其经商原则是:"人弃我取,薄利广销,维护信誉,不弄虚伪。"在这种商业经营理念和原则指导下,他建立起了自己的商业帝国。他打通了内蒙古与南方的茶路与丝路,在内蒙古包头与南方增设商号。在他的策划下,乔家在包头开办的商号发展为复盛公、复盛西、复盛全、复盛协、复盛锦、复盛兴、复盛和等庞大的复字号商业网络,垄断了包头的商业市场,其中"复盛公"商号最有名,乃至出现了"先有复盛公,后有包头城"的民谚。同时,他积极开拓金融业,在全国各大商埠创办"大德通"和"大德恒"两大票号,为乔家赚得千万家资。故先有"复字号"称雄包头地面,后有大德恒、大德通两票号活跃于全国各大、中城市和水陆码头之说。乔家商业在他的执掌下突飞猛进,到清末在全国各地有票号、钱庄、当铺、粮店 200 多处,资产千万两白银。乔家不仅跻身全省富户前列,也是全国闻名的商场巨贾。

乔致庸以仁道经商的一个重要表现是知人善用,不拘一格使用人才。无论是落魄的穷秀才,还是打杂的小伙计,只要有才能和智慧,就会被委以重任,让他们的能力得以施展。这些人也会感激乔致庸的识人之恩,尽心尽力地为乔家出谋划策和创造财富。其中,最有名的就是礼遇聘请阎维藩。阎维藩原为平遥蔚长厚票号福州分庄经理,因受到排挤和总号斥责,年仅 36 岁的他决计离开蔚长厚返乡另谋他就。当时已是 70 多岁高龄的乔致庸知道阎维藩是个商界难得人才,便派其子备了八抬大轿、两班人马在阎维藩返乡必经的路口迎接。一班人马在路口一连等了数日,终于见到阎维藩。乔致庸之子说明来意和父亲的殷切之情,阎维藩大为感动,心想乔家富甲三晋,财势赫赫,对他如此礼遇,实在三生有幸。乔致庸之子让阎维藩坐八抬大轿,自己骑马驱驰左右,并说明此乃家父特嘱咐,更让他感动不已。两人相让不已,最后只好让八抬大轿抬着阎维藩的衣帽,算是代阎维藩坐轿,二人则并马而行。阎维藩来到乔家,乔致庸盛情款待,并当即聘请阎维藩出任大德恒票号经理。阎维藩对比自己在蔚长厚的境况,深感乔家对他的器重,当即表示愿殚精竭虑效犬马之劳。阎维藩主持大德恒票号 26 年,使票号日益兴隆,为乔家商业发展立下大功。

其仁道的又一表现是报效国家、造福乡里和扶危济困。乔致庸积极为国家效力,无论是左宗棠西征,还是李鸿章组建北洋水师,他都不遗余力分忧解难。这使他名利双收,获得了大量军饷、税收等汇兑业务。他很有善心,经常周济贫苦乡邻。遇到瘟疫流行,会为百姓施舍药物。遇见乡邻有难,总是有求必应。平时,乔家每天会在门外拴 3 头牛,如有农户家要耕田,可以自行牵去借用,只要傍晚送还即可。光绪三年(1877),山西遭受百年不遇的大旱,赤地千里,饿殍遍野。当地民谣说:"光绪三年,死人一半。"为此他捐输3.6万两白银,在当地富商中名列前茅。他还大开粮仓,设立粥铺赈济灾民。时任山西巡抚的曾国荃亲笔题写"福重琅环"的巨幅匾额相赠,以示褒扬。还有一年,祁县遭遇水灾,贫苦人家没了活路。他不仅慷慨解囊帮助灾民渡过难关,还组织百姓挖渠排涝退去水患。为了感谢他的善举,百姓自发做了一块"身备六行"匾额送到乔家。

乔致庸不仅以仁道经商,还以此治家,特别重视子弟的教育。他十分好学,手不释卷,"俨然一老书生"。他将《朱子治家格言》当作儿孙启蒙的必读书,并将重要条文写在屏门上,作为每日的行动规范。儿孙如若有过错,则令跪地背诵,到有针对性之处,则令读多次。如犯抛米撒面之错,便把"一粥一饭当思得来不易;半丝半缕恒念物力维艰",反复诵读,直到认错为止;然后,再进行一番训教。他立下"六不准家规":一不准吸毒,二不准纳妾,三不准虐仆,四不准赌博,五不准冶游,六不准酗酒。要子孙戒"骄、贪、懒"三字,教育他们"唯无私才可成大公,唯大公才可成大器",提醒他们"气忌燥、言忌浮、才忌露、学忌满、知欲圆、行欲方",告诫他们"待人要丰,自奉要约"。在将产业交付给子孙经营后,他告诫儿孙,经商处世要以"信"为重;其次是"义",不哄人不骗人;最后才是"利",不能把利放在首位,绝对不可以为了利而丧失人性与良心。他还把亲拟的对联挂在内宅门上:"求名求利莫求人,须求己;惜农惜食非惜财,缘惜福",告诫子孙要注重节俭,不可贪图安逸。

可见,乔致庸的成功不仅在于他的以仁道经商立业,以此获得巨大的商业成功,积累了巨额的财富和产业,而且仁济天下和心怀苍生,为家国百姓造福谋利。更可贵的是,他特别重视以儒家思想教育和培养后代,使其儒商精神和事业得以传承。其言其行是当代中国儒商学习的榜样。

(资料来源:王来兴编著:《中华儒商智慧全集》,新世界出版社2009年版,第81—90页。周舒予主编:《名人成才故事(中国篇)》,青岛出版社2012年版,第212—213页。许跟爱编著:《中国首富成功之道》,内蒙古人民出版社2009年版,第36—42页。)

三、"状元实业家"张謇的仁者商道

张謇(1853—1926)是清末民初富有儒商精神的大实业家。生于江苏通州(今江苏省南通市),清末状元,主张实业救国和教育救国。一生创办了20多家企业,300多所学校,为中国近代民族工业兴起和教育事业发展做出了巨大贡献。他办实业是为了救国,其纱厂取名为"大生"即寓此深意。他创办垦牧公司旨在成就其"建设一新世界雏形之志,以雪中国地方不能自治之耻"的宏愿。他说自己首先是儒,其次才是商,即"言商仍向儒"。他从小受中国传统文化的熏陶,终生爱读儒家经典,并以尧舜之品质、孔孟之风范作为楷模,说:"吾欲用世之心,犹之孔子也。"可以说儒家伦理是他儒商伦理的来源和基础。

《大学》曰:"仁者以财发身,不仁者以身发财。""以身发财"和"以财发身"实际是区分了"重利"与"重义",或"以利制义"与"以义制利",集中体现了儒家的"仁者"义利观。传统的"以身发财"是贬义,指只知聚财致富,不顾社会效应,是"不仁者"。近代重商主义发展和中国迫切需要发展实业救国以图强,使"发财"成为中国的急切要务。不过,儒家对两者关系的思考及其内含的义利观仍有指导意义。张謇可谓践行此"仁者"义利观的典范。他"以身发财",创办了著名的大生实业集团,却怀抱仁爱的精神,走实业救国之路,通过兴办实业推动国家近代化,以企业获取的巨额利润来兴办教育和公益事业,毕生报效国家和社会,可谓"以财发身"。在义利观上,他根据时代发展要求对儒家"重义轻利"观念加以重视,主张功利与道义并重。他对利之所系的工商业格外重视,主张兴办工商实业以取"利",再以之服务社会之"义"。他说,"吾国人重利轻义,每多不法行为。不知苟得之财,纵能逃法律上之惩罚,断不能免道德上之制裁","与其得贪诈虚伪的成功,不如光明磊落的失败";又说,"以不信不义之国人,而冀商业前途之发达,是则大车无輗,小车无軏之行矣"。

张謇立志兴学,将兴学摆在与办实业更重要的位置,目的就是为了走教育救国的道路。其子张孝若说,父亲办实业"最后的目的,就是教育"。1902

年,张謇创办的通州师范学校是中国近代师范教育的发端。该校是用他担任纱厂经理最初五年应得而未用的"公赞"本息两万余元,外加劝募经费兴建起来的。通州师范学校建成后,大生纱厂每年提利润一成作为该校经费。1906年,张謇又发起设立通州女子师范学校,张氏捐资成为学校办学经费的主要来源。大生系统捐资所办学校还有南通纺织专门学校,该校首开中国纺织专科教育之始。从1902年创办南通师范学校到1926年去世,他先后创建或参与创建了各类大、中、小学,职业学校,技工学校,平民学校,盲聋哑学校共300多所,所办学校数量之多、种类之广、时间之长和影响之深远,在中国教育史上罕有其匹。张謇立志兴学的精神得到社会的公认,1905年他被推举为江苏教育会会长,1911年被推为中央教育会会长。据1924年统计,当时有13个省的青年远道前来求学,美国教育家杜威访问南通后称其为"教育之源泉",并希望南通成为"世界教育之中心"。日本友人内山完造两次到南通,称其为"中国的一个理想的文化城市"。

张謇的仁爱之心还表现在积极从事社会慈善与救助事业。大生纱厂的利润支出一栏每年都有"善举"支出,与"酬应通、沪各项使用费"并列,金额总在数千两乃至数万两之间。大生纱厂还担负一定数量的育婴堂经费,数额在千余两左右。当育婴堂经费困难时,张謇则以鬻字所得相与接济。他还积极投身公益事业,南通地方的近代市政设施、博物馆、公园等公益机构莫不从中受益。1895—1926年间,他在家乡投资创办了实业、教育和社会公益等事业,开创了几十个全国第一,对地方经济、社会、文化教育事业发展产生了巨大推动作用。张孝若说:"我父在南通完全以人民的地位,用私人的财力,创办各种事业……他抱定主意,立定脚跟,要创造一个新局面和新事业,所以办的师范、纺织、盲哑学校、气象台、博物苑、图书馆等教育事业;纱厂、垦殖等的实业事业;开辟全县的道路,整治全县的水利,在中国都是第一件事。"

然而,张謇的个人生活则奉行儒家的节俭观念,认为"俭"不仅是美德,也是发展实业的前提条件。他目睹了一些实业家因生活奢侈"倏而即败",说,"而所谓实业家者,驷马高车,酒食游戏相征逐,或五六年,或三四年,所业既亏倒,而股东之本息,悉付之无何有之乡……吾观于此,乃知勤勉节俭任劳耐苦诸美德,为成功之不二法门"。张謇50岁之后以"啬庵"为号,晚年更自称啬翁。他说:"应该用的,为人用的,一千一万都得不眨眼顺手就用;自用的,消耗的,连一个钱都得想想,都得节省。"可以说,在他身上真正体现了儒商"君子之俭"的精神和气质。

《大学纂疏》对"仁者以财发身"的解释是,"仁者不私其有,故财散民聚而身尊",张謇创办实业、兴办教育和服务家乡与社会的事业充分体现了这种思想。他"生平最不爱财",之所以努力"以身发财",就是要用钱办更大的事业,实现"以财发身"。他说:"人单单寻钱聚财不算本事,要会用钱散财。"他创办实业和获取钱财都用来救国救民和服务社会了。张孝若说,父亲所有的财产"都用在地方建设上去了","南通的一草一木、一路一屋,都是我父经营心血的结晶,都是他财产消耗的代价"。总之,张謇是近代儒商"以财发身"的"仁者"典范。

(资料来源:张孝若:《南通张季直先生传记》,中华书局1930年版。李玉:《从"以身发财"到"以财发身"——张謇创业的人力资本与社会效应》,《江苏社会科学》2014年第4期。王敦琴主编:《张謇研究精讲》,苏州大学出版社2013年版,第267—270页。)

四、荣氏兄弟"以仁为本"的管理

无锡荣氏兄弟荣宗敬、荣德生创建起中国近代史上规模庞大、资产雄厚的民族企业集团。荣氏集团能取得如此巨大的成功,就在于以儒商作为最高追求,重视弘扬和传承"以仁为本"的儒商文化。荣德生说:"古之圣贤,其言行不外《大学》之'明德',《中庸》之'明诚',正心修身,终至国治而天下平。吾辈办事来亦犹是也,必先正心诚意,实事求是,庶几有成。"他们举办实业的最终目的是造福乡梓、服务社会和富民强国,荣宗敬说:"丈夫生世,所贵在能恤人忧患耳。吾恨无力,不克尽发国中实业,衣食天下贫困,使人人得免于饥寒。指囷赠麦,不过聊尽吾心,讵足言功德耶!"他回顾自己三十年的奋斗历程,说:"余不敢谓于社会、国家有所裨益,惟力之所能为者,任何艰苦困难在所弗辞,亦聊尽国民一分子之义务而已。"荣德生在这些方面比荣宗敬有过之而无不及,晚年说:"故余以为创办工业,积德胜于善举。慈善机关周恤贫困,尚是消极救济,不如积极办厂兴业,一人进厂则举家可无冻馁;一地有厂则各业皆能兴旺。余以后对社会尽义务,决定注重设厂兴业。余年虽老,雄心未死,惜世局未平,不能大举创业,他日时平若健,此志不改。"荣氏兄弟以仁为本的商道不仅体现在其兴办实业的目的和义行上,还体现在企业的日常经营管理上。

荣氏企业采用的是著名的"恩威并用"管理法。这种管理方法受到媒体的广泛关注和称赞,《新无锡》《国讯》《新闻报》《国际劳工通讯》等先后专题介绍了荣氏集团"恩威并用"法的实践,称赞其"足树国内工业界之模范"。所谓"威",是指吸收和运用西方严格的科学管理思想及其措施来管理企业。所谓"恩",即是将儒家仁道思想运用到企业经营管理中,将"仁爱"作为企业的经营管理核心理念之一。他们常说,"己欲立而立人,己欲达而达人"和"己所不欲,勿施于人",主张"以德服人",旨在调动职工的积极性,营造人际关系和谐的企业发展环境。儒家"以仁为本"的核心精神是重视人的价值,在企业管理中的重要表现就是"以人为本",倡导和谐合作的劳资关系,使每个员工的潜能都能得到充分发挥,从而提升企业的成本优势和劳动效率,使企业在市场竞争中立于不败之地。20世纪二三十年代,中国民族资本企业的劳资纠纷与冲突不断,如何缓和劳资矛盾,加强企业的团队精神和凝聚力,成为企业经营管理者面临的重大挑战。对此,荣氏兄弟以仁本精神来应对挑战,支持和举办劳工福利事业,改善职工劳动与生活条件,开展企业文化教育,减少摩擦与对抗,缓和劳资紧张关系,增强职工对企业的认同感。

其具体措施和做法主要有:一是为劳工及子女提供文化教育和技能培训。首先办劳工子女教育,分不足3岁、3~6岁、6~10岁、10~13岁等年龄段进行教育和培训;其次举办劳工补习教育,分晨校、夜校、星期班和多种专业传习班等类别,时间一年、半年或数周不等,主要为在职工人增进文化知识、提高技术水平。二是创办消费合作社。宗旨是引导工人合理消费,减轻生活负担;同时,培养工人的合作精神。合作社种类甚多,涉衣、食、住、行和娱乐等。三是组织工人进行自治训练。如以民主方式推举室长、组长、村长和正副区长（分为单身男工区、单身女工区和家属区三个区），自主管理其生活区。以民主协商方式组织自治法庭，承担调解、裁判、惩罚等职能，协调处理工人之间的矛盾与纠纷。四是建立企业医疗机构。1932年，设立由中西医两部分组成的医院，其中有X光机等先进医疗设备。五是建立职工福利制。1928年，申新首创同仁储蓄部，带有让职工参与分享红利的愿望，体现了维护职工基本人权的宗旨。六是建立各种文化娱乐与体育设施。如电影院、图书馆、阅览室、大礼堂和运动场等。此外，还试办劳工保险、劳工储蓄和劳工公墓等。

在上述举措和做法中，1930年在申新三厂发起创办的劳工自治区实验影响特别大，它主要有两方面的内容：一是保障，即增加工薪，改善福利，减轻消费负担，改善物质生活条件。例如，每逢节日，给工人发奖金；过年前，加发15~30天工资；对平时出满勤、完成生产定额、产品质量又好的工人，发工资时可得到几天"赏工"；在通货膨胀、物价飞涨时，给工人加发米贴、面粉贴、布贴、膳贴等多种补贴。二是激励。通过劝导和参与式激励来激发工人的协作互助意识，培养工人团队精神，增强归属感、成就感和荣誉感。设立尊贤堂、功德祠，特别是设立功德祠，对为本厂做出重要贡献的已故职工设长生牌位定期公祭；规定职工凡因工受伤殒命，或在本厂服务10年以上并无过者，死后可设立牌位，"入祠奉祀"。这极大地激发了工人活着好好干、死后有归宿的认同感。申新三厂的劳工自治区实验在当时引起广泛关注，传媒称颂："凡工人自出生至老死，均已顾及。"这大大缓解了劳资矛盾，促进了企业内部工人与管理者、投资者的相互协调，劳资间的隔膜不曾发生，大小纠纷没有了，罢工停产的事件更不会发生。它在很大程度上把职工及其家属的命运与企业发展联系在一起，在工人中形成"视厂如家"的氛围。报界称此为"劳动界仅见之成就"。

荣氏企业"以人为本"的经营管理在处理劳资关系和所办福利体系方面表现得尤其突出。作为资本主义发展产物的福利思想是20世纪30年代以后逐步建立的。像荣氏企业在没有政府扶持的情况下自愿投资建设较为系统的福利设施,组织有民主色彩的劳工自治,即使在当时的欧美也不多见,在大萧条年代更是不可想象。因此,荣氏企业职工大多能体谅企业困难,与企业同舟共济。总之,荣氏兄弟既吸收西方现代企业管理思想,又大力传承儒家仁学思想,弘扬以人为本的精神。这使荣氏企业的经营发展能历经风雨不断壮大,书写了中国近代民族企业发展的传奇。

(资料来源:金其桢、黄胜平等著:《大生集团、荣氏集团:中国近代两大民营企业集团比较研究》,红旗出版社2008年版,第289—296页。乐农史料编著:《荣德生与企业经营管理》(下册),上海古籍出版社2004年版,第740—767页。邵作昌、王永超主编:《儒商文化》,上海财经大学出版社2017年版,第220—221页。)

五、涩泽荣一:仁义道德是获取财富的根本

涩泽荣一(1840—1931)被称为"日本企业之父""日本近代化之父""儒家资本主义代表"。一生业绩非凡,参与创办500多家企业,遍布银行、保险、矿山、铁路、机械、印刷、纺织、酿酒、化工等日本当时最重要的产业部门,其中许多是世界500强的前身。日本一家著名财经杂志对100名日本最成功的企业家做了调查,其中对"谁是你最崇敬和对你影响最大的人?"的回答中,排第1位的是政治家德川家康,第2位便是涩泽荣一,第3位是丰田创始人石田退三。涩泽荣一创造性提出"士魂商才"的新理念,将西方的技术与东方儒家的道德相结合。他既热衷于西方经济制度的引进和企业形态的创新,创办了日本第一家近代银行和股份制企业(第一国立银行),率先发起和创立近代经济团体组织;同时,又认为必须将儒家思想融入现代企业的经营管理之中,以儒商理念为指导。他按照《论语》中"择其善者而从之"一语将1877年组织日本第一个近代经济行业团体取名为"择善会"。他把儒家文化与西方经济思想相结合,奠定了日本近代经营思想和企业管理模式的基础,极大推进了日本的近现代化,成为日本和东亚"儒商"的典范。

涩泽荣一将《论语》作为第一经营哲学,著有被誉为"商业圣经"的《论语与算盘》一书,提出一手拿《论语》、一手拿算盘的思想。《论语》代表的是中

国传统文化的源头,也是儒家文化的根基,"算盘"意指商人的经营管理,追求赚钱之术、获取财富之道,体现了融汇中西思想的经营理念。1909年涩泽70岁生日时,儒学大师三岛中洲送了一幅画有《论语》与算盘的祝寿图,图上写道,涩泽在日本商业不振时,辞官而创银行,"据《论语》,把算盘。四方商社陆续竞兴,皆以男为模范,商业大振。遂应美国招,率绅商而往,巡察诸商社,大得款待而还,是皆算盘据《论语》之效也。……孔子为委吏,料量平,与粟、周急不继富,为政足食,既庶富之,礼与其奢也宁俭,待贾沽玉,是《论语》中有算盘也。《易》起数,六十四卦莫不曰利,是算盘之书。而其利皆出于义之和,与《论语》见利思义说合,是算盘中有《论语》也。算盘与《论语》,一而不二。男尝语余曰:'世人分《论语》、算盘为二,是经济之所以不振'"。涩泽荣一"一手拿《论语》,一手拿算盘"的经营理念,为日本的经济发展和现代化建设确立了"义利合一"的指导原则。

《论语与算盘》从处世与信条、立志与学问、常识与习惯、仁义与富贵、理想与迷信、人格与修养、算盘与权利、实业与士道、教育与情谊、成败与命运十个方面阐述了儒家道德与商业的关系及其相互促进作用。他从道德修养与物质财富的关系出发,解读人心社会与商业经营的和谐之道,颠覆了鄙视金钱利益的传统观念。他根据儒家伦理精神阐发了"义利合一"的核心价值,强调作为天理的"义"与作为物质利益的"利"之间的关系,认为合于"义"的"利"才是正当的,值得追求的。他创造性地提出"士魂商才"的儒商人格理想,所谓"士魂"就是指信奉儒家价值,有儒家士大夫的精神和灵魂;"商才"则是指具备经商的才干。他说:"道德与经济本来是并行不悖的。然而由于人们常常倾向于见利忘义,所以古代圣贤极力纠正这一弊病,一面积极提倡道德,一面警告非法牟利的人们。"又说:"如果要问获得财富根本要靠什么的话,那应是仁义道德。否则,所创造的财富,就不能保持长久。"因此,"缩小《论语》与算盘间的距离,是今天最紧要的任务"。可见,只有把《论语》作为培养士魂的根基,商人和企业家才能做到"富而仁"和"利而义"。

涩泽荣一的"义",即是儒家之仁义和仁爱,具体表现为将"博施于民"作为企业的经营目标。他生活的时代正是日本迈向现代化的时代,明治政府提出了"殖产兴业"等三大政策,目的是要使日本后来居上,跻身世界列强之列。他认识到要想使人民富裕、国家富强,就必须走工商兴邦的道路。儒家贵民,主张"庶、富、教"。儒学是世间法,其第一要义就是满足人类生存的物质要求,这只有通过工商实业的振兴发展才能获得。他在解释《论语》的"博施于民而能济众"时说,孔子把"博施于民而能济众"称为圣,而要做到"圣",就必须用财富去施民济众;欲布周文王之政,需要的也是财富,因此,求利是必要和正当的。他把追求财富看作完善个人生命和完善政治的先决条件,实际上是为追求利润做合理解释,为工商文明的兴起奠定了理论基础。但是,求利只是手段,不是目的,一个有社会责任感的现代企业家必须把兴办企业和谋求利润,服从于国家兴旺和民众幸福作为最高目标。因此,他终生为日本振兴努力兴办企业,主持和创立了日本第一劝业银行、王子制纸会社、日本邮船会社、大阪纺织会社、东京海上保险公司、东京石川岛造船会社、大日本人造肥料会社和日本铁道会社等。这些企业时逾百年,至今在日本和世界仍有很大影响。

涩泽荣一不仅系统阐发了以儒家仁义为企业经营管理之本的思想,主张融合西方先进管理技术来发展近现代工商业,还将这种理论积极付诸实践,以"论语加算盘"的经营管理观念来兴办和经营现代企业。他的理论和实践不仅为日本的现代化做出重大贡献,也为东亚传统儒商的现代转型树立了典范。

(资料来源:唐任伍:《儒家文化与现代经济管理》,经济管理出版社 2003 年版,第 233—234 页。戢斗勇:《以义取利的生意经:儒商文化》,山东教育出版社 2011 年版,第 61—62 页。周北辰:《儒商管理学》,中国发展出版社 2014 年版,第 28—29 页。)

六、丰田公司"以人为本"的管理

丰田汽车公司,简称"丰田公司",创始人为丰田喜一郎(1894—1952),毕业于东京帝国大学工学部机械专业。1933 年,在"丰田自动织布机制造所"设立汽车部。丰田公司总部设在日本爱知县丰田市和东京都文京区,隶属于日本三井产业财阀。丰田公司是日本最大的汽车公司,世界十大汽车工业公司之一;2008年取代通用汽车公司成为世界排行第一的汽车生产厂商。丰田公司的成功很大程度上在于奉行儒家"以人为本"的经营管理原则和方法,始终坚信员工是最重要的资源,对员工予以充分尊重,员工的工作质量和生产效率不断提升。

儒家核心思想是"仁",《中庸》言:"仁者,人也",仁学的核心是"修己"以"安人";诚以待人,和以待人。可见,仁学即是人学,即是以人为本。丰田喜一郎提出的企业经营管理座右铭是"天地人、智仁",其子丰田幸一郎增加为"天地人、智仁勇"。"天地人"来自《孟子》的"天时不如地利,地利不如人和"。"智仁勇"是儒家"三达德",《论语》说:"智者不惑,仁者不忧,勇者不惧。"《中庸》说:"好学近乎知,力行近乎仁,知耻近乎勇","智仁勇三者,天下之达德也。"他们的经营管理原则便体现了儒家仁本论及其人本主义管理精神。他们重视人的地位和作用,把以人为本的价值注入企业之中;重视人的长期投资,非常重视员工的教育培训,将其视为和设备投资同等重要。他们追求技术与人的结合,喊出"既要造人,又要造车"的口号。丰田公司始终实行以人为本的管理制度,把以人为本作为企业经营管理的出发点。

丰田公司以人为本的经营管理突出体现在公司的整体性,即集体主义精神和原则上,主要表现在四个方面:全公司的品质管理方式、提案制度、经营研究会、独特的生产体系和方式。第一,在品质管理方面,丰田公司将使劳资双方保持紧密关系视为重要任务。公司大力提倡劳资双方要同心协力,共同搞好群众性的品质管理小组活动,共同为提高品质、降低成本而努力。第二,提案制度是丰田公司发挥员工潜能的重要制度。为了让更多员工提出合理化建议,公司设置了提案箱。公司审查委员会每月进行一次评议,对优秀提案给予必要的奖励,根据所提提案的内容和水平,支付20~500日元不等的奖金。因采用合理化建议而获得的效益并不随便开销,大半仍用在举办研究会、研修会及技术革新和创新产品上。第三,赋予经营研究会一定的自主权力。研究会的主题是:经营现代化,各种先进管理方法及新技术的介绍,增产及销售体制的加强,推动品质管理活动等。第四,采取独特的生产体系。在这个生产体系中,生产不再被单纯地看作纯技术问题,而是一个包含工人的技能、能力、勤奋及劳动热忱等综合因素的过程。为此,丰田公司充分发挥日本人的集体意识、上进心、归属感、勤奋性和勤劳精神,这些大多属于以儒家为代表的东文文化。一位资深丰田公司人士说:"丰田公司之所以取得了很大成功,只是丰田比其他公司更懂得如何运用东方文化。"

上述四个方面是相互联系的有机整体。不管是丰田公司的品质管理活动还是提案制度,或是经营研究会和生产管理方式,都体现出"群体性的经营管理活动"的特色。它们是丰田企业文化体系中最为精华的部分。在这种以儒商价值观为主导的文化体系中,包含着企业本身的目标和公司员工个人的努力方向,而这两者是紧密联系在一起的。当每个丰田员工通过品质管理活动、提案制度和经营研究会等活动参与到公司独特的生产体系流程中时,员工对公司的"归属"思想和安定心理便会油然而生。当公司员工看到公司目标和个人目标都能实现时,便会受到感染和激励,产生继续向上的新动力,这使丰田公司具有众多欧美公司所没有的向心力、凝聚力和稳定性。

与西方企业经营管理的经济理性主义理念和原则相比,丰田公司实行体现儒家仁道精神的人本主义管理方式,突出了人的主体性和个性差异,使人的积极性得以充分发挥,这是丰田公司在企业经营上取得巨大成功的坚实保障。

(资料来源:周光华主编:《人力资源开发与管理》,哈尔滨出版社2002年版,第426—427页。邵作昌、王永超主编:《儒商文化》,上海财经大学出版社2017年版,第226—228页。)

七、松下幸之助"以人为中心"的经营理念

松下公司是世界著名企业,创始人松下幸之助(1894—1989)在日本乃至世界都被誉为"经营之神"。23岁时,他用100日元创办了"松下电器制造所",后来将它发展到辖属130多个工厂、产品行销世界的"松下帝国"。松下

不仅叱咤商场,还以儒商使命感著书立说,阐发现代商业理念,关注和思考人类命运和前途。二战后,他发起PHP(Peace and Happiness through Prosperity)运动,即通过繁荣来追求和平与幸福。他善于总结经商实践,出版60多本著作,发行量达1 000多万册,其中《我的梦,日本梦,21世纪的日本》《探讨人类——提倡新人生观》等极富哲理,对日本商人和国民有深刻影响。他还出资70亿日元设立松下政经塾(松下政治经济研究所),为日本培养高级经济人才,展现了儒家"先天下之忧而忧,后天下之乐而乐"的历史使命感和社会责任感。

　　松下幸之助深受儒家人本主义思想影响,奉行"以人为中心"的经营理念,他有句名言:"松下生产人,同时生产电器。"因为,"经营的基础是人……在企业经营上,制造、技术、销售方法、资金等固然重要,但人却是这些东西的主宰。尽管有钱,有产品,要是没有一个会利用这些的人,那么这些东西也产生不了任何作用的。所以不管怎么说,人才是最重要的。"其"以人为中心"的经营理念主要表现在以下四个方面:

　　第一,以儒家仁本思想作为企业核心价值,确立"商业之道在于德"的企业文化观。松下电器商业学院把儒家经典《大学》的"明德,亲民,止于至善"作为学员研修的目标,并做出创造性诠释:"明德"就是"竭尽全力,身体力行,实践商业道德";"亲民"就是"至诚无欺,保持良好的人际关系";"至善"就是"为实现尽善尽美的目标而努力"。他要求学员学习《大学》《论语》《孟子》和《孝经》四部儒家经典,旨在确立企业员工"商业之道在于德"的价值理念,建立儒家人本主义的经营管理模式。每天早晨,全体学员集合,各自面向自己的家乡,遥拜父母,心中默念《孝经》:"孝,德之本也","身体发肤,受之父母,不敢毁伤,孝之始也。立身行道,扬名于后世,以显父母,孝之终也。"然后,每个成员正襟危坐,双手合十,口诵"五观之偈"进行反省。第一偈,"此膳耗费多少劳力";第二偈,"自己是否有享用此膳之功德";第三偈,"以清静寡欲为宗";第四偈,"作为健全身心之良药享用此膳";第五偈,"为走人之正道享用此膳"。松下幸之助就是以此方法培养员工至善的仁德。松下公司通过学习孝道和儒家推己及人的思想,培养员工的仁爱之心,促进企业的有效管理,实现自己的企业思想。

第二,注重个人意志和品德的修炼。儒家强调"内省",强调"修身、齐家、治国、平天下",强调人格的力量。松下以此要求自己,重视自我信念和人格的培养。他认为,事业要成功,信念和忍耐很重要,要树立有追求、有志向的信念。在荆棘丛生的道路上,唯有信念和忍耐才能开辟出康庄大道,才能化不可能为可能。面对独立创业后的一次次失败,他多次战胜了想放弃的念头,最终坚持了下来。这种战胜失败的信念和忍耐力,被他视为事业成功和发展的主要原则之一。在他看来,自己身为数万人的总裁,一言一行都被众人关注。如果自己思想松懈,下属和员工就不会有旺盛的斗志。一次,他因为上班几次换车迟到了 10 分钟,为此,他在员工面前做了检讨,并将当月薪水如数奉还公司以示谢罪。松下每天都合理安排自己的时间,使自己能有效地投入工作。他认为,人必须忙碌才不会失去紧张感,才会有迅速和完美的工作效率。创业不久时,产品准备打入东京时,他每次需要乘三等夜车,通宵不眠,于第二天清晨抵达东京,然后再马不停蹄地照着地图跑完十几家客户。办完事又乘夜车赶回大阪。由于他以身作则地努力工作,使得松下电器制造所得到了迅猛发展。

第三,重视人才的教育和培养。他有句名言:"经营就是教育。"他说,培养人才比生产电器更重要,"事业在人做",培养出优秀的人才才能生产出优秀的产品,"任何员工只要认清公司的基本信念和方针,就能充分发挥个人的自主性,可以自主发表意见。碰到问题究竟采取什么行动,不必一一请示上司,以融入自己体内的基本信念为尺度,决定自己的行动"。他建立了一个庞大培训中心,每年可以轮流培训五万名员工。公司以"松下七精神"对全体员工进行精神训练,员工进入公司后边工作边接受教育。"职业生涯发展计划"就是企业关心人、培养人、造就人的具体行动计划。松下把员工的职业生涯分为四个阶段:第一阶段是从进入企业到 28 岁左右,由于刚进入社会,有求知的欲望;第二阶段是 30 岁左右,能积极运用学得的技术;第三阶段是从 35 岁到 40 岁左右,已经进入成熟时期,能充分发挥所积累的实力,领导下属人员一起工作;第四阶段是 45 岁以上的职工,作为企业管理人员活跃在企业的各个部门。对四个阶段的对象分别采取不同的教育方针和内容,使之各尽所能,各得其所。企业在制定决策时,让职工当家做主,采取自上而下的方式发动广大职工献计献策。因此,松下人从精神面貌到内心修养,从生产技能到经营销售个个德才兼备,有强烈的责任感和主人翁意识,在生产中充分发挥他们的潜能,企业制定的决策也能够得到员工的拥护。

第四,奉行"顾客就是上帝"的经营理念。松下幸之助认为经营最困难的是销售。企业家要使经营获得好的效果,顾客便是衣食父母,是利润的来源。因此,在经营中就要诚心诚意地为顾客着想,一切从顾客的需要出发,要具有按照顾客需求随时提供产品的责任感。经商办企业,获得合理利润是主要目标,这就要求经营者要向用户提供优质产品。顾客到商店里来买东西,免不了要和售货员讨价还价。因此,他要求售货员要向顾客做耐心细致的说服工作,如实向顾客介绍商品的性能、成本及利润,要以笑脸作为赠品,让顾客从心底里理解商店产生。经营者必须对顾客常怀感谢之心,只要有机会就要帮助顾客,始终保持着随时为客人服务的态度。商品售出后,不能置之不理,而是要多了解使用情况,坚持保修、保换和保退制度。要经常地到顾客中走走,遇到企业的庆典活动,应先想到客户,重点邀请部分长期客户参加,节假日要向客户赠送礼品。通过这些方式,加深经营者与顾客的感情。

松下公司用"以人为本"替代"以工作为核心",重视企业家的自我品质的修炼,为企业文化精神的塑造树立了榜样。公司强调重视人、尊重人、相信人、关心人和发展人,强调人的主动性,很好地把企业"以人为本",与员工"以企业为家"有效地结合起来;在经营销售中真正将顾客视为上帝,体现了企业的社会责任感。松下公司的经营管理理念和举措是充分吸收儒家以仁为本的人本主义思想的产物,是东亚企业中成功运用儒家思想经营管理现代企业的又一典范。

(资料来源:唐任伍:《儒家文化与现代经济管理》,经济管理出版社 2003 年版,第 236—240 页。邵作昌、王永超主编:《儒商文化》,上海财经大学出版社 2017 年版,第 226—228 页。)

八、"人人是人才":张瑞敏的企业管理观

海尔集团董事局主席、首席执行官张瑞敏是当代中国著名企业家和儒商,创建了全球白色家电第一品牌海尔。因管理模式不断创新受到国内外管理界赞誉,被誉为全球 50 大管理思想家之一。世界一流战略大师加里·哈默评价他是互联网时代 CEO 的代表。2017 年 3 月,入选美国《财富》杂志发布的 2017 年度"全球最伟大 50 位领袖"。张瑞敏善于将中国传统文化精髓与西方现代管理思想融会贯通,创造了富有中国特色和充满竞争力的海尔文化。他说:"《老子》帮助我确立企业经营发展的大局观,《论语》培育我威武不能屈、贫贱不能移、勇于进取、刚毅有为的浩然正气,《孙子》帮助我形成具体的管理方法和企业竞争谋略。"其中,儒家文化的影响尤其大。儒家讲仁,讲仁者爱人,己所不欲,勿施于人,以此处理人与人之间的关系。他继承了儒家的这些思想,提出了"人人是人才"的企业人才观和管理之道,喊出"人人是经理,人人是老板"的口号。

第一,对人才高度重视。张瑞敏认为,人才是企业竞争的根本优势,有了人才,资本才得以向企业集中,企业在竞争中才能取得优胜。企业人才大致分三类:(1)人材——这类人具备一些基本素质,但需要雕琢。(2)人才——这类人能够迅速融入工作和立刻上手。(3)人财——这类人通过努力能为企业带来巨大财富。在海尔"人人是人才"的观念中,所有员工都是可造就的人才,应设法把每个人的潜能都发挥出来。他说:"海尔集团有 5 万人,其中有研究生,也有文化程度较低的员工,但'人人是人才'!要挖掘和调动每个员工的积极性、创造性,形成合力。"为此,海尔制定了许多人才制度,如通过公开招聘上岗制度,发现人才和促进人才流动,使许多年轻有为的员工走上领导岗位。海尔的人才理念可以归结为四点:一是给人以公平感;二是给人以成就感,尊重员工的成果;三是给员工以发展空间,领导搭起舞台,让员工表演;四是给年轻干部竞争的机会。这种人才战略的全面实施,使海尔实现了孟子所说的"尊贤使能,俊杰在位,则天下之士皆悦,而愿立于其朝矣"。在中央电视台"感动中国"2002 年度人物评选颁奖仪式上,有

媒体问张瑞敏："工作中最让你感动的是什么?"他说:"最让我感动的是,很多普普通通的在平凡工作岗位上的员工,能够用心去做一些工作;一些生产在一线普通的工人为了提高生产效率,搞一个技术改革,自己回家拿钱用业余时间去做。如果每个人都能够用心去创造、去发明,去把自己的工作做好,把自己的工作再提高一步,不管什么困难都能够克服。"

第二,"人人是人才,赛马不相马"。这是海尔人力资源管理的核心理念。在张瑞敏看来,企业中人人都是人才,关键是将每个人最优秀的品质和潜质充分发挥出来。他说:"作为企业的领导者,你的任务不是去发现人才,今天看看培养一下张三,明天考虑一下培养李四,你的职责应该是建立一个可以出人才的机制,这种机制比领导具有敏锐的挖掘能力更重要。"为此,海尔"变相马为赛马"。"赛马"(即竞争)比"相马"能保证人才辈出。"赛马"机制包含三条原则:一是公平竞争,任人唯贤;二是职适其能,人尽其才;三是合理流动,动态管理。这种用人机制的建立,是为了做到人尽其才,在公平、公正、公开的平台上让所有员工去竞争,使企业整体充满活力。高级管理人员被淘汰的叫"住院治疗",被降职的叫"打点滴",被整改的叫边工作边"吃药"。海尔每个月对员工进行考核,考核结果每月8号贴在员工食堂里,到年底谁上谁下一目了然。海尔集团每月1号的考评,使干部不是上来后一劳永逸,而是不断参加竞赛。海尔的"赛马"是全方位开放的,除总裁外,所有岗位都实行公开竞聘。每个月由人力资源中心公布两次空岗情况和招聘条件,选用标准和程序都贴在食堂里。海尔有5万多人,人员年轻,管理人员平均年龄不到27岁。在海尔,每个人只要达到条件都可以参加竞赛,每个月都要公布谁达到什么条件,可以参与什么竞赛。在这里,没有身份的贵贱、年龄的大小、资历的长短,只有技能、活力、创造精神和奉献精神。是人才,赛中看,这实际上让每个人为自己铺就了一条成功之路。

第三,人力资源管理的公正、公平、公开、合理。在人力资源管理制度上海尔新招选出,大学生不受专业限制,可以全厂范围内自由择岗;员工直接可与干部竞争上岗;干部不受部门约束,可自由选择想去的地方;集团各部门人选统一制定标准,考核上岗等一系列的竞争制度,给海尔人平等的舞台,保证了合理、高效用人制度的实施。张瑞敏深有体会地说:"算起来我还是被管理的时间长。当过工人,当过车间主任,当过厂长,都干过。从这个意义上说,我更能体会被管理者,最渴望管理者能给他什么。最渴望什么呢?最渴望的就是我的成绩,你不要给我抹杀,我干得好的地方,你能够给我承认。"为此,海尔建立了一系列人力资源管理制度,如"赛马不相马"的用人机制、"三工并存,动态转换"的管理制度、"80/20"法则等。通过管理制度落实、保障企业内部公平,对员工有重要的激励意义。在海尔,任何员工,只要对海尔有贡献(如一些小的改革、发明等),就会受到奖励,因此每个员工都想办法实现自身价值。一次,海尔把由一位工人发明的一项技术革新成果以他的名字命名了,并把这件事在所有员工中推开,很快工人中就兴起了技术革新之风。

第四,全员自主管理。自主管理是种组织管理方式,主要通过员工的自我约束、自我控制,自我发现问题、自我分析问题、自我解决问题,变被动管理为主动管理,进而自我提高、自我创新、自我超越,推动企业不断发展与前进。自主管理是将决策权最大限度向组织下层移动,让最下层不单拥有充分的自主权,并做到责任与权利的统一,为每位员工提供了参与管理的渠道。它主要运用员工内在的约束性来提高责任感,使他们从内心发出"我要干"和"我要干好"的愿望,并以此指导自己的行为。张瑞敏对此特别重视,在让工人执行规章制度上的前提下让他们不断提高自己,要求员工形成自制的观念。因为,人是有感情和理智的,若仅仅把员工当作生产工具,就会使员工的智能、体力、积极性、创造性无法得到充分发挥。2000年3月,海尔董事长杨绵绵接受《经济日报》记者采访时说:"海尔的管理,现在已经步入自主管理的阶段。"其内涵就是"不管理",让职工自我管理、自我改善、自我强化,充分发挥自己的活力和创造性。

第五,关心企业员工生活。1984年底,张瑞敏出任前青岛冰箱总厂厂长,不久就到了"年关",这对他真是一道难关!眼看就要过春节了,可连给员工发工资的钱都没有,更别提发年货了。像这样快要倒闭的小厂,银行也不愿意再贷款。当时,农村实行承包制,有钱可借。于是,张瑞敏就去大山村找到村支书,几经沟通,到腊月二十七村里终于答应借钱给他们。当时厂里的财务科长坐在没有挡蓬的三轮车里,顶着寒风赶到五里外的村信用社提钱回来,不仅给每人发了工资,还给每人发了5斤带鱼。工人们笑了,感到新领导真是贴心人,说:"他敢为大伙借钱发工资过年,咱也要争口气,好好干,挣了钱把钱还上!"从此,海尔员工在新班子领导下走上"要么不干,要干就要争第一"的艰难而又辉煌的创业路。张瑞敏之所以这么做,就在于他常跟干部们说:"要让员工心里有企业,企业领导就必须时刻惦记着员工;要让员工爱企业,企业领导首先就要爱员工。"

张瑞敏传承和发展了建立在儒家仁本论基础上的人本主义,将其与西方现代管理思想相融合,创造性地提出了"人人是人才"的企业经营管理思想,形成了富有中国特色的海尔文化,在企业经营管理中取得巨大成功,并得到了西方企业界和思想界的认可。这充分表明,以仁为本的儒家思想可以为中国当代企业经营管理提供丰富的思想资源,是中国当代儒商文化建设必须加以传承和弘扬的。

(资料来源:李毕华:《海尔识人用人管人留人全书》,海天出版社2013年版,第3—12页。王来兴编著:《中华儒商智慧全集》,新世界出版社2009年版,第281—290页。)

九、万达的"以人为本"理念和人文关怀

王健林的万达集团创立于1988年,形成商业、文化、网络、金融四大产业集团,2017年位列《财富》世界500强企业第380名。企业是以人为要素的经济组织,如何发挥每位员工的智慧和调动起他们的积极性来实现企业目标,是企业文化的核心要素。中国的儒商企业家都将"以人为本"作为企业文化的核心价值理念之一。这种企业管理强调以人为中心,充分尊重员工的价值和需求的多样性,运用共同的价值观、信念、和谐的人际关系,维护和保障员工的各种权益。王健林便坚持"以人为本"的理念来塑造万达的企业文化。万达集团成立30年,已经汇聚了无数人才,但这种理念却从来没有改变过。

首先,为员工提供一流待遇。万达集团员工的福利好是业界的共识,同行业企业没有哪家的待遇能够比万达更好。万达人力资源部每两年进行一次收入调查,根据调查结果调整工资,以保证员工收入在全国同行业中的领先性。针对收入相对较低的服务行业员工,万达推出工龄工资制度,每工作一年,每月增加工龄工资 100 元,一年就是 1 200 元。在万达工作满 10 年,每年仅工龄工资就能领到 12 000 元。万达高管承担的责任比普通员工要重,收入也会高很多,总经理以上的高管还有股票期权。早在 20 世纪 90 年代初,集团就实行带薪休假制度,开国内同行业先河。每位员工每季度有 4 天带薪休假时间。后来,还推出优秀员工度假制度,给优秀员工及家人报销两人往返机票,并免费入住各地万达酒店。为了让员工能将更多精力投入目标完成中,万达对超额完成任务的团队和成员给予丰厚奖励。就万达长白山度假区来说,为了抢工期和保质保量完成建设任务,万达给每个工程队许诺的奖励不低于百万元。万达旗下任何一个项目只要能出色完成,员工有奖金。除了奖金,万达激励员工的手段还有升职、培训等。

其次,对员工倾注人文关怀。为了保障员工的身体健康,万达集团每年都会组织员工进行免费体检,定期请专家提供健康培训和指导,对生病的员工会有相应的医疗补助。总部员工每人能得到一张免费健身卡。分公司员工虽然没有健身卡待遇,但享受的福利一点儿都不少。保障女性员工健康、权益以及职业发展。万达每年都邀请全国知名专家和培训师就女性员工感兴趣的专题进行培训,包括女性美容、营养、健康和权益等;对在月经和怀孕期间的女性员工给予最大程度的关怀,包括临时转岗、减少工时和带薪休假等。万达要求所有基层公司自办员工食堂,不准外包,以确保饮食质量和食品安全。饭菜价格也非常实惠,每个月还有食补;食堂菜品不仅齐全而且干净卫生、味道好。为丰富员工精神文化生活,还加大企业内刊、新媒体的建设力度。集团要求各公司每年举办三次不同形式的户外娱乐活动,以放松员工身心,加强员工沟通交流,增进员工的归属感和凝聚力。年底则举行盛大的年会,颁发各种奖项,举办职工文艺演出,这已成为万达员工最盛大的节日。著名激励学大师纳尔逊在《奖励员工的一千零一种方法》中说:"在恰当的时间从恰当的人口中道出一声真诚的谢意,对员工而言比加薪、正式奖励或众多的资格证书及勋章更有意义。"

最后,建立健全的人才培养机制。万达非常重视培训,每年都会安排大量培训。培训的人员数量很大,次数不一。经过培训展露才华的员工会被列入人才培养梯队,着重培养。公司每年收集优秀团队、先进个人的事迹材料,编成万达故事集发给员工,组织学习讨论;每年统一采购由董事长推荐的书籍发给员工,由专家辅导学习。组织征文、研讨和演讲比赛等形式的学习,引导企业成为学习型组织。人力资源部每年组织专门小组到全国各地公司进行员工满意度调查,并和主要员工进行全面沟通。建立完善的工作流程、制度和万达人修养手册,让全体员工有统一的行为规范和制度规范。万达出资几个亿建成自己的企业大学——万达学院,使万达培训进入更高层次。一些表现优异的员工可以进入万达学院深造,学习归来后就有机会登上更高的领导岗位。万达中高层管理人员能通过在万达学院的学习,和名师交流,和同学探讨,不断地提升自己,在原有岗位上做得更好,在新的更高层岗位上取得优异成绩。总之,只要你有才,只要你是人才,万达就绝对不会将你埋没。

人是核心之本,人是财富之源。企业的"企"字如果少了人,便成了"止",没有了人,企业的发展便失去了力量之源。人性化管理不仅是万达的策略和技巧,更是万达集团与员工灵魂层次的交融。万达在"人"上真正下了功夫,因而一步一步走向辉煌,能快而不倒地屹立在财富的巅峰。

(资料来源:张岩:《王健林的棋 决定万达企业气质的8个关键节点》,北京时代华文书局2015年版,第223—224页。姬剑晶:《万达思维:王健林的财富之道》,中国财富出版社2016年版,第183—184页。)

十、方太的"仁义"企业文化

"中国高端厨电专家与领导者"方太集团创建于1996年,业务涉及厨房电器、集成厨房以及海外事业三大领域。方太以"人品、企品、产品,三品合一"为核心价值观,集团董事长兼总裁茅忠群开创了现代儒家管理模式,被誉为当代儒商。2008年以前,他崇尚用西方管理理论。2009年以后,他逐渐发现运用西方理论管理企业存在问题,开始推行儒家仁义思想。最终,方太形成了以仁义为核心的"中学明道,西学优术"的企业文化,为当代企业树立了以儒家思想经营管理企业的典范。

首先,以儒学"仁义"铸就方太文化。茅忠群认为,中国企业管理模式应该有适合中国企业的哲学和规范。现阶段中国企业大多处于缺乏信仰、价值观,员工首先想到的是发现制度的漏洞,钻制度的空子,不像西方人会恪守制度,导致制度很难落地。因此,他采取"中学明道,西学优术"来管理企业。文化是核心,制度是载体。管理企业就像是两条腿走路,一条腿是制度管理,被西方所强调;另一条腿是价值观和信仰,即儒家的仁义思想。那么,如何把西方制度与儒家仁义相结合呢?他的思路是先替员工着想,想员工为什么会犯错,然后公平、公正、合理地处理问题。他引用《论语》"道之以政,齐之以刑,民免而无耻;道之以德,齐之以礼,有耻且格"之语来说明,认为政令法规的约束虽有效,但难以达到自我约束,管理成本自然高昂,而道德的引导和礼法的约束可以真正深入人心。他坚信,与西方管理制度相比,儒学的育德行礼思想有不可估量的力量。为此,他把方太的制度都拿出来对照进行修改。例如,制度中有把员工错误分为ABC三类的条款,类似上班迟到、缺勤属C类级别以罚款处罚,更严重的行为按警告和开除等级别处理。然而,上班迟到、缺勤的行为却屡禁不绝。他认为,采用严格制度并非有境界的管理,因为孔子说过,"放于利而行,多怨""不教而杀,谓之虐"。因此,应当实行和追求人性化管理,"道之以德"远胜于"道之以政",当员工对其过错"有耻且格",就不会违反制度了。于是,他把罚款改为教育,员工犯了错就让主管找他谈话,让他有羞耻感,这样他就不会做违例的事了。制度改进后,企业管理效果显现出来,2009年犯C类错误的数量比2008年下降了一半。可见,实行儒家思想教育使管理变得简单有效。茅忠群说:"在儒家的体系里,符合仁义要求的制度才是好的制度。""仁"就是"仁者爱人",这个制度就是设身处地为员工着想;"义者宜也",这个制度要公平、公正、合理。

其次,以"仁义"为指导建构企业"家文化"。茅忠群推行以人为本的儒家管理思想和制度,认为要吸引人才、留住人才和凝聚人才,首先要尊重人、关心人、培养人。尊重员工,意味着员工不仅是工作伙伴,还是生活朋友,彼此在人格上是平等的,这就意味着工作不是强迫员工必须服从,而是在双方协商自愿的基础上选择更利于员工成长的工作项目。他说:"人是生产力中最活跃、最革命的因素,只有引导员工全身心地投入企业的各项管理,才能使员工潜在的智慧和创造力得到真正释放。"为了让员工能有家的感觉,构建和谐的方太"家文化",他对新产业区的设计和建设做了精心规划和安排,除了合理安排园区的生产布局,还在同区里设置和建设员工活动休憩场所。方太行政办公大楼旁是个能容纳 600 多人的员工大礼堂,里边的设施如同高档影院,现已成为开展业余文化活动和表彰优秀员工的场所。员工餐厅旁建有方太的高管公寓,里边的设施和服务是按四星级宾馆设计的。此外,他还为员工建起俱乐部、歌舞厅、台球室、健身房、篮球场、图书馆和电教室等。职工业余文化生活丰富多彩。每年的春节联欢会和两年一届的员工运动会已连续举办十几年。新产业园区规划得井井有条,宽阔的马路和巨大的厂房之间有各种花木和碧绿的草坪。南方多雨,为了让员工上下班和业余活动时不淋雨,员工从宿舍到食堂、从车间到办公室的路上都特意建有玻璃顶走廊,方太人亲切称为"无雨走廊"。

最后,实行以"仁"为主和以"义"为辅的全员身股制。在茅忠群的"儒家管理模式"中首推"仁爱"。2010 年,方太做了件令外界震惊的事——在公司实行"全员身股制",只要员工任职满两年,便会根据他们的职位、贡献大小获得一定量的公司股权,享有年底分红的权利。当时方太每年有 1 亿多元的净利润,方太承诺拿出 5% 的利润,即 500 万元给员工。从 2011 年下半年开始,公司每年分红两次,时间分别定在端午节和孔子诞辰日(9 月 28 日)。享有身份股的职工不需投资入股,员工依据持有身份股的多少参与分红。企业根据岗位和贡献大小来确定员工身份股的份数,最少的占 1 股,最多的股数保密,红利按所在部门年度利润的 5% 来确定。在大多数公司里,股权激励只是针对少数骨干和管理层。方太采取该措施,便是基于企业的"仁义"

为本的文化。同时,分红股权根据员工的职位、贡献度进行合理分配,则体现了义的思想。"仁者爱人,义者循礼",方太从员工利益出发,薪水比同行业企业高一些。总之,方太的管理"充分反映仁义价值观的制度建立和普及之后,得到公司员工承认,这才能开花结果"。

茅忠群说:"可以治理国家的思想,肯定是可以管理企业的。经济发达国家都有符合自己国情和文化特征的管理模式,美国、日本都有自己的管理模式,中国要成为发达国家,一定也要有自己的管理模式。我觉得儒学完全可以与实践管理相结合,中学明道,西学优术,且要中西合璧。"方太集团秉承儒家仁义观建立企业文化,集"中国高端厨电第一品牌"和"中国消费者第一理想品牌"等众多殊荣于一身。这让中国当代企业看到了以儒学为主体的中国传统文化在当代企业经营管理中的重要作用。

(资料来源:茅忠群:《企业管理的儒道之间》,《国学》2013年第8期。胡海波编著:《中国管理学案例选辑》(第2辑),浙江大学出版社2016年版,第132—142页。苏庆华:《茅忠群:方太儒道》,《当代经理人》2010年第2期。)

主要参考文献

[1] 葛荣晋:《中国哲学范畴通论》,首都师范大学出版社2001年版。

[2] 张正明主编:《明清晋商商业资料选编》(上),山西经济出版社2016年版。

[3] 虞和平编:《经元善集》,华中师范大学出版社2011年版。

[4] 荣德生:《荣德生文集》,上海古籍出版社2002年版。

[5] 金其桢、黄胜平等:《大生集团、荣氏集团:中国近代两大民营企业集团比较研究》,红旗出版社2008年版。

[6] 王敦琴主编:《张謇研究精讲》,苏州大学出版社2013年。

[7] 廖树东、向翔、冯德辅主编:《企业文化建设理论及其在云南的实践》,云南民族出版社1993年版。

[8] 戢斗勇:《以义取利的生意经:儒商文化》,山东教育出版社2011年版。

[9] 叶童:《"论语"与现代管理 62》,西苑出版社2000年版。

[10] [美]沃特曼著,康毅仁译:《IBM变革管理 基业长青的伟大学问》,哈尔滨出版社2004年版。

[11][日]涩泽荣一著,高望译:《论语与算盘》,上海社会科学出版社 2016 年版。

[12]唐凯麟、曹刚:《重释传统:儒家思想的现代价值评估》,华东师范大学出版社 2000 年版。

[13]段俊平:《传承的力量:解码中国化企业文化管理》,中国发展出版社 2013 年版。

[14]周北辰:《儒商管理学》,中国发展出版社 2014 年版。

[15]唐任伍:《儒家文化与现代经济管理》,经济管理出版社 2003 年版。

[16]王来兴编著:《中华儒商智慧全集》,新世界出版社 2009 年版。

[17]周光华主编:《人力资源开发与管理》,哈尔滨出版社 2002 年版。

[18]胡海波编著:《中国管理学案例选辑》(第 2 辑),浙江大学出版社 2016 年版。

[19]邵作昌、王永超主编:《儒商文化》,上海财经大学出版社 2017 年版。

[20]韩凝春主编:《商道循之:中华老字号辑录》,中国经济出版社 2016 年版。

[21]李毕华:《海尔识人用人管人留人全书》,海天出版社 2013 版。

[22]姬剑晶:《万达思维:王健林的财富之道》,中国财富出版社 2016 年版。

[23]茅忠群:《企业管理的儒道之间》,《国学》2013 年第 8 期。

第三章　义利兼济的商道

如何看待和处理义利关系是社会主体生存和发展的基本问题，对商人和企业来说更是首要问题。义利关系是企业经营伦理观的核心问题，关系到企业的根本价值理念和发展道路。企业要讲利和求利，这是企业生存和发展的前提条件。但是，企业作为社会组织又不能唯利是图，还必须考虑仁义道德。儒家重视"义利之辨"，主张以义制利、以义取利和义利合一。传统儒商秉承儒家义利观并积极践行。近代以来，许多爱国企业家对儒家义利观做了转换性的传承，坚守民族和国家大义来求利盈利。中国当代企业在塑造儒商文化核心价值理念时，应当充分吸收儒家义利观的精髓，坚持义利兼济的商道。

第一节　儒家的义利观

"义"和"利"是一对标志道德原则和物质利益、动机和效果的重要范畴。首先，所谓"义"，是指道德行为之当然；所谓"利"，是指物质利益。利又有私利和公利之分。凡是片面追求个人物质利益，损害民族和国家利益的，为私利；凡是谋求国家和民族利益的，为公利。其次，凡是强调义，主张以之评判道德行为，只管道德动机，不问行为效果的，是动机论者；凡是强调利，主张以之评价行为善恶标准，只管行为效果，不问道德动机的，是效果论者。儒家特别重视义利之辨，主流思想是在以义为先和为本的基础上讲利和求利，强调公利优先，多属动机论者。

一、先秦儒家的义利观

先秦儒家创始人孔子和孟子对义利内涵和关系做了阐述。孔子主张

"见利思义",要人们见到有利可图的事应以"义"作为取舍标准。求利应坚守道(义)的原则,"富与贵,是人之所欲也;不以其道得之,不处也。贫与贱,是人之所恶也;不以其道得之,不去也"。(《论语·里仁》)质言之,就是君子爱财,取之有道,不义之财不能取。因此,孔子的人生态度是:"不义而富且贵,于我如浮云。"(《论语·述而》)。他把义和利作为区别君子与小人的标志,说:"君子喻于义,小人喻于利。"(《论语·里仁》)。因此,"君子义以为上"(《论语·阳货》),即君子应以"义"作为行为的最高标准。孔子的义利观确定了儒家义利观的基调。

孟子发展了孔子的义利观,更强调义。他说:"为人臣者怀利以事其君,为人子者怀利以事其父,为人弟者怀利以事其兄,是君臣、父子、兄弟终(尽)去仁义,怀利以相接,然而不亡者,未之有也。"(《孟子·告子下》)。因此,主张"先义而后利",只有这样人们的关系才能和谐;反之,如果"后义而先利",就会引起人们之间的冲突和争夺,乃至国灭君亡。当梁惠王问何以"利吾国"时,他说:"王何必曰利?亦有仁义而已矣。王曰何以利吾国,大夫曰何以利吾家,士庶人曰何以利吾身,上下交征利,而国危矣。……未有仁而遗其亲者也,未有义而后其君者也。"(《孟子·梁惠王》)孟子是动机论者,说:"大人者,言不必信,行不必果,惟义所在。"(《孟子·离娄》)。他也把"义"和"利"作为区分君子和小人的标准,说:"鸡鸣而起,孳孳为善者,舜之徒也;鸡鸣而起,孳孳为利者,跖之徒也。欲知舜与跖之分,无他,利与善之间也。"(《孟子·尽心上》)所谓"舜之徒",即是品德好的人,是为义(善)者;所谓"跖之徒",即是品德坏的盗贼,只求利。孟子基本建构起儒家义利观的体系。

儒家经典《大学》主张"以义为利","国不以利为利,以义为利也"。认为德和仁是本,财为末,说:"有德此有人,有人此有土,有土此有财,有财此有用,德者本也,财者末也。"又说:"生财有大道,……仁者以财发身,不仁者以身发财。"这里的"德"和"仁"都属于"义"的范畴,有德有仁即是义。也就是说,有德和有仁者,就可以有人、有土和有财。生财(利)必须坚持义(大道)的原则,否则会丧失一切。

二、宋明理学对义利观的发展

宋代以后中国社会进入商品经济快速发展时期,围绕义利之辨的讨论再次兴起,宋明理学家都重视义利之辨,坚持贵义贱利观;同时,根据社会发展和时代需要对义利的内涵和关系做了新的阐释。

北宋大儒程颢说:"大凡出义则入利,出利则入义,天下事惟义利而已。"(《河南程氏遗书》卷一一)程颐则说:"不独财利之利,凡有利心,便不可。如做事,须寻自家隐便处,皆利心也。圣人以义为利,义安处便为利。"(《河南程氏遗书》卷一六)可见,二程将义与利对立起来。不过,他们又肯定义利的统一性,对合于义和无害于义的利予以肯定,说,"夫利和义者善也,其害义者不善也","凡顺理无害处便是利,君子未尝不欲利。然孟子言'何必曰利'者,盖只以利的为心则害。……不遗其亲,不后其君,便是利。仁义未尝不利也"(《河南程氏遗书》卷一九)。其次,明确将义与利的对立视为公与私的对立,他们说:"义与利只是个公与私也。"(《河南程氏遗书》卷一七)这阐释出义与利的矛盾的本质,即社会整体利益与个人利益之间的矛盾,旨在维护社会整体利益,这是具有重要理论价值的。

宋代理学集大成者朱熹高度重视义利之辨,称"义利之说,乃儒者第一义"。(《晦庵先生朱文公文集》卷二四《与延平李先生书》)他继承儒家重义轻利思想,把义纳入天理范畴,属天理之公;把利与人欲相联系,属人欲之私,主张重义轻利,循义而利无不在。他说:"义者,天理之所宜;利者,人情之所欲。"(《论语集注》卷二《里仁第四》)可见,天理与人的本心是统一的,所谓"义"是顺于天理合于人之善性的道德准则和规范。义在社会生活中便是天理所规定的当然行为,为人之正道,"义者,宜也。乃天理之当行,无人欲之邪曲,故曰正路"(《孟子集注》卷七《离娄章句上》)。其次,义与利的对立即是公与私的对立,"仁义根于天心之固有,天理之公也;利生于物我之相形,人欲之私也"。(《孟子集注》卷一《梁惠王章句上》)再者,义利之别即君子与小人之别,"君子只理会义,下一截利处更不理会。小人只理会下一截利,更不理会上一截义"。(《朱子语类》卷二七)不过,他根据社会发展修正了义利对立观,在遵循天理(义)的基础上讲利和求利,主张义利结合,"然义未尝不利,但不可先说道利,不可先存求利之心"(《朱子语类》卷五一)。利与义有同一性,"利是那义里面生出来底,凡事处得合宜,利便随之。所以云'利者,义之和',盖是义便兼得利"(《朱子语类》卷六八)。循义天理便能得利,"盖凡做事,只循这道理做去,利自在其中矣"(《朱子语类》卷三六)。朱子自己也经商,并以义取利。针对建阳许多书坊专为盈利滥印劣质书籍的情况,他开书坊编制高质量书籍,生意兴盛。

宋明理学对义利的新阐释给人们突破禁欲的义利观解除了枷锁,推动了商业思想的解放,为明清儒商义利观形成提供了重要理论支持。

第二节 明清和近代儒商的义利观与近代转型

一、传统儒商的义利观及其践行

明清儒商在构建新商业伦理时,秉承儒家,特别是程朱理学的义利观,建立起以义取利、以义制利的商业道德准则,并落实于商业经营中,积极造福乡梓和服务社会,这些"义行"在历史文献中广为记载。

明代商书《士商类要》的"立身持己"篇谆谆告诫不能为富不仁和重利忘义,"富以能施为德",反对"重利忘义",称时衰运去,祸起萧墙,"为不仁之所召也"[1]。一些商人结合从商经验阐明只有持义和重义才能求利和获利。明代徽商李大嵩说:"财自道生,利缘义取。"[2]在他看来,财利与道义是主从关系,无道义,即无财利,道义是财利的本源。明代晋商王文显讲得更为深刻,说:"夫商与士,异术而同心。故善商者,处财货之场,而修高洁之行,是故虽利而不污;善士者,引先王之经,绝货利之行,是故必名而有成。故利以义制,名以清修,各守其业,天之鉴也。如此,则子孙必昌,身安而家肥也。"[3]他

---

[1] 贾嘉麟等主编:《商家智谋全书》,中州古籍出版社2002年版,第94—95页。
[2] (婺源)《三田李氏综宗谱·环田明处士李公行状》。
[3] [明]李梦阳:《明故王文显墓志铭》,《空同集》卷44。

认为善商和善士只是职业不同,将"以义制利"作为经商之道和事业昌盛的法宝,诠释出传统儒商的基本内涵和伦理要求,是明代儒商观的经典表述。

　　清代儒商对儒家义利观亦有精辟阐发。徽商舒遵刚训诲后辈时说:"圣人言,生财有大道,以义为利,不以利为利。国且如此,况身家乎!人皆读四子书,及长习为商贾,置不复问,有暇辄观演义说部,不惟玩物丧志,且阴坏其心术,施之贸易,遂多狡诈。……吾有少暇,必观《四书》《五经》,每夜必熟诵之,漏三下始已。句解字释,恨不能专习儒业,其中意蕴深厚,恐终身索之不尽也。"这里强调了读儒家经典以明义利的重要性。他又说:"钱,泉也,如流泉然。有源斯有流,今之以狡诈求生财者,自塞其源也。……圣人言,以义为利,又言见义不为无勇。则因义而用财,岂徒不竭其流而已,抑且有以裕其源,即所谓大道也。"①他称狡诈的商人和吝惜者看似精明,其实是自竭财源和阻塞财路,因为,"以义为利,不以利为利"是生财的大本源,只有这样才能"以裕其源"。他形象而深刻的论述表明明清儒商的义利思辨已达到很高水平,同时也展示了明清儒商的良好形象。

　　明清儒商积极践行这种义利观。不少儒商以义制利和以义取利,致富后多化利为义,造福乡梓和服务社会,被赞誉为"义贾"和"廉贾"。

　　明清徽州商人是践行儒家义利观的榜样,"郡(徽州)中多贤豪为名高第,于所传之非董董于财役,要以利为德于当世,富而仁义附焉"②。不少徽商行义不计功利。清婺源商人汪肇基返乡,"乡人劝买田为孙计,基曰:'吾虽未读书,独不闻愚而多财则益其过乎?'尽分财以周恤村邻。族夫妇某,供给至老。助王某完婚。凡施棺、救灾诸义举,皆不惜捐赀,年六十,仅存薄田数亩而已"③。清婺源商人俞钧,"弱冠挟重赀贾粤。有同舟客某,失金所在,愤欲赴水,钧挽,沽酒劝慰,潜以己金置床下,佯惊曰:'客金固在也。'客喜,不暇辩真赝,放橐中。后舟子以分赃相殴败,客始知之。年余,钧归,舣舟入市,忽值客跪谢,告以故,一市皆贤钧。编修司徒照在粤措赀,慕钧名,谒见,

---

① (同治)《黟县三志》卷15《艺文·人物类》。
② 《休宁四门汪氏大公房挥金公支谱》卷4《明威将军南昌卫指挥佥事新公墓表》。
③ (光绪)《婺源县志》卷35《人物·义行》。

慨然以三百金赠,照感激,为咏新安伟人行"①。祁门商人汪文德在清兵屠城扬州时,和弟弟文健到豫王多铎军前,"以金三十万犒师,且请曰:'乞王勿杀无辜。'王义其言,欲官之,不受。曰:'愿得生还。'"②从而使大批百姓免遭更多杀戮。

明清另一大商帮晋商也多义行。明代临汾人王瑞,"重义轻财,解纷息争,一日贩商盐价增至七两,瑞五两卖之,众皆非焉,瑞曰:'小贩无利,恐阻国课,吾为众倡'……盐院奖之曰:'良商'。"③清代商人董延贺,在寿阳城中以贸易为业,朴质不与人争,"凡贸易所得,悉以济人"④。清代聂喜珠轻财尚义,"在遵化数十年,远迩无不称者,尝戒子侄曰:'吃亏是福,吾生平无他长,只好此耳。'"⑤王重新经商数年便富冠邑中,"明末寇乱,重新以金七千筑郭峪……庚辰大饥,悉发其家粟以赈饥者,顺治甲申贼刘忠攻阳城,垂陷,重新出金募死士,驰报大兵以援,师至围乃解"⑥。清代商人陈芳杞,"中年服贾,颇有储蓄自奉俭约,而邻里有告急,无不周恤之,人称为尚义君子"⑦。

其他商帮亦多义行。如,明代儒贾程豪好儒重文,为贾诚心平价,为人仁义乐善,关心族党乡里,热心公益,"岁祲,尝糜以哺闾阎之饿,而又梠以瘗道路之殍。出母钱贷人,贫不能偿,辄焚其券";在宗祠旁辟庐舍,"居族之贫";"立义仓、义塾,缮梁、除道,日费囊中装不惜"。结果,"人乐趋赴。货渐起,市亦因以辐凑"⑧。他以义制利,将儒行与贾业很好地统一起来。清代商人俞汝荣弃儒而贾,精于权会,"性好施与,至是始得行其志,乡里之间翕然称善人。当是时禾中诸名士咸折节与君交,不以君为货殖传中人而薄视之也。尝设一米肆,历五岁,而贫户赊赁者已百余家,计其钱则三百余万,举其

---

① (光绪)《婺源县志》卷34《人物·义行》。
② (康熙)《祁门县志》卷4《孝义》。
③ (康熙)《山西通志》卷21《孝义》。
④ (光绪)《续修寿阳县志》卷8《人物(上)》。
⑤ (光绪)《续修寿阳县志》卷8《人物(上)》。
⑥ (同治)《阳城县志》卷11《人物·义行》。
⑦ (民国)《洪洞县志》卷13《人物志(下)·义行》。
⑧ [明]耿定向:《儒贾传》,《耿天台先生全集》卷16。

簿籍而焚之。其人也以孝友修于家,其出也以善士称于乡,好善乐施,急人之急,虽隐于市,令闻孔彰。其之为贾也,异乎人之为贾者"①。

总之,明清儒商以义取利,先义后利。为人仁义慈善,急公好义。他们贾而好儒,贾服儒行,"一以信义行之,而精神常在儒,能做到儒行与贾业的统一和良性互动"②。

二、传统儒商义利观的近代转型

儒商传统义利观的优点是以义取利和以义制利,反对不义之利;其缺点则是,往往从主从关系来看待义利关系,将利置于从属地位,导致重义轻利。近代以来,随着西方经济伦理思想的传播,中国近代工商业的发展,民族企业家开始认识到传统义利观的缺陷,对其进行近代性转换,在坚持以义制利和以义取利的前提下,主张义利并重和强调利的重要性,建构起融合儒家传统于其中的"义利统一"的近代商业伦理观。

洋务运动时期的民族企业家多属于早期维新派,代表人物有王韬、陈炽、何启、胡礼垣等。他们从多种角度为利正名,重新阐释义利关系,认为义利是相互影响和相互促进的;义是利的原则,利是义的内容。陈炽说,"惟有利而后能知义,亦惟有义而后可以获利"。"圣人"倡导的"义"的最大内容就是"利",是天下万民后代长远的根本利益,"圣人立身行义,舍身取义,而治国平天下之经,不讳言利,且日亟亟焉谋所以利之者,圣人之仁也,即圣人之义也"。③ 他强调利的重要,是因为,"夫财利之有无,实系斯人之生命"④。否定抽象和空洞的义,指出作为道德规范的"义"需要通过一定的物质条件,即"利"才能体现出来,两者相互依存,缺一不可。何启、胡礼垣认为,求利是人之本心,"中国之目商务中人,必曰奸商,不知求利乃人之本心。今有执途人而告之曰我不求利,则人必谓之奸;有执途人而告之曰我欲求利,则人必谓

---

① [清]俞樾:《蓉生俞君墓志铭》,《春在堂杂文》六编卷 5。
② 周生春、杨缨:《历史上的儒商与儒商精神》,《中国经济史研究》2010 年第 4 期。
③ [清]陈炽:《续富国策》,赵树贵、曾丽雅编:《陈炽集》,中华书局 1997 年版,第 273 页。
④ [清]陈炽:《续富国策》,赵树贵、曾丽雅编:《陈炽集》,中华书局 1997 年版,第 212 页。

之忠。彼则言不由衷,此则言以明志也。故求利者国家不禁,特求之须有其方耳"①。他们反对官府对求利"格外行苛"的行为,指出西方国家不因重利衰败,反而更加强盛,原因在于既重义又重利。因此,中国要富强,就必须改变重义轻利的传统观念,从轻利走向重利。但是,他们并不忽视义的重要作用,郭嵩焘说:"凡非义之所在,固不足为利也。是以鹜其实则两全,鹜其名则徒以粉饰作伪,其终必两失之。"②不能因利让世人争利,因利废义,而应让义抑制不公平之利,陈炽说:"惟人竞利则争,争则乱。义也者,所以济天下之平也。非既有义焉,而天下遂可以无利也,其别公私而已矣。利而私之于一身,则小人之无忌惮矣;利而公之于天下,则君子之中庸矣。"③他们把义利结合起来考察,强调言利对近代工商业发展的决定作用,初步建构起有儒商色彩的近代义利观。④

19世纪末、20世纪初中国民族资产阶级进一步壮大,到20世纪上半叶则形成了一股比较强大的阶级力量。他们从发展民族资本的需要出发,立足于实业救国,不少爱国企业家进一步将西方义利观和传统义利观相结合,最终完成了传统儒商义利观的近代转型。

清末民初著名实业家张謇对儒家义利观做了继承发展。首先,以义为先。他批评说:"吾国人重利轻义,每多不法行为。不知苟得之财,纵能逃法律之惩罚,断不能免道德上之制裁。"⑤这里指出了义的重要性。其次,对利及其权衡做了新阐释,他说:"两利上也;利己而不利人,次之。若害大多数人而图少数人之利,必不可。"⑥就是说,利人利己最可取,利己不害人次之,利己害人则不可取。最后,强调利对做生意的重要性,但它是有前提的,即

---

① 郑大华:《新政真诠——何启 胡礼垣集》,辽宁人民出版社1994年版,第131—132页。
② [清]郭嵩焘:《郭嵩焘日记》(第4卷),湖南人民出版社1982年版,第298页。
③ [清]陈炽:《续富国策》,赵树贵、曾丽雅编:《陈炽集》,中华书局1997年版,第212页。
④ 冯华主编:《鲁商文化与中国传统经济思想》,山东人民出版社2010年版,第154—155页。
⑤ 张謇:《商校本科毕业演说》,李明勋、尤世玮主编:《张謇全集》(第4卷),上海辞书出版社2012年版,第443页。
⑥ 张謇:《为南通保坍事声告全国及南通父老书》,李明勋、尤世玮主编:《张謇全集》(第4卷),上海辞书出版社2012年版,第374页。

利己不损人。他说:"人之道德,端赖养成。寻常商业,虽卖贵买贱,皆有计心,而利己损人,必为众弃。"①可见,张謇主张发展近代实业以求利,但必须以义取利和以义制利,其义利观有鲜明的儒家色彩。他把这种义利观落实到实业经营中。19世纪末20世纪初,正是西方对中国进行全面经济侵略之时,国难当头。张謇开办企业,就是为了实业救国。起初,他办厂是为了保利权、开风气、塞漏卮、兴商务和为民生计。随着企业经营的成功,他深刻意识到,要救亡图存和兴国强国,就必须大力发展实业和教育。为此,他先后创办企业60多家,创办或参与创办学校300多所。② 张謇从兴办实业入手,再转向教育和社会公益事业的建设,将经济利益与社会利益相统一,把兴办企业与国家命运相结合,彰显了近代中国爱国企业家的儒商本色。

与张謇齐名的经元善,"终身立志行事,愿学圣贤,不敢背儒门宗旨"③,以义利并重作为立身经商的宗旨。他认为,商人不当以逐利为唯一目的,"锱铢必较,实非本性所近,且所觅蝇头,皆是末中之末";反对商人骤富后私欲过分膨胀,"年方少壮,假使骤得大富,声色沉迷,即不至死亦或成废",因此应"安分守纪,虽在市中不敢争利"④。商人应有远大的抱负,以服务社会和造福乡里为己任。他对儒家义利观的传承突出表现在主张义在利先和让利取义上,在处理赈务与商务、散财与盈利的关系时,把前者看得更为重要。1877年冬,他得知河南等省发生特大旱灾后,便联合沪上绅商开办义赈募捐救济豫灾。1879年,为专心致力筹赈救灾,他毅然将自己的"仁元钱庄"停办,创设"协赈公所"作为组织上海绅商从事义赈慈善的常设机构。他说:

---

① 张謇:《改革全国盐法意见书》,李明勋、尤世玮主编:《张謇全集》(第2卷),上海辞书出版社2012年版,第202页。
② 参见金其桢、黄胜平等:《大生集团、荣氏集团:中国近代两大民营企业集团比较研究》,红旗出版社2008年版,第306—307页。
③ 经元善:《五誓斋记》,虞和平编:《经元善集》,华中师范大学出版社2011年版,第203页。
④ 经元善:《富贵在天说》,虞和平编:《经元善集》,华中师范大学出版社2011年版,第205—206页。

"喻义喻利,二者不可兼得,毅然将先业仁元钱庄收歇,专设公所壹志筹赈。"①1878—1893年,他参与组织和办理了豫、晋、秦、皖、苏、浙、鲁、奉天、顺直等诸多重大义赈活动,募款达数百万。由此,他成为近代中国著名的热心公益的企业家,用自己的言行诠释了近代儒商以义为先的形象。

棉纱大王穆藕初是将泰勒科学管理方法引进中国的第一位企业家。泰勒的科学管理方法将人视为纯粹的经济人,追求效率和利益的最大化,是单纯求利的表现。穆藕初在引进其思想和方法时,融入传统的义利观,主张因义生利,兼顾公义和私利。首先,注重商业信用。面对近代中国实业因信用不立节节败退时,他批评说:"每有微利可图,则群起拾抉,奸伪贪诈,恬不为怪,人方精益求精,而我乃得过且过,甚且冒牌戤影,视同固常,徒见目前之小利,而不顾信用之丧失。"②在他看来,面对公义和私利时,一定要把公义置于首位,只有共同利益得到了保证,个人的私利才能受到保护。其次,把企业自身发展与近代民族企业的发展相统一。他从事棉纺织业不仅着眼于自己的纱厂,更时刻关注中国棉纺织业的生存发展。他认为,原棉、市场和资金是中国发展棉纺织业的三大根本问题,要振兴棉纺织工业,必须从解决这三大根本问题着手。因此,回国创业之初他就开始以科学方法从事改良棉花工作,并将所学美棉栽培知识和经验向社会广为传播。1917年,他联合上海纺织业大资本家聂云台、吴善卿、黄首民等组织"植棉改良社",刊印《植棉浅说》等相关书刊,进行棉产的改良和推广。这充分体现了其兼顾公义私利的思想。最后,将实业救国作为实业经营的终极目标。他说:"工厂对于国家的贫富强弱,民族的兴衰存亡,关系如此密切,因此我要郑重地大声疾呼,办工厂的目的应该是为国家、民族谋福利,而不是仅仅为私人获取利润。办工厂的人应该把握住国家至上、民族至上的观念,而把私人的利益搁在后面,因为皮之不存,毛将焉附。国家经济如能发达,私人乐利不求自得。若

---

① 经元善:《沪上协赈公所溯源记》,虞和平编:《经元善集》,华中师范大学出版社2011年版,第276页。
② 穆藕初:《中国实业进行滞缓之原因》,赵靖主编:《穆藕初文集》,北京大学出版社1995年版,第174页。

不顾国家利益而唯私人利益是图,则国家经济无从推进而私人的利益也决无获得的希望,这是很明显的。"[1]在抗战中,他号召实业家支持抗日救亡,把生产经营与抗日救国相联系,并身体力行。可以说,他是实业家中兼顾公义私利的热心倡导者和坚定执行者。[2]

火柴大王和投资大王刘鸿生被誉为"爱国心长,义无反顾"[3]。他把传统儒商义利观同市场经济相融合,使其企业经营取得成功。首先,兼顾各方利益,不片面追求个人利益。他说:"你要发大财一定要让你的同行、你的跑街和经销人发小财。有饭大家吃,不可一个人独吞。最愚蠢的人,就是想一个人发财,叫别人都倒霉。"[4]在此原则指导下,他会兼顾与自己经营有联系者的利益,在满足他人利益的同时来实现自身的利益,"与人便利,于己得利"。其次,将爱国融入实业经营中。他深知在同国内外企业竞争中,支持他取得胜利的是广大民众和祖国。他曾回忆说:"真正使我第一个企业成功的主要原因,那时的爱国运动推动了这个企业的发展,因为当时每个人都愿意买国货。"[5]他创办鸿生火柴厂时面对的竞争相当激烈,要是没有国内日益高涨的抵制洋货、支持国货的运动,是很难迅速赢得对外国资本胜利的。他投资创办章华毛呢厂不久,因各种原因持续亏损。他在对章华厂进行整顿和改革时,便利用全国人民提倡国货和抵制日货的爱国心理,加紧生产"九一八"薄毛哔叽。这一商标具有巨大的爱国吸引力,加上品质优良,所以受到欢迎。他还以"完全国货"的口号进行广告宣传,使该产品很快成了市场的抢手货。这使刘鸿生充分认识到国家与企业休戚与共,只有深明国家民族大义,才能换来企业之利。因此,他不断投入各种爱国行动,把创办实业同爱国有机地

---

[1] 穆藕初:《科学管理》,赵靖主编:《穆藕初文集》,北京大学出版社1995年版,第569页。
[2] 参见徐培华:《市场经济的义利观:市场经济与义利思想》,云南人民出版社2008年版,第183—185页。
[3] 刘念智:《实业家刘鸿生传略——回忆我的父亲》,"序(胡厥文)",文史资料出版社1982年版。
[4] 刘念智:《实业家刘鸿生传略——回忆我的父亲》,文史资料出版社1982年版,第67页。
[5] 上海社会科学院经济研究所编:《刘鸿生企业史料(1931—1937)(下)》,上海人民出版社1981年版,第462页。

结合起来。

总之,近代爱国企业家对传统儒商的义利观做了近代转型,建构了将传统与近代相融合的新义利观。首先,弘扬以义制利和以义取利的优良传统,改变传统重义轻利观念,大量吸取西方近代市场经济重利思想,主张义利并重和义利统一。其次,为适应近代中国民族民主革命的需要,对传统的公义私利观、特别是公义观做了发展,强调发展实业救国、强国的大公大义。再者,他们不仅在理论上建构起近代义利观,还在企业经营管理中大力践行,体现了"知行合一"的品格。

第三节 儒商义利观的当代建构和践行

一、当代企业正确认识义利关系的重要性

当代中国儒商精神建构的重要命题之一就是要传承传统儒商义利观中积极优秀的成分。在社会主义市场经济条件下,利益原则是市场经济的首要原则,人们对利益的追求是社会发展的直接动力。但是,以极端利己动机去驱动,则会导致拜金主义的出现、道德的滑落和人性的异化。因此,中国当代企业要建构一种具有儒商特色的义利观十分必要。

首先,现代市场经济是理性经济,要求企业经营要恪守市场经济的"游戏规则",以保证交易行为的有序化,任何违法乱纪的交易行为,只会破坏正常的交易环境,最终导致害人害己。而儒商义利合一的商业理念与市场经济的本质要求是一致的,因此,倡导义利合一是当代儒商的基本经营理念。经商需要赚钱,儒商也不例外。日本儒商涩泽荣一的《论语与算盘》便提出"义利合一"的观点,"《论语》中有算盘,算盘中有《论语》"形象和准确地阐述了儒家伦理与商品经济之间的辩证关系。他认为:"抛弃利益的道德不是真正的道德,而完全的财富、正当的利益必须伴随道德。"[1]伦理道德对于社会经济发展是重要的道德资源。企业除遵守国家法律外,还必须建立经济伦

---

[1] 张启元:《儒商精神与企业管理》,青海人民出版社2006年版,第89页。

理这一道德形式的"无形法律"。企业不能把经商局限于聚财致富,而应坚守"君子爱财,取之有道",强调经商应合乎"道义"原则,倡导以义求利,在聚财之外还要有义的德性追求,在企业经营遵守道义制约和伦理规范,以"财自道生""因义取财"为规范。当代企业必须弘扬儒商义利观,企业应当具有明确的是非观念,通过正当合理的途径追求企业的商业利益,不取不义之财。只有这样才能使自身可持续成长,才能使市场健康有序地发展。

其次,企业除了以追求利润为目标,还应当肩负起社会责任,服务于国家建设大业,将回报于社会和服务国家作为企业发展的战略性方略,只有这样才能真正实现企业的长期可持续发展,并实现利润的最大化。这既是企业关心社会效益原则的具体要求,也是社会主义企业道德的必然要求。企业作为国民经济的基本经济单位,对国家负有发展自身、使自己兴旺发达、繁荣昌盛,以便产业报国的责任,因为广大企业的兴衰关系到国力的强弱。企业作为具有法人资格的特殊"公民",享受着国家和社会提供的便利,其发展很大程度上有赖于公路交通、水电供应、治安消防等诸多社会服务。因而,企业也应对国家和社会尽"公民"的义务,担负起"公民"的责任,诸如加强精神文明建设、遵纪守法、照章纳税等。企业作为国民经济的细胞,负有树立全局观念、自觉接受国家宏观调控的责任,使企业个体利益的增长要有利于国民经济整体利益的增长,使自己成为国民经济体系的有效细胞。在现代化的企业经营管理中,只有既追求企业自身的经济效益,又注重社会效益的企业,才能树立起良好的企业形象,使自己立于不败之地。相反,企业如果只注重追求切身利益,生产劣质产品,或造成严重的环境污染,或危害社会稳定与安全,从而损害社会整体利益,那就会激化企业与社会的矛盾,在社会公众心目中形成极坏的企业形象,最终因得不到社会公众的支持而遭淘汰。[①] 因此,优秀的现代企业应当把创造良好的社会效益作为企业发展战略的重要目标和内容。

当代中国建构儒商新义利观,与西方近代以来的商业义利观有着显著

---

① 徐培华:《市场经济的义利观:市场经济与义利思想》,云南人民出版社2008年版,第143—144页。

不同。商业经营中的"义",一是指经营符合道德,二是指经营中超出功利的道德追求。西方商人也讲义,因为任何正派的商人都要遵守道德原则。但在对待道德与利益的关系上,特别是对超功利的道德追求上,两者又有明显差异。儒商强调"财自道生,利缘义取",把道义作为取利的前提,提倡"义然后取"。在追求利益时力求赋予其"义"的目的,有时为了取义甚至可以舍利。西方商人则从利益原则出发来考虑道德,道义只是取利的手段和方式,是为利而守义,"利然后义"。中西方对义利关系的不同认识和追求,对商业经营的影响和作用是不同的。重利轻义在一定条件下有利于经营中摆脱外在因素干扰,一切按经济规律办事,取得更佳的经济效益。其弊病则在于:一是可能导致为富不仁、唯利是图、损人利己的行为的发生,败坏商品经济发展的正常秩序;二是使经营的目的狭隘而影响其更大发展。儒商重义,则有利于维护商品经济发展的秩序,使经营有更高远的目标,增添了更大的工作动力。但是,有时也会导致经营背离经济法则,影响经济效益。[①] 可见,建构当代中国儒商的义利观,既要传承儒家传统义利思想,又要克服其理论和时代的局限性,吸收西方现代义利思想的积极合理内容,根据当代中国经济社会发展的需要加以融合创新才能完成这一任务。

二、当代儒商企业要正确处理好义利关系

企业是经济实体,经营的目的是获取经济利益,追求经济效益的最大化是企业有别于其他社会组织的行为特征,也是企业发展的内在动因,符合市场经济对企业本质的必然要求。因此,当代中国企业应当辩证地看待义利之辨,处理好义利之间的关系。具体来说,要成为儒商企业,就应当从四个维度来认识和处理好义利关系。

第一,在确定企业文化核心价值理念时以义为导向,将"重义轻利"作为企业核心价值观。企业缺少仁义文化,最终将面临危机,所以必须摒弃唯利是图的企业价值观。价值导向会产生巨大的实际效果,核心价值观能够贯

[①] 唐凯麟、曹刚:《重释传统:儒家思想的现代价值评估》,华东师范大学出版社 2000 年版,第 345—346 页。

穿到企业管理的方方面面。企业在评判自身的行为得失时，如果单纯以赚不赚钱作为标准，难免会让企业不知所措，这样的企业是难以成长的。以利作为行动目的，必然导致为获利而不择手段；同时，对利的追逐是没有限度的，企业利益由于各方侵蚀没有保障，员工单纯为了赚钱为企业工作，企业与其他社会成员只有利益关系，这样的企业只能陷入危机四伏。真正优秀的企业应该是重义轻利，不会为了蝇头小利而忧心忡忡，而是要以义为重，着眼于企业的长远发展。

第二，以"见利思义"而非"见利取利"作为指导思想。这一儒家思想体现在遇到获取利益的机会或有利益摆在面前时对人的考验，所谓"小人"会在利益面前选择满足本能欲望，但儒家强调财富的获取必须符合道义，不符合道义的财富"于我如浮云"。对义的追求较之于对利的追求是更高层次的追求，展现人的崇高和尊严。"君子谋道不谋食，君子忧道不忧贫"，一个企业当然要"谋食忧贫"，但不应成为企业文化的核心价值理念。"道"才是"君子"企业应该追求的，以道去引领企业才能够真正做大和做强。道的引领要求企业见利思义，企业的行为必须与其核心价值观保持一致，不符合企业核心价值观的赚钱行为应当被否定，而见利取利则会使得企业在利益面前见风使舵，毫无企业精神可言。

第三，"以义制利"作为企业的行为准则。企业的核心价值观就是告诉一个企业该做什么和不该做什么，用义来约束企业的逐利行为是符合儒家精神的。企业在市场经济竞争中绝不是可以任意妄为的，什么时候该出手、什么时候不该出手都需要谨慎行事。以义制利的价值观能够让企业知道如何获利，使企业在谋利过程中有自己合适的判断标准，进而运筹帷幄。当代中国企业发展存在的突出问题是，对利无限制追逐，义被抛在一边，因此，以义制利的价值观正是企业健康发展迫切需要的。利虽然是人们不可缺少的物质需要，但义也是人们不可缺少的精神需求，只有以义制利，使各个企业都向善的方向发展，从而使企业得到真正的利益。

第四，以"义利合一"儒商人格形象培养大批有德有能的企业经营管理人才。当代企业管理需要大批高素质人才，其核心要求就是要具有德性和功利相结合的修养。企业管理和商业经营当然是要实现经营上的功利目标。但企业经营还有其社会责任感和价值追求。市场经济是法制经济,法律作为强制手段规范了市场和企业的运行规则,但市场是复杂的,法律也不是万能的。这就需要管理和经营人才具有德性和君子人格,用道德来规范、约束自己的商业行为,在经营活动过程中除了追求合理的商业利润以外,还要具有社会责任和义务感。随着现代企业制度在中国的建立和完善,企业经营管理者对企业的人、财、物的支配与控制权越来越大,承担的责任相应地也越来越大,这就更需要他们必须将单纯的谋利动机升华为一种社会成就感和社会责任感。[①]

上述四种义利原则是当代儒商企业建设和发展的根本问题。以义作为评判企业经营管理的道德原则,企业才能得到社会的认可。如果企业没有履行它的社会责任,必然会遭到社会和市场的抛弃。企业在追逐利润时,必须坚守住道德底线,以牺牲道德和消费者利益换取利润,必然要付出沉重的代价。同时,企业应该主动发挥社会作用,为社会和国家做应做的事,尽应尽的义务。从利的角度讲,企业对于义的履行能够为自己塑造良好的企业形象和社会声誉。

同时,企业作为经济实体,其对非营利性质的社会服务应在其经济能力能承担的前提下来实施,不能因此影响企业自身的发展和扩大,企业要正确处理义利关系和经济利益与社会效益的关系,企业必须符合并反映一定时期经济与社会发展的要求和目标,但它不能独立成为企业发展的目标。事实上,一切从经济效益出发,企业以市场需求为导向,不断优化生产要素组合,力求以较低的成本和较高的质量争取市场,由此形成一个优胜劣汰的竞争格局。如果企业脱离了经济效益去讲求社会效益,结果就会适得其反。企业看似把社会效益放在首位,实际上却导致市场机制失灵,在无形中大大降低了社会资源配置的合理性和有效性。一个企业能保持良好的经济效益,无形中就为社会就业、职工生活提供了保障,也就是为社会稳定做出了

---

① 参见段俊平:《传承的力量:解码中国化企业文化管理》,中国发展出版社2013年版,第64—67页;唐任伍:《儒家文化与现代经济管理》,经济管理出版社2003年版,第117—118页。

贡献；反之，若是企业亏损、设备闲置、职工下岗，企业的其他社会工作做得再好，也失去了作为企业存在的最大社会意义。① 因此，对企业来说，不应在忽略经济效益的前提下片面追求社会效益，企业为社会做些公益应在符合经济效益原则下为之，不应成为政府和社会对企业社会效益的目标。

总之，儒商企业不管对于自身的发展还是所扮演的社会角色来说，在赚取利益时必须注重义，正确处理好义利关系，积极主动地承担起企业的社会责任，这是儒商企业经营的题中之义。

第四节　案例选编

一、棠樾"义字坊"与徽商鲍氏父子的义行

位于安徽省歙县的棠樾村有享誉海内外的中国最大牌坊群——棠樾牌坊群。在棠樾繁衍生息的主要是鲍氏家族，因乐善好施、慈孝乡里，成为徽州最具声望的家族之一。鲍氏以盐业起家，明清时期发展到鼎盛。鲍氏崇尚儒家伦理，以"忠、义、孝、悌"作为家族言行准则，信奉礼治，施教乡里。上至朝堂，下至民间，都对他们赞不绝口。鲍氏家族为扬名于世，激励后人，于是在家乡修建了一座座牌坊。棠樾牌坊群由七座石制牌坊组成，其中，鲍象贤尚书坊、鲍灿孝行坊及慈孝里坊修建于明代；鲍逢昌孝子坊、鲍文渊继妻节孝坊、乐善好施坊、鲍文龄妻节孝坊建于清代。七座牌坊按"忠、孝、节、义"的次序自东向西呈弧形依次排列，意在告诉人们弘扬传统"忠、孝、节、义"，便可彪炳天地间。其中"义"字坊——乐善好施坊，建于清嘉庆二十五年（1820），题有"圣旨"的牌坊正反两面刻"乐善好施"的题词，下面刻有一行小字："旌表诰授通奉大夫议叙盐运使司鲍漱芳同子即用员外郎鲍均。"此坊的修建是嘉庆帝用以褒扬乾隆和嘉庆年间两淮盐务总商鲍志道和盐运使鲍漱芳父子等在修筑河堤、筹措军饷、赈灾救济和造福乡里方面投入巨额银两

---

① 徐培华：《市场经济的义利观：市场经济与义利思想》，云南人民出版社2008年，第144—145页。

的义行。

鲍志道,字诚一,自号肯园。长子鲍漱芳,字席芬。父子均为大盐商。鲍志道幼时家道中落,遂弃学经商。他先后到过江西、浙江、江苏、湖南等地,从帮工慢慢做起。他不仅养成了吃苦耐劳的品质,还积累了丰富的经商经验。20岁时,定居当时两淮盐业集散中心扬州,专门做盐业生意。但他没有本钱,只能先给大盐商吴尊德做经理。积累一定资金后,他开始独立经商。凭借聪明能干、丰富经验和诚信经营,他在十年间便成为大盐商,并被政府任命为两淮盐务总商。由于他处事果断公正,不仅能代表盐商和政府交涉,还不断化解盐商内部矛盾,深受众盐商爱戴。在任20年,名重江南。他在致富后弃奢崇俭,好义重礼。当时,巨额的财富使不少扬州商人养成奢侈无度的恶习,他对此非常反感。他对家人乃至亲朋好友都"以俭相戒"。其妻子儿女要亲自打扫庭院,门前不容车马,家中不演戏剧,淫巧奢侈之客不留于宅中。在他的倡导下,扬州侈靡之风大变。嘉庆六年(1801),鲍志道去世后,鲍漱芳继承父业,继续在扬州经营盐业。他自幼随父经商,吃苦耐劳,勤奋好学,积累了丰富的从商经验。他为人慷慨,年轻时便在两淮盐区享有美名。父亲去世不久,他被推举为两淮盐务总商。嘉庆八年(1803),因在四川、湖南、陕西等地"平乱"中发动盐商捐输军饷有功,被任命为盐运使,成为手握两淮盐业大权的显要人物。

鲍氏父子不遗余力做"乐善好施"的义事,如修里社、筑塘堰、置义学、修路桥、修水塘、建义冢、助婚葬等。鲍志道曾在扬州捐建十二门义学,专供贫家子弟入学;在京师助修扬州会馆,为商旅提供住宿,存货方便。他们在徽州购置义田两千亩,每年得租谷三万斗用于族内扶贫救孤。在清代很少有地方宗族能捐出如此巨额钱财用作族里的扶贫济困。在宗族祠堂修建上,鲍志道独资兴建"世孝祠",其子鲍漱芳独资兴建"敦本堂",其弟鲍启运独资兴建"清懿堂"。三座祠堂规模宏伟,营造优良,装饰精美,每座耗银万两以上。徽州最大的歙县古紫阳书院和山间书院是由鲍志道与程国光联络两淮歙商20余人共同修建的。其中,他一人便捐银3 000两修复古紫阳书院,还捐银3 000两作为该院生员膏火之资。他又捐银8 000两自置两淮生息以修复城外的山间书院。

对于国家,凡有赈灾、河工和军需等,鲍氏父子都踊跃捐输,尽力报效。鲍志道担任淮盐总商长达20年,其间共向朝廷捐银2 000余万两,粮食12万余担。他的义举得到乾隆、嘉庆皇帝的嘉奖。特赐恩准在棠樾村头建立三座孝子、节妇牌坊,使牌坊群初具规模。鲍漱芳更是有过之而无不及。嘉庆十年(1805),洪泽湖溃洪决堤,百姓深受其苦,灾民嗷嗷待食。他立即召集商人捐米6万石赈济灾民。同年,淮河、黄河发大水,他又求助商人捐麦4万石,并在灾区设厂煮粥,施舍灾民,并延期赈济2个月,存活者不下数十万。秋后,改淮河流域的六塘水从开山入海,他又集众商输银300万两以佐河工。后疏浚芒稻河,他捐银6万两以济河工之用,并捐银5 000两助疏浚沙河闸。他对盐运水道和水利设施等关乎国计民生的大事格外用心,"于运监水道暨诸水利,孜孜讲求洞悉利弊"。为此,他受朝廷重奖,因"以屡次捐输,叠奉恩旨,从优议叙,加十级",被御批建"乐善好施"的"义"字坊。

棠樾鲍氏家族以盐业起家,富甲一方,成为清代徽州最有声望的宗族之一。鲍氏崇尚儒家伦理,怀抱济世之心,乐善好施,造福百姓,充分彰显了徽商"贾而好儒"的品质。"乐善好施"义字坊不仅是对鲍氏父子义行的褒奖,也弘扬了明清儒商义利并重的精神。

(资料来源:郭艳飞:《棠樾鲍氏牌坊群》,徐国利、高红主编:《影响历史的100个安徽第一》,安徽文艺出版社2012年版,第138—141页。)

二、"红顶商人"胡雪岩的义利兼重之道

胡雪岩(1823—1885),本名胡光墉,字雪岩,徽州绩溪县人。生性机敏,胆识过人,深谋远虑,一生经历充满传奇色彩。年幼时帮人放牛为生。年纪稍长,便前往杭州钱庄当学徒和伙计。他聪明伶俐,能言善语,讲义气,很受店主和伙计信任。咸丰十年(1860),因店主没有后嗣,临终前将钱庄赠予胡雪岩。于是,他自开"阜康钱庄"。由于他艰苦努力,善于结交官宦,迅速成为杭州新崛起的大商人。后来,当上布政使司,官至从二品,戴红顶子,为全国头号官商,成为中国商业史上的传奇人物。胡雪岩经商的成功,得益于坚守见利思义、先义后利和以义制利的儒商之道。

　　胡雪岩义利兼重的经营理念还表现在义利相济上。他一生最大的成功就是得到左宗棠的赏识，而原因就是胡雪岩做任何事都是先想到义，后想到利。

　　1861年11月，太平军攻打杭州，胡雪岩从上海、宁波等地购运军火和粮米接济清军。接济虽然受阻，却深得封疆大吏左宗棠的赏识。左宗棠在给朝廷的奏折中说："即如道员胡光墉，素敢任事，不避嫌怨。从前在浙历办军粮、军火，实为缓急可恃。咸丰十一年冬，杭城垂陷，胡光墉航海运粮，兼备子药，力图援应，舟至钱塘江，为重围所阻，心力俱瘁，至今言之，犹有遗憾。"后来，左宗棠任浙江巡抚，便委任他为浙江粮台总管，主持全省钱粮和军饷。这不仅为胡雪岩提供了新财路，也使他得以广交官宦，阜康钱庄因此获利颇丰。杭州收复后，他掏钱买粮食分发给城中民众。许多人很是不解，纷纷问为何要做这种赔钱的事。他说，如果国家处于动荡中，商人就无法做成生意，从小处看，生意的好坏好像跟国家没有多大的关系，实际上只有社会安定了，大家的日子好过了，商人的生意才会好起来。对战后的杭州来说，首要的是粮食，粮食不引起恐慌，人心就容易安定。人心安定，市面平静，人们才能放心大胆做生意。所以，对胡雪岩来说，献出1万石大米，"这是救地方，也是救自己"。他的言行让那些在战乱中趁机哄抬物价、攫取暴利和唯利是图的商人感到汗颜。胡雪岩还为国家发展做出重要贡献。他积极参与洋务运动，协助左宗棠加强海防，创办福州船政局；引进西方先进机器设备和技术，力助左宗棠开发大西北；购运西方先进武器装备左军，助其收复新疆。左宗棠在奏折中说："臣维胡光墉自奏派办理臣军上海采运局务，已历十余载，转运输将，毫无遗误。……此次新疆底定，核其功绩，实与前敌将领无殊。"他投身中国近代慈善事业。如同治十年（1862）直隶水灾，捐棉衣1.5万件和价值1万两的牛具、种子；光绪三年（1877），捐银5万两用于陕西干旱赈灾。他还两度赴日本，高价购回流失在日本的文物。

　　商业经营讲义利兼顾，就是说经商赚钱不能只为自己，还要热心公益事业。钱塘江是浙江第一大河，为了解除钱江两岸旅客渡江的困难，胡雪岩捐银十万两主办钱江义渡,使无数人受益,他也博得了"胡大善人"的美名。

当时,钱塘江上没有一座桥梁,浙江绍兴、金华等"上八府"一带的人进杭城都要从西兴乘渡船,到望江门上岸。当时的叶种德药店设在望江门直街上,生意兴隆。而胡庆馀堂则设在河坊街大井巷,仅靠杭嘉湖"下三府"的顾客,很少有"上八府"一带的顾客上门。胡雪岩亲自到码头调研,一位船工冲口而出:"要让'上八府'的人改进杭城,除非是你把这个码头搬个地方!"说者无意,听者有心。最终,他在三廊庙附近江道兴建"义渡",把船码头搬过来,让"上八府"的人改由鼓楼进城。码头修好后,他又出资造几艘大型渡船,不仅可载人,还可载车和牲畜,而且免费过渡,又快又稳又省钱,"上八府"的人都拍手称好。这一来,胡庆馀堂在"上八府"顾客中的知名度提高了,"上八府"的旅客也改由鼓楼进城,叶种德堂的生意随着"义渡"的开通迅速冷落。胡雪岩创设义渡后,临时设有趸船,以便过客待渡,渡船每天开约10余次,一般顾客不取分文,只有干苦力的人来过渡须代船夫服役片刻。由于设义渡是众人受惠之事,干苦力的也乐于无偿奉献。胡雪岩开设义渡固然有与叶种德堂抢顾客的意图,但是极大便利了"上八府"与"下三府"的联系,客观上促进了商业贸易的发展,使他的善名不胫而走,其药店也获得厚利。可见,求义和利是商业经营的目标,但只有先义后利,商业经营才能成功并获得长远发展。

"古有先秦陶朱公,近有晚清胡雪岩。"胡雪岩凭借义利兼顾的经商理念在商业上取得巨大成功,成为中国商业史上堪与古代"商圣"陶朱公范蠡相媲美的声誉,被誉为"亚商圣",可谓是传统儒商的杰出代表。清代学者刘体仁称:"《清史》而立《货殖传》,则莫胡光墉若。"在某种意义上,胡雪岩是传统儒商向近代儒商转型的典范,是当代儒商学习的楷模!

(资料来源:张艳玲主编:《胡雪岩的启示全集》,京华出版社2011年版,第132—135页。邹进文、赵玉勤主编:《儒商法典》,湖北人民出版社1999年版,第22—23页。)

三、"义商"瑞蚨祥

美国零售业巨头沃尔玛公司创始人山姆·沃尔顿生前曾说,他创立沃尔玛的灵感来自中国的老字号瑞蚨祥。瑞蚨祥百年商业的成功经验就在于始终以义制利和以义取利,成为近代商业史上的著名"义商"。

瑞蚨祥由山东章丘旧军镇商业大族孟家创建于山东济南。孟家明代就开始经商,经营范围包括锅店、布店、绸缎店、茶庄、金店、钱庄、当铺等。孟家以"祥"字号为标志,其中"矜恕堂"发展最快。1862年,"矜恕堂"在济南芙蓉街南头开设万蚨土布店,经营章丘土布。1868年,孟洛川(1851—1939)掌管店务,在济南的院西大街路南正式设立瑞蚨祥布店。此后,布店不断向北京、上海、天津、青岛等发展。其中,坐落在北京大栅栏商业街的瑞蚨祥绸布店最有名,是驰名中外的中华老字号。该店1893年创办。由于时机适宜、地理位置极佳,加上重信义、善经营,因此,生意兴隆,十几年间便几乎垄断了北京的绸布业,成为"八大祥"之首。1903—1918年,孟家又在大栅栏开设了"鸿记洋货店""鸿记皮货店""东鸿记茶叶店"和"西鸿记皮货店",生意几乎将大栅栏这块"寸金之地"占去一半。孟洛川的商业取得巨大成功。清末民初,北方流传着一句谚语:"山西康百万,山东袁子兰,两个财神爷,抵不上旧军孟洛川。"

百余年来,瑞蚨祥一直奉行"至诚至上,货真价实,言不二价,童叟无欺"的方针。北京门店初创时,山东有种"大捻布"的土布,价格低廉,经久耐穿,很受百姓欢迎。于是,孟洛川便在章丘开了"大捻布"的织布厂,自产自销。薄利多销的"大捻布"使他发了大财。创业伊始,孟鸿升就立下店训:"诚信筑基,悦客立业。"他对义利关系有着十分深刻的认识,说:"大千世界,一物赋一利,万物则赋万利。故而货殖万物,何必曰利,既得仁义而已;循责万理,何必曰仁义,既取其利而已。故而以义取利,利即其义也;以利市义,义赋其利也。所谓'大道之行也,利在其中',聚天下之人,不可以无财;理天下之财,不可以无利;得天下之利,不可以无义。无义之利,如无源之水;无利之义,似无果之花。此利之道也,亦义之道也。"

瑞蚨祥经营以信义为本。店里卖的呢绒绸缎货真价实,在苏州等地定点加工,每匹绸缎的机头处都织有"瑞蚨祥"字样,以便顾客确认品牌。瑞蚨祥坚持服务周到、货真价实的原则,赢得了很好的声誉。如,瑞蚨祥的色布最受民众,特别是农民的欢迎和信任,他们以为这些布是瑞蚨祥自己加工印染的,其实是外面染坊染的。为保证外染色布的质量,瑞蚨祥每月十足付款,逢年过节还给染坊送肉送面。因此,染坊对染瑞蚨祥的布特别注意质量,精益求精。再加上瑞蚨祥的色布是选用上好的白布加工的,缩水率小,下水不褪色。这充分体现了瑞蚨祥义利兼顾和诚信经营的观念。瑞蚨祥始终以"义"当先,面对经营危难时也是如此。1900年,八国联军攻进北京城,火烧大栅栏,瑞蚨祥店内所有账目和物品化为灰烬。但掌门人没有因这场灾难推脱责任,毅然向社会郑重承诺:凡瑞蚨祥所欠客户的款项一律奉还;凡客户所欠瑞蚨祥的钱物一笔勾销。这一义举为瑞蚨祥赢得"义商"的美誉。从此,不仅北京的瑞蚨祥成了位居京城的"八大祥"之首的名店,还发展成遍及全国的连锁店。当时北京曾流传着向别人炫富的一首歌谣:"头顶马聚源,脚踩内联升,身穿瑞蚨祥,腰缠四大恒。"可见当时的瑞蚨祥是何等的风光。中华人民共和国成立时,天安门城楼升起的第一面五星红旗的面料就是由瑞蚨祥提供的,成为全国丝绸业的骄傲。

店名"瑞蚨祥"三字引自晋代《搜神记》卷十三所载"青蚨还钱"的故事。传说"青蚨"是可以带来金钱的昆虫,而且钱用完了又能飞回。因此,当年老板取店名瑞蚨祥是借"青蚨"带来财运和祥瑞的吉祥寓意。瑞蚨祥的商标是一对母子蚨图案。实际上,带来财运的"青蚨"是这个老店以义待客和以德经商的经商之道,这也是它百年奉行的"生意经"和成功秘诀!

(资料来源:侯式亨主编:《北京老字号》,中国对外经济贸易出版社1998年版,第185—188页。戢斗勇:《以义取利的生意经:儒商文化》,山东教育出版社2011年版,第68—70页。)

四、"义在利先":近代义赈楷模经元善

经元善(1841—1903),字莲珊,浙江上虞人,中国近代著名儒商。他的人生道路由商而士,援儒入商,集中体现了传统商人的近代人生转变。他秉承"义在利先"的原则,不仅积极从事义赈,还用近代方法开展义赈,使传统义赈实现了近现代的转型,成为中国近代热心公益事业的著名实业家。

他 17 岁到上海从父学贾，正式踏入商界。1864 年，父亲受左宗棠之命，督造浙江海宁土备塘。次年夏秋之际，以身殉职。元善继承父志，主持完成此海塘工程。为表他的功绩，清廷赐他花翎候补道衔，他由商而士。他开始接手经营"仁元钱庄"，不久就把它发展成上海著名的钱庄之一。他在银钱业界威望日高，1883 年被推为上海南市钱业公会董事，不久担任上海北市钱业会馆董事。经元善传承儒家家国观念，认为士人应该做到立身、立言和立功三不朽，立功即是要入世，通过事业来服务于社会。他的企业经营观是服从于社会经营观的，认为企业经营不过是社会经营的一部分，企业家不仅要从事企业经营，还要从事慈善事业、教育事业和政治事业等各种社会活动，因此，企业家应当身兼慈善家、教育家、政治活动和社会活动家等多重角色。他认为以义赈救灾是与经商活动同等重要的，开始积极从事义赈活动，成为上海商界热心公益事业的著名人物。

1877 年冬，经元善获知河南等省发生特大旱灾，"天旱两三载，地赤数千里，死亡枕籍，人已相食"。其恻隐之心怦然而动，遂决定联合沪上绅商开办义赈，募捐救济豫灾，由此开始了他一生领导和组织民间救灾的活动。1878 年 2 月，他与旅沪同乡屠云峰等发起创办"上海公济同人会"，专办豫赈，由仁元钱庄代为收缴捐款，然后交果育堂汇兑解往灾区。4 月，上海绅商开会一致公推他总司后路赈务，负责陕西赈款收解事务。1879 年，为专心筹赈救灾，他毅然将仁元钱庄停歇，改为"协赈公所"，作为组织上海绅商从事义赈的常设机构。他说，兼办秦赈后，"募捐收解事益繁重，因思赈务贵心精力果，方能诚开金石。喻义喻利，二者不可兼得，毅然将先业仁元钱庄收歇，专设公所壹志筹赈。"这体现了义在利先、让利取义的儒家思想。他还在国内和海外 21 个城市设立赈捐代收处，建立一套制度使募捐、收款、押运和发放等分工负责，并公开账目和杜绝舞弊。这种制度化、网络化的大型民间赈灾义举得到海内外商人、官吏、华侨的广泛支持。1878—1893 年，他参与组织和办理了豫、晋、秦、皖、苏、浙、鲁、奉天、顺直等诸多重大义赈活动，"募款达数百万，传旨嘉奖者十有一次"，成为全国知名慈善家。

经元善将义赈视为与经商同等重要的活动，是对儒商道德先行、义在利先观念的传承与发展,体现了儒家文化对近代商人的深刻影响。他对儒家典籍相当熟稔,"惟四子书幼读颇熟。三十岁前,从大学之道起,至无有乎尔,经注均能默诵",所以,"终身立志行事,愿学圣贤,不敢背儒门宗目"。对于利,他说:"锱铢必较,实非本性所近,且所觅蝇头,皆是末中之末。"士商应有远大抱负,应以服务社会和造福乡里为己任,不能猥琐求利和耽于豪华奢侈。正是这种儒家价值观,使他在看待和处理赈务与商务、散财与盈利关系时,把赈灾看得比商业和盈利更重要,他为赈灾歇闭自己的仁元钱庄即为一例。同时,他的义利观又融入了近代民族主义等思想,目的在于强国保种和挽救民族危机。

他以儒律己,融儒于商,以儒家信条与道德规范作为立身行事的宗旨,在中国传统儒商与近代企业家之间起着承上启下的桥梁作用,成为近代转型时期中国儒商的典范之一。

(资料来源:马敏:《商人精神的嬗变——辛亥革命前后中国商人观念研究》,华中师范大学出版社 2011 年版,第 233—252 页。虞和平编:《经元善集》,华中师范大学出版社 2011 年版。)

五、兼顾公义私利的穆藕初

穆藕初(1876—1943),上海人,中国近代著名爱国实业家,是倡导和传播企业"科学管理"最有贡献的人。他结合传统义利观来阐释科学管理思想,即企业要想获利,就要在经营管理中用义,即规范化、合理化自己的经营管理行为,所以,"实业家所最应注意的,则管理法是也,而管理法之要旨……庶几有利则兴,有弊则革,用人行政,均得其宜"。义者宜也,就是科学的、规范合理的经营管理行为。利者,就是能够兼顾股东经营者与员工等各方利益。义利的结合,就是用义来规范获利的行为。他在企业经营中将公义置于首位,而后才是私利,兼顾公义和私利。所谓"公义",即公利,大则富国利民,小则利人。他鄙视重私利而略公义的行为,说:"义胜欲则昌,欲胜义则亡。"

这种义利观,首先,体现于对商业信用的注重。穆藕初在《振兴棉业刍议》中说,我们华商向来重视信用,但是近代以来商业道德渐渐沦丧,在棉花中掺水、着沙砾、杂棉核等弊端屡见不鲜,而且以次货掺入较高之货中鱼目混珠,这些做法使得有声名的棉花因之贬价,就是平常之本花,也没有纯货。棉质关系到纱厂产品的品质和生产,现在市面上花品低劣,虽然受其蒙蔽者大多是管理不良的纱厂,但是这种破坏信用的做法,完全是花商的自杀行为。这种行径只能得一时蝇头小利,对于长久经营完全得不偿失。他指出这种货品低劣的情况直接影响了华商的国际竞争力,使得出口受到影响,导致花价低贬。他在文后大声疾呼:"苟不及早觉悟,革除此项积弊,棉花业一败涂地之日不远矣。"面对中国实业因信用不立而节节败退时,他批评商人:"胜不相让,败不相救,每有微利可图,则群起拾抉,奸伪贪诈,恬不为怪,人方相益求精,而我乃得过且过,甚且冒牌戬影,视同固常,徒见目前之小利,而不顾信用之丧失。"人无信不立,商无信不存,重一己私利而毁全面的公义,后果必将是"欲胜义则亡"。对于在市场经济中的竞争主体企业来说,盈利是企业生存的根本,无可厚非,但是在面对日益激烈的竞争时,很多商人想到的不是改良产品和改善管理,而是如何弄虚作假,以次充好。这种行为扰乱了正常的市场秩序,对华商整体是根本性的打击,直接影响了中国实业的发展。所以穆藕初认为,在面对公义和私利时,一定要把公义置于首位,只有共同利益得到了保证,个人的私利才能受到保护。

其次,表现在推广科学管理思想上。为了提升中国企业的竞争力,他向西方学习先进管理方法。学成归国后,不但以身作则亲自试验,还将泰勒的《科学管理方法》译成中文,全部译稿仅售了一百元。当时很多人都对这一理论不了解,十年中只售出八百本,其中一百本还是他买来送人的。他深感国内的企业管理太陈旧,无法适应日趋激烈的国际市场竞争,除率先在自己的三家纱厂试验这一先进管理方法外,他还大力宣传科学管理对工厂或公司的极大关系和用处,声称工厂或公司的经理首先非懂得科学管理法不可。在他的不懈努力下,科学管理最终被各界接受,最突出的例子是荣氏家族的纱厂就直接借用了穆藕初的科学管理方法。一体共进共同发展,是穆藕初的一贯主张。他在从事棉纺织业时,不仅着眼于自己经营的纱厂,更是关注整个中国棉纺织业的生存发展。他认为原棉、市场和资金是中国发展棉纺织业的三大根本问题,要振兴棉纺织工业,必须从解决这三大根本问题着手。因此,回国创业之初就开始从事改良中国棉花的工作。他率先以科学方法试种美棉,在成功后将所学美棉栽培知识和试验中所获经验向社会广为传播。1917年,穆藕初联合上海纺织业大资本家聂云台、吴善卿、黄首民等组织"植棉改良社"。该社成立后,刊印了《植棉浅说》和各科相关书刊,进行棉产的改良和推广。

最后,以为国家和民族谋福利作为兴办工厂的目的。他曾慷慨激昂地申言:"工厂对于国家的贫富强弱,民族的兴衰存亡,关系如此密切,因此我要郑重地大声疾呼,办工厂的目的应该是为国家、民族谋福利,而不是仅仅为私人获取利润。办工厂的人应该把握住国家至上、民族至上的观念,而把私人的利益搁在后面,因为皮之不存,毛将焉附。国家经济如能发达,私人乐利不求自得。若不顾国家利益而唯私人利益是图,则国家经济无从推进而私人的利益也绝无获得的希望,这是很明显的。我们一切的经济行为,不是专为了满足个人的欲望而作,反之,应该以国家经济的繁荣与国民全体的乐利为前提。"抗战时期,他大力号召实业家支持抗日救亡运动,把生产经营与抗日救国相联系,说:"这是从我们企业家本身的利益而论;另一方面我们企业家更须放大眼光,再从国家民族的立场上着想:现在中国对日抗战,只有持久战,才能得到最后的胜利。怎样可以持久作战呢?那最重要的是增加后方生产,建立内地经济国防。工业生产最重要地位,不独于国家民族有益,而于自己亦有利可图。"由上可见,穆藕初不仅对国家大义和个人私利的关系分析得十分透彻,而且自己积极身体力行。

穆藕初是系统学习和接受西方近代企业管理理念和知识的企业家,然而,他没有食洋不化,而是将西方近代企业的科学管理思想与方法和中国传统的义利思想相融合,中西结合与互补,成为中国近代实业家中兼顾公义私利的热心倡导者和坚定的执行者,为传统义利观的近代转换和实践树立了榜样。

(资料来源:徐培华:《穆藕初的"实业教育"与公义私利思想》,《市场经济的义利观：市场经济与义利思想》，云南人民出版社 2008 年版，第 183—185 页。赵靖主编：《穆藕初文集》，北京大学出版社 1995 年版。）

六、重义轻利的华人首富李嘉诚

李嘉诚是香港长江集团创办人，连续 21 年蝉联香港首富，2018 年 9 月入选"世界最具影响力十大华商人物"。他商业的成功之道与其秉承重义轻利经商原则密不可分。

1947 年，19 岁的李嘉诚到一家五金厂当推销员，后转到塑料花厂当推销员。1948 年，由于业绩出色深受老板器重，20 岁便升任塑料花厂总经理。1950 年，22 岁的李嘉诚向亲友借了 5 万港元，加上省吃俭用积蓄的 7 000 美元，创办了长江塑胶厂。"长江"取意"长江不择细流，故能浩荡万里"。在与李嘉诚相处的两年多内，老板了解李嘉诚终究不会久居人下，在酒楼设宴为他饯行。李嘉诚十分感动，同时怀着歉疚之心向老板和盘托出他的计划。他说："我离开你的塑胶公司，是打算自己也办一家塑胶厂。我难免会使用在你手下学到的技术，也大概会开发一些同样的产品。现在塑胶厂遍地开花，即使我不这样做，别人也会这样做。不过，我可以向你保证，绝不会带走你的一个客户，绝不用你的销售网推销我的产品。我会另外开辟销售线路。"李嘉诚一言九鼎，重义轻利。在创办了自己的塑胶厂后，不少原来的客户想转来与李嘉诚合作，他都谢绝了，并一再强调他原来那家塑胶公司的实力和对自己的深情厚谊，希望这些客户继续与它保持往来。1973 年，由于世界石油危机的冲击，香港塑胶业出现史无前例的原料大危机，已经是香港潮联塑胶业商会主席的李嘉诚毅然挂帅救业，他将自己公司的库存原料拨给原来的塑胶公司，把自己的"恩公"从倒闭边缘挽救回来。

上面说的是李嘉诚"重义"的事，下面再看他是如何看待"利"的。他商业经营的重要理念是：有钱大家来赚、利润大家分享，这样才有人愿意与自己合作。他曾对两个儿子说："假如拿 10% 的股份是公正的，拿 11% 也可以，但是如果只拿 9% 的股份，就会财源滚滚来。"这句话也是他自己一生经商的座右铭。

李嘉诚以塑胶起家，一路发达。他的成功使许多人投资塑胶行业，兴起一股塑胶热。但是，他并没有只顾自己发展，而是不断给潮籍同行以援助。他担任潮联塑胶业商会主席时，没有辜负任何人，做了许多令人称颂的好事。1973年爆发了中东战争，引发了全球石油危机。这导致塑胶价格直线攀升，从年初的每磅六角五分，上升到秋后每磅四至五港元。这是因为香港的塑胶原料全部依赖进口，而香港的进口商充分利用石油危机引发的恐慌，一致提价和实行价格垄断，导致塑胶价格急速上涨。大量厂家无法承受这种冲击，面临破产停业的窘境。塑胶制造业内一片混乱，危机重重，大有崩溃的趋势。其实，李嘉诚的经商重心早已不在塑胶上面了，而是转营地产业。所以，这场危机并不会给长江塑胶厂带来多大打击和损失；何况长江公司的原料储备很充足。但是，身为潮联塑胶业商会主席李嘉诚却在生死存亡的挑战面前毅然站了出来，领导香港塑胶业共渡难关。他提出建议，由数百家塑胶厂入股联合成立塑胶原料公司，从国外直接进口原料，以打破进口商的垄断。这个建议很快见到成效，使许多厂家购得便宜得多的塑胶原料。而且有了厂家联盟后，进口商的原料垄断也维持不下去了，不得不把价格降低。他的另一惊人之举，是从长江公司储备中匀出12.43万磅，并以1/2的市场价来救助缺少原料的厂家。从国外购进原料后，他则将已购入的近20万磅（相当于长江本身配额）转让给需求量比较大的厂家。至此，这场持续了两年多的塑胶原料危机顺利化解，数百家厂家在危难中接受过李嘉诚的帮助，他因此被称为香港塑胶业的"救世主"。

由于以义制利和重义求利，李嘉诚赢得了无数商界朋友、广大股东和公司职员的信赖和支持，也赢得了无数的财富和荣誉，并最终登上香港首富、世界华人首富的宝座。

（资料来源：王来兴编著：《中华儒商智慧全集》，新世界出版社2009年版，第216—221页。）

七、李锦记"思利及人"的企业精神

"思利及人"是香港百年企业南方李锦记的企业文化精髓，意思是凡事为别人着想。1888年,李锦记创始人李锦裳创建李记蚝油庄,从此李氏家族开始了艰苦的创业历程。到20世纪30年代,李锦记蚝油远销欧美华人圈,初步赢得国际声誉。1992年,第四代传人之一的李惠森进军内地,与原中国人民解放军第一军医大学联合创立南方李锦记。公司的愿景是实现"蚝油第一、中国第一"。1997年,他提出"永远关怀、永远合作、永远创业"的企业精神。2005年,南方李锦记被国际权威机构翰威特评为"2005亚洲最佳雇主"和"2005中国最佳雇主"。2006年6月26日"中国质量鼎和中国用户满意鼎"正式落户南方李锦记新会生产基地。

"思利及人"四字来自20世纪60年代。当时,企业第三代传人李文达在台湾偶遇一位研究字画的老人送他一帧珍藏多年的字幅,上书许多待人接物和理想追求的名言,其中一句"修身岂为名传世,做事唯思利及人"使他深有感触。李文达认为"做事唯思利及人"之言与家族经商之道非常契合,便将"思利及人"四字单独装裱挂在办公室。从此,"思利及人"就成为表述李锦记价值观的核心词汇。如今,这样的条幅同样挂在南方李锦记董事长兼总经理李惠森办公室的墙上。

李惠森做人做事总是体现"思利及人"的理念。"有没有打扰你?""有没有需要我帮忙的?"是挂在他嘴上的口头禅。对他而言,追求健康、家庭、事业平衡的生活是最重要的,认为个人成功的标准是:健康、家庭、事业均衡发展。这种健康理性的人生追求使他不断突破自己。当他敏锐觉察到中草药健康产品的市场前景,就随父亲一道毅然加入了这个行业,1992年与原中国人民解放军第一军医大学合作,创立了广东南方李锦记营养保健品有限公司,研制出"无极限"保健品系列,投入规模生产。南方李锦记的企业价值观是:"务实诚信,思利及人;以人为本,高信高效;客企一体,追求梦想;造福社会,共享成果。"

"思利及人"在经营中的体现是务实诚信。1998年下半年,受国家相关政策影响,企业销售额下降,全国十几个仓库积压了一批保质期在4个月以内的"短龄品"。按公司规定,库存"短龄品"不可以再销售,必须销毁。一位业务伙伴亲历了销毁的过程。他们和华东华中区的经理一起赶到江西赣州的仓库,在夜幕降临时,把600多盒、价值12万元的"短龄品"运往附近的垃圾场,一盒盒的倒出来砸毁。他回忆说,当时觉得非常可惜!但公司对这次任务要求很严格,规定了时间、范围、结果,所以只得猛砸下去。1998年10月前后,公司在全国范围销毁了价值50万元左右的"短龄品"。这位业务伙伴说,其实中药类产品即使过期两个月还是可以服用的。很多公司对待积压产品,较极端的做法是,看到产品快要过期了,就把标签一换,然后继续销售。像南方李锦记这样实在是罕见,这也是我一直与他们合作的原因。由此可见李锦记务实诚信和思利及人的精神。

"思利及人"在企业管理上的体现是实行著名的最佳雇主"爽指数"管理模式。最佳雇主的评判标准是什么?丰厚的薪水?优厚的福利?还是前途无限的事业良机?毋庸置疑,这些都是员工关心的焦点。然而,实行人性化的高效管理,提供良好的工作氛围同样是最佳雇主的评判标准。"爽指数"的含义是:"所有工作直接的目的就是要让员工感觉爽!"也就是说,用"爽指数"来量化员工的感受。指数范围从0到10,10就是最爽,0就是一点都不爽。公司把每个人的感受都通过"爽指数"来体现。对内部管理来说,这是一种看似简单却颇为"残酷"的评价方式。可能公司在管理上花费很大力气,员工仍然感觉不爽,那么,这种管理无疑是失败了。这种"残酷指标"的提出,势必要求公司在所有管理层面和细节上寻求改善,才能获得高值的"爽指数"。南方李锦记通过这种渗透文化关怀的"爽指数"管理,把"以人为本"的理念在公司经营管理中体现得淋漓尽致。公司利用一切活动"取悦员工",因为他们会通过一款产品、一条信息,将这种"爽"传递给亿万健康顾问,从而让千家万户都爽。用户爽了,才会对产品满意。李惠森酷爱运动,精通足球、篮球,所以,南方李锦记会经常组织丰富的体育活动,希望大家在运动中感觉到"健康、好玩、爽"。李惠森经常对人说:"我们营造的是这样一个氛围,看到的是默契、听到的是真诚、得到的是爽!"因此在人才流动频繁的直销行业,南方李锦记始终保持了1%的流动。

"思利及人"还表现在以职工利益为先的理念。走进任何一家南方李锦记的分公司,都会发现所有员工桌面上的电脑显示器全是液晶的。因为液晶显示器没有辐射,不伤害眼睛,还能节省办公空间,提高工作效率,所以公司在 2003 年决定把原来的普通显示器全部换成液晶产品。当时液晶产品还没有大规模上市,需要逐批买来更换。那么,先给谁换呢？按一般的企业做法,从上到下的顺序是"老板、管理层、员工、顾客"。但是,南方李锦记认为,优质的顾客来源于优秀的员工,一切销售目标都是靠前线销售队伍完成的,因此企业的做法是翻转过来,即"顾客、员工、管理层、老板"。结果,第一批液晶显示器给了业务部输单组,第二批是给各地分公司,最后才是总公司其他各个部门员工。

"己欲利,先利人；己欲达,先达人"。李锦记集团的"思利及人"是对中国古圣先贤这句至理名言的最好诠释。无论是做人还是做生意,只有站在对方的立场上,首先想到自己给对方什么,人与人之间的交往才能长久,生意才能长久。同样,作为企业管理者来说,只有站在员工和顾客的角度来考虑问题,企业的生存才能持久、企业才会不断发展壮大。

(资料来源:《南方李锦记"思利及人"的企业价值观》,胡宇辰、蔡文:《组织行为学》,复旦大学出版社 2012 年版,第 337—339 页。李惠森:《南方李锦记 思利及人》,李永明主编:《知识经济 2003 精华版 直销 2003》,知识经济杂志社,第 150 页。)

八、《论语》与算盘：日本儒商的义利观

涩泽荣一(1840—1931),被称为"日本企业之父""日本近代化之父""儒家资本主义的代表"。一生业绩非凡,参与创办的企业有 500 多家。这些企业遍布银行、保险、矿山、铁路、机械、印刷、纺织、酿酒、化工等,其中许多是世界 500 强的前身。他是日本近代企业家中率先把中国儒家精神与西方经济模式相结合,奠定了日本企业近现代经营管理模式的基础。

涩泽荣一将《论语》作为第一经营哲学,写出了世界闻名的经典之作《论语与算盘》。书中提出一手拿《论语》和一手拿算盘的经营思想,倡导儒家义利合一的价值观。儒家十分重视义利问题,主张正确看待作为精神价值的义和作为物质利益的利之间的正确关系,要求在坚持义的前提和基础上讲利和求利,认为只有合于义的利才是正当和应当追求的。涩泽荣一从现代资本主义经济发展需要出发对儒家的义利观做了阐发,说:"缩小《论语》与算盘间的距离,是今天最要紧的任务。"他积极践行儒家义利观,1877年组织了日本第一个近代经济行业团体,并按《论语》中"择其善者而从之"一语将其取名为"择善会"。《论语与算盘》对儒家义利关系的现代阐释和发展主要包括五个方面。

其一,义是企业家的责任。义作为一种责任,体现在企业家身上就是要其有社会责任感。因为,企业家的财富来自社会,如果没有社会,企业家再有能力也挣不到钱。他说:"即便个人的财富是千辛万苦积累的,但如果把这些财富视作一人所专有,那就大错而特错。要言之,人如果只靠自己一人,那是什么事也办不成的。他必须凭借国家、社会的帮助才能获利,才能安全地生存。如果没有国家、社会,任何一个人也不可能圆满地生活。"既然企业家的财富最终来自社会,因此,他们致富后就应该回报社会,"富豪并不是只靠自己就能够赚钱,而是从社会中赚到的。自己而成这样的富豪,就应自觉地知道这是受惠于社会,所以对于社会救济或公益事业,也应常领头资助,这样,社会就会日益健全,与此同时,自己的资产的运用也必会更见稳妥。所以,在致富的同时,应经常想到社会的恩义,不要忘记作为道德上的义务而为社会尽力。"总之,企业家应该把个人财富、地位以及后代繁荣放在第二位,把为国效力、服务社会放在第一位。这样既是在尽道义的责任,也能确保企业的长远利益。

其二,义、利是并行不悖的,行义是求利的保障。他说:"道德与经济本来是并行不悖的。然而由于人们常常倾向于见利忘义,所以古代圣贤极力纠正这一弊病,一面积极提倡道德,一面警告非法牟利的人们。"坚持仁义道德是创造财富的保证,"如果要问获得财富根本要靠什么的话,那应是仁义道德。否则,所创造的财富,就不能保持长久。"所以,商人和企业家必须这样做,才能做到"富而仁"和"利而义"。

其三,有利才有义,求利是行义的基础。与儒家先义后利的观念有所不同,他认为,利是义的前提,即先有利,然后才有条件行义。金钱是宝贵的,因为金钱是劳动的成果。工商业是以营利为目的的,如果没有增加财富的功能,那么工商业的存在就没有意义了。空谈义理是没有意义的,甚至是亡国之道。就是说,义如果没有利作为前提和保证,就是空洞的,更不是立身之道,他说:"谋利和重视仁义道德只有并行不悖,才能使国家健全发展,个人也才能各行其所,发财致富。"只有将仁义道德与物质利益结合,才能创造真正的财富。所以,"我希望人们把求利与仁义之道统一起来。"这种有利才有义的思想,看到了财富既是现代商业社会的物质基础,也是人们追求的价值目标。

其四,行义要适当,过犹不及。行义虽然是好的道德行为,但是必须掌握好分寸和尺度,否则,适得其反。他谈到社会救济与慈善事业时说:"我们也要考虑救济方法的合理性,必须救济适当,否则,乞丐变成富翁,那慈善就不是慈善,救济也不是救济了。此外,我们还要注意,有的富豪出于爱慕虚荣的目的,沽名钓誉地捐助慈善事业,这样的目的不纯,是我们所不希望看到的。"再者,行义还要量力而行,要有足够的经济力量作为支撑,也就是说,要有利的基础,才可以有义的行为。

其五,建立义、利关系的道德标准。义作为一种道德,不是空洞的说教,而应有具体的道德准则,并使之为全社会所尊奉。他说:"治世为政,需要行政费用自不待言,即使是普通的老百姓,其衣食住行也必然要和金钱发生关系。而治国济民,道德是不可或缺的,所以必须调和经济与道德的关系。"然而,人们被利益所诱惑,容易偏离正道,迷失方向。人性的弱点在于容易关注物质利益,忽略精神信仰,沦为物质至上和道德低下的人。所以,千万不要被金钱束缚,要根据合乎道德的方法,创造并使用金钱,实现金钱的真正价值。他说:"创造出没有罪恶相随的神圣的富,必须坚决保持一个应遵守的主义,这也就是我常说的仁义道德。"

涩泽荣一结合现代资本主义对儒家义利观做了系统的阐发,并以之指导自己的企业经营。他的思想不仅在日本,而且在整个东亚现代商业经济发展中都产生了广泛和积极的影响,不愧是日本近现代最著名的儒商。

(资料来源:[日]涩泽荣一著,高望译:《论语与算盘》,上海社会科学院出版社2016年版。宋长琨、沈忠秀：《儒商商道概论》，武汉大学出版社2013年版，第201—203页。）

九、稻盛和夫的"利他"哲学

稻盛和夫，1932年生于日本鹿儿岛市。他与索尼创始人盛田昭夫、松下创始人松下幸之助、本田创始人本田宗一郎是创造当代日本"经济奇迹"的4位优秀企业家，被誉为日本的"经营四圣"。1959年，创立京都陶瓷株式会社（现名京瓷）。1984年，成立第二电电企划株式会社并担任会长。两家公司都进入世界500强。2010年，他临危受命，就任日本航空（JAL，现日本航空株式会社）会长。他创设国际奖项"京都奖"，每年11月对那些为人类社会发展进步做出突出贡献的人士进行表彰。他痛惜二战后日本以选择聪明才辩之人做领导为潮流，忽略了择人的道德规范和伦理标准，导致政界和商界丑闻频发，主张领导者的选拔标准要德高于才。

稻盛和夫在其代表作《活法》一书提出了"自利则生，利他则久"的"利他"哲学。他说："'自利则生'，'自利'是人与生俱来的一种天性。没有'自利'，人就失去了基本的生存动力；而'利他则久'，'利他'也是人类天性中的一部分，没有'利他'，人的生活和事业就会失去平衡，最终只会是一败涂地。"可见，"自利"就是要人多做有意义和有价值的事，让自己能在社会中赢得尊重；"利他"就是要求人凡事从他人角度出发，为他人、社会和国家服务甚至是牺牲个人利益。两者本质上是辩证统一的。因为，如果凡事以"利他"为出发点，帮助别人成功，那么，自己最终也会受益，使自己的人生获得成功。同时，帮助和关爱他人，也会纯净自己的心灵。可见，这种哲学既满足了个人需要，又帮助了他人。

稻盛和夫将"利他"哲学生动地比喻为"一壶水"的哲学。他说："人这一辈子，总会遇到'缺水'的时候。这时候，别人递过来的'一壶水'，或许就可以帮助自己渡过难关。同样，当别人需要帮助的时候，你递过去'一壶水'，给予他们一定的帮助，当他们喝到'这壶水'的时候，一定会永远铭记你的恩情；在你有困难的时候，他们也会想尽一切办法来报答你的恩情。这就是

'一壶水'的利他哲学。"又说:"一个人,要用'一壶水'的利他哲学,来经营自己的人生。如此,当别人遇到困难的时候,你才会向其伸出援助之手。同样,当你身处困境之中时,也才会有人站出来助你一臂之力。这样的社会才会充满温情,而不至于人人都自私自利。所以,当一个人用'一壶水'的人生哲学,来经营人生的时候,才会得到来自精神和物质上的双重满足。"

无论是经营企业,还是日常生活,稻盛和夫都积极践行"利他"哲学。他说:"经营企业和生活是一样的,只有时刻考虑到员工的利益,发现他们生活中的难题,然后想办法去帮他们解决,他们才能够全心全意地为企业工作。要知道,企业是由员工组成的,如果员工失去工作的动力,那么,企业的经营效益一定也无法得到提升。只有消除他们的顾虑,他们才能毫无后顾之忧地投身到工作中去。所以,作为一名企业的管理者,一定要时刻替员工着想,将他们面临的困难都扼杀在摇篮里。"他创办京瓷不久,有一次发现一名车间技术工近段时间总是闷闷不乐,他就找来其他员工询问是怎么回事。原来,那名员工的母亲得了癌症住院,急需一大笔钱动手术,但他一时拿不出那么多钱。稻盛和夫听完后离开了车间,直接去了那名员工母亲住的医院,为她交了手术费。第二天,那名员工一大早就来到稻盛和夫的办公室,流着泪感谢他的帮助,保证以后一定努力工作以报答他的恩情。在稻盛和夫看来,作为领导帮助员工解决困难是再平凡不过的事。他并没有想要那名员工报答,只是纯粹要帮助他而已。从这件事看,员工正遇到干旱,急于寻找水源。而他作为"及时雨"刚好为员工送去"一壶水"。这虽是一件简单的事,却让员工对"送水之人"心存满满的感激之情,从而努力为公司工作。

稻盛和夫经营企业同样如此,他说:"经营者不能只是考虑自身的利益,还要考虑对方的利益,必要时,即使自我牺牲,也要为对方尽力。这种美好的心灵,我认为即使在商业世界里,也是最重要的。"名古屋市附近曾有一家电子厂因经营不善,面临倒闭的危险。该厂老板与稻盛和夫是高中同学,于是跑来向他求助。但是,京瓷的很多中上层管理者不赞同对这家厂伸出援助之手,因为这样做会对京瓷发展带来不利影响。稻盛和夫却认为该厂虽然经营效果不佳,但是产品质量还是不错的,并没有失去竞争力。如果能在这时帮它一把,或许会给它带来新的发展机遇,所以京瓷应该向它伸出援助之手。他亲自去那家厂考察,并将考察情况告诉京瓷的管理者。通过考察确定这家厂有复兴可能,那些持反对意见的管理者也被他的执着精神打动,支持他的决定。在收购该厂的过程中,该厂老板向他提了一个要求,希望不要将厂里的老员工裁掉。稻盛和夫爽快地答应了。厂里有些人担心京瓷可能不会给太高的收购价格。稻盛和夫回应说:"当一家企业遭遇困难的时候,那些有能力的企业绝对不可以趁火打劫,而是要尽心地帮它一把。因为当它走出困境的时候,一定会想方设法地报答曾经帮助过它的企业。所以,你们放心,京瓷绝对不会乘机占电子厂的便宜。"最后,这家厂在京瓷的帮助下渡过难关,并以良好业绩回报了京瓷的帮助。这种利他之心不仅让这家企业复活,也让它的员工心存感恩之心,并且会学习京瓷的利他精神,帮助那些身处困境的企业。

2010年,78岁高龄的稻盛和夫临危受命,出任日本航空董事长一职。2012年,他开始担任名誉会长;2015年,开始担任名誉顾问,但他却不领一分薪水。他在日航危难之际出任此职,是因为如果不这样做,就会使破产日航的三四万员工失去工作,这在当时经济不景气的日本是很糟糕的事。而且,这种大型企业破产还会给日本经济带来沉重打击。他接手日航后就给全体员工写信传递"利他"哲学,鼓励员工要努力工作。他怀抱"利他"之心来日航使员工非常感动,他们在岗位上钻研创新、不断改革,大大提高了企业效益。员工的企业责任心也大大加强。有一次突降大雨,旅客托运的行李在搬运中被淋湿了,在行李转盘的出口处,两位年轻女员工拼命用干毛巾将一件件行李的水擦拭干净。这种情景是日航诞生以来"史无前例"的,是"利他"哲学带来的改变。

稻盛和夫的人生和企业哲学在中国产生了很大影响力。他的《活法》中文版曾在4年里销售130万本,超过了日本的100万本。他创办的以指导中小企业企业管理为主的"盛和塾"分别在大连、无锡、青岛等7座城市设立分部,学员人数超1 100人,大多是企业家。稻盛和夫受孔孟之道的熏陶,其思想有浓厚的儒家色彩。总之,他的"利他"哲学富含哲理,具有普适意义,不仅是他商业成功的秘诀,也应当成为人们生活的准则。

(资料来源:孙桐:《稻盛哲学 稻盛和夫经营与人生本源》,中国铁道出版社 2017 年版,第 23—25 页,第 54—59 页。石川康:《稻盛和夫的人生哲学》,现代出版社 2017 年版,第 205—210 页。[日]大西康之:《稻盛和夫的最后一战 拯救日航》,现代出版社 2018 年版,第 91—92 页。)

十、客户第一:阿里巴巴的"利他主义"

阿里巴巴网络技术有限公司(简称"阿里巴巴")是马云 1999 年在杭州发起创立地帮助别人从事电子商务的公司。自推出让中国小型出口商、制造商及创业者接触全球买家的首个网站以来,阿里巴巴已经成长为网上及移动商务的全球领导者。2016 年 4 月 6 日,公司成为全球最大零售交易平台。2019 年 10 月,公司位列 2019 福布斯全球数字经济 100 强列 10 位。10 月,2019《财富》未来 50 强榜单公布,排名第 11。阿里巴巴成功的根源在于倡导"利他主义"的经营之道。

阿里巴巴创始人一直深信互联网能创造公平的竞争环境,让小企业通过创新与科技扩展业务,在参与国内或全球竞争时处于更有利的位置。马云说,考量阿里巴巴成功的重要准则,不是我们有没有成功,而是我们的客户有没有因为我们而成功?如果我们过早地成功了,客户就不会成功。当然,如果能做到一起成功最好,但是只有一条路的时候,那就要放弃自己的利益,让别人先成功。阿里巴巴正是从这种"利他主义"出发,提出了"客户第一、员工第二、股东第三"的经营方针。这与西方现代企业,尤其是股份制上市公司"股东第一"的基本信条是截然不同的。2014 年 9 月 19 日,阿里巴巴在纽约证券交易所挂牌上市。此前马云分别给公司员工和投资者发出公开信,指出公司仍要坚持"客户第一"的原则。5 月 7 日致员工的信说:"上市后我们仍将坚持'客户第一,员工第二,股东第三'的原则。我们相信做任何艰难的决定,不管是在过去还是将来,坚持原则才是对各方利益最大的尊重和保护。上市某种意义上是让我们更有力量去帮助客户,支持员工,守护股东利益。"9月6日致投资者的信则说:"阿里巴巴只有坚持'客户第一',为客户创造持久的价值,才有可能为股东创造价值。"

阿里巴巴主张"客户第一",并不是罔顾股东利益。由于坚持"客户第一",公司业绩持续增长,不但没有损害股东利益,反而使股东获得更大价值和更长远回报。如,2005年雅虎以10亿美元投资阿里巴巴获得40%的股份,2012年雅虎出售其中20%的股权获得71亿美元收入,剩余的阿里巴巴股份价值近300亿美元,这笔投资已成为全球回报率最高的投资案例之一。阿里巴巴主张"客户第一",也不是罔顾员工的利益。由于坚持"客户第一",公司不断发展壮大,不但没有损害员工利益,反而增强了员工向心力。如,1999年当马云决定离开北京回杭州发展时,团队成员都选择了跟随他。

阿里巴巴主张"客户第一",是打心底里认为"客户是衣食父母",并具体化为五大措施:第一,无论何种情况,微笑面对客户,始终对客户抱有尊重和诚意。2003年"非典"时期正值春季广交会,广州被划为疫区,由于公司此前承诺会与客户一起参加广交会,因此仍派员工前往广州。面对员工及亲友的指责,马云解释说:"我们要履行对客户的承诺!"这使员工对公司的经营理念有了切身体会。第二,在坚持原则的基础上,用客户喜欢的方式对待客户,但绝不突破企业道德的底线。在创业初期,商界回扣风十分严重。然而,公司认真讨论后做出决定:"谁给客户一分钱回扣,不管他是谁,都请他立刻离开。"这就使得阿里巴巴在中小企业中特别受欢迎。公司做生意不给回扣,而是将这些钱投入拉更多买家、做更好服务、开发更好产品上,这就从根本上保证了客户利益。第三,站在客户立场思考问题,最终达到甚至超越客户的期望。马云特别重视训练销售人员的思维,说:"销售人员绝大部分想到的是,你口袋里有5块钱,我要想办法把它弄到我的口袋里面来。阿里巴巴的员工要想的是,他口袋里有5块钱,能不能把它变成50块。"这种以客户资产为中心的思维方式,看到了企业如要取得长久成功,就必须把重心转移到客户终生价值的最大化上去。第四,平衡好客户需求和公司利益,寻求双赢。马云说:"我认为对我最重要的是更好地了解我们的客户,好好地服务他们。""阿里巴巴的问题不是怎么赚钱,而是赚什么钱,我们有很多赚钱的方式,但我们必须确信今天赚的钱以后还能赚到。"第五,关注客户需求,提供建议和资讯,帮助客户成长。成为阿里巴巴的客户必须接受培训,为此,公司不仅在各个城市把客户集中起来培训,还成立阿里学院培训公司干部和客户,让客户和阿里巴巴一起成长。公司因此赢得了越来越多的客户。

马云称,"'客户第一、员工第二、股东第三'是 21 世纪企业的'普世价值'",因为,"20 世纪是以机器、生产资料、能源为中心,所以毫无疑问,有钱就可以把机器、资源、能源买来,只要生产就行了。""人的要素将成为 21 世纪的核心要素。如果想把创新、创意、创造当作第一要素,那就要把人作为第一要素;如果把人作为第一要素,那就是客户第一、员工第二、股东第三。"现代市场经济是建立在"利己主义"基础上的,然而,它在为人类创造巨大财富时也把人类引入歧途。当代世界正经历从信息技术(Information Technology,IT)时代向数据处理技术(Data Technology,DT)时代的转型。两者看起来似乎只是技术的不同,实际上却存在根本的观念差异,即成功者必须秉持利他思想。马云说:"20 世纪做企业一定要用好 IT,21 世纪做企业一定要用好 DT,两者有巨大的区别,……利他主义相信别人要比你重要,相信别人比你聪明,相信别人比你能干,相信只有别人成功你才能成功。21 世纪一定是从以我为中心,变成以他人为中心。"

阿里巴巴的"利他主义"借鉴了日本当代儒商稻盛和夫"利他之心"的经营哲学。马云曾对稻盛和夫说:"我看了您的《活法》,觉得很有意思。我以前最早学习道家哲学,从中明白到了领导力,而儒家思想讲究管理,佛家思想讲究做人,三者合在一起,方为中国文化的精髓。"可见,阿里巴巴的"利他主义"是对儒家义利观的当代诠释,既超越了古典市场经济精神,也超越了现代企业经营理念。

(资料来源:黎红雷:《儒家商道智慧》,人民出版社 2017 年版,第 132—134 页,146—152 页。金错刀编著:《马云管理日志》,浙江大学出版社 2013 年版,第 270—290 页。阿里巴巴集团官网。)

主要参考文献

[1]贾嘉麟等编:《商家智谋全书》,中州古籍出版社 2002 年版。

[2]李明勋、尤世玮主编:《张謇全集》(第 2 卷、第 4 卷),上海辞书出版社 2012 年版。

[3]虞和平编:《经元善集》,华中师范大学出版社 2011 年。

[4]赵靖主编:《穆藕初文集》,北京大学出版社 1995 年版。

[5]黎红雷:《儒家商道智慧》,人民出版社 2017 年版。

[6]徐培华:《市场经济的义利观:市场经济与义利思想》,云南人民出版社 2008 年版。

[7]唐任伍:《儒家文化与现代经济管理》,经济管理出版社 2003 年版。

[8]张启元:《儒商精神与企业管理》,青海人民出版社 2006 年版。

[9]戚斗勇:《以义取利的生意经:儒商文化》,山东教育出版社 2011 年版。

[10]宋长琨、沈忠秀:《儒商商道概论》,武汉大学出版社 2013 年版。

[11]唐凯麟、曹刚:《重释传统:儒家思想的现代价值评估》,华东师范大学出版社 2000 年版。

[12]段俊平:《传承的力量:解码中国化企业文化管理》,中国发展出版社 2013 年版。

[13]杨建锋等编著:《组织行为学》,复旦大学出版社 2012 年版。

[14]周生春、杨缨:《历史上的儒商与儒商精神》,《中国经济史研究》2010 年第 4 期。

[15]王来兴编著:《中华儒商智慧全集》,新世界出版社 2009 年版。

[16]张艳玲主编:《胡雪岩的启示全集》,京华出版社 2011 年版。

[17]马敏:《商人精神的嬗变——辛亥革命前后中国商人观念研究》,华中师范大学出版社 2011 年版。

[18]金其桢、黄胜平等:《大生集团、荣氏集团:中国近代两大民营企业集团比较研究》,红旗出版社 2008 年版。

[19]孙桐:《稻盛哲学 稻盛和夫经营与人生本源》,中国铁道出版社 2017 年版。

[20]胡海波编著:《中国管理学案例选辑》(第 2 辑),浙江大学出版社 2016 年版。

第四章 诚信为本的经营原则

在现代企业伦理中,诚实守信具有特殊而重要的地位。任何工商活动,都是在一定的经济制度之内展开的,而现代工商活动需要遵循公平竞争、平等交易的市场经济伦理原则。市场经济主要以一种自由、自愿、自发的交易活动构成。参与到经济活动的企业或个人,不仅要做到"有所为有所不为"的自我尊重,同时无论对于竞争对手或消费者亦要尊重他人的人格与权益。"有所为有所不为"的自我尊重意味着"言而有信""说到做到"。这种信守承诺的自我约束能力体现了企业实力、能力和自主性,而这些能力成为人们选择合作或交易伙伴时关注的重要品质。在竞争或交易中,秉持"公开透明""诚实不欺""保质保量"的伦理原则,既是尊重了市场中其他竞争对手,以及交易伙伴的自主权益,又反过来保障了市场经济活动的顺畅运作,促进了企业自身生存环境优化的良性循环。只有以"诚信"为基础的企业经营活动才是符合市场经济运行规律的,才能使得市场经济健康发展,同时使企业蓬勃向上。

第一节 儒家的诚信观

"诚信"是我们传统文化的宝贵遗产。在传统儒家的理想人格中,"诚"与"信"都是君子、圣人所体现出的品质。在先秦儒学中,"诚"与"信"已然是君子修身成德的重要方面,但"诚信"主要还是针对君子之学的,而并不直接与商业活动相关联。因此,在早期儒家中,"诚"与"信"为君子道德修养的要求,规定了儒者生活的方方面面,以"诚"成己,以"诚"接物,以"诚"待人。尽管在早期儒家中,"诚信"并没有与商业活动发生直接关联,但随着中国历史上的商业发展越来越繁荣，"诚信"作为儒者的德行要求，同时也被中国古代商人自觉内化吸收，成为中国传统商人的自我要求。儒商作为一群吸纳优良文化传统的杰出商人，更是将儒家的诚信观发展并实践，使之真正成为能够规范商业活动的重要伦理原则之一。

一、先秦儒家的诚信观

从先秦开始，"诚"与"信"就被儒者所看重。在现代汉语中，"诚信"虽然经常一起使用，但在先秦，细分起来，"诚"与"信"还是各有侧重而略有不同。在《论语》中，"信"常被用来形容君子，或者描述人与人关系中的理想状态。在《论语》中，为"仁"必须有"信"："孔子曰：'能行五者于天下，为仁矣。'请问之。曰：'恭、宽、信、敏、惠。'"（《论语·阳货》）"信"具体表现为什么样的行为呢？"信近于义，言可复也"（《论语·学而》），"言忠信，行笃敬，虽蛮貊之邦行矣"，"君子义以为质，礼以行之，孙以出之，信以成之"（《论语·卫灵公》），根据《论语》中这些有关"信"的论述，"信"作为一种品质通常体现出言行一致性。有"信"者都履行诺言，行为举止有常规，能成就仁义之事。"信"也用来描述理想的人际关系状态。如"吾日三省吾身：为人谋而不忠乎？与朋友交而不信乎？传不习乎？"（《论语·学而》）"老者安之，朋友信之，少者怀之"（《论语·公冶长》）。总体来说，"信"在《论语》中既表示言而有信、行而有常的品质，又表示人们互相信任、尊重、欣赏的良好关系状态。

"信"侧重于描述言行表现和关系状态，而"诚"更侧重于行动者内在的动机与心理，"诚"者"成己"而"慎独"，反思内省而自我要求，因而孟子说："反身而诚，乐莫大焉"（《孟子·尽心上》）。"诚"虽然也会见于行而发于外，但其目的本身却并非为取信于人，而是为了道德，为了自我实现，是个人道德人格挺立的表现。因而，"诚"体现出了人的自重、自持、自守。根据《中庸》所论，"信"之"道"亦在"诚"，"在下位不获乎上，民不可得而治矣；获乎上有道：不信乎朋友，不获乎上矣；信乎朋友有道：不顺乎亲，不信乎朋友矣；顺乎亲有道：反诸身不诚，不顺乎亲矣；诚身有道：不明乎善，不诚乎身矣。诚者，天之道也；诚之者，人之道也"（《礼记·中庸》）。"诚"沟通了道德之普遍性与个人的具体道德成就,因而"诚"者忠于内在的道德标准,不为了外在一时的褒奖或责难而动摇心神,面对内心时,诚实无妄,无愧天地。

总体来说,在先秦儒学中,"诚"侧重内心的道德体验,以及对自我道德人格的坚持,"信"则描述言行表现的一致性与可规范性,并最终促成一种和谐的理想人际关系。先秦儒学中的这种诚信观,成了后来儒商伦理发展的重要思想资源。

二、宋明理学对诚信观的发展

学者认为"儒商"这一概念的出现大约是在清康熙年间,然而从宋明时期开始,商人的地位已然与传统儒学中所定义的"商""贾"有所不同,商人与士人之间的身份界定变得模糊。因现实上的身份转换,商人开始采纳以往士人的伦理规范。余英时引沈垚关于商人地位变化的论述来讨论这种士、商合流的趋势,并总结道:"上引的文字中包含了两个主要论点:一、宋以后的士多出于商人家庭,以至士与商的界限已不能清楚地划分。二、由于商业在中国社会的比重日益增加,有才智的人便渐渐被商业界吸引过去。又由于商人拥有财富,许多有关社会公益的事业也逐步从士大夫的手中转移道商人的身上。……若把这一段文字看作是对十六至十八世纪中国社会的描写,则大致可以成立。"[①]

除了士、商合流的历史趋势之外,宋明理学也促进了儒商思想的发展。简单列述如下几点以管中窥豹。宋明时期开始,《孟子》《大学》《中庸》的地位进一步提高,从而道德自律的思想得到了发展,这提供了商业发展所需要的伦理基础。由于强调个人与普遍道德之间的直接关联,士人阶级在伦理地位上的特权也因此被逐渐打破。如在阳明学派中可以看到的,"士民工商""异业而同道"的新"四民观念"。无论是朱熹所言之"天理",抑或王阳明所言之"良知",都可以通过个人的学习或内省来察识,通过具体社会生活的历练来发用。道德人格成为多数社会从业者通过自身努力可以共享的目标。

---

① 余英时:《中国近世宗教伦理与商人精神》,九州出版社 2014 年版,第 185 页。

继承了在先秦时期的诚信观,即"诚"通过"内省"将普遍道德原则落实到个人的具体道德成就中,"信"表现于外成为遵守诺言、行有常规的行为表现,而最终促成平等和谐的人际关系,宋明时期的儒者也将"诚"与"信"理解为一种体用关系。如朱熹所言:"诚者实有之理,自然如此。忠信以人言之,须是人体出来方见。"(《朱子语类》卷六)经过宋明时期,士与商的界限逐渐模糊,又由于宋明理学强调普遍道德内求而外用,"诚信"开始被商人所内化接受,并不限于日常生活,更发见于他们的经营活动中。由此,"诚信"成为商人践行他们道德人格并成就商业人格的统一桥梁。

第二节　明清和近代儒商的诚信观与近代转型

一、传统儒商的诚信观及其践行

到明清时期,中国工商业从业者的数量、商业活动的规模、商人的社会地位都进一步提高。"诚信"观念已然被许多成功商人所信奉,并在商业活动中践行。这些讲"诚信"的商贾中已多有以儒商自居者,商人们承认儒学对于他们商业活动的指导作用,并开始积极认可他们的儒商身份。清代商人胡贯三就是集儒、士、商于一体的典型。胡贯三经商一生以"义"为先,注重德行和商业的结合。胡贯三的名字取自孔子"韦编三绝,然后贯之"的典故,寓意就是熟读经书以求贯通。胡贯三一生经营典当30余家,钱庄20余家,被誉为"江南六富"之一。同时,他因多行义举,被诰封为正三品大夫。他的子孙中也出了不少读书人和官员。

明清儒商对儒家诚信观的内化继承也是发展性、创造性的。一方面他们的诚信观部分包含了传统儒家"诚信"观念的特征,同时开始趋近现代商业的诚信观。比如,在这一时期商业的教本、家训或商人语录中经常可见"待人忠厚""莫欺诈投巧""讲明价钱""银货两讫"和"立约无违"等训诫。在明清时期,许多商人自觉将"诚信"观念运用到订立商业契约的伦理规范中,以"诚信"约束彼此的商业行为。这些儒商所使用的"诚信"观念已与以契约精神为典型特征的现代商业文明的"诚信"观念比较类似了。

另一方面,明清时期的"儒商"所秉持的"诚信"不仅只是商业活动中的一种行为规范,而且有着更为高尚的道德根据,比如"天理""良知"和"本心"成为他们所依据的超越性道德价值根源。这是他们通过商业活动达成社会认同和实现道德人格的重要方面。对于许多儒商而言,"诚信"不仅是为商业获利,更为重要的是"天道""本心"使然,是他们内化了普遍道德于内心而自觉培养道德人格的表现。因此,不少商人同样不以"取信""取利"作为践行"诚信"的理由,而以"天道不欺""圣学有理"和"笃厚君子"为自己的道德箴言。商业活动对于他们来说只是践行仁义之道、圣人之学的一种事务,而他们所依托的是成德成圣的君子理想,这一点和先秦到宋明的儒学一以贯之,构成儒商独特的精神境界。自宋明,儒家"生生"思想成为理学和心学共通理念,而至明清,商人则将"生生"和"治生"相结合,以儒者的要求来行商营业。歙县《竦塘黄氏宗谱》中有记载徽商黄崇德的父亲教导他"象山之学以治生为先",激励黄崇德以儒从商,于是黄崇德"居商无商商之心,不效贪商窥窬分毫,然赀日饶而富甲里中",终得到"非但廉贾,其实商名儒行哉!"的评价。[①] 从这些记载中可见,明清儒商对儒家思想自觉继承,在商业活动中以诚信为先的品质。

二、传统儒商诚信观的近代转型

传统儒商的诚信观念深刻影响了中国近现代商人的从商理念。然而在清末,由于外商的竞争,国家存亡之际,近代儒商不仅担负起了实业兴邦的艰难使命,同时还要面对政治局势动荡和战乱影响。近代儒商不仅将传统儒商的诚信观应用于商业活动中以维持企业声誉,还必须在危难之时坚守大义。他们诚信的义举助力于爱国救亡运动,使得传统诚信观有了更广的社会效应。

洋务派代表人物盛宣怀,参与了李鸿章力主的轮船招商局的创立,曾担任轮船招商局的会办,是清末洋务运动的代表商人之一。他参与创办了诸

---

① 张海鹏、王廷元主编:《明清徽商资料选编》,黄山书社1985年版,第74—75页。

多中国第一的民族企业,如第一个官督商办的轮船招商局,第一个电报局,第一条铁路——京汉铁路,以及中国红十字会。他还是南洋大学和北洋大学的创始人。第一家银行——通商银行,盛宣怀也是大股东。洋务运动中的这些民族资本业的出现令外商有了危机感,其命运一波三折,很多都经历过外商不公平竞争的打压。在清光绪二十九年(1903),盛宣怀创办的通商银行就遭遇了由伪钞事件掀起的一场空前的挤兑危机。1903年,有钱庄伙计去通商银行兑换钞票,结果被发现是伪钞而遭拒。伪钞的出现忽然煽动起了人们的恐慌,人潮涌向通商银行,挤兑事件发生。通商银行在盛宣怀的命令下,一方面积极安抚持币者并贴出伪钞辨别说明,另一方面仍然坚持即使借钱也要做到随时兑现的承诺。盛宣怀深知银行的挤兑危机不仅关乎通商银行一家的声誉问题,更可能致使整个金融界的信誉受损,继而对全国市场的稳定产生不可估量的影响。事件平息之后,盛宣怀严查伪钞,结果发现是有个别日商造假,便全力与日本政府交涉,但并未得到满意答复。当时民族资本的发展就常常面临这类不公正的竞争与挫折。挤兑的发生往往伴随着信用危机,而信用危机可能会进一步形成金融风暴。盛宣怀能够以大义坚持诚信经营,便是因他更为开阔的格局和视角,了解到诚信的重要价值不仅在个别企业,更维系了整个国家社会的经济稳定而关乎国运。盛宣怀于关键时刻的抉择是在当时历史条件下对传统儒商诚信观的进一步发扬与扩展。

  从清末钱庄到银行业的发展也可以看到儒家诚信观的近现代转型。清代钱庄运营已能看到一些制度化的规则细节,如"照市行息""存银立折"和"凭折提款"颇具现代银行的形态,钱庄已有了依靠契约来履行双方的义务并获取盈利的雏形。早期的银行要建立信用并求得发展,体现了从个人道德操守到制度化契约精神的转变,但说到底还是不能离开从商人员的道德自觉。清末儒商的"诚信"体现出儒商道德人格与商业人格在"诚信"经营中得到统一,信商更信人,他们遵守承诺的行为不仅保障了自身商行信誉,更促进了中国早期金融业的发展。

  近代儒商不仅是洋务运动中实业兴邦的先行者,也参与到了多种途径的爱国救亡运动中,比如在爱国热情的驱使下为军队主动出资赞助。王炽,清末云南巨商,在四川从事商贸,开设天顺祥,积累了大量的原始资本财富。后又添设了诸多票号,从事银票生意,鼎盛之时,实力与著名的山西票号相比亦不逊色。作为一名比较典型的近代儒商,王炽曾在清援助越南抗击法国的战事中资助60万两。1883年,法国海军攻占河内。越南请求清廷出兵救援。为防止法军进一步的入侵计划,清政府不得不出手援助。军队汇集云南,却给云南总督带来了前所未有的军饷压力。王炽适时主动请命支持60万两银饷。军情告急,此时的银钱筹措工作不再是个别人的信誉问题。幸而,王炽说到做到,及时补足了军饷的空缺。王炽的事例只是当时儒商对于国家事务予以财力、物力多方面支持的一个缩影。而这些儒商往往信守承诺,有着很强的决心和执行力,以诚信为卫国安民做出了贡献。这些近代儒商将经营活动中的诚信观践行在支持国家的大业中,使传统诚信观有了新的格局。

近现代儒商对传统诚信观的拓展和实践,诚信从个人品格,成为商业伦理,更进一步地成为社会稳定发展的伦理基石。近代儒商将大义与诚信相结合,对传统诚信观做了近代的转型。而至此,诚信不仅是儒者的自我修养,更成为儒家经济伦理的基本理念,也是儒商应普遍遵守的行为准则。

第三节 儒商诚信观的当代建构和践行

一、当代企业的诚信伦理

企业行为介于国家行为与个人行为之间,为中观的经济活动,要承担特殊的企业责任。这一特殊的责任表现在三个方面:(1)建设企业形象、维护企业声誉;(2)创造社会价值,美化社会风气;(3)打造国际品牌,输出中国价值。"诚信"作为现代商业伦理的重要方面,是企业寻求自身发展必不可缺的行动原则。一个企业若选择隐瞒真相、欺骗消费者、卖劣质产品、违反合约等行为,从短期来看,也许可以获得利益,但长期来看,势必影响企业形象与声誉。当欺诈行为被揭露，企业将遭到消费者的谴责，由其他更优质的竞争者取代，最终被市场淘汰。而如果某些企业通过欺诈行为获取了不合理的回报，引发同行效仿，最后会引发恶性竞争，行业发展受阻，甚至败坏社会风气，破坏市场环境。随着中国经济的高速发展，越来越多的中国企业加入了全球市场经济活动当中。当这些企业走出国门，不仅代表企业自身，更是向世界输出中国价值。诚实守信是中华民族的传统美德，企业有责任把优良的传统继承下来并通过商业活动传递出去，这是企业的发展，更是中国的崛起。"诚信"是中国传统的，又是全球化市场活动需要的。让世界看到中国商人的高尚品格形象，让中国品牌走向世界，为世界创造更多积极的价值，这是企业"讲诚信"和"守诚信"义不容辞的责任。

在具体的经营中，"诚信"涉及企业活动的方方面面，儒商的各种行为都须秉持"以诚为本"的经营理念。由于儒商的"诚信"内发于商人的道德人格而外发用于经营活动中，"人"是儒家诚信观的重要基础。与人合作、交易和竞争，都需要在尊重自我的前提下，同时尊重他人。尊重自我即自我约束，包括言而有信，行有常规；尊重他人，要尊重他人平等的人格，不隐瞒欺诈、不巧取豪夺，真诚地在所有涉及双方利益的行动中保障他人的正当权益。

二、诚信观对当代企业的规范作用

将"以诚待人"应用于商业活动相关的社会关系中，即与顾客交易保质保量，与员工立约按劳付酬，与伙伴合作互惠互信，与对手竞争正当合法。总体来说，儒商既要符合现代契约精神，信守承诺、合法经营；也常要以君子人格自我约束，特别是将儒学中讲求和谐关系的"信"发挥在商业交往中，"买卖""仁义"两手抓，是儒商的诚信观对当代商业活动的规范作用。

1. 与顾客交易保质保量

当代有些企业为了扩大经营、获取利益，可能会采取各种夸大宣传、降价打折等形式刺激消费，其中不道德的误导宣传、盲目的价格战、假冒伪劣产品、朝三暮四的虚假承诺也多有发生。从建立品牌长期信誉的角度上看，此类商业行为有碍企业成长。同时,个别企业的短视行为还可能因其恶劣的手段而搅乱市场,造成劣币驱逐良币的恶劣后果。

儒者以诚待人,以信交友,以仁义之心为根基,己所不欲勿施于人,不以取利而害义,更不能为表面取信而违背良心。因而,在与顾客的交易活动中,儒商的诚信观首先要求设身处地,以己度人,真心诚意地站在顾客的角度研发产品,以帮助顾客解决问题。儒商的诚信观既要求杜绝隐瞒、夸大、骗取等不实营销,同时也要求在商家力所能及的范围内尽可能追求高的产品质量和好的服务水准。为顾客提供货真价实的商品或热诚真心的服务,这样做不仅是在践行儒家的诚信观,同时亦符合儒家的仁义观。"诚者自成也",通过与顾客交易的诚信行为方能成就德行,获得商业成功的最终福报。

2. 与员工立约按劳付酬

在市场经济条件下,企业与员工在市场中也应保持着平等、互惠、合作的双向选择关系。一方面员工可以根据企业给予的报酬以及福利选择服务于企业。企业为吸引高素质的员工,也遵循诚实守信、互相尊重的伦理原则,以保持企业对员工的吸引力。另一方面,在看似公平的契约关系下形成的雇佣关系中,个体的员工在与企业发生劳动纠纷时常处于更为弱势的地位。损失一份工作对于个人的影响往往远大于损失一个员工对于企业的影响。因而,在理想的雇佣关系中,企业应当承担更多的社会责任,富有担当精神,为员工提供更为合理的生活保障,提高员工的幸福水平。

在传统儒家思想中,虽然没有直接谈到企业和员工的雇佣关系问题,然而,不妨将企业看成组成社会的小社群或家庭单位,那么,企业同样在工作中管理着员工,在生活中提供员工必需的生活资料,甚至在精神文化上为员工提供实现自我价值的平台,企业家也应像儒家所描绘的族长或家长那样,必须承担他们的社会责任。儒家讲"仁者无敌""取信于民",就是说只有获得民众的信任和拥护,国或家才能强大。而在企业中,也只有以员工为本,秉持对员工的"诚信"原则,为员工真诚地谋取福利,让员工生活幸福,取信于员工,才是企业的长久发展之道。同时,通过企业的"诚信"雇佣原则,也能够有效影响到员工素质，营造出整个企业讲信用、有担当的企业文化，于塑造企业长期的品牌亦多有裨益。

3. 与伙伴合作互惠互信

在当代商业模式中，各行各业分工协作，企业会需要和多个上下游供给方往来交易以完成最后的产品，交付市场。在此过程中，合作的多个企业通过分工能够有效降低成本，专精技术，提高收益。然而，合作的模式也使得整个产品的运营具有相互牵连、荣辱与共的特性。高质量的合作伙伴关系将是发挥分工协作优势以获得商业成功的重要环节。根据合作的不同属性，有提供原材料或基础技术的企业，也有直接面对消费者的企业，或者两者兼而有之的企业，无论哪一种合作模式，都需要以诚信为前提保障，合作才能顺利进行。投机取巧的欺诈行为，不仅损害他方的利益，同时也破坏合作的流程，大幅增加了合作的成本和难度，而最终一损俱损。

传统儒者虽对当代分工协作的商业模式未有了解，然而，在传统儒学中，却一再倡导结交品质高洁的朋友并真诚待之。如，《论语》说："主忠信，无友不如己者。"这就是说，既要保持忠信的品格，同时也要结交类似的朋友。《孟子》说："友者，友其德也，不可以有挟也。"可见，儒者注重交友，并非为利，而是出于德性品质的尊重。与君子交友，需要较高的品德修养。儒家交友以德为先，与西方市场化的平等互利虽有所不同，然而，却能够在更深层次上为当今分工协作的商业模式提供良好的伦理条件。正因为合作的互惠互利需要诚信的品德作为基石，良好的合作伙伴是保障整体商业运营的有利条件，因而合作的过程中反而不是以利为先，而是以信为先和以品质为先。因此，当代企业对待商业合作伙伴，也需向古代君子交友之道学习，"主忠信"而"友其德"，"以义为先"方能达到最后的义利共有，互惠互信。

4. 与对手竞争正当合法

市场经济难免竞争。为了扩大自己的市场份额，抢占市场先机，众多企业需要在不断改进技术手段，提高产品质量，降低成本价格等方方面面进行竞争。而随着全球化市场的打开，各个国家企业间的竞争愈加激烈。从积极的方面说，竞争有利于企业不断改革以提高自身的业务水平，消费者也能获得更优良的产品服务,社会的总体效益得到提高;但不讲伦理底线的竞争,不仅打击改革创新,造成劣币驱逐良币的现象,还可能会破坏市场秩序,使得整个行业面临危机。在此背景下,尽管竞争必不可少,然而面对竞争对手,也需遵从诚信原则,公开、公平、合理竞争,以期共进。

在儒家的理想社会中,人与人之间的理想关系呈现为"和谐共生"的状态。"和"作为儒家思想,同样规范着商人的行为。在一系列的有关儒文化企业的相关研究中,学者们均发现,儒者企业家多会更关注社会关系的和谐。这些企业领导者往往能够领悟到在商业世界并不存在永远的敌人,即使是竞争对手,也应以诚相待。在儒家经典中,"和"并非意味着抹杀一切差异而追求从众,"君子和而不同",就是在承认存在对立的情况下寻求健康和谐的社会关系。对于商业活动中的竞争对手,同样应以"忠信"为伦理底线而竞争。《中庸》讲"诚者物之终始,不诚无物。是故君子诚之为贵","诚"乃为人处世之本,也是儒商文化中的竞争原则。在"诚"的要求下,窃取商业机密,侵犯知识产权,恶意抄袭模仿,散布不实谣言,恶性收购垄断等,都应被视作不正当竞争。

比如,阿里巴巴在"诚信"问题上的坚持,可以说为中国互联网在大竞争时代的商业,竖立了良好的榜样。阿里巴巴在创立互联网商业诚信体系的过程中,履行了自己作为互联网龙头企业的社会责任,使用面向大众的评价体系来促进公平、公开的交易规则,利用自己的平台优势来奖善惩恶,还采纳大数据的新技术来有效收集、甄别信息,促进信息的透明化。阿里巴巴在管理层面、技术层面为建构诚信电商体系做出了贡献,成为行业楷模。这些工作不仅为阿里的繁荣奠定了广泛的消费者信任基础,而且推动了整个行业的进步。正如阿里巴巴集团副总裁胡晓明引《论语》中的话:"人而无信,不知其可也。"这就是优良传统文化的诚信观念进入到中国企业文化中从而推动了"诚信"制度建设的范例。

总之,诚信,规范着企业和消费者、雇员、合作者,以及竞争者等一切与市场有关的社会关系,如此才能最终实现儒家和谐互信的社会理想。

第四节　案例选编

一、诚信徽商胡雪岩

以下是一则流传甚广，关于徽商胡雪岩的故事：

就在胡雪岩动身到湖州的前一天，傍晚时分来了一名军官，手里提着一个很沉重的麻袋，指名要见胡老板。等把胡雪岩从家里找了来，动问来意，罗尚德把麻袋解开，只见里面是一堆银子，有元宝，有元丝，还有碎银子，土花斑斓，仿佛是从泥里掘出来的。

罗尚德又从贴肉口袋里取出来一沓银票，放在胡雪岩面前。"银票是八千两。"他说，"银子回头照秤，大概有三千多两。胡老板，我要存在你这里，利息给不给无所谓。"

"噢！"胡雪岩越发奇怪，看不出一个几两银子月饷的绿营军官，会有上万银子的积蓄。他们的钱来得不容易，出息不好少他的，所以这样答道："罗老爷，承篆你看得起小号，我们照市行息，不过先要请问，存款的期限是长是短？"

"就是这期很难说。"罗尚德紧皱着他那双浓密的眉毛，一只大手不断摸着络腮胡子，仿佛遇到了极大的难题。

"上头有命令下来，我们那一营要调到江苏打长毛。"罗尚德的神情显得抑郁，"不是我说句泄气的话，绿营兵打土匪都打不了，打长毛怎么行，这一去实在不太妙，我得打算打算。"

"这一万一千多银子？我在这里无亲无眷，抚台衙门的刘二爷，人倒也还不错，可是我不能托他，他是跟着黄大人走的，万一黄大人调到边远省份，譬如说贵州巡抚，四川总督，或者到京里去做官，刘二爷自然跟了去。那时候，几千里路，我怎么去找他？"

"这也说的是。阜康是开在杭州不会动的，罗老爷随时可以来提款。"

"一点不错！"罗尚德很舒畅地喝了一大口酒，"这一下，胡老板你懂我的意思了。"

"我懂,我懂!"胡雪岩心里盘算了一会,接下来说:"罗老爷,承蒙你看得起阜康,当我一个朋友,那么,我也很爽快,你这笔款子准定作为三年定期存款,到时候你来取,本利一共一万五。你看好不好?"

"这,这怎么不好?"罗尚德惊喜交集,满脸的过意不去。"不过,利息太多了。"

"这也无所谓,做生意有赚有蚀,要通扯算账。你这笔款子与众不同,有交情在内。你尽管放心去打仗,三年以后回重庆,带一万五千去还账。"

这番话听入罗尚德耳中,就好比风雪之夜,巡逻回营,濯足上床,只觉四肢百骸,无不熨帖。

"胡老板,怪不得刘二爷提起你来,赞不绝口,跟你结交,实在有点味道。"

"我的宗旨就是如此!"胡雪岩笑道,"俗语道得好:'在家靠父母,出外靠朋友。'我是在家亦靠朋友,所以不能不为朋友着想。好了,事情说定局了,庆生,你去立个折子来。"

"不必,不必!"罗尚德乱摇着手,"就是一句话,用不着什么折子,放在我身上,弄掉了反倒麻烦。"

"不是这样说!做生意一定要照规矩来,折子还是要立,你说放在身上不方便,不妨交给朋友。"

"那我就交给你。"

"也好!"胡雪岩指着刘庆生说,"交给他好了。我这位老弟,也是信义君子,说一句算一句,你放心。"

"好极!那就重重拜托了!"罗尚德站起身来,恭恭敬敬作了个揖,接着告辞而去。

……(一段时间后)

一到杭州,胡雪岩回家坐得一坐,立刻便到阜康。

"胡先生,请你先看账。"刘庆生捧着一叠账簿,很郑重地说。

"不忙,不忙!你先跟我说说大概情形。"

"请你看了账再说。"

听他如此坚持,料知账簿中就可以看出生意好坏,于是他点点头先看存款。一看不由得诧异了,存户中颇多了"张得标""李德胜""王占魁""赵虎臣"之类的名字,存银自几百到上万不等,而名下什九注着这么四个小字,"长期无息"。

"唷,唷!"胡雪岩大为惊异,"阜康真的要发财了!怎么会有这么多的户头?"

"胡先生,"刘庆生矜持着说,"你再看这一笔账。"

他翻到的一笔账是支出,上面写着:"八月二十五日付罗尚德名下本银一万一千两。息免。"

"喔,原来是罗尚德的那笔款子,提回去了?"

"不是!"刘庆生说,"罗尚德阵亡了,银子等于是我送还的,我不知道这件事做得对不对。"

刘庆生细谈这件事的经过,是八月二十五那天,有两个军官到阜康来问,说是听闻罗尚德曾有一笔款子存在阜康,可有其事?又说罗尚德已经阵亡,但他在四川还有亲属,如果有这笔款子,要提出来寄回去。

罗尚德的存折在刘庆生手里,倘或否认其事,别无人证。但他不肯这样做,一口承认,同时立即取出存折,验明银数,但他表示,不能凭他们两个人的片面之词就付这笔存款。

"那么该怎么办呢?"

"我知道罗老爷跟抚台衙门的刘二爷是朋友,要刘二爷跟你们营官一起出面,出条子给阜康。"刘庆生说,"只要罗老爷是真的阵亡,你们各位肯担责任,阜康立刻照付。"

于是那两个军官,当天便找了刘二爷来,共同具了领条,刘庆生即捧出一万一千两银子,还要算利息,人家自然不肯再要。这样到了第二天,张德标、李得胜等,便都上门来了。

胡雪岩听他讲完,异常满意,"庆生,"他说,"阜康的牌子打响了!你做得高明之极。"

"老实说,"刘庆生自己也觉得很安慰,"我是从胡先生你这里学来的窍门。做生意诚实不欺,只要自己一颗心把得定就可以了。"

胡雪岩,历史上著名徽商,多次和清政府合作,为清军购置军火,提供药材,接济银两,亦官亦商。到清咸丰和同治年间,成为中国数一数二的富商,官居二品,赏穿黄马褂,亦被称为"红顶商人"。在胡雪岩的生意中,阜康钱庄是他最为成功的商号之一。阜康多有官兵存银,这些官兵的存款为阜康钱行兴盛的一笔重要资源。除了阜康钱庄,胡雪岩的另一著名商号为中药店"胡庆余堂"。在"胡庆余堂",胡雪岩有手书的"戒欺"牌匾,写道:"凡是贸易均着不得欺字,药业关系人的性命,尤为万不可欺。余存心济世,誓不以劣品巧取厚利,惟愿诸君心余之心,采办务真,修制务精,不致欺余以欺世人。是则造福冥冥,谓诸君之善为余谋也可,谓诸君之善自为谋亦可。"可见,"诚信"观念为胡雪岩从商的核心伦理原则。

(资料来源:高阳:《胡雪岩全传》(上册),南海出版社1998年版,第259—263页,第440—450页。)

二、乔致庸以诚信克服困难

乔致庸,清末著名晋商,祖父、父亲都是大商人。乔致庸曾用功读书,希望走读书科举的道路,但后来因哥哥离世,而接管起家族实业。

俗话说:"富不过三代。"那是实际起作用的一条规律。因为第一代人创业备尝艰苦,对子女的教育也较严格,所以第二代一般能够继承父业,有的还要发展壮大。到了第三代就不同了,他们养尊处优,奢侈浪费,怕吃苦,不思进取,坐吃山空,哪能不败?而山西祁县乔家堡的乔家富延七代,从清乾隆初年,乔贵发创业到清代末年,延富170余年。其中第三代的乔致庸,起到了关键的承先启后、转败中兴的作用。

乔致庸一生,历经嘉庆、道光、咸丰、同治、光绪五朝,享年80多岁。其孙女婿常赞春写的《墓志铭》说他87岁还喝酒吃肉。他幼年父母双亡,由哥嫂抚养成人。家里希望他读书中举,为家门竖立旗杆,改变世代从商被人轻视的看法,可他就是对做官不感兴趣。后来他的大哥经营粮草失败而病故,乔家面临破产的当口,他受命负起重振家业的重任。他继承儒商的经营传统,努力突破"富不过三代"的常规,把乔家的生意做得更加红火,成为晋商的代表人物。

咸丰年间,北方捻军、南方太平军大起义,南北商路阻绝,乔家经营的丝、茶生意受到严重打击。乔致庸面临的第一件大事,就是从战乱空隙,疏通南北的茶路和丝路,挽回中断生意的危局。他亲身体验过商路运输的艰难惊险,从中悟出银钱汇兑的重要性。当时山西平遥已出现"日升昌票号",经营小范围的借贷业务。乔致庸仿效并把它做大,能够"汇通天下"。于是乔家涉足票号生意,开出"大德通""大德丰"两大票号。当时朝廷正苦于南方的税银无法运到北方来,就交给"大德通"代为汇兑。乔家赚了一笔银钱。

乔致庸在克服困难的时候,坚持以儒家的仁义诚信思想为根本,手边常备四书五经和《史记》等典籍。遇到灾荒,必首先出资赈灾。他要求救济灾民的施粥,要用毛巾裹得起来,装到碗里插上筷子不会倒。他家门前拴着三头牛,谁家要用自便牵去,傍晚送回来,不用付租金。这些义举,为乔家在群众中树立良好声誉,因而生意发展比较顺当。

鉴于历来富家子弟大多走上腐化败落的老路,乔家特在大院的报本堂里,先人的塑像旁,放置一只要饭篮子和一根打狗棍,告诫族人要记住贫困史。乔致庸制定家规:"一不准吸毒,二不准纳妾,三不准虐仆,四不准赌博,五不准冶游,六不准酗酒。"还要求不用年轻丫头,而要高薪礼聘教师,或送往新式学堂,使子弟们受到良好教育。乔家第六代就有11名大学生,两名博士,一名硕士。乔致庸六次结婚,都是续弦,决不纳妾。他自己身体力行,做出榜样,乔家没有一个纳妾的。孙子乔映霞与妻子离婚后没有再娶。乔映霄携妻子旅游,妻子被绑匪杀害,终身不再娶。家族的经管大权,多是隔代传接的,做到了任人唯贤。严格的家规家教,应是乔家富过六代的有力保证。

在祁县东观镇乔家堡村,留下一座城堡式的乔家大院(原名"在中堂")。乔致庸的名字取自《中庸》,他也以"执其两端,用其中于民"之意命名大院为"在中堂"(今为国家文物保护单位)。它占地8 724平方米,建筑面积3 870

平方米,分六大院20进小院,313间房,平面结构作"嚣"形。雕刻彩绘及收藏文物非常丰富,成为一座艺术宝库。乔家大院是唯一没有遭受日寇破坏的晋商大宅院。这还与乔致庸的仗义救人有关。当年八国联军侵占北京,山西总督毓贤也开杀洋人。有七个意大利修女,从太原逃到祁县,被乔致庸救下,藏在银库,再用柴草车把她们安全送到河北脱险。后来意大利政府送来一面国旗表示感谢。日本兵进村烧杀时,乔家急忙挂起意大利国旗来。日本人以为是他们盟国的侨民,不敢进门骚扰。

(资料来源:黄绍筠编著:《商道流芳录:中国商业文化百例》,浙江工商大学出版社2013年版,第134—135页。)

三、诚信瑞蚨祥

在北京大栅栏商业街上,有一座西式巴洛克建筑风格的商店,每日门庭若市,车水马龙,吸引着八方来客。这就是名冠京城、驰名中外的中华老字号瑞蚨祥绸布店。北京瑞蚨祥绸布店建于清朝光绪十九年(1893)。孟洛川依托其家族在旧军镇发家的实力,于清光绪六年(1880)由他接管家务后,便极力向京、津、沪等大城市拓展。

作为一代儒商,孟洛川立下的店训是"货真价实,童叟无欺"。瑞蚨祥的绸缎呢绒都在苏州定织,并在每批绸缎的机头处织上"瑞蚨祥"字样。瑞蚨祥的花色布匹,都是用上好的棉纱交给作坊定织定染的,这种布缩水小,不褪色。

济南瑞蚨祥在早期是以经营土布为主,零售兼批发,绸缎的销货额在营业总额中居于次要地位。为维护门市声誉,向以"货真价实,童叟无欺"为招牌,其主要经营方法有以下几点:

第一,搜罗珍贵和稀有的货品,独占市场。少数人所需要的珍贵商品,小字号无力经营,大字号怕积压资金不肯经营,瑞蚨祥则依靠自己雄厚的资金独家经营。

第二,定机货。瑞蚨祥对于一些高级绸货都有包机定织,谓之定机货,其质量高于一般,花样品种也多。瑞蚨祥还独创一种"高丽纳",是用好洋绉或物华葛做表,中加衬绒,以白布为底,用丝线纳成。供上层人物秋冬之交做衣服用。为别家所无,独占市场,得以谋取利润。

第三,自染色布。瑞蚨祥虽是以销售高级商品为主的商店,但布匹销售仍占一定比重,特别是济南和内地中等城市,布匹的销售额在营业总额中始终占优势。所以瑞蚨祥为了创自己的牌子,争取垄断利润,专门委托染坊加工精染并加盖自己的印章。其布匹质量好,布色与众不同,销路也广。

第四,瑞蚨祥在经营上标榜"货真价实",从不采取大减价、大甩卖、大赠送、打折扣等一般商号所采取的宣传方式。它有一套自己的宣传方式:主要是对顾客做到态度和蔼、殷勤招待和量布放尺,让顾客广为宣传。

瑞蚨祥在员工教育方面,特别强调所有员工一定要尊重顾客。瑞蚨祥在教育员工方面的做法如下:

第一,要与顾客及时沟通感情。瑞蚨祥要求所有员工对每一位顾客都要从良好的愿望出发,从善意的角度去同顾客沟通,从言行举止方面给顾客留下美好印象,这样,顾客从感情上认可了瑞蚨祥,便有了成交的心理基础。

第二,塑造良好的商业形象。瑞蚨祥极为重视员工的形象教育,要求员工以企业利益为重,用个人形象来塑造企业良好的商业形象。良好的商业形象源于顾客的第一印象。而第一印象的好坏又源于员工的仪表与对顾客的态度。因此,瑞蚨祥在这方面的要求十分严格。瑞蚨祥规定,无论是什么季节,所有售货先生一律穿长衫,不吃那些会发出异味的食物,如大葱、大蒜之类;不准在顾客面前摇扇子,对顾客要谦逊、温和、忍让、礼貌,不得与顾客吵架,不准聊天,不准吃零食,不准吸烟等。

第三,制定严格的营业程序。瑞蚨祥教育员工要执行严格的营业程序,并且要不折不扣地执行。顾客进门时,要笑脸相迎,热情问候,并以茶水相招待。售货员对想买布而又拿不准主意的顾客,要先询问清楚顾客是自己买的还是代人买的,然后多拿些样品供顾客选择,耐心解释,不厌其烦,直到顾客满意为止。成交时,如果需要找零钱,要把钱整齐地放在柜台上,不准直接交到顾客手中。在给顾客取货时,售货先生要让顾客先挑选中下等的货物,如果顾客不满意,再让他挑选上等的货物。成交之后,要先检查一下绸布有无残损,当着顾客的面量好尺寸,确保无误后,让顾客放心离开。

第四,强调同顾客的交谈技巧。瑞蚨祥十分注重对员工灌输商业交谈技巧。对不同的顾客,在语言上、谈话内容上都有所不同,在购货上也有所侧重。例如,农民进店来,谈农村的事;达官贵人进店来,讲升官发财的事;新婚夫妇进店来,要恭贺他们永结百年之好,白头偕老,全面介绍各种货物……总之,要因人而异,机智善变。

第五,要学会留住每一位客人。瑞蚨祥十分强调"来者即是客"这一点,对那些到店里来,但没有下决心买货的顾客,只要是来店里看一看,售货先生都要热情接待,不得怠慢,要给他们留下好印象。对那些货比三家的顾客,要百问不厌,细致耐心,引导他们促成交易。对那些享受了周到服务之后仍然一点东西也没买的顾客,也不能表现出不满和冷淡。临别时,要热情地说:"欢迎下次再来。"无论如何,都要使每一位顾客满意而去。

在掌管瑞蚨祥大权的 60 年时间里,孟洛川对内部各层人员的管理严格有序、铁面无私。他同经理掌柜闲谈时,常告诫说:"生财有大道、生之者众、食之者寡,为之者急,用之者舒,则财恒足矣。"用生、食、为、用作为治店宗旨。他还告诫店员:"欲治其国者先齐其家,欲齐其家者先修其身,欲修其身者先正其心。"要规规矩矩做人,诚诚恳恳待客。一旦有违背店规店训者,一律从严处理。

(资料来源:李刚、宋娟:《大话鲁商》,陕西人民出版社 2009 年版,第 81—85 页。)

四、诚信经营的萧则可

萧则可(1897—1968),四川省宜宾人。祖籍江西。他从 19 岁开始当跑街,后来在长江沿岸贩运土铁五金杂品。经过七八年的奋斗,练就勤跑快销的本领,积累白银 2 000 两。"人无信不立",无论是做人还是做生意,他都将诚信放在首位,他认为,"为少数人牟利的企业,终不能期其长久,更难于发展自立"。在企业经营方面,他更是有着一套独特的经营方式,即"劳资合作"。通过充分调动员工的积极性,发挥其主观能动作用,不仅使员工有了强烈的归属感,也为公司的发展积累了丰厚的资本。由此可见,萧则可将以人为本的经营理念发挥得淋漓尽致。抗日战争时期,萧则可更是将他的一腔热血付诸民族事业。他提出"经营百货为过程,促进生产事业为目的,发展民族经济为终极"的经营方针,可谓切合国情,顺应民心。1937年还在成都开办"国货公司",竭力抵制外国资本的倾销侵略。种种所为,皆为国民。他的成功,是儒商中诚信精神以及以人为本的经营理念的完美写照。

萧则可经商素重信誉,讲求薄利多销,方便顾客。"宝元通"创办初,萧即提出"铁锅漏水包掉包换","各种洋钉分零出售,长短任配"。以后又提出了凡商品霉变、生锈、残损、规格不合者"四不上柜"。当时,商家经营取利常为20%~50%,而宝元通一般商品仅取利10%~15%。同时一律实行明码实价,不讲价钱,故深得顾主信赖,更受到厂家欢迎,在抗日战争中,迁川工厂便有30多家委托宝元通代销产品。

萧则可办企业,提倡"团体"精神。民国1925年,他已认识到,"为少数人谋利的企业,终不能期其长久,更难于发展自立"。因此,他提出"以服务社会为宗旨",实行"劳资合作",使绝大多数店员都成了在职股东。20世纪20年代后期,萧则可又提出"牺牲小我,顾全大我,发展事业,服务社会"的团体精神,作为《号训》付诸实践。到1946年,职工股份已占总资金90%,成为名副其实的劳资合作企业。

萧则可经营企业,有一套独特的方式。1930年,"宝元通"正式更名为"宜宾宝元通百货商店",开始实验"劳资合作"的新方法。他的独特之处就在于吸收职工入股,订立《股东职工公约》,即实行"职工就是股东,股东就是职工"的经营管理体制。职工可把分红所得立即转为股金。这样一来,既调动了职工爱店如家的积极性,又迅速增加了资本,壮大了企业实力。在他的倡导下,公司建立店员代表大会,作为公司的最高权力机构,另亦设有代表资方的股东大会,作为监督、咨询。他也十分注意延揽人才,知人善任。重视培养企业的见习生,先后共招收见习生1 000多名,占全部职工的90%。对见习生"以才定职,以职定责,以责定权",先后30多人被提拔为经理、副经理、襄理。萧则可强调人事考绩,对职工按"意志、工作、才能、行为"打分,作为级别升降及奖金、红酬的依据,进一步调动大家的积极性。他平时为人谦和,洁身自好。1935年,他的外甥犯了号规,同样开除,绝不姑息。

萧则可的"劳资合作"取得成功,关键在于以人为本,依靠全体职工的积极性,善于调动人的创造性。他十分重视职工的福利,尽力改善条件,给予热情关怀。推行"包干制",即所有职工的伙食、医药,子女的入托上学,直至出国留学,均由企业供给。在宜宾还建有"宝元通公墓"。在抗战大后方,物质条件十分困难,企业老板能如此体贴下属,就比较容易化解许多劳资之间的矛盾冲突,并且能够激发职工与企业同心同德,共渡难关。

诚信是个人的立身之道,是做人最基本的道德准则,一个没有诚信的人无法建立值得信赖与依靠的社会关系,也就无法在社会上立足。"人而无信,不知其可也"。诚信更是企业经营活动中必不可少的原则理念,是企业发展的核心力量,更是企业赖以生存的生命线。在此基础上,更要贯之以人为本的经营理念,只有充分调动员工的积极性,才能为企业创造出源源不断的发展动力,才能使企业更加长远发展。

(资料来源:黄绍筠编著:《商道流芳录:中国商业文化百例》,浙江工商大学出版社2013年版,第193—194页。管庆霞:《古代儒商文化中的诚信思想及现实关照》,《学术论坛》2017年第34期。易善秋:《儒家诚信思想的精髓与启示》,《人民论坛》2019年第5期。)

五、老品牌"稻香村"靠诚信赢得新市场

20世纪20年代稻香村就已经是一个很知名的品牌了,当时的店面位于北京前门大栅栏西街,生意兴隆,在鲁迅的日记中也有多次记载。然而,抗日战争期间,因为粮食供给困难,稻香村的经营难以为继,在市场上消失了,直到20世纪80年代才在政府的扶持下才恢复了这块金字招牌。

老品牌重回市场,面临的困难与压力都不小。渠道的消失,消费者的更迭,品牌忠诚度不再,老品牌想要重新获得市场的认可,其中艰辛可谓无异于涅槃重生。然而稻香村却在继承了传统工艺的基础上,完成了重生的挑战,并获得了当代消费者对老品牌的新忠诚。

阔别市场几十年的稻香村之所以成功回归,源于对品质的坚持和对品牌信誉的打造。稻香村毫无保留地继承了传统工艺,尤其是对原材料的选择几乎达到了苛刻的程度,例如,核桃仁一定要用山西汾阳的,因为那里的核桃仁色白肉厚,香味浓郁;玫瑰花要用京西妙峰山的,因为那里的玫瑰花花大瓣厚,气味芬芳;龙眼要用福建莆田的,火腿要用浙江金华的等。坚持传统的工艺,稳扎稳打,对品质的一丝不苟,借助口碑传播品牌是稻香村获得重生的重要原因。

当今,诚信正成为企业和社会越来越关注的话题。北京稻香村实业集团副总经理池向东提道:企业在多个稻香村专卖店组织过问卷调查,74%的顾客称至少每周光临两次以上。认为稻香村产品质量绝对可信的占54.03%,认为可以保证的占38.41%。每当问顾客为什么到稻香村购物时,几乎所有的回答都是两个字:放心。池向东认为:稻香村就是要对得起顾客。糕点生产过程中会产生一些边角料,每年有几十吨,稻香村都会全处理掉,绝不回炉再用,仅此一项就是几十万元。可为了稻香村的信誉,池向东觉得这些投入是值得的,因此,稻香村也连续多年被评为重合同守信誉单位。

稻香村的企业文化很有意思。稻香村的竞争策略与别人不同,是和自己竞争,打造企业的核心优势。稻香村最初确立的企业文化形象是"牛",体现了老一辈勤劳、务实、坚定、甘于奉献的创业、守业精神。随着时间的推移和环境的变化,企业文化中创新、利他、包容等品质更加凸显"水"的特性:不拒细流纳百川,驰骋大地,润泽天下。本真本我,生发万物,随形而安,包容江海。"水",成为稻香村新的企业文化形象。从"牛"到"水"的嬗变,不单纯是一个形象画面的更替,而是稻香村与时俱进、为消费者提供暖心服务的心路历程。

稻香村的产品也很有意思。他们有二十四节气产品。为弘扬中国传统文化,倡导健康饮食理念,2008年起,北京稻香村实施二十四节气养生食品的研发推广,2009年8月,推出首款二十四节气养生食品——立秋肘子,之后,相继推出处暑百合鸭、白露甘薯饼、秋分芋饼、小寒坛焖鹿肉、芒种桑葚果、夏至荞麦饸饹面等共24款产品。面对不同的消费群体,不同的口味,稻香村营造的不再仅仅是"老北京味儿"。

起始于1895年的北京稻香村致力于创建中国传统食品第一品牌。据相关媒体透露,2014年,北京稻香村已发展到百家连锁店、600多个销售网点,年销售额超过50亿元,产品涉及糕点、肉食、速冻食品、元宵、粽子、节令食品等,多达600多个品种。如今,稻香村写就的是传统食品行业以质量和诚信做大做强的新时代传奇。

老品牌重回市场,势必要面临新的挑战。传统食品品牌——稻香村正因为延续了"诚信"的传统美德,才造就了一番"做强做大的新时代传奇"。"诚信"首先就是对产品严格把关,让顾客放心。稻香村对原材料的严挑细选,对传统工艺的坚持,对消费者新口味的把握,实现了在产品质量上的自我超越,于是也就积累了消费者对品牌的信心,如此,新的回头客也就会源源不绝了。

稻香村还以"水"文化来塑造企业。"水"是中国传统文化中富有独特意义的形象特征,孔子讲,"知者乐水,仁者乐山;知者动,仁者静;知者乐,仁者寿"(《论语·庸也》),正是看到了水源源不绝的生命力;荀子讲,"积土而为山,积水而为海"(《荀子·儒效》),以"水"比喻君子进取不息的精神。传统品牌稻香村的重生正与传统儒学中"水"所象征的谦和温润,生生不息,积极进取的精神相契合,这也使得稻香村并不固守传统,而能够不断推陈出新,能够将传统文化与当今倡导健康饮食的趋势相结合,最终依靠的仍然是一颗以顾客为中心的诚心。

(资料来源:《老品牌重来(上)》,《中国经营报》2011年12月19日。彭嘉陵:《诚信也是核心竞争力》,《人民日报》2002年8月19日。崔新龙:《从"老北京味儿"说开来》,《山西日报》2015年5月13日。)

六、以房地产业诚信建设金的"自律"推动"他律"

2005年3月9日,"房地产业诚信建设金"(下称"诚信金")在北京正式启动。上海中凯企业集团(下称"中凯")作为发起人之一,为该基金提供了首笔（也是唯一的一笔）捐赠300万元。当2004年12月中凯总裁杨益华在第六届"网交会"上提出建立诚信金的设想，并随后就开始张罗此事时，各界的反应远比今天乐观得多。

2005年1月，中国消费者协会投诉与法律部主任王前虎就曾表示，"基金设立以后，其他开发商很快就会跟上来捐资，理想的资金规模为1 000万元左右"。而在诚信金启动仪式上，中消协的副秘书长武高汉说起"其他开发商来问过，但目前还没有第二家加入捐赠"的现状，只能说："我们希望媒体的宣传能让更多的企业知道这件事，并尽快参与到这个活动当中来。如果没有其他企业跟进的话，那这就是中国的现实。"武高汉又表示："我们也只能面对这个现实。""如果没有更多开发商响应，确实显得有些尴尬。"

据了解，这笔目前尚不算雄厚的诚信金，将主要承担以下工作：披露失信企业和经营行为，鼓励和表彰在推动市场信誉方面做出贡献的人物、事件和企业，向消费者进行法律诉讼的启动。另据中国房地产协会会长杨慎透露，该会也将于近期启动"诚信奖励基金"，而中凯同样也是该基金的发起者与首笔款项的捐赠人，规模为300万元。据了解，中凯之所以发起并捐赠诚信金，主要原因在于该集团曾从诚信中获益，他们想"推己及人"。

2004年6月，中凯曾为杭州"中江大厦"项目打过一场官司并最终胜诉，但它在损失了1 000万元利润的情况下，依然履行了当初的承诺。这种"诚信"行为随即换来了价值回报——杭州市火车站的黄金地段被当地政府交给中凯开发；在宏观调控信贷紧缩的大背景下，银行主动上门为中凯提供贷款。

其实，房地产商以诚信为宗旨的自律举措此前并不鲜见。2004年"3.15"后一个月，由北京市房地产信息网络组织发展商合生创展主倡的房地产业"阳光工程"正式推出。发展商通过网络公布在售楼盘的相关信息，这种"公开化"当时在北京尚属首次。再向前推一年，2003年的"3.15"，人们听到的是广东省房地产企业诚信联盟的"自律宣言"。

然而上述行动的影响并未能波及整个行业。刘俊海特别指出了房地产行业的信誉"株连"现象："部分开发商的欺诈行为，严重伤害了消费者对全行业的整体印象。"中消协的统计显示:涉及房地产的消费者投诉,每年依然以平均20%的速度持续递增;而且,房地产行业中的投诉解决率在所有商品类型中是最低的。

可见,信誉有株连效应,自律却很难产生连锁反应。不过此次诚信金的启动显示了一定的特殊性,因为它有了实实在在的资金,且是由消费者协会来运作。这意味着它能够面向全行业,并具有一定的作为实力。

然而,它的孤独依然还是说明了一些问题。有人就这样解读:对于同类企业来讲,中凯发起建立这笔基金,已占了第一的"风头",别人再进入不是很"划算"。北京君龙时代房地产经纪有限公司策划总监杨进就说,维权是市场走向健全的过渡时期的产物,而诚信本身是"企业立足于市场必备的东西",是"一种在商业活动中本来应该习以为常的东西"。如果开发商只是把诚信作为一种营销手段,那么诚信机制就还建立不起来。

一位业内人士则认为,其他开发商不跟进,原因在于大家觉得诚信不是通过几个企业的努力就可以解决的问题。杨益华也明白,"诚信的建设绝不是一家公司能够承担的,我们做出这样的举动,是希望社会大众、政府管理部门以及相关行业都能够把诚信视为企业的责任"。必须有一个全社会的诚信体系,否则讲诚信可能付出的成本就很高。正如一位研究房地产的学者所说:"只有诚信真正成为市场的要求,才能真正形成整体的足够有效的约束力量。"而建设部政策研究中心副主任王珏林则强调了政府的关键作用,说:"政府首先应该在完善市场经济体制的过程中建立诚信规则,并带头做到诚实守信。这样才能打造出一个诚信市场和诚信社会。"

自2003年以来,国家规范房地产市场的部分重要措施,尽管中国的房地产市场目前还谈不上非常规范有序,与之相应的各项法规制度也还不够完善健全,甚至既有的制度有些也显得相对滞后,但毕竟"我们一直在努力"。有关部门加强市场规范和监督、保障公民居住权益的脚步从未停息,近几年更是加快了步伐。自2003年以来国家不断推出的规范房地产市场的措施,就是这种努力的见证。

在市场发展的过程中,难免存在法规制度滞后的现象,因而行业规范的成熟也常常需要由一个个富有责任心的企业推动起来。中凯集团率先发起捐赠诚信金,尽管面临诸多挑战,但同时也是企业承担社会责任的典型案例。由个别成功的企业带动整个行业的进步,与儒家所提倡的"正心、诚意、齐家、治国、平天下"的观念是一致的。在儒文化中,君子从修身做起,以小治大,这一过程正如企业,不仅要关注企业内部的发展,还需如君子一般,具有社会责任感。正如中凯集团从诚信中获益,便能"推己及人",以求房地产行业的健康发展。"自律"要求"为仁由己",出于真诚的动机去行动。把"诚信"作为一种自我要求,而不是仅仅作为获益的手段,市场的健康发展需要自律者去带动他律者,自律者是勇敢而值得被肯定的。但反过来说,因为尚缺乏健全的法律规范,自律者的"独舞"往往一开始都显得孤掌难鸣,这就需要从消费者到政府上下一力,"诚信"才能推而广之,最终利国利民。

(资料来源:徐楠:《房地产诚信建设金——一个"自律者"的独舞》,《南方周末》2005 年 3 月 17 日。)

七、上海塔汇纺织厂以诚信度"危机"

2009 年的全球金融危机使很多出口企业订单严重"缩水",但上海塔汇针织厂的出口订单却源源不断。该厂春节后上班第一天,某美国客商就打来越洋电话,要求无论如何在 2 月份追加生产 2 万件针织羊毛衫。厂长虞剑芬告知:订单不减反增的秘诀在于"诚信+用心"。

与一些工厂延长春节假期形成鲜明对照,记者在塔汇针织厂看到各个车间内机声隆隆,一派繁忙景象。春节前则一直忙到小年夜,数辆 40 英尺(12.192 米)集装箱卡车等在厂门口,提货后立即向港口急驰而去。

金融危机爆发后,国际市场需求骤然下降,但塔汇针织厂的美国、俄罗斯等买家,却宁可将原来给其他供货商的订单,转交给塔汇针织厂。以畅销美国的某品牌女式休闲服为例,2008 年塔汇针织厂生产并出口 180 万件,今年刚过元旦,其订单已超过 200 万件。多年来,塔汇针织厂的主要国外买家没有流失一个,即便在金融危机肆虐时,这种情况也未发生,而被该厂婉拒的外商倒有一批。

位于松江区石湖荡镇的塔汇针织厂始建于 30 年前,1995 年改制为民营企业并开始生产出口毛针织和棉针织服装。2008 年,这家不足 400 人的工厂出口额超过 2 500 万美元,产品销往美国、俄罗斯等国家。

在塔汇针织厂陈列室和各车间采访,记者发现这家企业生产的各种出口针织服装只是中档水平,机器设备也较普通,一切似乎并无过人之处。不过,这家企业的可贵之处在于诚实守信。迄今为止,由于塔汇针织厂绝大多数产品是为国外品牌加工出口的,因此为客户保守商业秘密,便成为该厂的一条铁律。客户拿来的样衣,塔汇针织厂从来不给第三者看一眼,更不许驳样。该厂也不参加国内外所有展览会,就连广交会、华交会也不参展,目的是不泄露客户商业秘密。如此诚实守信,外商非常放心且感动。

对客户用心,说起来容易做起来难。中国加入世界贸易组织后,外贸经营权全面放开,企业之间的竞争日趋激烈,而作为劳动密集型商品的针织服装出口竞争更甚。为在竞争中胜出,塔汇针织厂配备了一支能打硬仗的设计打样队伍,外商拿来画稿,一般隔天就可出样衣并报价,有的甚至当场拍板。如此高效率,当然令外商满意。据悉,多数企业需五天乃至一周才能拿出样衣并报价。用心为客户服务,还得在质量把关上下苦功。多年前,塔汇针织厂就已通过 ISO 9001、ISO 2000 国际质量管理体系认证。截至目前,该厂产品因质量问题被内部"拦截"的事件发生过多起,但外商退货事件至今没有发生过一次。

在市场不景气的情况下,"诚信"就是为企业抵抗风险的最佳保障。2009 年的金融危机对整个外贸服装产业都造成了负面的影响,许多工厂接不到订单,面临停业的情况,而塔汇针织厂的订单不降反升,正因为塔汇针织厂不仅业务精熟,产品过关,最重要的是能够切身地为顾客考虑。对于服装时尚行业而言,设计的图样是最重要的商业秘密。一旦新的款式外流,仿造品流入市场,将给原创品牌造成巨大的损失。而塔汇针织厂出于"用心为客户服务"的真心,将保护商业秘密视为工厂的第一铁律,才以"诚心"真正打动了客户,获得了越来越多的业务订单。

除了经济形势不佳造成市场萎缩,作为劳动密集型商品的针织服装出口生产企业,针织厂还面对竞争日益激烈的局面。塔汇针织厂没有采取加大宣传、用力营销、盲目降价等恶性竞争的方式来获得短期利益,而是以客户为中心,采用了打样准、报价快、质量优等保质保量的生产经营策略,以硬实力赢得了残酷的市场竞争。不走弯路,不走近路,踏实前行,正是包含在"诚信"价值观内部的企业规范。儒家传统文化中的诚信观,不仅符合现代契约精神,而且还包括不断地自我反思与自我提升的要求,这种诚信观势必敦促着整个企业的生产品质的不断提升。比起不道德的竞争行为,儒家所提倡的诚信观才是更为符合市场规律的。可见,无论面对何种情境,只有"诚信"才是企业在竞争中想要立于不败之地必须遵守的第一守则。

(资料来源:蒋心和:《订单源源而来的秘诀:诚信+用心》,《解放日报》2009年2月3日。)

八、阿里巴巴的"诚信创造价值"

"每天,我们拥有6 000多万笔交易,流动着的是6 000多万份诚信。"在"诚信创造价值"研讨会上,阿里巴巴集团董事局主席马云说,"发生交易的双方互不认识,最终靠的正是'诚信'"。

马云讲述了一个身边的故事:北京市民小张在淘宝网上订了一台电风扇,晚上八点钟下了订单。第二天早晨七点半,就有人来敲门,一位老人背了一台电风扇站在门口。小张说:"大伯,谢谢你。"他准备倒一杯茶给老人,老人却说:"不用谢,茶也不用给我,只要在网上给一个好评就够了。""好评"和"差评"的信用评价体系,是阿里巴巴诚信系统建设的缩影。

"诚信体系的基础就是大数据、云计算。"阿里巴巴集团副总裁胡晓明说,"目前,我们可以形成大量个人或企业的信用报告。我们3亿实名用户,覆盖近一半的中国网民,涵盖购物、支付、投资、生活、公益等上百种场景数据,每天的PB数据相当于5 000个国家图书馆的信息量。"

"小微企业在申请小额贷款的时候,我们几秒钟之内就能做出判断。"阿里巴巴支付宝一位负责人说,支付宝的一切行为,都在记录所有商家和用户的行为细节的数据,后面有一套体系进行测算。没有任何担保、抵押,就可以办贷款手续,因为对方的信用大概是在什么范围内,这套体系已经算好了。一套有效的信用等级评价体系让网络诚信"落地"。"诚信通"给每个商家建立诚信档案,将商家每一笔交易都记录在诚信档案中,诚信档案向所有用户开放,客户都可以查询。淘宝网建立以星、钻、皇冠为等级和标识的商家信用等级体系,客户可以查看消费者对店铺商品的每一个评价,了解第一手消费体验。全民动员、全民参与,让信用等级评价体系更开放、更高效。

阿里巴巴摩天崖会议室外,挂着一副对联——"宝可不淘,信不可弃"。然而,守护诚信,常与代价相伴。马云毫不避讳地谈到了2010年的卫哲离职事件:"当时有些商人为了在阿里巴巴安插内线,派了很多人来应聘商户审核部门。这些人进入阿里巴巴后审核过了好几百家不合规的商户,这些商户到处欺诈骗钱,案子集中爆发。这一情况持续半年之久,身为阿里巴巴CEO的卫哲因为管理不善引咎辞职,同时离职的有30多个人。""这个代价给今天的阿里带来了变化,只要碰上类似事情,我们员工就会莫名其妙地紧张。"

马云说,"这才是我们走到今天的底气"。"惩恶扬善机制"是保障诚信的关键。阿里巴巴一位负责人说,他们现在每天发生欺诈案件的概率是每百万笔交易会发生七八起,在惩治假冒伪劣行动中,2004年在网络上发现的1.2亿件商品都及时下架,同时对于涉及140万人次的卖家进行了相应的处罚。胡晓明畅想,不远的将来,这些将成为现实:外地游客来杭州想要租自行车,不需要交200元押金再办个交通卡,只要来之前先电脑预订,到了西湖边就能直接骑车走;向银行贷款,不用几天甚至数月的等待,几秒钟钱就到账上了,因为银行有你全部的诚信数据,计算机就能判断是否放贷。"这就是信用的价值。"胡晓明说。"人而无信,不知其可也",诚信的内涵从传统扩展到现代,拥有更多时代新意。

统计显示,2005年,中国的网民人数只有9 400万人,而网上交易的比例只占0.1%。2014年是中国互联网诞生20周年,网民人数已达6亿人,其中有3亿人使用电子购物,占网民总数的50%。最近中国电子商务协会发布的电子商务诚信报告显示,现在有接近5%的企业和26%以上的个人都认为电子商务中最让人担心的一个问题就是"诚信"。而阿里对诚信体系建设进行了很好的探索。

原浙江省委常委、宣传部部长葛慧君指出,阿里的诚信已经远远超出了商业的范畴。一是法律层面。由七大体系组成的阿里诚信体系,形成了行业内的基本规则,为我国电子商务诚信体系的法律推进积累了实践经验。二是道德层面。阿里不仅为广大商户提供了一个实现支付的行业平台,而且确立了一种"让诚信的人先富起来"的商业伦理。三是技术层面。阿里始终紧跟时代的步伐,把大数据作为继平台、金融之后发展的战略,思考谋划对现有和未来数据的挖掘和使用。中共十八大强调,要加强政务诚信、商务诚信、社会诚信和司法公信建设。十八届三中全会提出要建立健全社会征信体系,褒扬诚信、惩戒失信。2014年6月,中国首部国家级的社会信用体系建设专项规划——《社会信用体系规划纲要(2014—2020年)》出台。"诚信建设还有很长的路要走,阿里为我们提供了一种思路——让诚信成为企业的经济利益,让诚信成为社会的道德基础,也让诚信成为一种社会价值的追求和认同。"

《新华日报》评论:"电商时代,假货问题比以往更复杂、更棘手。因为电商的虚拟特质给了假货更隐蔽的生存空间,也给消费者辨别真伪和维权带来了更大难度。……而与传统行业相比,互联网平台更像是一把'双刃剑',可以快速地成就一些商家,也可以凭借放大效应,用更快速度让一些诚信缺失的卖家彻底消失。不论是传统商业模式,还是在电商时代,诚信都是商家立身之本。"

(资料来源:冯蕾、严红枫:《从网络诚信制度看价值观自信——来自阿里巴巴诚信体系建设的实践报告》,《光明日报》2014年8月4日。宋晓华:《电商莫为诚信缺失埋单》,《新华日报》2016年3月17日。)

九、方太企业的新时代儒商文化

方太集团创建于1996年,以"人品、企品、产品,三品合一"为核心价值观。如果用一句话概述方太的文化,那就是:以顾客为中心,以员工为根本,快乐学习,快乐奋斗,促进人类社会的真善美。自创办以来忠于初心,始终专注于高端嵌入式厨房电器的研发和制造,致力于为追求高品质生活的人们提供优质的产品和服务。方太以爱经营,不论对待顾客、员工、合作伙伴抑或竞争对手,都坚持他们的核心价值观和企业文化,认真地履行着企业的伦理责任。

1. 善待顾客

方太始终"以顾客为中心",以提供高品质的产品和服务作为立业之本。方太生活家遍布在全国的30余家线下体验馆及体验店,以感动式服务对待每一位方太用户,2017年接待净推荐值超90%,见证每一位方太用户获得亲人般用心的接待和服务。

方太确立"顾客永远是对的"服务原则,推出了"至诚服务",以"及时""专业"和"用心"为服务方针,包括五年包修、预埋烟管、免费清洗和保养等服务。公司从用户利益和体验出发,专门开设了具有特色的服务项目。项目包括:免费上门勘察与设计、油烟机免费预埋烟管、热水器安装与验收(通水通电)、一站式通检(在一项服务完成后,对用户其他产品进行检查,发现问题及时解决)、100%服务回访、水槽洗碗机快速切换项目(在动工之前对用户整屋进行防护,并要求3小时完工)。2017年,公司从一线选出400个感人故事,分8期制作《方太服务故事会》,通过"讲故事"的方式向更多一线服务人员传播。这些故事一看就懂、一做就会,同时告诉一线服务人员,公司希望做到的服务。

在公司企业文化基础上,建立方太服务文化,包括方太九字箴言"态度好,及时到,能搞好";方太服务"三字经";师徒制2.0;学习"秋山木工"导入《百孝篇》等,让好服务成为一种习惯,不受个人情绪和外界影响,确保服务在文化的牵引下保持一致性。

2. 善待员工

方太公司是国内推行儒家文化的先行者,立志"成为一家伟大的企业",导人向善!而伟大企业的特征之一是成为"员工之家新典范",成就员工物质精神两方面的幸福。公司在塑造与文化相吻合的工作环境,包括硬环境、软环境的同时，也致力于员工的健康关怀。

方太与每一位员工履行劳动合同的订立、变更、解除、终止（经济补偿金）等责任，按照国家法律要求和公司制度执行工时制度、作息时间和各种假期福利。根据法律条款为员工缴纳社会保险、住房公积金，员工享受带薪年休假、特别年休假及公益假。另外，还建立与职工代表的内部沟通交流与反馈申诉渠道。方太不断地壮大，在创造经济效益的同时积极承担雇主责任，为社会创造更多的就业机会。

保障员工职业健康安全。方太坚持"健康为根、安全为本、关爱生命、永续经营"的职业健康安全方针，以"一个核心，两条主线"为安全工作主轴，致力于达到高标准生产安全的同时，也为员工提供健康安全的工作环境，视为创建和谐企业的重要内容。建立健全职业健康安全管理体系，2003年方太实施并通过OHSAS 18001职业健康安全管理体系认证，推动职业健康安全法律法规、规章、标准的贯彻执行，不断提高职业健康安全管理水平，为社会树立良好的企业品质和形象。2017年，方太紧密结合职业健康安全方针，全面识别生产运营过程中产生的职业危害因素，制定完善的管理制度、设计规范的安全操作规程/作业标准书、配备安全防护装置和相应措施消除或减少作业场所存在的危险有害因素。同时，邀请资质机构开展了职业卫生现状评价，每年组织接害人员进行职业健康体检，并将职业健康检测结果公示，在每个车间设置 职业健康告知栏，将危害因素防护方法向员工宣贯。

3. 善待伙伴

方太立志于弘扬中华优秀传统文化，供应商群体作为方太的重要合作伙伴之一，与方太是命运共同体；为了能更好地促使供应商与方太志同道合，携手共进，公司通过各种渠道向供应商伙伴传播儒家文化、创新文化、品质文化。开展供应商"了凡四训——因爱伟大"学习班。近百家供应商学习了谦德之效、立命之学、改过之法、积善之方的真谛；也学习了企业管理、领导人修炼、潜能开发、提升能量、改变气场等内容。课程为供应商伙伴认识传统文化、方太文化打开了一扇门，供应商伙伴们更加深入地理解了方太企业文化背后的重要意义与强大能量。2017年方太启动了零缺陷文化推进项目,供应商伙伴与方太共同学习并践行零缺陷理念,视顾客为亲人,视品质为生命,把事情一次做对,用仁爱之心和匠心精神,造美善产品。

方太秉承互惠共赢的合作理念,注重相关方关系,特别是与供应商伙伴的长期战略合作关系,贯彻"笃行仁爱,坚守品质,幸福奋斗,突破创新"的采购方针,目前已经与近 200 家供应商建立友好深厚的合作关系,在方太公司快速稳健发展的同时,也通过各种方式帮助作为命运共同体的供应商伙伴,共同发展。为持续提高供应商管理能力,2017 年成立公司级项目,与知名第三方咨询公司合作,梳理并重建供应商管理模式。建立了以物料分类为基础的供应商准入、分类、考核、淘汰等为主要内容的供应商全生命周期管理,设立供应商质量管理中心,负责供应商准入评审、日常体系审核、供应商帮扶等工作,持续帮助供应商提升质量保证能力。开展物料高低风险识别工作,针对物料类别,根据供应商风险、质量风险、技术风险三个方面识别高风险物料,并针对高风险物料开展二元化工作,在促进供应商竞争意识的同时,降低物料交付风险与质量风险;另外,针对供应高风险物料的供应商,加强日常监管与帮扶力度,以提升供应商的核心能力,从而降低风险,促进供应商与方太的共同发展,携手共赢。

4. 正当竞争

方太倡导诚信和遵纪守法、积极承担社会责任,做一个优秀的企业公民。始终强调"不弄虚作假、不贪污贿赂、不滥用职权"三大纪律,一直坚持"是否符合方太价值观、是否符合方太长期利益、是否符合相关方共赢原则"的行为判别三原则。公司通过定期对党员及干部开展反腐倡廉专题座谈、培训、警示等形式多样的商业道德教育,号召全员遵守《方太员工商业行为准则》,并强化商业行为准则及日常行为规范实施情况的检查,对于违反道德规范的事例严格处理、绝不姑息。

与供应商及渠道商签订反腐公函,在合作协议中增加了诚信廉洁交易条款;严肃查处供应商举报、投诉问题;建立了月度员工商业行为规范和日常行为规范的违纪统计、内部审计发现问题等监测方法和指标。增强廉洁自律意识,杜绝违法、违纪行为。遵守国家关于保护消费者合法权益、禁止商业诋毁等各项法律法规的要求,建立内部审核规范机制,杜绝虚假宣传,诋毁商誉等行为发生,公平、公正地参与市场竞争。

(资料来源:《方太 2017 企业社会责任报告》,方太集团官网。)

十、农夫山泉诚信做好水

矿泉水,早已是人们日常生活中最常消费的饮品,即便顶尖规格的会议中也少不了它的身影。一瓶水的方寸之间,能做出什么样的文章?在 G20 杭州峰会期间,频频出现在镜头里的农夫山泉给出了这么一个答案:质量、设计、细节的追求,"毫升"之间的匠心独运。

连农夫山泉总裁办公室主任钟晓晓也感到意外,在全世界媒体对 G20 杭州峰会每一处细节都不放过的报道之中,在主会场、茶歇区、新闻中心、各大接待酒店以及国宴餐桌上,都能看到农夫山泉饮品的身影。作为 G20 杭州峰会的工作和厨房用水的农夫山泉倒突然有了几分"网红"的待遇。

钟晓晓介绍,此次 G20 杭州峰会指定的农夫山泉产品一共有 7 种,其中两种为果汁饮品。根据会议规格的不同,选用不同的产品,比如在包括 G20 和 B20 等重大会议上,无一例外地都选择了农夫山泉天然矿泉水(玻璃瓶)作为会议用水,全程接待会议嘉宾。而果汁饮品则会进入国宴和茶歇区等场合。

农夫山泉所有供峰会的产品进入物资总仓库,都要经过严格的检测和把关,从源头到终端,从总仓出去,相关职能部门都会介入(监管),确保产品的安全可靠。"农夫山泉能够成为 G20 峰会指定会议用水,是对我们品质的认可,也是对农夫人孜孜不倦,诚心二十年做好水的肯定。"钟晓晓说。

"这一瓶水的诞生,怀胎 13 年。"钟晓晓笑说,最近不少人说农夫山泉有前瞻性,15 年就推出这么一款高端玻璃瓶矿泉水,"其实 2002 年的时候,我们就打算做这么一款高端矿泉水了。"

从 2002 年开始,农夫山泉源勘探师就在四处寻找好水源。光长白山森林腹地就进出过 78 次。要不是一次偶然在一位当地老猎人的指点下找到了莫涯泉,这个寻找过程还将持续下去。莫涯泉属于偏硅酸型低钠淡矿泉,钠含量尤其低,属于世界上最稀缺珍贵的一类矿泉水。

10多年寻找一个水源,在人迹罕至的森林花4年时间建造一座工厂,而在产品上,磨炼一个包装设计,就耗费了3年时间,3个国家5家顶尖设计工作室一共修改了50余稿,提供了300多个设计方案后,才敲定下来的。最终成型的包装上一共有8款图案,分别刻有长白山特有物种和天气特征,如东北虎、中华秋沙鸭、红松、雪花。

"国内外所有高端水包装均采用象征手法进行包装设计,比如用一座山来表示山泉,或者干脆用纯文字描述。"钟晓晓说,这款产品的最终定型,就是希望产品成为长白山生态文化载体的过程。

承载着工匠精神与人文气息的农夫山泉正式进入G20杭州峰会,依旧是一个漫长的"拉锯战"过程。这其中,与之竞争的,不仅有国内同行们,更有各路国际大牌。

2015年11月,习近平主席在土耳其安塔利亚峰会上宣布2016年G20会议在杭州召开后,农夫山泉的高层认为,这是一次必须争取的机会。于是,钟晓晓和同事拿着大小两套8瓶产品来到国家相关部门,详细介绍了农夫山泉的水源地、品控体系以及外包装设计融入的文化元素,最终获得"入场券"。

第一张入场券,是2016年1月份的G20峰会第一次协调人会议。随后,随着越来越多在前期会议上争取到的入场机会,农夫山泉也获得越来越多的认可。直到7月,G20杭州峰会签下了第一单供应商合同,便是农夫山泉。

除了高端的玻璃瓶矿泉水,钟晓晓说,此次G20杭州峰会指定的农夫山泉产品有7种,包括两种果汁饮品。小瓶的玻璃矿泉水,负责供应主会场;茶歇等场合则使用大瓶玻璃矿泉水;各个分组会议、小型会议,使用的则是大伙儿都很熟悉的红瓶盖"经典塑料瓶装"。甚至连后厨用水,也使用了4升的桶装农夫山泉,不仅用来烧菜,蔬菜清洗后也要拿来浸泡一会儿。

工匠精神带来的那份执着和认真,让农夫人即便是在农夫山泉正式确定进入G20杭州峰会主会场后,也"完全没有办法停下来"。与市售产品不同,主供主会场的产品上多了两张标签——一张是G20的标识,一张则是圆形、留有大片空白的签名贴。前者倒好理解,签名贴是什么新鲜玩意儿?钟晓晓解释,这是特意为使用人准备的签名之处,写上自己的名字,防止与他人使用的水瓶混淆。

两张标贴的粘贴之处,也费了一番心思。在试验了数十种方法后,两张标签被设计统一贴在瓶身正后侧。在钟晓晓看来,这是考虑了人们的使用习惯,刚看到瓶子肯定会被签名吸引,而喝了水之后再放下,人们习惯将写了自己名字的签名贴朝向自己。没错,如果仔细观察,峰会主会场上的农夫山泉瓶子,不管有无使用,都会一致"大图朝外",便是因这张签名贴而来。

每一处的茶歇、用水之处,他们也都一一考察过,仔细到什么程度呢?其中有一处茶歇点,由于没有铺设毯子而是用了大理石,担心玻璃瓶掉下容易摔坏,钟晓晓特意要求在这一处茶歇点不使用玻璃瓶矿泉水。

摆在G20杭州峰会主会场上的,不仅仅是一瓶好水,更是一份锲而不舍的浙商精气神。

农夫山泉股份有限公司是中国饮料20强之一,专注于研发、推广饮用天然水、果蔬汁饮料、特殊用途饮料和茶饮料等各类软饮料。农夫山泉坚持"天然、健康"的产品理念。不使用城市自来水生产瓶装饮用水,不在饮用水中添加任何人工矿物质,坚持水源地建厂、水源地灌装,确保产品的生产过程都在水源地完成,确保所有农夫山泉都是天然的弱碱性水。农夫山泉对产品质量的精益求精和为顾客着想的细致入微的服务与创新,都体现了当代儒商精神所要求的诚信品格,是值得现代企业学习的。

(资料来源:农夫山泉官方网站。)

主要参考文献

[1] 宋长琨:《儒商文化概论》,高等教育出版社2010年版。
[2] 黎红雷:《儒家商道智慧》,人民出版社2017年版。
[3] 张桂平、林锋、王作言:《21世纪儒商文化》,光明日报出版社2016年版。
[4] 余英时:《中国近世宗教伦理与商人精神》,九州出版社2014年版。

[5]张启元:《儒商精神与企业管理》,青海人民出版社2006年版。
[6]周北辰:《儒商管理学》,中国发展出版社2014年版。
[7]徐大建:《企业伦理学》,上海人民出版社2002年版。
[8]张海鹏、王廷元主编:《明清徽商资料选编》,黄山书社1985年版。
[9]高阳:《胡雪岩全传·上册》,南海出版社1998年版。
[10]李刚、宋娟:《大话鲁商》,陕西人民出版社2009年版。
[11]黄绍筠编著:《商道流芳录:中国商业文化百例》,浙江工商大学出版社2013年版。
[12]王来兴编著:《中华儒商智慧全集》,新世界出版社2009年版。
[13]成中英:《创造二十一世纪的人类命运:全球化经济发展与儒学及儒商的定位》,《孔子研究》2000年第2期。
[14]管庆霞:《古代儒商文化中的诚信思想及现实关照》,《中国商论》2017第34期。
[15]刘玉明、马洪喜:《一次与时俱进的学术盛会——"儒学与儒商学术研讨会"侧记》,《孔子研究》2004年第5期。
[16]马敏:《近代儒商传统及其当代意义——以张謇和经元善为中心的考察》,《华中师范大学学报》2018年第2期。
[17]徐国利:《宋明理学与明清四民观转换与建构的再探讨》,《徽学》2015年卷。
[18]易善秋:《儒家诚信思想的精髓与启示》,《人民论坛》2019第5期。
[19]张树卿:《儒、释、道的诚信观比较研究》,《东北大学报》2004年第6期。
[20]周生春、杨樱:《历史上的儒商与儒商精神》,《中国经济史研究》2010第4期。

第五章　自强不息的创新精神

企业要能够在市场竞争中脱颖而出,不断地创新突破成为企业的核心问题。时代的高速发展,知识大爆炸,技术大革新,市场瞬息万变,企业必须不断地向市场学习、向行业学习、自我革新,勇于拼搏,方能始终立于潮流之上,为消费者提供最合宜的产品,并能进一步促进行业的发展进步。当然,在逆流而上的过程中,寻求自身的超越精神,在变与不变的辩证关系中找准自己的定位,能以道生义,以义生利,以利惠民成为在竞争市场中的伦理要求。传统儒者秉持"道不变而能生万物"的哲学思想,主张"因时制宜",与时俱进,在坚持兼济天下的崇高理想下,积极主动地投入火热的时代洪流中,成为时代发展的中流砥柱。因此,中国当代的企业可以在传统儒家文化中汲取丰富的思想养分,在"时变"中"时中",以求发展与仁义的共赢。

第一节　儒家的创新观

在传统儒学中,与创新关系最为密切的一对范畴是"常"与"变",或曰"经"与"权",又统一在"道"的"不易"与"变易"的关系中。以这些成对的范畴而言,它们似乎呈现出的是一种对立的关系,因"变"者需要革旧迎新,"权"者"反经而行"。然而,儒家向来以为,"道"虽然具有永恒的超越性,是以"道一以贯之",可以为一切变化背后的最终依据,但同时,"道"体现为它的多样性呈现,是"时变"而"中",是具体的,不断生成运动着的。因此,这一对看似对立的范畴,需得以一种哲学的眼光将其统一起来。"一"与"多",恒常与运动,在儒学思想中是辩证统一的,这其中的关键就在于,儒家所讲的"变",不是现象世界无规律的"随变",而是有目的方向的,有价值优先性,要求人的主观能动性参与其中的"应变"。因此,创新不是无道德的、机械的,盲目为了追赶潮流和追逐利益的单纯商业行为,而是在创新中包含着道德超越性、社会责任感和人的价值实现的崇高精神。这样的创新观,将为现代企业提供商道与仁道两方面的重要参考价值。

一、先秦儒家的创新观

儒家文化之为中国传统文化,容易被人们误解为"因循守旧",而缺乏创新力量,实则不然。在先秦儒家中,与创新有关的哲学范畴屡屡出现在《周易》《论语》《中庸》《孟子》和《荀子》中。尽管孔子之后,有儒分为八的说法,但是"道之应变"的思想却"一以贯之"地体现在先秦儒家各本经典中,可见这一思想在儒学中的核心地位。

创新首先是承认世界变化运动的事实,张岱年认为"中国哲学有一个根本的一致的倾向,即承认变是宇宙中之一的根本事实。变易是根本的,一切事物莫不在变易之中,而宇宙是一个变易不息的大流"。[①] 这种观念在《周易》中即有体现。如《易传·系辞上》,"在天成象,在地成形,变化见矣"。而这种承认变化的宇宙观作用到人事上,则是承认人们的创新以应变的主动能力的积极价值,"易穷则变,变则通,通则久。"(《易传·系辞下》)。在天人关系上,人们需要观察天时,以求时变,"观乎天文,以察时变;观乎人文,以化成天下。"(《易经·贲卦》)。

孔子读易"韦编三绝",也继承了这种"易变"的世界观,对着大自然的宏大运动的景象感慨道"逝者如斯夫,不舍昼夜"。(《论语·子罕》)然而,特别需要注意的是,虽然中国哲学的自然观承认流动变化世界的基本图示,但是这种变化却并非全无定准的,而是变中有常之变。承认变化不是盲目地追随现象世界的流动的此起彼伏,而是要抓住变化的根本之"道",依"道"而变。如此,在变与不变的辩证关系中,体现出中国传统哲人对于永恒超越之"道"的积极探索。以"变易"之不变的"道"而言,孔子罕言"天道"而更进一步将重心落在"人道"之上,"志于道,据于德,依于仁,游于艺"(《论语·述

[①] 张岱年:《中国哲学大纲》,商务印书馆2015年版,第180页。

而》),将人应对变化世界中的主观能动性更多地发挥出来,亦即人的创新能力得到了进一步的肯定与认可。孔子罕言"性与天道",却通过对"道"深刻的体悟,化为"时中"的德行。

孟子则尤为赞赏孔子的"时中"精神,将孔子评为最伟大的圣人,是为"圣之时"者。除了对孔子的继承发挥,孟子的"时中"观念也源自《中庸》。"时"这个概念,在先秦原多用于描述自然现象的变化,即"四时"。在早期的农业文明中,人们的生活围绕着"农时"展开,是以四季变化成为影响人们行为的重要方面。随着中国传统思想家们的创造性诠释,"时"的概念逐渐脱离了自然现象的"农时"意义,开始有了"时世"和"时局"的含义,因此,"时"代表的意思也就是在变化中的具体历史境况和现实条件。而"中"的概念在《中庸》中得到发挥,通过"诚",方能"成",既有"成物",亦有"成人"。"中"者在变化中统一了天道与人性,"化育万物"而能"与天地参"。"中"的表现是"无过无不及",也就是能够根据具体的情境变化做出最为得当的反应,这亦成为儒家至高的德行。所以"时中"概念的出现正是儒者在"变"与"不变"的对立统一中,充分发挥人的自主创新能力的明证。

孟子非常强调"时变"的精神。一方面,在孟子所排列的圣人中,有入世有为的伊尹,有出世守义的伯夷,还有随波逐流而不能玷污其本性的柳下惠,但这些人都不如"可以仕则仕,可以止则止,可以久则久,可以速则速"的孔子,正因为孔子的"无可而无不可"最能反映儒家"以道应变"的智慧。在孟子看来,有智慧的人不是因循守旧的教条派,而是能够用活泼律动的"良知"对具体事件"权横变通"之人。

至孟子,"常"与"变"的辩证关系转化为更具体的一种实践智慧,也就是他经常述及的"经权"关系。在先秦,"权"可做两种理解:一是固有等级关系中的"权力"和"权势",二是"权衡轻重"的实践智慧。孟子说:"权,然后知轻重;度,然后知长短。物皆然,心为甚。"(《孟子·梁惠王上》)这是将变化应对的能力落到了人的活泼的良知上。这既继承了孔子的人道精神,又提到了人心才是应时之所在,使先秦儒家的创新精神得到了更确切地落实。

荀子也肯定"道"之应变,强调人在天道中的积极主动性。荀子虽然提倡"礼治",但荀子所说之"礼"并不是固定不变的刻板准则,相反"礼"以"道"为终极目标。他说:"君子处仁以义,然后仁也;行义以礼,然后义也;制礼反本成末,然后礼也。三者皆通,然后道也。"(《荀子·大略》)在天道与人道方面,荀子继承了孔子偏重人道的思想,强调不把人的责任推卸到"天道"上,而要以"人道"去积极主动地应对人事,"道者,非天之道,非地之道,人之所以道也"。通过"人道",可以达成"治"的理想状态。荀子同样也承认了"人道"之中的变与不变的辩证关系。一方面来说,"道"有常,可以通过人的能力去把握认知的对象,"以道观尽,古今一也"(《荀子·非相》),"人何以知道?曰:心"(《荀子·解蔽》)同时,"治"之根本的"道"也是应变的,"夫道者体常而尽变,一隅不足以举之"(《荀子·解蔽》)。"体常而尽变"则是直接道明了"道"之"常"中求"变"的要义,即以人的能力去把握恒常的内在规律从而于具体人事中有所应变的自主创造。

总体而言,以先秦儒家整体来看,儒家承认世界的变化运动,又积极主动地去把握和追寻运动变化之上的超越性,并将把握到的"道"创新性地应用于具体的时局中,并且这种创新是有价值属性的,是一种合乎道德的活动,将发展与伦理相结合的创新精神已初见端倪。

二、宋明理学对创新观的发展

宋明时期,受到佛学影响,儒者开始关注儒家伦理的形上问题,出现了"道器之辩""理欲之辩"等重要论题。然而,对形上问题的追问并未使儒者的伦理倾向发生改变。在追求超越性的同时,亦承认运动变化的真实性。这种宇宙观作用到伦理生活中,宋明儒者发展出一套独特的既超越又入世的积极进取精神。

宋代儒者也承认世界运动变化的事实。"二气交感,化生万物,万物生生,而变化无穷焉"(《太极图说》),周敦颐在承认万物变化的基础上进一步在形上视角为运动变化寻找根据,并以"神"释动力因,如周敦颐所说:"大顺大化,不见其迹,莫治其然之谓神。"(《通书·顺化》)由于"神"的作用,"动"与"静"没有分化为两个相对立的状态而产生割裂,而是由"神"获得了辩证统一。"动而无静,静而无动,物也。动而无动,静而无静,神也。"(《通书·动静》)从这种动静辩证统一的宇宙观中也折射出宋代儒者的伦理观念,既通过人的创造,将动静结合,以化生万物,这在邵雍思想中就有所体现,如"能循天理而动者,造化在我也"(《皇极经世·观物外篇》)。

"理"是"神"的另一种表达方式,朱熹就有"神,即理也"一说,而"理"的伦理内涵更为丰富。二程也讨论"神",承认在"神"的作用下,世界是运动变化着的,"冬寒、夏暑、阴阳也。所以运动变化着,神也"(《二程遗书》卷十一)。同时二程更以"自家体贴出来的"的"天理"从宇宙论生成论转向本体论,最终的目标则是为人的伦理道德寻找形上的根基。因此,"理"这一概念并非与变化之气相割裂分离,宋明儒者没有因本体论兴趣的出现转向追求出世的生活,相反,通过"理",儒者追求的正是如"神"一般能化生万物的创造精神。

"神"这个概念在原始社会,也指宗教上的神灵,但随着中国哲学思想的发展,"神"与"形"相对,成为解释世界运动的动力因概念,而随着"神"与"理"的相通,"神明""神化"便脱离了宗教的意味,而成为人们积极进取的精神追求。人事之"理"源于宇宙之"神",它不仅统一动静之辩证关系,更为重要的是,这种运动关系在儒者的眼中是有着明显的意义价值取向的。"易"不再是单纯地对于自然世界的一种描绘,而折射出"天人"视角中人对于自然的一种意义赋予和审美情趣。

在先秦《周易》所展现出的运动世界观的基础上,宋明儒者则清晰地以意义价值观念赋予这种变易观,如程颢所说:"生生之谓易,生生之用则神也。"(《二程语录》卷十一)"生生"立准了变化的方向,那么修身、齐家、治国的积极创造活动就有了本体论上的基础。宋代儒者对本体论诠释折射出儒者的价值观念,正如冯契所说,二程对客观的物理世界的兴趣主要还是落在他们对德性的追求上,"认为重要的是要唤醒'德性之知'……'观物理以察己','格物'也有助于唤醒心中的天理"。[1] 儒学在天道与人世、永恒与变化的关系上,都大致体现了在追求超越性的同时主动创造的入世精神。

---

[1] 冯契:《中国古代哲学的逻辑发展》,东方出版中心 2009 年版,第 560 页。

第二节　明清和近代儒商的创新观与近代转型

一、传统儒商的创新观及其践行

儒家思想是中国古代社会的主导思想,在社会的各个阶层都有所体现。宋明理学自周敦颐、张载、邵雍和二程在形上问题上对"生生"变化的发展,到朱熹则将这种观念与"理"相结合,提倡在日用伦常中也积极进取,有所作为。朱子上承孔孟,又统合理学诸子,将传统儒学的哲理提升,完善了整个理学体系。朱子理学受到明清儒商的推崇,因朱子进一步地肯定了从事商业活动的伦理价值。在朱子提倡修身养性以循天理的同时,亦认为"入世"建功立业是儒者的实践功夫,不可或缺。继朱子之后,王阳明更直接反对歧视商人的阶层划分,提出"古者四民异业而同道,其尽心焉,一也"(《阳明全书》卷二十五)。有了朱子学和阳明学的支持,明清儒商顺应时代的发展需要,将儒学创造性地与商业活动相结合,进一步在实践领域将自强不息的创新精神发扬出来。①

在与明清儒商相关的史料中,可以看到商人以儒学为指导思想的创业历程。随着儒商的出现,传统士、农、工、商的阶层划分在明清时期被逐渐削弱,以商兴业同样可以是实现齐家治国理想的一个重要环节。明清商人对儒家传统阶层的突破也可以被视为一种顺应时代发展的实践创新。如一些商贾宗族家谱所记:"生不能扬名显亲,亦当丰财裕后,虽终日营营,于公私有济,岂不犹愈于虚舟悠荡,蜉蝣楚羽者哉!……士商异术而同志,以雍行之艺,而崇士君子之行,又奚必于缝章而后为士也。"②可见,士、商合流和儒、贾并行,已经成为一种大的趋势。商者亦可共享儒家理想,推崇士君子之行。这样,商人在明清时期打破了原有身份的束缚,而有文化知识的儒者也参与到商业活动中,开启了儒商的创业之旅。

---

① 关于宋明理学和商业伦理的关系还可参见余英时的《中国近世宗教与商业伦理》一书。
② 《汪氏统宗谱》卷116《弘号南山行状》。

儒者创业经商，品质多高洁，且懂得因地制宜和把握时势，往往更能取得商业上的成功。清人所著《履园丛话》记述了一段弃儒从商而大获成功的孙春阳的故事，说："苏州皋桥西偏有孙春阳南货铺，天下闻名，铺中之物亦贡上用。案春阳宁波人，明万历中，年甫弱冠，应童子试不售，遂弃举子业，为贸迁之术。……自明至今已二百三四十年，子孙尚食其利，无他姓顶代者。吴中五方杂处，为东南一大都会，群货聚集，何啻数十万家，惟孙春阳为前明旧业，其店规之严，选制之精，合郡无有。"[①]正如许多有着儒家文化教育背景的商贾一样，孙春阳的生意也秉持着儒学诚信经营，勤奋克己的伦理观念，而又能有所变通。据记载，孙春阳在开店之初，创新性地借鉴了府衙管理的一些制度应用于商业管理中，他还制定了类似商品代金券的制度，是以他的店面规矩严明，信誉极好。孙春阳更有一些特殊的销售技巧，如利用冰窖冷冻水果以突破时令的限制，让顾客一年四季都有新鲜货品可以享用。因而，诚信勤勉，克己守礼，应变创新都是使得明清儒商取得成功的重要保障。

不少关于明清儒商的研究中会提到儒商由于受过儒学教育，增加了他们的经商才能。"在儒学之盛的徽州，很多徽商受过儒学教育，掌握一定的文化知识，许多商人早年为科举考试而潜心熟读儒家的著述。由于从小受儒学的熏陶，他们在经商活动中，大都善于审时度势，决定取予；……善于分析形势，应对供求"[②]。由于儒商善于总结商业规律，并积极创新，到明末已出现《指名算法》《算法统宗》等商业算术书籍。而且，儒者将儒家传统宗族关系加以改良运用于商业管理，创造了独特的伙计制度。明清时期儒商们的创新体现在方方面面，从总体上来说，具有推动时代进步的积极价值。

经过明清儒商对儒学思想的发挥和实践，除了传统的实业经营，大量鲜活生动的新商业形态开始涌现，如早期金融业、早期服务业、早期物流外贸等。依照儒家文化，这种开拓性的创业活动却不是随性而为的，不能为了逐利而无所不为，"变"中需有"常"，这个"常"就是儒家的伦理道德要求。儒学

---

① ［清］钱泳：《履园丛话》（下），上海古籍出版社 2012 年版，第 434—435 页。
② 庞利民：《晋商与徽商》，安徽人民出版社 2017 年版，第 190 页。

讲"正心诚意",无论从事何种事业,都非常看重行动者的动机。受儒家伦理规范的明清儒商也往往将社会责任放在个人利益之先。他们从事商业活动往往带有较强的利他性。从明清儒商的创业心理看,多不是单纯出自逐利的目标,而是以儒家理想为根本追求,是创业精神和伦理超越相结合的典范。如《许氏族谱·朴翁传》当中有一段商人朴翁教育后人的片段,"'夫人所为欲富者,谓礼义由之,生且有所用之也,即不能用,则雇反为财用耳。……乃公竭力其家,非以娱心志、悦耳目也。间自念曩入蜀时,迷失道,伛偻扳崖谷,行冰雪中,至今使人毛辣骨竖,乃公谁为哉?若等念之'于是翁乃具论其平生艰难辛苦状,勒石堂右,以语子孙,大都筋力纤啬之事,而要归于礼义"[①]。所以,明清儒商创业有成之后,往往会优待宗族邻里,兴建教育,或报效国家,如此才能在创业活动中真正实现士君子理想的超越价值。

二、传统儒商创新观的近代转型

传统儒学的创新观源自儒家"生生"伦理思想中的创生观念,是以君子理想为依托的一套经世致用的思想。但由于儒家自创始更为看重先王之道,以及对于传统治生手段的依赖,因此,相对于工商业的发展而言,对农业生产更为看重,而商人的身份地位一直显得颇为暧昧不清。自明清时代大量儒商的出现,传统士、农、工、商的阶层划分逐渐式微,商人也获得了在儒学思想中开创一片天地的更多可能性。但传统儒学对于商业发展的束缚仍然存在。因为自先秦以来,传统儒者将商人看作单纯的投机倒卖者,认为商人事实上并不直接从事社会生产,所以颇有反对商人混乱物品交易的公正性的看法。但是,当西方的工业革命技术和经济发展理论进入到中国人的视野中,中国商人也开始了实业救国之路。商人早已不再以"倒卖"为生,而是兴建实业从事社会生产的主力人群。近代中国商人一方面继承了传统儒家随机应变的创造性,另一方面仍保留了儒家言商不违仁义的伦理价值优先原则,开创出了近代儒商将历史责任感与社会发展相结合的新的创业精神。

---

① 张海鹏、王廷元主编:《明清徽商资料选编》,黄山书社1985年版,第90页。

从清末洋务运动出现的轮船招商局的一段历史中可见儒者在历史洪流中试图以实业救国，积极创新并自强不息的努力。鸦片战争之后，中国的大门被西方列强打开，加之国家内部的混乱，可谓内忧外患，这时早期维新派出现，主张积极向西方先进技术文化学习，"师夷长技以制夷"。洋务运动中涌现了大批近代民族企业家，他们大多抱有强烈的社会责任感和爱国救亡的心愿，面对现实世界的格局，主动地投身于自我改革创新的艰难历程。由李鸿章主导的第一家官商合办的清政府经营的民用企业诞生，就是轮船招商局。轮船招商局的开设与经营历程不可不谓"一波三折"，虽然最后未能真正实现其建设之初的"强国"理想。但当时自上而下涌现了出许多时代精英，他们能够充分认识到轮船业与国家命运之间的密切关联，并且承认民族资本的重要价值，勇于打破固有封建体制的束缚，创造性引入了"官督商办"的理念以求实业救国，轮船招商局的积极历史意义远超出了它实际创造的经济利益。

轮船招商局的设立不仅费尽了当时权臣李鸿章的心血心力，许多民族资本家、买办也舍弃了一定的现实利益，加入这场艰难的救国创业活动中。从他们的一些通信记载中可以看到以国家利益为先的传统儒者的社会担当，和向西方学习先进技术的自主革新的意愿。如李鸿章在《筹议制造轮船未可裁撤折》中写道："自强之道，在乎师其所能，夺其所恃耳。况彼之有是枪炮、轮船也，也不过创制于百数十年间，而浸被于中国已如是之速。若我果深通其法，愈学愈精，愈推愈广，安见数百年后不能攘夷而自立耶？"[1]此后，各地陆续兴建起各种形式的官督商办的制造局、矿务局、铁路、织布局、电报局等。但由于清政府的腐朽堕落，最终这些实业不可避免地都未能成功救国。但是，这些企业的出现却反映出中国人同样具备反思进步的能力和主动创新的勇气。

除了洋务运动之外，中华人民共和国成立前还有一批以民族大义为先，同时又积极学习进步，自强不息的民族企业家，他们创办的有些企业甚至成功维系至今。比如由澳大利亚华侨在上海创立的永安百货，他的创始人郭

---

[1] ［清］李鸿章：《李文忠公全书》（奏稿卷19），光绪三十四年刊。

乐在回忆录中写道:"余旅居雪梨(悉尼)十余载,觉欧美货物新奇,种类繁多,而外人之经营技术也殊有研究。反观我国当时工业固未萌芽,则(即)商业一途也只小贩方式,默(墨)守陈法,孜孜然博蝇利而自足,既无规模组织,更茫然于商战之形势。余思我国欲于外国人经济侵略之危机中而谋自救,非将外国商业艺术介绍于祖国,以提高国人对商业之认识,急起直追不可。"① 郭乐大义为先,将救亡与盈利相结合,这种创业心理在许多近现代儒商中都有所体现。这些民族企业家的自主创新不仅在当时大获成果,且他们留下的企业经历了时代动荡的考验,又通过改革和中华人民共和国经济体相适应,不断地创新发展使得它们历久弥新,为中华人民共和国的建设做出了贡献,至今仍然生机勃勃。

在民族资本家积极向西方学习的同时,也难免遭遇到列强资本家为垄断市场竖起的技术"壁垒"。这时,近代儒商也展现了很强的研发能力以打破技术壁垒。上海的味精大王吴蕴初在创业之初就遭遇了制造味精的技术问题。当时的味精市场被日企"味の素"所占,而味精的具体成分却不得而知。吴蕴初在"实业救国"的激励下,自主研发味精成分,终于产出比"味の素"性价比更高的国产天厨味精。当天厨味精动摇到日企的市场份额时,自然受到外企的反攻和压制。吴蕴初迎难而上,一鼓作气继续深入味精的原材料开发,彻底使国产味精摆脱了对外的依赖性,成了完整的国有制造。吴蕴初的事例展现出儒商积极学习,自主研发的动力和潜能。

经历了洋务运动的尝试和民族资本的发展壮大,爱国企业家在民族存亡之际,焕发出强烈的爱国热情,并自强不息地用自己的行动转化了传统儒商的创新观。爱国企业家在救亡图存道路上的贡献,在儒学历史上就是为商人最好的"正名"。他们实业救国的理想和经世致用的作为值得现代儒商学习。

---

① 上海市社会科学院经济研究所编著:《上海永安公司的产生、发展和改造》,上海人民出版社1981年版,第5—6页。

第三节　儒商创新观的当代建构和践行

一、"由仁义行"与企业社会责任

古典经济增长理论以自由竞争为前提，企业家为了适应竞争而必须积极响应市场，注重研发能力的提升以提高技术水平，获得市场先机。然而，在儒家传统中，企业的内在驱动力则源于仁义的观念，利国惠民成为企业内在创新的原动力。一方面，以儒家文化为指导思想的企业势必要面对全球化竞争市场的挑战；另一方面，在竞争中获胜并不是唯一目标，成就"仁义"方是根本。正如孟子所言："由仁义行，而非行仁义也。"（《孟子·离娄下》）儒家认为只有做一个君子，才能达到德性与福报的统一，但从动机上而言，德是第一位的，而福是德行自然而然的结果。

首先，儒学是赞成创新能力的提升的。随时应变，积极学习，自我提升，都是值得称赞的德性修养的一部分。同时，儒家即超越即入世，需得在事上磨炼，取得事功，而非消极怠惰，才是成德功夫之要义。因此儒商绝不是因循守旧的教条派。儒家承认世界的变化，认为"变易"是世界的根本事实，在这一世界观的影响下，当代儒商必须随时放眼世界，培养出敏锐的观察能力，主动地在变化中寻找规律以随机"应变"。在当代，中国企业保持乐于向外交流学习的胸襟气度是很重要的，这既由于我们的传统文化中有反思学习的要求，也是因为我们的发展还存在不足，学习以富强是必经之路。当然，随着时代的发展，当我们站在了时代的前沿，就更需要从儒家的仁义观出发给世界带来更多有积极价值的财富。由实业兴国到仁爱天下，这是儒者的高尚性的追求，应成为当代儒商的志向。

其次，儒家的创新观是发展与伦理并重的。在发展的过程中，儒商应有强烈的社会责任感。西方的企业伦理也强调社会责任，但社会责任外在于企业发展的目标之外，是发展的限定条件。但是，在儒商的创新观中，伦理要求是内在的，是创新发展的主要内驱力。企业伦理学中对企业社会责任的规定,如正直、诚信、有益、无伤害(安全)、环保、进取等要求,都包含在儒家对君子的规范性要求中。以君子为理想的儒商,在市场竞争中不仅是坚守底线,更要把这些伦理要求作为根本目的,而发展则是实现这些道德目的的必要环节。竞争不是儒商的唯一动机,创新乃至创生才是儒商应对世界变化局势的最高指导原则。

在具体的企业伦理建设中以儒文化为基础,需要企业细化传统仁义观以与现代企业社会责任的要求相结合。儒商企业要更为注重产品的安全性,尊重员工的福利,树立企业的积极形象,爱护环境,追求儒家"生生不息"的发展之道。

二、融贯中西的管理创新与技术创新相结合

在当代社会,企业创新已然是一项复杂的系统工程。创新不再是一件产品技术的突破,而是持续创新动力的制度保障。因此,现代儒商需要在管理创新和技术创新两方面着手,才能真正应对时代的变化。在管理创新方面,企业首先要在战略层面积极变革,使得企业能够和外部环境不断匹配。美国著名管理学家钱德勒指出,企业的经营战略必须随时应对环境的变化而做出调整,相应地再是内部组织结构有所变化。这种随时调整战略和企业内部结构以应对外部环境的思想,和儒商"时变"的思想有不谋而合之处。

在技术创新的层面,注重基础知识的提升是十分必要的。熊彼特的增长理论认为,从宏观上说,创新才是经济发展的内在动力源泉。知识的学习和生产不再只是学者的工作,在微观层面,企业需要加入生产知识的行列中,将知识视为最重要的资源,主动创造知识、应用知识,实现技术的更新换代。这一思想与儒商概念相合,应成为新时代商人的自我要求。儒商就是新时代有文化、有知识的商人,儒商不仅从事经营活动,而且他们自身就是知识分子,是能够将知识化为实践的先行者。孔子就是"知"与"仁"统一的典范。尽管知识的内容不断在丰富和拓展,但儒者对于知识的推崇和尊重始终如一。因此,当代儒商也要注重对基础科学研究的重视,对先进技术研发的投入,广纳人才并投身教育,为国家创新力的提升做出企业的贡献。

三、大义为先的历史使命

改革开放 40 年来,中国的经济发展高歌猛进。与此同时,中国经济发展也到了"瓶颈"期,如何从"要素驱动""投资驱动"转向"创新驱动"成为重要的时代命题。在当代经济发展模式的转型期,实现经济发展质量的改变,创新力不可或缺。针对这一局势,中共中央、国务院在 2016 年印发了《创新驱动发展战略纲要》,强调创新驱动发展战略的重要性。在中共十九大报告中,习近平指出"创新是引领发展的第一动力,是建设现代化经济体系的战略支持"。

在中国的工业化发展早期,中国企业积极向外学习,成功地实现了科技的大力发展,然而这是在受外力影响下的追赶阶段。但是到了当代,随着中国成为世界第二大经济体,中国有必要在创新上做出自己独有的贡献。当国家遇到转型的考验时,儒商企业要向传统儒者学习,以家国天下的情怀,积极参与到转型的变革中。"以大义为先"要求企业不只是响应市场以求生存,更应勇于创造以便推动行业的进步。如此,当代儒商要和国家创新的发展战略融为一体,积极地在传统文化中汲取养分,建构和践行当代儒商创新观。

第四节 案例选编

一、徐润创办石印书局

近代以降,西学东渐,以石印、铅印为标志的西方印刷技术被引入中国,使用范围不断扩展。石印是人类印刷史上一次重大革新,具有制版快、印刷快、逼真、廉价等特点。这一技术于道光十三年(1833)前后传入广州,并逐步传到上海。这大大刺激了中国商人,而且外国商品外包装鲜艳美观,与中国商品单调的红纸黑字包装,形成了强烈的反差。广东商人最先对此做出反应,并付诸行动。这个大商人就是徐润。

徐润，别号愚斋，1838年出生于香山县（今珠海市北岭村）。15岁时，随叔父徐荣村来到上海，进入英商宝顺洋行当学徒。因其勤奋好学，颇有悟性，深得洋行上下各级人员的喜爱与重视，19岁那年就已获准上堂帮账，24岁时升任主账，不久就接任副买办之职。1986年，徐润在上海开设"宝源祥"茶栈，被誉为"近代中国的茶王"。19世纪70年代，徐润敏锐地看到上海百业振兴，万商咸集，地价将日益腾贵，在经营茶业的同时，开始投资房产公司、成为华商中的"地产大王"。经营茶业、房地产等积聚的雄厚资本，为徐润投资印刷业奠定了良好基础。

石印技术是德国人于18世纪末发明的平板印刷法，主要方法是用药墨将文字写在药纸上，再将药纸上的字迹移置到石板上，然后滚刷油墨便可把字印在纸上。19世纪初，石印技术已在欧洲普及。中国采用石印法最早是光绪二年（1876）上海徐家汇天主教会创办的土山海印刷所，主要印制天主教的宣传用品等，印刷数量有限。1879年，英国商人美查在上海设立点石斋印书局，用石印技术印制了《康熙字典》等书籍，十分畅销，在不到一年的时间内销量达到数十万册，获利颇丰，使中国商人大受刺激。

中国商人开始对中西印刷品进行观察与比较，发现两者迥然不同。石印不仅字迹清晰，亦可随意缩小放大，甚为先进。"酷嗜图籍"和"藏书富有"的广东大商人徐润注意到了这些现象，并通过石斋印书局看到了发展印刷业的无穷商机，遂于1882年与徐鸿复等人在上海集股投资创办同文书局，从国外引进12台轮转印刷机，雇工人500名。这是中国人第一次集资创办的第一家石印书局，试图通过实际行动改变中国印刷业的现状。

同文书局是中国人自己集资创办的第一家石印书局。同文书局局址设在当时上海的熙华德路（今长治路），是一家专门翻印古籍文献、书画碑帖的印刷机构。书局拥有先进的技术条件和设备，拥有石印机12部，雇员500人，聘请翰林出身的出版主持和举人或秀才出身的编校人员专事翻印善本古籍。机器设备有6度、12度、26度字粒机及石印机、照镜机等。经营范围比较广泛，除印刷商品包装纸外，还印刷书籍、画册、香烟盒等。先后出版《二十四史》《古今图书集成》及字画、碑、帖，不下数十万本，各种法帖等十数万。同文书局的规模居当时石印业之首。

同文书局在近代印刷史上率先打破了由外国人创办的点石斋印书局独霸石印业的局面,并与宁波人在上海创办的拜石山房书局形成了石印业的三足鼎立之势,推动了中国石印印刷业的发展。光绪十三年(1887)二月五日《申报》报道说:"石印书籍肇自泰西,自英商美查就沪上开点石斋,见着悉惊奇赞叹。继而宁粤各商仿效其法,争相开设。"所谓"宁粤各商"即是指宁波人开设的拜石山房和广东人开设的同文书局。

同文书局石印技术的引进,使得中国书籍的出版速度与质量大为提高,同时也使得书刊的制作成本大大降低,这无疑有利于文化普及。自1882年创办,到1898年歇业,短短十几年,用石板印刷术印刷了大量古籍,因印刷精湛、装订考究、字迹清晰,被时人称为"同文版"。

清末出版的书籍大部分采用石印技术,石印已经成为那个时代的显著特征。同文书局专用此法影印古籍,已成时代楷模,并成为印刷行业的领头者,其意义远远超出当初设立的宗旨。徐润创办的同文书局是第一家民族资本经营的近代印刷企业,为传播近代文化知识、中外文化交流起到了一定作用。

(资料来源:刘正刚:《岳商好儒》,中山大学出版社2016年版,第31—36页。)

二、李鸿章创办招商局

李鸿章是晚清第一重臣,是中国晚清最重要的政治家、军事家、外交家。李鸿章比其他人更早地认识到时代的变化。他在1872年6月20日奏折中提出的中国正面临着"数千年来一大变局"的论断,这是李鸿章这位"中国19世纪最大的政治家"对中国政局最为深刻的判断,是李鸿章继曾国藩之后领导洋务运动的基本出发点。

1870年7月26日,清政府命李鸿章接替曾国藩出任直隶总督,掀开了自强运动历史新的一页,与此相一致,李鸿章通过天津、烟台、牛庄三处海关道管理北方的对外贸易,总署甚至将全国的外交、军事等事宜也交给李鸿章处理。李鸿章至此成为一名全国性的官员。

李鸿章虽大权在握,但仍面临许多难题,其中包括:一是如何筹措兴办军工企业的资金,二是如何面对外国势力的渗透,三是如何解决漕运困难。李鸿章认为,传统河运已不可恃,"中国明有大江大海之水可以设法济运,乃必糜数千万财力与浊河争?前人智力短绌,后人乃乐于沿讹袭谬,不思今昔时势之殊"。李鸿章深知:漕运业的急剧衰落,不仅事关京师皇室、百官、兵卒及全城百姓的粮食供给,更关乎国家政权的安危。李鸿章创办轮船招商局,目的不仅在于拥有轮船,将漕粮运往华北,还在于同外国商行的轮船进行竞争。他的政策是向那些愿同外国企业竞争的中国商人提供政府的保护。

"轮船招商"的最早提出者是曾国藩,他于1872年2月就提出,闽厂除继续制造兵轮外,还可制造商船,但3月曾国藩就病故了。曾国藩死后,李鸿章以曾氏继承人身份上奏,着重列举了曾国藩的功绩。他称赞曾国藩:"凡有裨于国计民生,无不尽心经营,实力兴办,委属有功于民。"

忙于军国要务的李鸿章是否有精力承担创办一家轮运企业的责任?李鸿章1873年8月在写给沈葆桢的一封信中描述自己的外貌:"蒲柳易衰,徐斌半苍,来示齿落发白,老亦至矣。"这时候李鸿章刚满50岁,这段话可能有夸张成分,但至少说明,李鸿章因工作超负荷运转,身体状况可能不是特别好,但他仍义无反顾承担起创办中国第一家轮运企业的重任。李鸿章成为曾国藩未竟事业的主持者。6月,李氏对曾国藩提出的轮船招商的构想进行了若干补充,主张"物色为殷商所深信之官,使之领袖,假以事权",他想到的第一人选是自己的亲信幕僚盛宣怀。盛氏遵嘱在1872年夏草拟了《轮船章程》6条,但因其实力有限,所拟章程未被采纳。

李鸿章经过周密查访,终于找到了在航运界颇有影响力的沙船主朱其昂。根据李鸿章的指示,朱其昂、朱其诏兄弟于8月初草拟了《轮船招商节略并各项条程》(即招商局章程)。李鸿章对此表示满意,8月15日将节略呈报总理衙门,称赞节略"所拟各条,似尚妥密",赞同节略中有关"轮船请由商局广为招商"的主张:"俾船归实用,费不虚糜,庶可经久不废。"

李鸿章很快就将创办轮船招商局的构想化为行动,命朱其昂即回上海,同江海关、上海机器局有关官员认真筹商,力图早日开局。李鸿章是抱着与洋人一争高下的心情来主持创办轮船招商局的,他在写给同僚的信中说:"以中国内洋任人横行,独不令华商展足耶!日本尚自有轮船六七十只,我独无之,成何局面。"

正是基于民族大义,李鸿章催促加快设局进度。朱其昂、朱其诏和在沪富商李振玉遵嘱拟出《招商局条规》28 条,规定在华商中招收股份和将漕运业务置于重要地位。在准备工作就绪之后,李鸿章 12 月 23 日致函总理衙门,这就是有名的《论试办轮船招商》。此函转呈了朱其昂等拟定的条规,李氏追忆六七年前曾国藩向总理衙门寄送容闳所拟的章程,"此局因循未成,实由筑室道谋,商情惶惑"。此函强调成立招商局的目的是承运漕粮和与洋商分利,而即将成立的招商局的体制则是官督商办。短短三天后,即 26 日,清政府就批准了李鸿章的奏议。这标志着中国第一家轮运企业——轮船招商总局正式诞生。

有学者从一种独特的视角来审视招商局的成立:

招商局是满清官僚与华商一起对抗西方在华轮船业的入侵,所进行的一个独特而混杂的实验。招商局是中国第一家合资公司,它采用的企业制度有别于传统中国商业习惯。招商局依据早已建立起来的官商合作的互利模式而成立和发展。

招商局不是官办企业,亦非家族公司,而是有中国政府资助的第一家本土合资企业。

1891 年之前,在还清全部官款前,招商局是一家不折不扣的合资公司,而 1891 年后,招商局则成为完全意义上的股份制公司。100 多年来,李鸿章亲手创办的中国第一家近代民用交通企业始终活跃在中国的江海和远洋。外国人也承认,招商局的成立"是乃中国新式航业发轫之始"。李鸿章的名字将永远书写在百年招商局的旗帜上。

(资料来源:张后铨:《招商局近代人物传》,社会科学文献出版社 2015 年版,第 1—11 页。)

三、味精大王吴蕴初

"天上人间,佛手为鲜",这句佛手牌味精的广告语,经久不衰。佛手味精在我国近代工业史上曾获得世博会大奖,也是我国中华老字号品牌。为此创始人吴蕴初被称为"味精大王"。

吴蕴初(1891—1953),字葆元,江苏嘉定人。因家境贫困,15 岁时入上海广方言馆学习,后入陆军部上海兵工专门学校学习化学,1912 年回广方言馆任教。1913 年到汉阳铁厂任化验师。1915 年离开汉阳铁厂,在汉口燮昌火柴厂董事长宋炜臣的邀请下,与他合办一家硝碱公司,任厂长兼总工程师。吴蕴初终于开始了他的实业梦。

1922 年,吴蕴初受刘鸿生邀请去上海共同创办炽昌新牛皮胶厂,由于当时经济局势动荡不安,这家工厂一开始便面临着山穷水尽的境地。刘鸿生决定另觅新路,让吴蕴初一人抵挡企业颓势。不久,吴蕴初便也放弃这家企业另觅新路,他开始在洋货中寻找机会。当时,日本化工产品大量倾销我国,尤其是日本"味の素"在全国风行,"味の素"巨幅广告在上海到处张贴,使吴蕴初深感愤恨。在"实业救国"思想推动下,他开始在自己亭子间埋首研究"味の素"的成分。由于没有现成资料,他四处收集,并托人在国外寻找文献资料,购置了一些简单的化学实验工具,发现"味の素"就是谷氨酸钠,1866 年德国人曾从植物蛋白中提炼过。他根据自己过去做化学实验的经验,悟出从蛋白质中提炼谷氨酸,关键在于水解过程。经过日夜埋头实验,人手不够,拉着夫人吴戴仪做助手。在试制中硫化氢的臭气和盐酸的酸气弥漫于四周,使邻居感到不安,意见纷纷。经他与夫人向邻居说好话、赔不是,经过一年多的试验,终于制成了几十克成品,夫妻俩欣喜若狂。

1922 年冬,吴蕴初在试制味精成功后,一日,他到聚丰园饭店就餐,有意识地在一碗汤里倒了一点自己的"杰作",引起邻座的注意,由此认识了张崇新酱店的跑街先生王东园。后由王介绍结识了张崇新酱园店老板张逸云。张逸云出身绅商之家,辛亥革命后在上海开办了万新源等 4 座酱园,数十家分店,近百处代销点。

张逸云与吴蕴初相见时,两人交谈十分投机。后决定由张出资 5 000 元并负责经营管理,吴蕴初负责生产设备与技术,合伙创办一家小工厂,将厂名定为"天厨"。1923 年春,上海唐家桥两间石库门弄堂房子里由吴蕴初、张逸云合伙开办的味精厂成立。最初每日只生产 7.5 公斤味精。张逸云通过酱业各网点推销味精,并制造味精酱油,组织人员在大街小巷叫卖:"天厨味精,完全国货""味道鲜美,价格便宜。"一时天厨味精声名鹊起。

为进一步扩大再生产,吴蕴初与张逸云商量成立天厨公司。1923 年 8 月,在菜市街成立"上海天厨味精厂",内设工厂和办公室。年产量达 3 000 公斤,获北洋政府农商部颁发的发明奖。

天厨佛手味精推出不久,时值"五卅"运动,全国开展抵抗日货运动。"天厨国货,家家爱用""爱用国货,人人有责",一时天厨佛手牌味精远销长江流域以及西南和东北各地。该厂于 1925 年年产达 15 000 公斤。为了进一步保障味精销往海外,天厨公司在中国驻英、法、美三国使馆的协助下,先后获得这些国家政府给予的产品出口专利保护权,使产品畅销香港、澳门和东南亚地区,公司获利丰厚。

天厨味精在行销中,与日货"味の素"竞争激烈,后使"味の素"销量一蹶不振。但日本铃木株式会社不甘罢休,他们借口"味精"二字是从"味の素"广告中"调味精粉"四字中提取而来,遂通过日本驻华使馆向北洋政府提出抗议,要求取消天厨味精商标。北洋政府见天厨佛手味精参加美国费城举办的美国独立日 150 周年国际博览会,获国际大奖,为国争光,因此,北洋政府对日方抗议不予以理会。

在天厨味精挫败日本"味の素"后吴蕴初再接再厉,要创立一家化工公司。因为味精的主要原料盐酸需日本进口,价格自然十分昂贵,日商往往借此钳制中国的民族企业。早在 1926 年吴蕴初就很想办一家电解食盐工厂生产盐酸,但当时制酸资金太少,毫无能力。如今有了"天厨"做后盾,办厂条件已经具备。他在味精厂开设了专门实验室,收集大量资料研制起来。不久样品试制成功,但投产的硬件成为一大难题。

正在吴蕴初对此为难之时,忽然得到一个消息:越南有个法国人办的盐酸厂,由于经营困难刚刚倒闭。吴蕴初当即上路,千里迢迢到达海防,该厂的电解槽等机器均为美、法等国进口,产品质量与日本相当。吴蕴初喜出望外,花9万元购进全部设备,又集资2万元在周家桥购地建厂,取名"天原电化厂"。1929年"天原"正式生产盐酸、液碱和漂白粉。

1935年,吴蕴初又生产耐酸陶制品,在市郊龙华建立"天盛化工厂"为国内填补了一项化学陶器的空白。两年后,吴蕴初又创办了"天原化工厂",解决了氢气、硝酸、液氨的排放问题。1937年,"八一三"事变爆发,吴蕴初远征新疆,在天山脚下建立"天山化工厂",主要生产弹药等产品以供开矿和战争之需。至此,天厨-天原-天盛-天山,如此化学连锁反应,形成了吴氏"天"字号化工产品系列。

吴蕴初于1928年创办中华工业化学研究所,任董事长,后当选为中华化学工业会副会长。这位从自幼贫困的少年到著名的实业家和化学家,他决定创办一个"清寒教育基金委员会"。他出资5万元,聘请几位化学界人士为委员,于次年投入5万元开始启动。由基金会主持,每年对大学化学系一年级学生和高中一年级学生分别考试,从中选出十余名学生发给每年300元的奖学金,一直到毕业为止。领受奖学金的多为清华、浙大学生。

1937年抗战全面爆发后,吴蕴初被聘为资源委员会委员、全国经济委员会委员。抗战胜利后,他反对国民党打内战,拒绝蒋介石聘他为经济部部长之职。在国共政协会议期间,吴蕴初在重庆上清寺桂园接受毛泽东的接见。

1950年,吴蕴初由香港抵达重庆,几天后在钱昌照的引荐下,在北京中南海拜见周恩来。回到上海后,吴蕴初任华东军政委员会委员、上海工商联副主任,上海市人民政府委员。在1953年临终前,他把所创办的公益基金会的全部资金捐赠给了上海图书馆。

(资料来源:秦允宗编著:《流金岁月:上海名商百年史话(1843—1849)》,东华大学出版社2014年版,第140—143页。)

四、李宏龄力倡票号改革

李宏龄(1847—1918),字子寿,山西平遥县源祠村人,蔚丰厚票号分号经理。出生于商人之家,先世曾经商致富,后因战乱中落。同治七年(1868),经同乡保荐,入蔚丰厚票号。该票号就是有名的介休县北贾村侯氏开设的"蔚字五联号"票号之一。入号后,宏龄以自己的聪颖才干,不断赢得掌柜和财东的器重,脱颖而出,先后担任过蔚丰厚票号北京、上海、汉口等分庄的经理。他一生经营票号 40 余年,对票号的增值盈利和保全功劳很大。他为人忠义,善察时务,勇于变革,是晋商晚期少有的力倡改革票号的明白人、佼佼者。

光绪二十六年(1900),八国联军入侵北京,两宫帝后出走西逃后,在北京的一些京官、商人纷纷跑到上海躲避。到上海后这些人手持在京师的银票,要求在沪兑换银两。这也是战乱所逼,客人为生活之亟须。但上海的许多商号不予兑换。李宏龄时任蔚丰厚上海分庄经理,他认为事出非常,应当兑换,照顾客人的利益,为顾主提供方便,便独排众议,酌量予以兑换。这是因为现银有限,既不要不兑换,又不要一家都提取完,为多照顾一些客人的利益,都给兑换一点,以解逃难避居上海的这些北京人的亟须。这样做了以后,蔚丰厚票号在上海的声名大震,生意愈盛。李宏龄在上海分庄任经理,生意做得红火日盛,不断得到总号的赞誉。时任总号经理的侯兴星赞扬说:"狼行千里吃肉,宏龄在上海大为出力,可嘉!"

李宏龄多年任北京、上海、汉口分号经理,这些地方或是京都,为国家政治文化中心,繁华昌盛,士子名流汇聚;或开放较早,经济活跃,交通发达,西风吹拂。列强在这些地方建使馆、领馆、租界的同时,也带来了西方在商业管理上的新体制、新理念。"春江水暖鸭先知",李宏龄敏锐地观察到,现代银行的体制优于票号。票号是无限责任制,一旦被挤兑拖欠,东家将倾家荡产,且已不合时代潮流,不为清政府支持,没有竞争优势,民众存款在利益上少于银行,也抗衡不了外国银行(如花旗银行)、官办银行(如大清银行、交通银行、通商银行)的排挤,故票号必须顺应时代大势,改革改组为现代银行才有出路。为此,他一而再,再而三地上书总号,联络当时在娘子关外的山西商界有识之士,要求将票号改革为现代银行,并亲自回到山西陈述、劝说,但蔚泰厚总经理毛鸿翰长年居住在平遥县城,思想守旧,不识时务,其他一帮庸碌保守的票号经理又唯毛鸿翰马首是瞻。李宏龄在《山西票商成败记》中记述了当时的情形和他本人的焦急与无奈：

> 同治以后，东西洋各银行，已渐次侵入，夺我权利。迨经庚子之变，中国当道注意财权，大清银行之议，逐遍于各省。夫论信用力之强弱，我票商经营二百年，根深蒂固，何事不堪与人争衡，而银行一设，未免相形见绌者，其间亦自有故。以存款而言，彼则五六厘，而我四厘。以运款而言，彼则钞票，而我汇兑也。而且金库全归该行，贷借必有抵押，已难相提并论。而尤足寒心者，一遇倒账，外洋银行则凭藉外力，大清银行则倚仗官权，同属财产关系，而彼各挟势力以凭陵。

> 宏龄自幼肄业票庄，目睹时局至此，非改组银行，无以收权利平等之效。适戊申（1908）春驻京师，与渠学士楚南商定改组章程，先函达总号，商酌四次，当面陈述者两次。是岁冬渠学士返里，复亲莅各总号，开陈利害。

随后，在北京的山西各票庄分号经理，又在李宏龄的带头倡导下，致函山西平遥总号，言辞恳切地陈述票号改组为银行的必要性。为筹备改组票号为银行，李宏龄还与同人等拟定了具体改组计划。主要有：(1)每家各出资本银三五万两，作为有限公司。(2)集股本500万两，每股100万两，每月4厘行息。(3)银行应名为晋省汇业银行，悉遵票号做法，略改其不便之处，以合银行规则。(4)公举熟习商情、声望素孚之人充银行经理。(5)银行成立后，除内地繁盛各处均占分庄外，可渐推及各国商埠，以保本国利权。

然而，对于李宏龄如此顺应时代潮流，为国为民、为晋人、为票号界之人筹谋的改组计划，却遭到总号在山西平遥、介休、祁县大经理们的反对与蔑视，甚至以小人之心度君子之腹，终使票号改革胎死腹中。

李宏龄的敢于担当，敢于上陈己见，且孜孜不倦、不厌其烦、慷慨陈词、力尽人事的思想和精神，也是后人应该学习的。他为了事业、为了票号业的未来，不惧陈规，应时而变，这是一种高度负责的精神。李宏龄为何在票号改组银行上有如此高见，在他所经营的票号业务上有如此果敢的变革应对，有这般胆识？无他，来自他对自己所从事职业的热爱与高度负责，来自他平常勤奋好学，躬行实践，结交高人。正如陈立三在他去世后的《平遥李君墓表》中所说："君虽治商，而好读儒生性理诸书，有所得辄，膺而躬行之，所与游多一时知名士。"

（资料来源：庞利民：《晋商与徽商》（下卷），安徽人民出版社2017年版，第611—618页。）

五、文雅华商庄金耀

庄金耀，祖籍晋江青阳，出生在中国的菲律宾华人企业家，在企业经营与管理方面有着自己独到的见解。在创业经营的过程中，庄金耀始终坚持诚信为本，稳扎稳打的理念。同时，他也深受中华传统文化，特别是孔儒思想中兼善天下理念的影响，他说："一个人的成就不只在于个人的成就，更在于你个人能为他人做一些什么事。"所以，在事业稳步发展之后，庄金耀除了用心经营自己的企业外，特别重视人和文化的价值，不仅钻研出一套独特的企业管理方式，更加关注社会公益事业的发展。从一家家庭作坊式的纸料店到享誉菲律宾的纸业集团，庄金耀不仅发挥了闽南人特有的"爱拼才会赢"的精神，更是将华人传统美德演绎得淋漓尽致。

这种"爱拼才会赢"的精神源于他良好的个人修养和品德。很多人尊重庄金耀，不只因为他的商业成绩和社会贡献，也因为他的个人修养和魅力。他是一位儒雅绅商。庄金耀商业经营有度，处事高风亮节，是儒家"礼之用，和为贵"的奉行者，"和气生财""己所不欲，勿施于人""己欲立而立人，己欲达而达人"的传统儒商精神也被他贯彻到自己的商业和社会工作中。在经营上，他强调站在顾客的立场上考虑问题，强调货真价实、童叟无欺，强调通过让顾客得到完美服务去实现商业利益。在服务社会上，他强调付出不求回报，但求无愧。对他而言，没有什么高深的商业理论，有的只是为人处世所应该遵循的一些基本原则，而这些原则同样也适用于商业经营。正所谓"做事"如"做人"，而在这两个方面，庄金耀都堪称典范。

庄金耀还是一位才华横溢的文人，也是菲华文艺界和新闻界的知名人士。1988年,他入股历史悠久、闻名世界的菲律宾华文报纸《商报》,加入《商报》后,庄金耀不但曾担任总经理,主持全面工作,尤其是编采业务,与大家一道在艰难中让陷入困境的《商报》重新复苏,同时还在《商报》开辟一个专栏《与你倾谈》,用笔名"严明"不定期推出专栏作品,其文笔犀利、深邃,深得好评,他还因此荣膺菲华专栏作家协会副会长之职。

这种"爱拼才会赢"的精神也体现在他全心全意搞经营,发展结果惠全民的抱负中。在创业经营的过程中,庄金耀始终坚持诚信为本,稳扎稳打的理念。他与时俱进,不断创新,但从不贪大,也不冒进,追求经营长久的事业。他说:"做事要慢慢来,由小到大,不要操之过急,一些人急于求成结果却适得其反的教训还是不少的。"秉承这种诚信经营的理念,庄金耀把更多的精力投入菲华商联总会(以下简称"商总")当中。商总自成立以来,作为菲华社会中实力最强、影响力最大的重要社团之一,做了大量有利于旅菲华侨华人在菲律宾的生存与发展,有利于侨胞与当地群族和睦相处、相互融合,有利于菲律宾经济发展和社会进步的工作。

作为对中国传统文化有着深厚感情的侨领企业家,庄金耀非常重视中华文化及华文教育在菲律宾的传承和发展。在商总和晋江同乡会的工作中,他投入了大量精力和心血。商总一直高度重视对华文教育的支持,还于1999年成立了文教委员会。作为领导者和重要执行者的庄金耀承担了其中的诸多工作,其中一个重点是商总文教委员会在文教主任曾铁锋的主持下,与福建师范大学联系,在中国国家汉语教学办公室的支持下,共同推动了"海外志愿教师方案"——由福建师范大学派出即将毕业的本科生到菲律宾,由商总文教委员会分派到各华校担任华语教师。目前,这项工作已开展超过10年,其教师规模已由最初的17名发展到超过三百名。因为成果显著,"中国汉办"还将这个方案推广到世界各国,这个方案在菲律宾成绩彰显,获得广大华社及社会上普遍的肯定。他更是对菲律宾华文教育的未来充满信心,说,菲律宾华人华侨家庭大多数希望自己的子女接受中国文化教育,甚至许多中菲混血儿家庭和菲律宾家庭也开始鼓励子女到华校就读,一些旅菲外国人(如韩国人)也是潜在的生源,因此,"华文教育在这里可成为很有希望的事业,在生源较多的大城市只要有资金、人才和好的校园,一定能够办成好的华文学校"。

这种"爱拼才会赢"的精神更体现在他那"天下兴亡,匹夫有责"的大公情怀中。庄金耀认为家庭的和谐是一切的根本。"整天吵吵闹闹还能有什么事业?"他笑着说,"身贵而愈恭,家富而愈俭。"这句话也是对庄金耀的写照,他平日十分节俭、谦逊,这不但令他个人受到他人尊重,同时也给了下一代很好的影响。或许是因为既在中国内地接受过社会主义教育,又在香港接受过一个游子的爱国教育,庄金耀的身上始终闪耀的,还是那份"天下兴亡,匹夫有责"的大公情怀。他始终觉得,作为一个社会人,应该为社会做一些工作,关心自己所生存的社会。因为这个信念,他把自己最黄金的经商岁月一大半奉献给了社会公益事业,也因为这个信念,如今已经功成身退的他,依然希望为华社,为菲律宾社会,为中菲两国发展传统友好关系尽到自己的一份力。在 2009 年 10 月 1 日受邀参加中华人民共和国成立 60 周年阅兵庆典时,他说:"从中华人民共和国成立起,我们就梦想着祖国的强大,今天,这一切都成为现实。中华人民共和国 60 年的成就,是我们海外华人最大的欣慰和自豪所在。"

因为长期付出太多的精力及时间在社团活动中,所以,很多人都会问庄金耀一个问题:"把那些时间赔给那些不赚钱的工作,你后不后悔?"每次,他都是严肃地回答:"我无怨无悔,我认为服务华人社会,令我感到充实。人的一生短暂,如能为我们生活的社会及国家做一些有意义的事情,是最理想的,如此才不会辜负自己的一生!"

(资料来源:华商韬略编辑委员会:《华商功勋——六十位杰出华商领袖的事业成就与国家贡献》,经济日报出版社 2010 年版,第 517—528 页。)

六、辞旧迎新同仁堂

原同仁堂药店经理、支部书记,回忆中华人民共和国成立后同仁堂公私合营及发展全过程:

我是在同仁堂公私合营之前的 1953 年来到同仁堂的。1948

年解放军围城打仗,当时的同仁堂虽然名气大,但是因为战争的缘故销售量并不高。我记得当时的统计显示,1948年同仁堂的年生产量为16万元(旧币),销售额只有30万元(旧币),销售情况并不太好。

众所周知,同仁堂是闻名全国的中药店,总店设在北京,创建于清朝康熙八年(1669)。1948年底时,京城同仁堂乐氏第十三世乐松生主事。此时,同仁堂资产约有80万元(旧币),职工190余人。

实际上,早在北平解放前夕,中国共产党的地下组织就把未来共产党对民族工商业的保护政策送到乐家了,但是乐家人对政策将信将疑,乐松生为此还去了天津他自己名下的达仁堂当了副职,以静观北京的变化。

1948年就已经是同仁堂经理的乐松生能回到同仁堂主事,则缘于1950年同仁堂发生的一起劳资纠纷。请回乐松生以后,劳资双方的谈判才获得成功。

中华人民共和国成立初期,随着农业合作化高潮的来临,城市资本主义同农村的联系被割断,资本主义独立生存的条件已经失去,资本家第一次发现自己真正处于孤立无援的境地,他们开始意识到,工商业改造已是大势所趋。于是,他们当中的一些人开始对前途感到茫然,终日惶惶不安,甚至对生产已是无心过问了。在公私合营之前的同仁堂也曾经是这样的状态,乐氏企业有好几家,谁也不好好经营企业,也不肯带头申请公私合营,同仁堂的发展一度停滞不前。

那时同仁堂虽然有190余名职工,但是做药的工人也就40多个,1949年以后,尤其是1950年、1951年,政府不仅没有没收同仁堂的财产,反而加大了对民族资本家的扶持,帮助同仁堂和全国合作总社等签订了销售合同,40多个工人一下子就忙不过来了。

1. 率先合营

1952年,时任北京市市长彭真来到同仁堂视察,由于中药原来只有丸、散、膏、丹四种形式,彭真希望国药也能搞搞创新,他建议同仁堂能够把中药片剂也研制出来。

为了避免损害同仁堂的利益,乐松生先以天津达仁堂的名义成立了国药研究所,并聘请了北京大学医学院教授郑启栋从事中药剂研究。1953年,郑启栋带领学生们成功研制出了银翘解毒片、香连片、女金丹片和黄连上清片四种片剂,改变了中药没有片剂的历史。

那几年,在政府扶植下,同仁堂的生产逐步发展起来,这可比同仁堂自己经营强多了。原来同仁堂经营讲究只此一家,别无分号,乐家的子女们所开的店都不能用同仁堂的名字。所以原来一个店的时候人手还能忙过来,可是大量的合同签下来以后,工人们就不够用了。1953年,北京市工会组织就在北京市的其他药店里抽调了100余名表现积极的青年充实到同仁堂,这才让同仁堂的职工人数一下子增加到了28人。我那时在另一家药店工作,因为我是共青团的积极分子,也一起来到了同仁堂。开始我做"给药丸制造蜡皮"的工作,一年后调到了同仁堂的门市药店做保管员。乐松生亲眼看到了共产党对民族资产阶级的保护,他对公私合营的事也积极起来了。于是他响应中国共产党的号召走社会主义道路。他也开始慢慢地说服自己的家里人接受公私合营。1954年,乐松生带头向国家递交了公私合营申请。

1954年8月27日,同仁堂公私合营大会召开,公私双方在协议书上签字。公私合营对于同仁堂的工人们来说非常高兴,因为他们感觉一下子解放了。原来同仁堂有一个规矩,就是雇来的工人都要改名字,工人们虽然感觉受了侮辱,但是也没有办法。合营后工人们自己的名字恢复了,大家也都更积极地去做工了。同仁堂是提前一年多的时间合营的,同仁堂合营,推动了北京市其他私营工商业的合营。1955年初,彭真到同仁堂检查工作并会见了乐松生,肯定了他在公私合营中的表现。不久,毛泽东、周恩来在中南海接见了乐松生,毛泽东亲切地询问了乐松生的生活、工作和同仁堂生产情况,勉励他为国家医药事业多做贡献。周恩来转达了他的妻子邓颖超对乐松生的问候。邓颖超早年曾在天津达仁女子学校任教,而这所学校的创始人是乐松生的伯父乐达仁。

2. 四马分肥

公私合营后的同仁堂,企业的性质发生了根本性的改变。同仁堂内部建立健全了党、政、工、团的领导组织,增建了企业各项的管理制度。国家还投资扩建厂房,增添生产设备,促进生产迅速发展。在管理上,破除了不适应当时生产力发展的经营方式,原来同仁堂是一厂一店,自己生产自己销售,生产面比较小。公私合营后,企业在国家统一安排下,北京市别家店的药同仁堂也可以生产销售;同时在销售面上,也由一家一店自己销售,扩大到全国销售。

同时,在国家的扶持下,同仁堂像中国其他中药企业一样,彻底摆脱了手工作坊式的生产模式,简单的手工操作逐渐被机械化、半机械化的设备所替代。结果是素以"质高价昂"知名于世的北京同仁堂成药,在公私合营后连续几次降价,成为质高价廉的产品,受到了广大人民群众的热烈欢迎。1956年,同仁堂建立了工厂管理委员会,简称工管会,目的是对同仁堂实现企业民主管理。工管会只承担决策,而不是一个生产管理的执行机构。

工管会的建立,进一步完善了同仁堂的管理体制。实行公私合营后,企业利润被分成国家所得税、企业公积金、工人福利费、资方红利四个部分,即所谓"四马分肥",国家和工人所得占了大头。作为中国民族资本家的代表,同仁堂的乐氏家族经历过彷徨不安到主动接受的过程,但后来发现,"四马分肥"不但没有减少他们的收入,反而给他们带来了更高的红利,工人的收入亦因此翻了番。比如1949年之前,四大房每年在铺面上提取银子4万两,1949年以后四大房每年提取5.6万两。1953年,按照"四马分肥"原则,四大房共分得红利17 156元,超过原来所得两倍多。仍任经理的乐松生乐不可支:"原来担心合营会影响生产,没想到合营后业务发展这样好。"

公司效益好了,工人的收入亦翻了番。1953年1月,我在同仁堂工作,月收入能买180斤小米。而"四马分肥"后,我的工资开到了每月62.5元,而当时的小米是每斤一毛三,我的工资合480斤小米。收入只是一方面,公私合营后的工人们有了"主人翁"的感觉,干劲十足。以前再怎么样也是给东家干活儿,公私合营后,我们就是给自己干活儿了。

有一组数据最能说明同仁堂公私合营以后的效果,1949—1959年10年间,同仁堂的职工从194人增加到540人,其中460多人是纯工人,生产总值也从1948年的16万元增加到了1959年的1 251万元。

公私合营以后乐松生的社会工作也多了起来,自己忙不过来,就聘请了乐益卿和同济堂的刘景玉做副经理,自己则抽出时间来做其他社会工作。

1955年,乐松生当选为北京市人大代表、市政协委员,后又出任北京市副市长。1956年1月15日,这一天,北京市各界举行庆祝社会主义改造胜利大会,乐松生代表北京市工商界同业登上了天安门城楼,向毛泽东、刘少奇、周恩来等党和国家领导人报喜。

同仁堂,堂名"同仁",由创办人乐氏家族的乐显扬亲自命名,其寓意就在以药养生,以仁济世。同仁堂自创立以来,就严格把持精制中药的原则,在《乐氏世代祖传丸散膏丹下料配方》的序言中有记载"炮制虽繁必不敢省人工,品味虽贵必不敢减物力",因此,同仁堂制售的药物,对症服用,效果卓群,积累了良好的社会信誉。同仁堂自创办以来,不仅名盛于当时,而且享誉了三百年至今。创建于清康熙八年(1669)的同仁堂久负盛名,经历了清朝的盛衰,又熬过了近现代动荡不安的历史,随着中华人民共和国的成立和崛起,经久不衰,不可谓不是传统儒商与时俱进的典范。而在中华人民共和国成立之初,同仁堂有一段改革的历史,在这段改革中,同仁堂不仅保持了它传统儒商诚信经营,优中选优的品质,同时顺应了新时代的生产技术和社会历史发展,使得老品牌重生出新的生命活力。同仁堂的故事正是传统儒商现代化过程中"辞旧迎新"生生不息的典范。

(资料来源:李建勋:《民族工商业改造,老店同仁堂新生》,《中国经济周刊》2019年第18期。)

七、推陈出新的珠江啤酒

2000年,珠江啤酒集团也许可以舒一口气了,这一年企业实现税利5.35亿元,利润高达2.22亿元,人均实现利税高达31.9万元,居全国同行首位。然而珠啤集团能够有这个成绩着实不易,珠啤集团早些年虽然还一直排在国内三甲之列,但企业面临的形势已是相当严峻。

从1993年开始,珠江啤酒面临着一次空前的品牌影响下滑的严酷考验,当时广州各大宾馆酒楼竟然都没有珠江啤酒,在广州本地市场上被洋品牌的"生力""蓝带"压得喘不过气来。更要命的是,多数人认为"珠江啤酒"就是中低档产品,不入流。而在企业内部,因受"多元化"风潮影响,珠江啤酒也涉足其他与主业非相关领域,大大小小的二级企业有30多家,甚至还和别的企业合资到内蒙古养羊。这些"多元化"项目基本没有回报,还占用了企业大量资金,很多企业骨干也在这些"多元化"项目上弄得焦头烂额,企业的正常运作受到冲击,从1988年起还出现了严重的效益下滑。这就是后来珠江啤酒集团总结的"三个反差":啤酒销量高速增长与经济效益严重滑坡的反差,投资不断增长与回报率极低的反差,企业规模不断扩大与管理水平滞后的反差。而此时,青岛啤酒、燕京啤酒正加紧扩张步伐,内忧外患,珠江啤酒已经被挤到了悬崖边上。当时珠江啤酒集团的决策者都意识到了问题的严重性,努力提升珠江啤酒的品牌影响力。他们甚至完全抛弃"珠江"品牌推出独立品牌"雪堡"啤酒,并且聘请了国际著名广告公司专门为"雪堡"啤酒做宣传策划,但由于种种原因,市场并没有达到预期效果。

这时他们意识到,要解决"珠江啤酒"当时的困难,必须从最根本的地方入手,全方位提升。首先他们想到了,"能否推出'纯生'啤酒"？对"纯生"的概念,珠啤集团副总经理方贵权解释说:"喝一般的啤酒(熟啤酒)就像吃水果罐头,而喝'纯生'啤酒就像吃新鲜水果。"珠江啤酒如果研发成功,就是国内第一家"纯生"啤酒生产企业。其实"珠江啤酒"早在1992年就开始研究"纯生"啤酒,"纯生"啤酒的生产要求非常严格,整个过程必须建立在啤酒酿造、过滤、包装全过程对微生物严格控制的基础上,由先进的设备、科学的管理、严格的控制,以及高素质的员工组合在一起生产出来的。珠江啤酒集团以其10多年的技术实践经验,大胆引进技术和设备,投入超过一个亿,新产品"珠江纯生"终于在1997年面世并走向市场。

但是,"珠江纯生"在投放市场前期也并非一帆风顺,由于当时不注重品牌管理,市场管理不到位,导致"珠江纯生"出现了"好酒贱卖"的局面,价格越卖越低。1998年,集团公司果断采取措施,调整营销策略,拓展营销渠道,逐步提高珠江"纯生"啤酒品牌的形象,使每支纯生啤酒价格从原来的3.2元提升到4元,并使珠江"纯生"啤酒市场出现了空前的热潮。仅1999年珠江"纯生"啤酒产销量便增长一倍多,2000年更上升到近10万吨,成为珠江啤酒集团扔向全国啤酒市场的一颗重磅炸弹,很快在全国范围内掀起一股"纯生"啤酒热潮。珠江啤酒集团同时也一扫品牌形象下滑的晦气,重新站到了一个新的起点。同时"纯生"啤酒也给珠江啤酒带来滚滚财源。据介绍,"珠江纯生"每吨利润最保守的估计也在千元以上,而普通啤酒每吨平均利润仅几十元。

一个新产品能够带给企业一个新的形象,但是最终决定企业命运的还是其内部管理。之后,珠江啤酒集团与白天鹅、中国大酒店、广州酒家等广州市数十家著名宾馆、酒楼联手,彻底改变了珠江品牌进不了著名宾馆、酒店的局面。

（资料来源:维安雄:《灵活变通:广东人的商业精神》,广东人民出版社2005年版,第64—66页。）

八、知识创新的典范——路明科技集团

肖志国,现路明科技集团总裁,自发光产业的革命者与坚守者。说起研发初,肖志国有许多话"要说"。小时候家里穷,就像那时中国的许多地区一样还没有电灯,每当黑夜降临,对光的渴望和追求成了他年少时的梦想。正是这份幼年的情怀,影响了他此后的生活。在"金饭碗"科研所不呆,非要跃身商海金潮一搏,这是"知识分子"不愿做的;不满足于已经获奖的科研成果,而非要拿到市场上去打拼,这是"知识分子"不会做的;开拓市场,国内头撞南墙不罢休,偏要去国际市场见个高低,这是"知识分子"不敢做的。然而,肖志国却"硬着头皮"做下来了,"不安分"变成了"创新"。虽然他的创业经历与传统儒家由士入商有所不同,但这正是当代儒商的突出特点,即知识创新。路明的成功不仅完美诠释了当代儒商的新特点,更为当代儒商的发展提供了新思路。

这种知识创新首先体现为基础核心技术的突破型创新。之所以称它为突破型创新,是因为它是通过重大的革命性的技术突破或改进而实现的创新。也就是说,1988年,现路明集团总裁肖志国在读硕士期间,利用业余时间偶然发现的稀土蓄光型自发光材料是对前两次自发光材料的根本突破和创新。这次革命性的创新不仅对原有产业产生了重大影响,而且也成为路明迅速进入这一产业的基础。当然,路明能够迅速进入市场也依赖于肖志国前瞻性的战略眼光。他在读硕士期间对发光材料技术的隐约认识,在工作期间对这一技术的继续研究,以及在当时专利意识普遍不强情况下对专利申请的创新保护,都是成就今天路明科技集团的基础。

这种知识创新还体现为产品能力的改进型创新。路明的自发光材料虽属于新的技术进步,但它还是脱胎于以往的实验室科技成果,性能及价值都较差,仅是潜在破坏性技术。如果在性能上不能达到并超过原有产品的水平,这种潜在性就不能转化为现实,也无法真正实现突破性或者颠覆性创新。为了改变这一现状,肖志国着重去填补技术和市场之间的鸿沟。在创新专利获得政府扶持启动资金后,他没有立即创设企业,而是成立商业研究所作为路明由科技行为向企业行为转变的载体,致力于完善自发光材料技术的产品概念改进和市场拓展。但是由于传统发光材料生产是针对硫化物方向设计的,导致路明稀土蓄光型自发光材料突破技术的改进型创新难度更大,也与一般改进创新不同。为了解决这一问题,肖志国不仅购买和研制了必要生产设备,还为形成真正产品改进了材料制备和工艺流程。然而,由于当时人们对传统发光材料普遍抱有偏见,新产品的出现并没有引起市场的重视。为了扭转这一局面,肖志国通过博览会、展览会等宣传推介新产品,探索市场营销之路。路明在改进型创新的基础上重点形成的是产品能力,即主要围绕技术形成相关产品概念、进行市场传播和培养面向市场的技术能力,但是这种能力还缺少有效的互补资源,成本、管理等因素尚未能全盘考虑,仍然没有形成有效的规模化工业生产及运作结构,只能依赖样品销售推动发展。路明通过改进创新一步一步将各种困难不断化解,用低水平装备逐步生产出高端自发光产品,从核心技术成功过渡到产品能力。

这种知识创新再次体现为运作能力的支持型创新。与改进型创新不同,支持型创新并不使核心技术及产品概念发生变动,而是利用围绕技术构建有效的规模化支撑体系,进行大量的企业基础创新。路明的支持型创新体现在两方面:其一,针对不同需求进行产品局部变革和调整,拓展细分市场,形成多样化产品。其二,通过增加互补资产(生产、销售和服务的能力)的投资来实现产品的真正获益。从战略角度而言,路明运用支持型创新对生产规模、销售网络等体系的投资和拓展,构建的正是运作能力。路明运作能力的形成使得管理规则、工序关系等诸多基本活动过程能够按发光材料产业特性有效衔接,通过运作能力提升,路明的原料采购、原料制备、发光产品生产、对外销售和配套服务以及研发体系在整体效率、规模和经营上都获得了重要进步。可以说,依赖支持型创新实现的运作能力实际上使路明具备真正意义上的企业能力,路明实现了技术与企业形态的有机契合。

这种知识创新还体现为核心能力的渗透型创新。渗透型创新,主要是依照技术亲近度进行拓展创新,既在自身发光材料产品系列上延伸,同时也向技术关联领 LED 产业发展,培育多种涉及创造光、利用光和转换光的技能和技术。路明虽然在自发光材料行业占据主要地位,但路明的自发光产品很难被重复购买,市场增长潜力也很有限。另外,2001 年的"9·11"事件虽然使路明及其自发光产品更加声名远扬,但也大大加剧了自发光材料的行业竞争。针对这种威胁,路明采取了两条路径的创新策略:一条路径是加快发光产品升级,另一条路径是向关联领域拓展。肖志国固体发光材料的专业背景再次帮助他意识到了这一领域的巨大潜力,路明将发展领域渗透到更广阔的光电子产业,拓宽自己的业务范围。在此阶段,路明收购了一家生产 LED 显示屏的专业公司——东方电脑集团公司大连分公司,使路明正式从低端封装领域进入半导体发光产业,从事 LED 显示屏的开发、生产和销售,具备了 LED 产业的初步经验。

这种知识创新最后体现为动态能力的集成型技术创新。路明的集成创新之所以成功,只因为它在强调围绕自身技术优势,在技术快速变化和难以掌握 LED 所有技术的条件下,主动地选择吸收、优化和整合外部技术资源,从而达到优势互补,实现跨越式发展。对于路明而言,虽然创新积累形成了发光材料制造方面的核心能力,但是相对于光产业多样化竞争优势而言,这种核心能力所带来的竞争优势还是较为狭窄和单一的,其发光材料的优势仅仅处于原料制备环节。如果不能掌握 LED 核心技术,即使进入 LED 行业也只是获得了一些产业链的协调,还必将受制于国外竞争对手。从这一战略意图出发,路明在 2002 年就将从事 LED 显示屏和 PDP 等离子电视屏生产举措定位为学习积累,它为路明准确把握 LED 产业爆发点和市场需求及竞争态势打下了坚实基础。路明追求自主创新的努力不但实现了集成创新,使艰难的跨国技术购并得以成功,也推进了自身能力的更新提升,使核心能力演变为一种能更新能力的更高层的动态能力,也就是对内部和外部的竞争能力进行整合、构建或者重置以适应快速变化的外部环境的能力。

此外,路明也非常强调人才的重要作用。为了始终走在自主创新的前沿,路明集团的科研政策是每年拿出销售收入的 15% 的比例用于研发、创新,同时多渠道加大国际化的尖端人才团队建设。路明屡次成功实现创新转型、将创新不断提升到新的层次的过程不仅让我们看到了吸收能力的重要性,更深刻认识到企业家对创新的专注和远见是脱离于企业发展的独立变量,它既是企业的创新能力培养和创新机制形成的起点,同时也影响了企业的创新模式。企业家不仅是企业创新活动的倡导者、组织者和观念的推广者,更是推进企业不断发展的潜在动力。毫不夸张地说,没有肖志国也就不会出现今天的路明。

(资料来源:韵江、刘立:《创新变迁与能力演化:企业自主创新战略——以中国路明集团为案例》,《管理世界》2006年第12期。耕夫:《创造光明的人——记大连路明科技集团总裁肖志国》,《稀土信息》2005年第6期。周匀:《追光十五载 人生路更明——记路明科技集团董事长肖志国》,《中国新技术新产品》2008年第1期。)

九、养"菜鸟"释放"磁场效应"

如果一个企业拥有营造共生空间的平台,就像拥有了产业磁场,吸附各个环节企业归附,这类企业也有无限大的能量,可以说是磁场型企业。苹果公司就是这样的磁场型企业。它凭借苹果系统磁场,吸附了包括中国富士康、日本索尼、韩国三星等企业为其打工。苹果公司2012年5月跃居全球最大市值企业,也在2012年连续第6次位居全球供应链25强第一名。

这样的企业在中国也出现了。天猫网这块电商磁铁已经吸附了当当网、乐蜂网、国美在线、凡客诚品等知名电商企业入驻,菜鸟网也在吸附顺丰、申通、圆通、中通、韵达等知名快递企业入驻。从搭建大电商平台天猫网,到搭建大物流平台菜鸟网,马云都在打造平台型企业——营造产业磁场。5月28日,马云宣布联合复星、银泰、顺丰、三通一达等组建的菜鸟网络科技有限公司正式成立。这也意味着马云去年就抛出的"中国智能物流骨干网"项目真正落地。

菜鸟网络计划投资3 000亿元,建立一张能支撑日均300亿元网络零售额的智能骨干网络,让中国任何一个地区都能做到24小时内送货必达。

中国的电子商务发展太快,电商的竞争是价格的竞争更是用户体验的竞争。去年"双十一"就产生了7 800万个包裹,2012年每天2 500万个包裹,10年后估计每天2亿个包裹。这么多包裹,显然不是一家快递公司可以搞定的,需要多少家快递公司呢,可能是十大霸主,可能是五家巨头。现在十大快递公司的估值未来可能都是百亿以上,并且后进入者已经没有机会。

另外,有人说"三通一达"要强强联合了,这更是滑稽的说法。"三通一达"的网络几乎是合的,并且都在抢地盘,大家怎么合作?这显然比登天还难。

那阿里到底想做什么呢?阿里想做的是一个网络,一个基于阿里大数据的物流网。再具体点是什么,就是中转中心,基于阿里大数据的中转中心。阿里未来想做的事情是根据天猫大卖家的分布,选择最好的地方建中转中心。怎么做,举个例子:以后韩都衣舍要从杭州发货到北京,可直接在阿里平台上下单。阿里根据在线信息平台显示,申通的快递员就在周围,则马上给快递公司申通发去指令,通知申通去收货。而后申通将货收到后必须按照阿里规定的时间送到阿里的中转中心。此时阿里中转中心数据显示,圆通正有干线车辆要发车到北京,则阿里通知圆通将韩都衣舍的货物装上车送到北京阿里中转中心。阿里北京中转中心显示顺丰正在要去韩都衣舍买家小区的周围……这样,大家成本降到最低,时间做到最快。阿里既掌握了信息流,又掌握了物资流,还制定了规则。

阿里并没有真正进入物流行业,而是提供了一个物流平台,菜鸟网的物流"磁场效应",对物流行业的发展或将产生诸多利好影响。

一是利于国内物流业集约化发展。谁掌握了平台就掌握了让谁登台唱戏的话语权,就能从业务上迫使物流服务商规范运作。菜鸟网从积聚性平台建设倒逼快递物流企业加速升级,走向集约化和规范化。

二是将推动中国物流业从劳动密集型向技术密集型转变。中国大部分物流企业还是劳动密集型的传统物流,而现代物流是融合物流、信息流、资金流三流合一的服务,菜鸟网为提供现代物流服务创造了大舞台。全国性的平台型物流网络,为信息技术和现代装备的批量使用提供了可能。

三是或将对中国交通基建产生一定影响。马云也期望以 3 000 亿投资撬动并嫁接国家几十万亿的交通基建资源。菜鸟网建立的中国智能物流骨干网,就是以物流枢纽将打通中国公路、机场和码头等交通枢纽。中国目前 90% 以上机场亏损。可以预见的是,电子商务快递将给航空货运带来井喷式业务,而菜鸟网的物流枢纽,将为机场等交通枢纽提供商机。

四是将利于推动中国智能物流和供应链金融等发展。菜鸟网为未来的物联网技术推广,及透明供应链建设提供了基础支撑。同时,仓储平台也是资金流交会的地方,可以开展供应链金融等创新服务。而阿里巴巴推行的小额信贷就是供应链金融创新服务。

(资料来源:《如何看待马云组建"菜鸟网"对物流的影响?》,《现代物流报》2013年6月4日。)

十、海尔集团的互联网时代新策略

1. "人单合一双赢"模式

2005年9月海尔正式提出"人单合一双赢"模式以应对互联网时代。"人"即员工;"单"不是狭义的订单,而是用户资源。"双赢",就是把每一个员工和用户结合到一起,让员工在为用户创造价值的同时实现自身价值。有自己的用户并不是目的,最终目的是要为用户创造颠覆性的产品。"人单合一双赢"模式使每个人都是自己的CEO,它把员工从传统的科层制中解放出来,组成一个一个直面市场和用户的小微企业。这些小微企业把全球资源都组合起来,对产品不断迭代升级,自发现市场需求,自演进达到目标。

互联网的三个特征——零距离、去中心化、分布式,分别颠覆了古典管理理论三位先驱泰勒、马克斯·韦伯和法约尔的理论,新的时代规则要求企业管理模式的重塑。

第一,零距离颠覆了泰勒的"科学管理理论"。科学管理理论以动作时间研究著称,动作时间研究的结果形成了今天的流水线,在流水线上,人是没有创造力的,完全变成机器的附庸。而在互联网时代,用户和企业之间必须零距离,只有零距离才能满足用户的个性化需求,大规模制造注定被大规模定制所代替。

第二,去中心化颠覆了马克斯·韦伯的"科层制理论"。科层制理论的组织架构是金字塔式的,这种"正三角"形的组织里充满了各种层级,从决策层、管理层到操作层,逐层增大,基层人员的自主空间很小。而在互联网时代,所谓"去中心化"就是每个人都是中心,对内部而言每个员工都是中心,对外部而言每个用户都是中心,金字塔式的组织架构要变得扁平化。

第三，分布式颠覆了法约尔的"一般管理理论"。一般管理理论强调的是企业内部职能的再平衡，但无论怎样平衡都是内部封闭起来做一件事。根据乔伊法则，最聪明的人永远在企业外部。互联网为企业利用这些分布式的资源创造了条件，企业要从封闭变得开放，世界就是我的研发部，世界就是我的人力资源部。

具体到企业经营实践层面，用户被互联网"激活"后，传统企业的"生产—库存—销售"模式不能满足用户碎片化、个性化的需求，为解决这个问题，更好地为用户创造价值，海尔积极探索互联网时代创造用户的新型商业模式，即"人单合一双赢"模式。"人单合一双赢"模式把员工和用户连在一起，"激活"每个员工，让员工在为用户创造价值的同时实现自身价值，让每个人成为自己的CEO。另外，海尔内部员工全部变为接口人，接入全世界一流资源，将世界变成海尔的研发部和人力资源部。

2. 海尔创新生态品牌

生态品牌的概念，是由海尔集团董事局主席、首席执行官张瑞敏，在2018年5月首次提出的，这是全球范围内第一次明确提出的物联网时代创牌方式。自此，全球企业品牌之路开辟了一条全新赛道，一场品牌的非对称竞争拉开序幕。

事实上，海尔生态品牌并不单单关乎品牌，它根植于高度自洽的"三生体系"——生态圈、生态收入和生态品牌。生态圈，意味着从电商或传统交易平台变为持续交互的社群生态；生态收入，意味着不单有产品收入，更要凭借社群用户资源、全场景定制方案、各方生态资源产生服务价值；生态品牌，意味着品牌不再以企业为中心参与零和博弈，而是多方共创共生，来自共享经济的呼唤。

生态品牌更深层次的"源代码"，则是海尔的"人单合一"管理模式。战略上，"人单合一"打破传统科层制壁垒，让封闭的企业变成向全球开放的生态系统；组织上，企业从金字塔式的科层制转变为非线性的、去中心化的网络组织，让员工成为创客、与用户零距离交互；薪酬上，从企业付薪变为用户付薪，驱动员工关注用户需求，勾勒出生态品牌背后的用户需求图谱。

传统工业时代打造产品品牌,靠品牌溢价;互联网时代打造平台品牌,靠用户流量;物联网时代要以生态价值为基础,打造生态品牌。海尔生态品牌至少从三个层面改写了传统意义上的品牌内涵。

生态品牌具有三大颠覆性:

(1)生态品牌是人的连接而不是物的买卖。

工业时代转向互联网时代,再步入物联网时代,品牌价值的核心逐渐从"物的关系"转向"人的关系",这是海尔构建生态品牌的原点。过去,品牌营销基于4P理论,以"大生产、大零售、大渠道、大品牌、大物流"的逻辑取胜,产品、价格、渠道和促销都基于产品功能价值的创造、传播和兑现。如今,品牌必须以消费者体验为核心,品牌营销进入"4R"时代,即识别用户(Recognize)、触达用户(Reach)、与用户建立持续关系(Relationship)以及实现交易回报(Return)的全新链条。过去,无论是产品时代还是电商时代,品牌都没有摆脱"物化"的本质,物联网技术催生的社群化商业模式彰显了人的价值,是生态品牌天然的土壤。

(2)生态品牌是成为唯一而不是争夺第一。

随着物联网时代的到来,市场营销的三大基石:媒体、渠道、用户都发生了根本改变。过去的媒体是单向、垄断、大规模投放的,今天的媒体是互动、开放、精准的;过去的渠道是实体、多层级的,今天的渠道是虚拟与实体相结合、趋向于扁平的;过去的用户是孤立的、弱势的,今天的用户是社群的、相互影响的。因此,品牌成功的关键不再是在竞争中成为第一,而要成为用户选择的唯一,这正是斯坦福大学营销学教授塔马尔·西蒙森提出的品牌"绝对价值"的内涵。

第一是相对的,唯一是绝对的。生态品牌符合营销学界对"绝对价值"的定义,致力于持续满足用户需求,而非用操纵手段捕获用户的心智,从根本上改变了那种因果倒置的品牌观。基于生态品牌观,就更能理解德鲁克所说的"满足顾客需求是整个企业的事情,而不是单独一个职能部门的事情"。

（3）生态品牌是千条命而不是一条命。

生命周期理论在产品时代被奉为圭臬，品牌也无法摆脱生老病死的法则。物联网时代则不然，生态品牌根植于生态圈，与用户需求共同进化，是从产品中心主义到用户中心主义的范式转移。生态品牌不再局限于单一载体，就像森林不再被某一棵树定义，于是打破了生命周期的宿命，获得永不衰竭的生命力。海尔目前有200多个创业小微，3 800多个节点小微，122万个微店，结合全球超过5 000个一流资源，形成了共生、互生、再生的热带雨林。在海尔开放共享的创业平台上，涉及节能环保、区块链、大健康、智能制造、智能硬件、智慧教育、现代农业、新材料等多个领域，生生不息地培育着生态品牌。

物联网生态品牌榜开辟了一条全新的高速公路，今天疾驰其上的是海尔。未来，进入这条高速车道的生态品牌将会越来越多，这是历史的必然。

张瑞敏之所以在国际企业管理领域享有盛誉，是因为他始终坚持"人的价值第一"，将中国传统文化精髓与西方现代管理思想融会贯通、兼收并蓄、创新发展、自成一家，他以创新的管理理念为全球管理界探索输出了符合时代特征的商业模式和经典案例，创造了充满竞争力的海尔文化。

（资料来源：海尔集团官方网站。）

主要参考文献

[1]冯契：《中国古代哲学的逻辑发展》，东方出版中心2009年版。
[2]张岱年：《中国哲学大纲》，商务印书馆2015年版。
[3]辑斗勇：《儒商精神》，经济日报出版社2001年版。
[4]黎红雷：《儒家管理哲学》，广东高等教育出版社2010年版。
[5]苗泽华编著：《中华新儒商与传统伦理》，经济科学出版社2016年版。
[6][日]涩泽荣一著，高望译：《论语与算盘》，上海社会科学出版社2016年版。
[7]庞利民：《晋商与徽商》（上下卷），安徽人民出版社2017年版。
[8]张后铨：《招商局近代人物传》，社会科学文献出版社2015年版。

[9]华商韬略编辑委员会:《华商功勋——六十位杰出华商领袖的事业成就与国家贡献》,经济日报出版社2010年版。

[10]秦亢宗编著:《流金岁月:上海名商百年史话(1843—1949)》,东华大学出版社2014年版。

[11]上海市社会科学院经济研究所编著:《上海永安公司的产生、发展和改造》,上海人民出版社1981年版。

[12]维安雄:《灵活变通:广东人的商业精神》,广东人民出版社2005年版。

[13]李建勋:《民族工商业改造,老店同仁堂新生》,《中国经济周刊》2019年第18期。

[14]边一民:《儒商的商业伦理精神与商业伦理文化建设》,《商业经济与管理》2004年第10期。

[15]何轩:《儒家传统伦理思想的现代检验——关于中庸理性与儒商精神的探索性实证研究》,《上海财经大学学报》2010年第3期。

[16]施炎平:《儒商精神的现代转化》,《探索与争鸣》1996年第10期。

[17]韵江、刘立:《创新变迁与能力演化:企业自主创新战略——以中国路明集团为案例》,《管理世界》2006年第12期。

[18]张德胜、金耀基:《儒商研究:儒家伦理与现代社会探微》,《社会学研究》1999年第3期。

[19]苗泽华:《现代市场经济中新儒商涵义诠释》,《商业时代》2007年第35期。

[20]叶建宏:《东方管理以德为先思想研究》,复旦大学2008博士论文。

第六章　克己敬业的管理理念

在现代企业管理中,"爱岗敬业"被作为企业文化和员工守则的重要因素。对于企业而言,"敬业"意味着强烈的社会责任感,能够信守承诺,高质量地提供服务或产品,并且不断求新进取,自我提高;对于员工而言,"敬业"则意味着勤奋刻苦,遵守秩序,能够保质保量地完成工作。企业和员工共同发挥"敬业"精神,不仅成就了个别企业与员工,更使整个行业和市场在积极竞争中不断良性发展,最终实现经济持续繁荣和社会财富的不断积累。

第一节　儒家的敬业观

在先秦儒学中,依照"敬"的对象而言,可以分为敬天(道)、敬人、敬事。因为"道"为儒家伦理提供了普遍性的依据,"敬天"者就是以普遍性的道德要求来做事待人。"敬人"则意味着待人真诚,与人为善,要把人当作目的本身,而不仅仅是使用的工具手段。"敬事"则要求在事中磨炼,有所作为。到宋明理学,"敬"衍生出一种恭敬肃穆、严谨专注的修养功夫,而落实在日用伦常中,如朱子所言,"敬不是万事休置专一,谨畏不放逸耳"(《朱子语类》卷十二)。于是,按照宋明儒者的说法,"敬"包含了随处行事的认真态度,且成为君子修身求道必需的一种功夫。在这种扩充的诠释下,"敬"不再局限于儒家祭祀之礼以及君臣父子之礼,而成为儒者做事为人的日常行为规范。

一、先秦儒家的敬业观

在《论语》中,孔子多处提到"君子"当"敬",如"君子有九思:视思明,听思聪,色思温,貌思恭,言思忠,事思敬,疑思问,忿思难,见得思义"(《论语·

季氏》)。"敬"不仅仅是君子为人处事的品格,也是实践修养功夫之要。"子路问君子。子曰:'修己以敬。'"(《论语·宪问》)自先秦,孔子所说的"敬"包含有敬业的意味,"事君,敬其事而后其食"(《论语·卫灵公》)。

在儒家看来,只有通过"敬",一个人才有可能取得世人的认可,从而做事才能成功。"言忠信,行笃敬,虽蛮貊之邦行矣;言不忠信,行不笃敬,虽州里行乎哉?"(《论语·卫灵公》)先秦儒者重视将"敬"运用到具体政务当中。孔子就认为治理国家事务,需要谨慎克己。"道千乘之国:敬事而信,节用而爱人,使民以时"(《论语·学而》)。

"敬"不仅仅表现在行为上,更出自内心,是一种自觉自发的行为方式,因此是履行一切儒家伦理事务必需的内在动力。"今之孝者,是谓能养。至于犬马,皆能有养;不敬,何以别乎?"(《论语·为政》)孟子和告子就"仁内义外"的问题进行辩论时,孟子反对将"礼"之"敬"看成一种外在规定,而应是一种内心的真实反应和意愿。

由于先秦儒学看重人的社会角色,因此"敬"往往和"礼"联系在一起,构成一整套君臣亲戚上下的差等秩序。但需要注意的是,先秦儒学强调对居上位者有"敬"之礼,如"敬长""敬兄",但"礼"规定的尊重并不是单向的。比如《孟子》中就提到,王公亦需有"尊贤者"之心,在"礼"的等级秩序的背后是一套以尊德重义的内涵为基础的理论体系。这样的儒家之"敬"是相互的,蕴含着人与人间交往的基本准则。

最后,"敬"不仅仅针对具体的人与事,"敬天而道"还表现了君子的高尚品格,反映出先秦儒者对超越性目标的向往追求。

二、宋明理学对敬业观的发展

自宋明开始,"敬"脱离了特定礼节的范畴,而融入了伦常生活。宋明儒者扩充了"敬"的内涵,"主敬"包括了克己自持,勤学奋进,爱惜时间等伦理品质。一方面,"执事敬"仍然不脱离儒学核心的君子之学,强调学习的勤奋刻苦;另一方面,"敬"的观念也开始指导儒者的工作事业,激励儒者积极参与社会劳动,以事功求德行。一如余英时考察所得:"新儒家则相信有'天理'（或'道'）。但'理'既在事上，又在'事'中，所以人生在世必须各在自己的岗位上'做事'以完成理分，此之谓'尽本分'。但'做事'并不是消极的、不得已的应付或适应此世。相反地，做事必须'主敬'，即认真地把事做好。这是一种积极的、动态的入世精神。"[1]

随着商业形态在中国历史上的逐渐发展，以儒从商者也多继承了儒家"执事敬"的传统，如此，传统儒家的"敬"渐渐发展为儒商独特的敬业的精神。儒商的敬业精神来自儒学中"敬"的功夫，这种"敬业"与韦伯所讲的新教伦理又有所不同，可以用传统儒学的术语来描述为"克己敬业"，须具有以下三个显著特征：礼文化要求下的社会责任感，终身学习进步的修养功夫，与儒家之"道"相合的超越性追求。

儒商的敬业精神是社会性的，也就是要有比较强烈的社会责任感。在儒学发展过程中，"礼"逐渐超越出狭义的君臣父子等级制度，成为以德为基础的一整套秩序规范。儒者强调柔性规范对人的约束作用，"无规矩不成方圆"，修身成仁的第一步就是要做到"克己复礼"。在传统社会，"礼"规定了在各种场合中个体的社会责任与行为规范，是一种与身份场合相匹配的道德要求；而在现代社会中，传统儒家之"礼"则进一步演变为对职业职责的内在规定。"礼"的核心是别名分以求名实相符，因而，居其位就当行其事。换句话说，在古代"礼"之"敬"则表现为，为君当有君之仁，为父当有父之慈，为师当有师之表，为臣当有臣之忠，等等。在现代"礼"之"敬"转化为专业能力和职业操守的要求，军人当有勇，学者当有智，医者当有术，等等。而在商业社会，依照儒者的要求来从事商业生产活动，就需要企业和员工各自明确自己的社会责任和生产责任，尽忠职守，敬业守礼。

"主敬"在儒家传统中原是一种君子之学的功夫方法，因而"敬"的目的并非停留在为人处世的认真勤勉。《大学》受到宋明儒者的推崇，成为儒家经典。以《大学》而言，《大学》是儒者入门修行次第的必修课程。"三纲领八条目"首先就规定了"大学之道，在明明德，在亲民，在止于至善"，修身为学的根本在德与民。而后又有"物格而后知至，知至而后意诚，意诚而后心正，

---

[1] 余英时：《中国近世宗教与商业伦理》，九州出版社2014年版，第156页。

心正而后身修,身修而后家齐,家齐而后国治,国治而后天下平。自天子以至于庶人,壹是皆以修身为本"。"执事敬"是为修身,不断地反思学习以提高道德修养是儒者终生的事业。具体来说,修身就是要多做实事和好事,最终目标是匡世济民。因而,由儒文化发展而来的儒商"敬业"精神,既是对职务之事的尽职尽责,更要超越具体职业的限制,而寻求个人品格和精神的不断提高,以兼具家国情怀而有社会担当。如此,传统儒商的敬业观才能以匡世济民的入世目标超越了个人利益,具有以义制利的特征。

传统儒商的"克己敬业"不仅要求商人能积极入世,还包含了寻求超越的普遍性依据。在先秦,"敬"的对象就包括对于普遍之"道"的敬畏与向往,而到宋明,普遍性的道则以"天理"的概念呈现出来。儒家不在彼岸世界寻求永生,而是通过"天人合一""万物一体",将个人在此世的成就提升为境界,以最终获得当下的超越与永恒。儒商精神所要求的"敬"是实现这一超越性的重要渠道,通过在生活中勤勉求知,在处事中励精图治,最终成就"此世"德行,在内心达成普遍永恒的和谐圆满。

第二节 明清和近代儒商的敬业观与近代转型

一、传统儒商的敬业观及其践行

受到传统儒家伦理的影响,明清儒商往往将忠、孝、仁、义等观念作为志向,而将商业活动作为实现这些抱负志向的事业。因而,明清儒商不太看重暂时的得失利弊,能经得起挫折和挑战。由于这些儒商受过良好的教育,因此懂得商场必有跌宕起伏,在崇高志向的引导下,往往能以平常心待之,懂取舍,有原则,有长远的商业眼光,故此能取得最终的成功。

明清儒商继承了传统儒家修己以敬的思想,培养出了开创事业所必须坚毅果敢的品质。《济阳江氏族谱》中记载了一段颇为艰辛的创业故事。有一明代徽商,为报母亲养育之苦,励志从商,其乡人都赞此先生默负奇志。然而经商过程中,却屡遭挫折,数次无功而返,甚至被乡人背后评价他"素有大志,今乃作此寂寂"。然而,他却不为挫折动摇,"苦发奋事,即身体力行,不敢履错"。虽然,"出则未有不蹶且罹祸者矣"①。奔波至五十不休,终能孝养亲人。当然,由儒从商成功的案例还是多见,如明代商人程维宗,因仕途不顺,从事商贾,但出师大捷,若有神助。《休宁率东程氏家谱》评价他"平生之志,喜于作为,以立事功,不肯自同流俗,是以得失亦问有之"②。从这些记录中可见,明清儒商的创业活动并非都一帆风顺,但他们面对困难和挑战,多能坚持自己的志向,勤勉奋发,正是儒家君子有恒心的体现。

明清儒商能够在经营中做到诚信守礼,克己自律,多因为他们在平常生活中就十分注重个人道德的修养。这种修养也会自然而然地体现到他们的经营活动中。清代盐商吴氏曾告诫后人:"存好心、行好事、说话好、做好人。"③明末清初有徽商方道容,读书时就十分勤勉,"传习不倦",因"子代父劳"弃儒从商,一生勤勉,被人称颂为"良贾"。《歙淳方氏会宗统谱》中评价他"公虽服贾,而修行谊也"④。传统儒商多因早年学习儒学已开始注重修养作为,等到从商时他们的敬业精神就会成为成功的动力,亦儒亦贾是明清儒商的一大特征。

除了有恒心,有修养,克勤克俭,自奉俭约也是传统儒商的共同特征。晋商就认为"勤俭为黄金之本"。明人王士性在《广志绎》中写道:"晋中俗勤俭,古称有唐、虞、夏之风,白金之家,夏无布帽,千金之家,冬无长衣,万金之家,食无兼味。……商有伴,故其居积能饶。"这种勤俭克己的精神使得晋商能在各地聚财。《广志绎》中还有记载了一段见闻,"晋欲勤俭善殖利于外,即牧畜之外省,余令朗时,见羊群过者,群动数以千计,止二三人执篓鞭之,或二三群一时相值,皆各认群而不相乱,……问之,则皆山西人"⑤。

明清商人的克己勤勉还反映在他们很强的学习精神上。明代张四维在为其弟弟作墓志铭时,提到起其经商的弟弟自学算术,精通各种商贾算法的

---

① 张海鹏、王廷元主编:《明清徽商资料选编》,黄山书社1985年版,第79页
② 张海鹏、王廷元主编:《明清徽商资料选编》,黄山书社1985年版,第82页。
③ 庞利民:《晋商与徽商》(上卷),安徽人民出版社2018年版,第189页。
④ 张海鹏、王廷元主编:《明清徽商资料选编》,黄山书社1985年版,第467页。
⑤ 张正明主编:《明清晋商资料选编》,山西经济出版社2016年版,第167页。

事例。"识量宏大,综计精确,不屑屑较锱铢,每年羡于人所不取,尤精九章算术,凡方田粟布勾股商分等法,厘中白首不得肯綮者,弟皆按籍妙解,不由师授。旅党或财贿分合纠纷难叙者,率弟为决,莫不犁然"①。积极学习以适应商业活动的需要,是儒商敬业观的体现,而此例也不是孤例,自晚明各类商业算术的书籍开始出现,也是儒商们积极进取的体现。

总之,明清时代大量儒商取得成功并积累了相当可观的财富,是和他们在儒学中汲取修己以敬的精神相关联的。他们更多地把儒学"敬"的功夫落实在商业经营活动中,进一步发展了儒商的敬业观。

二、传统儒商敬业观的近代转型

随着明清时代的士、商合流,亦儒亦商的"儒商"已经能够将儒家伦理中的道德要求应用于商业活动中,发展出了克己敬业的传统经营理念。然而传统儒商的敬业观仍然多是个人导向的,大商人根据儒家伦理的要求注重内在修养,他们在商业活动中展现的优良品质多是个人德行的自然延伸。到近现代,一方面,受外来企业管理思想的浸润,克己敬业逐渐从个人德行转化为一种制度上、管理上的敬业文化;另一方面,随着儒家文化的外传,也在地域上有了拓展,出现了马来西亚儒商、日本儒商、新加坡儒商等一批或以华人社群为主,或以自觉继承儒文化为主的海外儒商。鸦片战争之后,外国资本主义严重刺激了有时代使命感的儒商。近代儒商多视野开阔,他们将爱国热情、自身的传统特征和新出现的资本主义制度相结合。在他们的创造演绎下,儒商的敬业观逐渐转化为一种超出个人德行范畴而能广泛应用于近现代企业的商业伦理。

传统儒商重群克己、诚信不欺、自强不息、节俭寡欲,在保持这些优良品质的同时,近现代儒商也学习了西方理性管理的思路。传统儒商注重内在的诚信,在为人处事上有很高的自律精神,这当然为商人敬业精神所必需,但个人德行如果没有制度加持,其作用范围是比较有限的。受到西潮影响,近代儒商也开始注重契约精神和制度管理。在徽商、晋商中都逐渐出现了

---

① 张正明主编:《明清晋商资料选编》,山西经济出版社2016年版,第344页。

相对独立的股东制,现代财务体系等制度。近代状元企业家张謇就曾诉诸法律制度来保障公司顺利运营,说:"法律作用,以积极言,则有诱掖指导之功;以消极言,则有纠正制裁之力。二十年来,所见诸企业者之失败,盖不可以卒数。推原其故,……则无法律之导之故也。故无公司法,则无以集厚资,而巨业为之不举;无破产法,则无以维信用,而私权于以重丧。"①类似张謇这样开明并积极学习革新的近代企业家,他们引进西方的法律与制度管理,在传统以德经商的基础上,更以法经商,使得近代儒商的敬业观有了更现代化的雏形。

近现代西方列强进逼东方,不仅对近代的中国商人提出如何将儒家文化与西方资本主义融合的问题,也对广受儒文化影响的整个东方世界产生了深远的影响。与张謇所处年代相近的日本儒商涩泽荣一是实践近代儒商观的重要范例。涩泽荣一和张謇的履历颇有类似之处,都受到过完整良好的儒家教育,并在获得了官场入场券后,出于实业兴国的大志主动从商。在当时日本,由于慕强心理,许多人开始鄙夷之前传入日本的中国传统儒家思想,然而也有少部分日本精英人士认为日本不可放弃儒学。涩泽荣一在《论语与算盘》中,曾以儒家思想反思现代的股东与董事的管理问题,"现代实业届有一种风气,就是经常出现缺德董事,他们把多数股东委托管理的资产当成自己的私有财务,随意牟取私利"②。因而,涩泽荣一将儒家的知人善任应用于企业管理中,认为必须要有"称职的董事",才能杜绝以权谋私的现象。在汲取西方管理制度的同时,儒家的德行观成为选拔管理人才的重要补充。他也以儒者的要求来作为自己从事管理活动时的敬业准则,说:"我在从事经营管理时,总是牢记这份工作是国家所必需的,使其符合道理地运行。即便事业本身微不足道,而且个人获得的利益很少,但是只要是在合理地经营国家需要的事业,我在工作的时候总是愉快的。"③

---

① 赵靖、易梦虹主编:《中国近代经济思想资料选辑》(下),中华书局1952年版,第358页。
② [日]涩泽荣一著,高望译:《论语与算盘》,上海社会科学出版社2016年版,第191页。
③ [日]涩泽荣一著,高望译:《论语与算盘》,上海社会科学出版社2016年版,第193页。

在我们讨论近现代儒商精神时，不仅仅要看到儒商对于西方积极学习采纳的"走进来"的部分，也应注意儒家文化对于除了中国以外的世界的影响，儒家文化是一种"生生不息"的文化，因而，它也会"走出去"。随着近现代国门的打开，"走进来"与"走出去"，共同实现了儒家文化的近现代转型。

综上，无论是中国儒商、海外的华裔儒商，还是日本、新加坡、马来西亚出现的东亚儒商，其实都面临着相似的历史命题，即在西方主导的市场竞争中振兴富强民族企业。因而近现代儒商的敬业精神多有切近的"大义"为先的主旨在前。他们之所以奋发图强，勤勉克己，是因为他们将自己的事业看成时代使命中的一部分。强烈的责任感使他们超越了盈利的小目标，使他们的敬业精神有高尚志向的引导，更使得他们的君子之路有很强的超越价值。

第三节　儒商敬业观的当代建构和践行

一、当代企业正确认识敬业观的重要性

由于"克己敬业"为市场经济发展的必备条件，在资本主义市场形成之初，敬业精神就已有萌芽。马克斯·韦伯在谈到资本主义兴起所必需的劳动基础时提道："在这里，与专心致志的能力以及绝对重要的职业责任感最经常结合在一起的，则是计算高收益的严谨秩序，以及能够极大提高绩效的冷静自制和节俭，……这是资本主义所必需的劳动。"[①]韦伯注意到在追逐利益的理性秩序下，西方宗教背景中所包含的那种克己勤勉的精神因素对促进经济发展起到了积极作用。这段对西方资本主义敬业精神的相关阐述同样包含着很强的伦理要求，即现代市场精神需要企业的敬业文化。

事实上，勤勉、克己、守序、高度的责任感和精益求精的职业精神并非为西方宗教背景所独有。随着全球化市场的形成，东亚文化中同样涌现出大

---

① ［德］马克斯·韦伯著，阎克文译：《新教伦理与资本主义》，上海人民出版社2018年版，第288页。

量具有鲜明敬业精神的企业文化。比如,曾经盛传一时的日本的"匠人"精神,即不仅仅把生产活动当成一种谋生手段,更把工作当作个人修行的历练,在精益求精中寻求人格的自我实现和境界的提升超越。这种"匠人"精神深入到日本企业中形成了独特的日企敬业观。许多受儒家文化影响的企业或企业家都会援引儒学中的"忠恕""敬天""立志"和"成人"等观念来塑造企业文化和个人品格:如被誉为"日本企业之父"的涩泽荣一提倡艰苦奋斗的"大丈夫"精神,京都陶瓷的创始人稻盛和夫将"敬天爱人"作为企业的"社训"。随着中国的经济发展,中国企业以敬业精神打开了全球市场,出现了像华为、阿里等全球知名企业。以儒家文化为底色的东亚企业以勤勉敬业在全球市场竞争中获得了独特的竞争力,这说明现代市场所需要的职业责任感并非为西方文化所独有。中国企业想要在全球化竞争中脱颖而出,都可从自身的文化中汲取敬业精神。

现代企业管理多依靠奖惩体系约束员工的行为,市场则以利润回报企业,然而趋利避害的工具理性却并非促成敬业精神的最佳途径。管理学大师彼得·德鲁克认为,需要从员工内在的动机出发来培养责任意识,否则奖惩体系只能带来事与愿违的反效果,他说:"我们需要采取的做法是以追求绩效的内在自我动机,取代外部施加的恐惧。唯一有效的方法是加强员工的责任感,而非满意度。我们无法用金钱买到责任感。"[①]

企业的敬业观还是竞争市场的重要补充。市场机制并非万能的,比如许多技术性较高的领域,消费者一时难以辨别产品的优劣,或者由于相关知识的缺乏难以权衡产品的短期使用效果和长期副作用,这时如果企业缺乏真诚内在的敬业精神,就很可能将产品的潜在风险转嫁给消费者而获得高收益。法律法规尽管可以去束缚企业行为,但也不可避免地滞后于高技术产品的研发上市。这时只有企业内在驱动的敬业精神和自我管理的责任意识才可以让企业更好地保障消费者的福利和长远的社会福祉。

[①] [美]彼得·德鲁克著,齐若兰译:《管理的实践》,机械工业出版社2019年版,第309页。

二、克己敬业对儒商管理行为的规范作用

培养员工的敬业精神,形成企业的敬业文化,是儒商文化对企业管理提出的规范性命题。也就是说,企业要符合现代市场的需要来经营,同时应当汲取传统文化中的"居敬穷理"的精神,并转化为"克己敬业"的商业管理守则。"克己敬业"作为一种总体的儒商管理规范,对企业各方面的行为都有约束指导作用。依照儒学所述的"敬"的观念,至少包括了为人和处事两个大的方面,又统一指向具有普遍意义的善的价值的追求。儒商的克己敬业观是内化的,可以塑造员工内在的精神和企业内在的生命力。"克己敬业"不是片面地依靠外在的奖惩来刺激发展,而是通过柔性的企业文化之"礼",形成从管理者到员工上下一致的自我约束与自我管理的能力,并最终外化为企业伦理和企业文化。

按照上述对儒商敬业观的阐释,我们可以根据"敬业"所包含的内容和要求将"克己敬业"具体化为以下规范:

1. 胸有大志,先忧后乐

经营管理活动首先需要有明确的目标,然后才是依据目标形成相应的策略计划而付诸实践。如果仅以企业的盈利生存而言,战略目标的制定主要考虑的是企业的产品策略、经营理念、竞争优势等。但通常而言,一个成功的企业的战略目标往往需要向社会输入较为正向的价值观。这个正向的价值目标若得到社会文化的认同,则树立了企业的正面形象。如此,成功的企业制定目标时,就不可能仅仅考虑短期利益,而需要有长远的眼光。更为重要的是,从企业的长远发展来看,优秀的企业通常也是生产最大社会价值的企业。这些企业多不会将盈利作为企业的唯一目的,而会将诸如人类进步、社会和谐、美好生活等作为企业追求的价值。在企业发展的同时,也尽到了造福他人的社会责任。在激烈的市场竞争中,企业能始终将自己长远的目标与责任摆在短期的利欲诱惑之前,这就需要企业能够有"克己敬业"自律精神。

儒商的"克己敬业"精神强调的是内在的自我要求和自我超越,因此立

志就显得尤为重要。如《孟子》所说,"志,气之帅也"。只有志向坚定,才有足够强烈的内在动力去达成目标。坚定的志向不仅能够加强企业和员工的自我管理能力,而且这个志向还要符合道义。正如孔子所说,"苟志于仁矣,无恶也"(《论语·里仁》)。高尚的志向能够帮助企业把握方向,克服困难。古人讲,"有志者事竟成",因为远大的志向能够激励人舍弃眼前的诱惑,先苦后甜,励精图治。在儒家文化看来,做事不仅为一事之成,更重要的是品格的磨砺,并最终能够承担起更多的责任。君子因有远大志向,多"先天下之忧而忧,后天下之乐而乐"。"先忧后乐"不仅能够成就品格,还能够在激烈的商业竞争中帮助企业规避因盲目追逐短期利益而带来的风险,以做到"有远虑而无近忧"。因此,儒商的敬业观要求企业"胸有大志",在经营活动中能够"先忧后乐",避免诱惑并规避风险,实现长远发展;同时企业也应将这种"立志"的观念分享给企业员工,让员工积极参与到企业的战略规划中,将"道义"内化在每一个员工的动机中,形成上下一致的勤勉奋进的协作氛围。

2. 尽忠职守,奋发进取

在确立了企业发展目标之后,就需要企业管理者和员工具备很强的执行能力,以达成企业的目标。在这一过程中,按照既定计划或者职能要求,保质保量地完成工作,是企业最终达成目标使命的关键步骤。对企业的商业成功而言,执行力和战略决策具有同等重要的地位。提高一个企业的执行能力,必须从每个员工的职业精神和职业能力出发。而比起具体的职业能力而言,奋发进取的职业精神更为重要。随着互联网技术的发展,现代企业管理越来越呈现出扁平化的特征。虽然企业的运行仍然离不开分工合作,但是以往"各扫自家门前雪"的工作方式已难以应对瞬息万变的市场要求。激发员工内驱的奋发精神,会促使员工主动进步,自我管理,将工作当作事业来追求。如此,才能真正帮助企业快速成长,在市场潮流中,稳步向前。

对于儒者而言,按照自己的身份地位履行相应的职责是"礼义"所规定的。儒家经典多处谈到职业要求,即居其位谋其事,或不食白食当有所为。

如《论语·子路》中孔子说:"事君,敬其事而后其食。"据《孟子》记载,孔子做仓库管理时能准确记录账目,做牲畜管理时又能喂养牛羊茁壮成长。无论职务大小,孔子都能尽责完成,以身作则。君子应积极进取,将奋斗不息作为终身修习的功课。儒家认为,人生在世,必得有所作为,因此奋斗进取是一生的事业,有着"一日不作,一日不食"的伦理观念。最后,儒家也真切相信"天道酬勤",又如韩愈所说,"业精于勤而荒于嬉"。儒商只有勤勉奋进,才能事业有成,经营有道。

3. 爱惜光阴,勤学不息

为了适应变化速度越来越快的市场和日新月异的新技术的挑战,现代企业面对的两大挑战即时间效率和更新能力。这两种挑战相辅相成,提高效率能节省时间,可以带动企业以更快的速度推陈出新;而新技术的研发和应用,又能够帮企业提高效率,争取到更多响应市场的时间。从这两方面来说,现代企业所需要的敬业精神,须在以往的恪守本分的敬业观上做出升级,将更高效的时间管理意识和更主动的学习创新能力纳入现代职业精神。企业所面临的现代市场挑战,要求管理者以及企业员工能够自主提升,将效率优先、快速学习作为职业素养的重要方面。因此,时间观念和求知精神成为现代企业敬业观念必不可少的组成部分。

儒家传统中历来就有很强的珍惜时光的观念,反对怠惰散漫,效率低下的学习生活方式。众所周知,孔子对人生有清晰的时间意识,从"十五有志于学"到"五十知天命",并"学不厌而教不倦"。朱熹也尤为反对闲散怠惰,"若是真个做工夫底人,他是无闲工夫说闲话,问闲事"(《朱子语类》卷一二一)。爱惜时光,是"执事敬"的必然要求,而其中最为重要的则是终身求知的学习精神。孔子将学习作为人生头等大事、乐事,在《论语》首章就言:"学而时习之,不亦乐乎。"在宋明理学中,"敬"的内涵之一就是"穷理"或"致知"。宋明儒者反对做事浑浑噩噩,不明所以,如王阳明所说:"世间有一种人,懵懵懂懂的任意去做,全不解思惟(维)省察,也只是个冥行妄作。"(《传习录》上)儒者的勤勉是在做事的过程中不断反思领悟,而非机械重复。对儒者而言,在事务中磨炼和不断地反思学习是成就君子人格的自我修养。

爱惜时间、强调效率、勤学不息、主动进取既是儒商精神,也适应现代企业的需要。

4. 宽以待人,严以律己

"敬业"不仅意味着企业能够有明确的长期发展目标,并能够持续为之努力,形成上下齐心协力的企业文化。更为重要的是,企业最终需要向社会输出正向价值。企业的积极进取不仅仅是为了在激烈的市场竞争中战胜对手,快速占领市场,而是为社会福利的总体提升做出贡献。虽然企业的首要目标是获取利润,但是为了获取利润而压榨员工,以虚假的敬业为借口给员工布置超额的工作;或者将成本转移到上下游供应商,通过剥削合作者以获得超额利润,这些都是非道德的虚假敬业观。因为这种虚假的"敬业"号召不是自发的自我管理,而是一种剥削的借口,是律他而非律己。上司通过虚假的敬业观克扣下属休息时间或合理报酬,强势资本以不道德的"敬业"要求和合作方签订不平等条约以获得超额利润,是打着"敬业"旗号的变相剥削和掠夺。真正的敬业精神是以身作则的,是尽己所能成就他人。

在儒文化中,历来就有"严于律己,宽以待人"的要求,这既符合"仁义"的内涵,又能够防止上述所说的现代社会以"敬业"粉饰剥削的错误倾向。作为领导者,儒家倡导"仁者"的榜样带头作用,如孔子所说:"为政以德,譬如北辰,居其所而众星共之。"(《论语·为政》)管理者和统治阶级应该通过自身行为的示范作用来影响下属和员工,而不是通过等级权力不合理地强行压榨员工。"君使臣以礼,臣事君以忠"(《论语·八佾》)。以礼相待,即合理相待,按劳付酬,互相尊重,才能唤醒员工真诚的敬业精神。在和顾客的关系中,也应尊重顾客,把顾客的需求始终放在第一位。将儒家的利他精神应用在商业活动中,以义取利,造福于民。总体来说,以儒文化为指导的企业在"克己敬业"上应是先己后人的,"严于律己,宽以待人";而在社会责任上,又是先人后己的,造福在先,得利在后,这样才是符合儒商精神的真正的敬业观。

第四节 案例选编

一、乐群敬业马中选

马中选,出生于清道光二十年(1840),是清代平遥"四大富商"之首。其祖父马斯才、父亲马德新前后经营硬木家具、古琴、漆器、黄酒等小本生意,是平遥当时名不见传的"货郎挑"。马家到马中选手里发迹兴起。马中选而立之年中举,学优从商。曾任平遥财力雄厚的蔚字五联号之一的蔚丰厚票号驻宁夏分号经理、总号二掌柜、大掌柜。资金积累丰厚之后,又投资创办了平遥"蔚长盛布庄"。生意越做越大,成为平遥当时财力雄厚的一代儒商巨贾。

咸丰八年(1858),18岁的马中选在童试中,考中"县案首",成为当时平遥城内最年轻的秀才。同治九年(1870)秋闱科举考试中,30岁的马中选桂榜题名,得中举人。但是从小就痴情商贾的马中选,没有选择"学而优则仕"的宦海之途,他执意要走自己钟爱的"学而优则商"的道路。同治十三年(1874),马中选在一次偶然的相遇中,结缘蔚丰厚票号大掌柜郝荣禄和"蔚"字五联号总管范友芝,受到赏识,入聘蔚丰厚票号三原分号二掌柜,走马上任,开始了他的票商生涯。实现了他"学而优则商"的人生追求。以后,马中选43岁回调蔚丰厚总号当二掌柜,45岁与协同庆票号经理张治德兼办"蔚长盛布庄",53岁升任蔚丰厚票号第七任大掌柜,在商界的声誉和财富的积累达到高峰,可谓在平遥古城财东中屈指可数,名列前茅。

马中选一生的经商事业经历过不少艰难险阻,但他每每都以勤奋进取的敬业精神从中获益。清光绪十六年(1890),西北地区回民不满朝廷割地赔款、苛捐杂税的重压,举行起义。西北地面一时战事纷扰,社会秩序混乱不堪。清政府委派董福祥为宁夏总督,带重兵平息了这次回民起义,社会动荡局面趋于缓和。为了防止民变再生,董福祥长期驻军迪化。饷银、粮草需求量甚大。

平遥蔚丰厚票号及时捕捉到了这个商机,时任蔚丰厚总号大掌柜的范定翰与蔚丰厚二掌柜马中选商量,决定派马中选到迪化设立新的分号。马中选二话没说就带着伙计张振绍等四人,前往迪化设庄。

平遥自古人多地少,土地贫瘠,多有人走西口,闯关东,外出经商谋生。"跋涉数千里,率以为常",养成了"风俗俭约",不怕艰苦的精神。已是财力雄厚的马中选,这种吃苦耐劳的精神锐意不减。从平遥到迪化,路途遥远,地广人稀,朔漠大荒,他同伙伴一路奔波,餐风饮露,历尽千辛万苦,终于到了迪化,设立蔚丰厚票号迪化分号。当时大有"风萧萧兮易水寒"的苍凉悲壮,显示了这位年届天命的票号掌柜马中选不怕艰险的敬业精神。

总督董福祥对蔚丰厚票号设庄迪化的行动,感动而钦佩,并从选址、开张到汇兑、存放款业务,一一给予了有力的支持,还把马中选赠送给他的圣教序横长条幅,装裱悬挂于总督衙门会客厅的正墙之上。蔚丰厚掌柜们及时抓住商机的敏锐眼光,终于获取了大量丰厚的汇水利润。马中选跋山涉水的劳辛,也得到了票号上下的一致赞许。这位儒商敬业乐群的风范,使他在票号的威望得到了进一步的提升。

马中选乱世设庄,迪化奏功,得到了侯财东百般赏识,光绪十八年(1892)他被侯财东聘为平遥蔚丰厚票号大掌柜。从同治十四年(1875)34岁开始进入蔚丰厚,到光绪六年(1880)43岁担任了总号二掌柜,到53岁当上了大掌柜,马中选在蔚丰厚票号已经度过19个春秋。19年花开花落,19个春去春来,马中选勤于号事,无论当伙计还是当掌柜,总是"以儒术饬贾事,远近慕悦"。同时,他还帮助父亲经营推光漆器、硬木家具、老栖醋。还兼营土地收购和租地,渐渐成为平遥城内家境显赫的商界巨贾。

马中选担任平遥蔚丰厚票号的大掌柜后,坚持奉行儒家的伦理道德,把儒学"仁、义、礼、智、信"作为立身之本,"时人咸谓公有儒者气度"。他把儒家所宣扬的"诚信""诚意""至诚"和"存诚"具体应用于蔚丰厚的经营活动中。在他的手中,蔚丰厚票号治理得井井有条,颇有生机。

在蔚丰厚票号担任大掌柜的十多年,马中选表现出超乎其他票号掌门人的管理才能。据考证,蔚丰厚票号的号规严明,概括为三个方面:一是坚持"以诚待人,以义取利,以信接物,仁心为怀"的经营方针。规定各分号之间以结账盈亏定功过,以"酌盈济虚,抽疲转快"论协作。二是对工作人员要求严格。对分号经理,要求务须尽心号事,必须尽心尽力,不得懈怠偷安,恣意奢华;凡一般工作人员,强调和衷为贵。三是严禁陋习。规定不论何人,吃食鸦片,均予号禁,照号规严处。各分号凡有赌钱者,一概不准,犯者出号。游娼戏局者,严惩禁之。

马中选统领蔚丰厚票号的十多年,该票号在国内主要商埠保持着较高的声誉。银两汇兑业务在他任职期间逐年增加,这是马中选对票号业的一大贡献。在光绪二十二年(1896),在他手中为山西汇兑"四国赔款",为河南汇兑"应摊英德赔款"308万两。光绪二十六年(1900)庚子事变,慈禧太后、光绪皇帝西逃时,清政府广部令各省将京饷改解山西,蔚丰厚为湖南汇解白银10万两。

马中选执掌蔚丰厚大印时还有一个突出贡献,那就是他不仅亲力亲为、运筹帷幄,而且有一种知人善任、举贤任能的宽大胸怀。在他的麾下,聚集了蔚丰厚上海分号经理李宏龄、北京分号经理郝登五等商界精英。马中选对他们倾力关怀,予以重用,使蔚丰厚储备了大量的开拓性人才,成为后来酝酿票号改革的积极倡导者。

(资料来源:郝忠亮、梁培卿:《马家大院》,山西经济出版社2014年版,第18—19页、第105—108页。)

二、实业救国的"火柴大王"刘鸿生

刘鸿生,祖籍浙江定海,1888年生于上海,其父刘贤喜为招商局买办。年轻时,刘鸿生曾就读于圣约翰大学,后辍学进入租界工部局工作,先后当过教师与翻译。一次偶然的机会,刘鸿生进入英商开平矿务公司上海办事处从事煤炭销售。他在为洋人做买办的过程中,看清了中国民族工商业被挤压得更加落后,这令他非常痛心。身为一个中国人,他为自己不能为振兴民族工商业出力感到可耻。因而,作为一位爱国实业家,他决定投资自己的民族资本主义企业,振兴民族经济。他在回忆中这样表达自己当时的想法:

"第一次世界大战后,国内出现了轰轰烈烈的爱国运动。那时候我还很年轻,虽然口袋中的钞票很多,但我毕竟是一个中国人,特别是在短短的买办生涯中,使我感到外国人瞧不起中国人。我觉得中国人之所以受气,是因为没有工业、没有科学。因此就想利用口袋中的现钞做点事。"在这种强烈的爱国主义思绪的影响下,刘鸿生开始了他的实业救国之路。

1920年,刘鸿生创办的民族企业在苏州开工了,取名"鸿生火柴公司"。我国过去是用火石、火镰取火的,19世纪中期才从欧洲传入火柴,所以叫它"洋火"。从1879年广东佛山出现中国人开办火柴厂起,几十年中各地办了不少火柴厂,但都因技术落后,原料贵,税收重,纷纷被进口火柴挤垮台。刘鸿生为争一口气,也来开办火柴厂,欲与"洋火"一决高低。他投入大量资金,购置40多台设备,招聘工人700多名,每天产量40多箱。但所产火柴,却被人戏称作"浆糊火柴",一划就脱落。化学配方不过关,企业连年亏损。刘鸿生在困难面前不退缩,多方查阅资料,研究生产技术问题。他深知突破配方这个"瓶颈",不仅可挽救自己一个企业,而且关系到整个民族火柴行业的生存,也可为自己实现实业救国理想扫除障碍。因此他不惜代价,反复实验。他的行动感动了另一个有识之士——刚从美国留学归来的化学博士林天骥。刘鸿生以每月1 000银圆,高薪聘请林博士为总工程师。不久就研制出高强度的胶黏剂,一举解决了火柴头容易脱落的难题。接着添购磨磷机,提高赤磷面的质量,使"鸿生火柴"具有头大、发火快、火苗白、磷面耐用等优点,一时成为名牌产品。不但畅销国内,而且出口越南等地,企业利润成倍上升。

当时霸占中国火柴市场的外国资本,主要是瑞典的凤凰牌火柴和日本的猴子牌火柴。他们决不肯让出市场份额,从1927年开始降价倾销,挤压以"鸿生"为代表的中国民族企业。当时的国民政府和地方军阀,不仅不能保护民族企业,反而在化学原料进口上用层层设卡或加重税收等手段,配合外资扼杀民族企业,使不少火柴商关门倒闭。在这种形势下,刘鸿生只有走自救的道路。他联络同行52家火柴厂于1929年在上海成立全国火柴同业联合会,同业联合会公推刘鸿生为常务主席。他说服大家合作联营,以减少内部的竞争摩擦,共同对付瑞典和日本火柴的倾销。在他不懈的努力下,大中华火柴公司陆续合并国内多家火柴公司,最终击败瑞典火柴而占据了大半个中国火柴市场。由此,中国火柴基本实现国产化,刘鸿生也当之无愧地获得了"中国火柴大王"的头衔。

从他的火柴事业中可以清楚地看到,刘鸿生对企业组织管理深有体会,他说:"凡百业,实如欲抵御外侮与改良货品,非具有相当之资力与'适法'之组织,决难获得良好之效果。"这里的"'适法'之组织"指的就是企业组织管理制度。在财产组织机构管理上,刘鸿生创办的一系列企业一贯采用的是股份有限公司制。通过这种制度,刘鸿生将大部分的企业管理实权委托给经理人,而他只通过股东会和董事会对这些经理人进行监管。

在企业经营过程中,刘鸿生不惜重金引进并改进外国先进的技术设备,一方面使其大大缩短了与外国在华同业之间的技术差距,提高了市场竞争力;另一方面也展现了他在把握中外经济形势和吸取最新技术方面所具有的眼光和胆识。人才是企业最根本的发展动力,企业的成功与失败在很大程度上取决于用人是否得当。因此,在人才使用上,刘鸿生任人唯贤,用人所长,他曾说:"要办好一个企业,首先得物色好专门人才,没有人才,不可冒昧从事。"刘鸿生是这样说的,也是这样做的。他对于企业经理等管理人员的使用还有一些独到之处——聘用在社会上"玩得转"的"能人"。在人员培训方面,刘鸿生主要通过外派出国学习、投资教育事业两条途径培养、储备有潜力的技术人员和工人。为确保企业生产任务的按时完成,他还制定了一套人事考核制度。

"不要把所有的鸡蛋放在同一个篮子里",这是刘鸿生在企业经营过程中长期信奉的经商理念。在这种分散投资理念的指导下,他将资本投向了国民经济的多个领域。他不仅开办了水泥公司、码头公司、华东煤炭公司、章华毛纺织公司等企业,并且投资银行、保险业,实行多种综合经营,以求同外国资本抗争时立于不败之地。

刘鸿生曾说,我这一生,最自豪的就是办企业和教育子女。他的13个子女全部送到国外并学习不同专业,以便回国后管理不同的企业。就这点而言,似乎也是"不要把所有的鸡蛋放在同一个篮子里"的体现。实行公私合营的当年,刘鸿生因病去世。去世前,他告诫后人:"定息可以分取,但不要多取,每人至多拿几万元,拿多了对你们没有好处。其余的全部捐献给国家,这也是我最后的嘱咐。"刘鸿生为其"实业救国"的理想倾尽了毕生心血,中国传统儒商的敬业精神也在他的身上体现得淋漓尽致,他是当之无愧的"救国英雄"。

(资料来源:黄绍筠编著:《商道流芳录:中国商业文化百例》,浙江工商大学出版社 2013 年版,第 188—189 页。上海社会科学院经济研究所编:《刘鸿生企业史料》(上册),上海人民出版社 1981 年版,第 48—59 页、第 224—273 页。刘念智:《实业家刘鸿生传略》,文史资料出版社 1982 年版,第 60 页。)

三、为振兴中华而不悔的华商陈嘉庚

陈嘉庚(1874—1961),祖籍中国福建省同安县集美村,他的一生,横跨两个世纪,纵跃三大朝代,是中华文明从衰弱转变到现代化的复兴过程,亦是中华民族从危机四伏、苦难重重到解脱与翻身的历史开端。作为一位寄人篱下而富有民族思想的陈嘉庚,勇于接受时代挑战,敢于参与变革的行列,为振兴中华、提高民族自豪感而为中国与新马社会,做出了宏伟且不可磨灭的贡献。他为人处世,营业理财,为国为民服务,都与儒家的出世思想分不开,诚然是身跨两大世纪的著名儒商之一。

他幼时接受过私塾教育,尤其对儒家经典中的做人道理、价值观念,都有所心领与赏识。他宣扬:"公益义务,能输吾财,令子贤孙,何须吾富?同侨君子乎,须知贤而多财则损志,愚而多财则益过,儿孙自有儿孙福,勿为儿孙作马牛。"陈嘉庚逝世时资产百万,在其遗嘱中亦未有把遗产分割给儿孙的分文。因为,在他眼里,国家与社会的利益要比私人的、家庭的"孝"来得重要。当国家与社会有难,"天下兴亡、匹夫有责"的美德与"取诸社会,用诸社会"的实践,要取代"孝"的价值观念。他的一生也在践行各种儒家的美德。诸如"居安思危、安分守己","饮水思源,不可忘本","服务社会是吾人的天职","不取不义之财","己所不欲,勿施于人"等。陈嘉庚在新加坡奋斗达五十年,虽未有史料显示他积极推动儒家思想,但从他的种种实践中可以看出,他迫切希望从儒家经典中索求智慧精华,掌握"半部论语治天下"的理论与规律。

首先,在企业管理上,他大胆地应用儒家思想中的领导人物的素质、用人原则以及营业的哲理。他强调领导人本身时时不忘修身而自强不息,其修身的方法主要是争取时间看书阅报与怡和轩会友研讨事务与经政发展。在他看来,有较完整与全面的知识和文化水平,才能更有胆识与把握地处理各项事务。

其次,陈嘉庚善用儒家知人善用的道理。他用人的原则一生不改,即"用人唯贤、唯才是举、量才授职、以诚待下、论功行赏"。虽说他的企业王国主要用闽南人,但其中不少职员掌握了营业理财的原则与规律,能独立经营,继续执新马树胶业之牛耳。陈嘉庚慧眼识英雄,提拔学贯中西而又谦谦君子的李光前,并把长女嫁之以巩固姻亲与商务关系。

1929年,陈嘉庚第一次全面修订陈嘉庚公司分行章程,在此章程中他特别提出了营业与理财的儒家思想。第一,强调"忠"的作用,认为职员们必须努力推销国货,不兴国货,利权丧失。第二,倡导"诚"的思想,指出待人勿欺诈,货物不合,听人换取。待客必须谦恭和气,职员们要做到货真价实,童叟无欺。第三,发扬儒家"勤"的思想,认为知识生于勤奋,勤奋是建业之基。第四,强调儒家精神的"勇",相信有坚强之精神,而后有伟大之事业。临时畏缩,不能言勇。不畏大事,不小视小事。第五,提倡儒家美德"俭",扬言金玉非宝,节俭是宝,有钱须思无钱日,财有限而用无穷。第六,主张为人处世要有责任感,无责任之心,非人也。做事敷衍,便不负责任。

大凡企业家拓业,都不免有果敢、冒险的精神。陈嘉庚也不例外,他受同安民风之影响不小。同安民风"尚武任侠"。同安人个性坚强,"由长处方面看是具有义气、果敢、独立前进的精神",这是几百年来历史、地理与经济发展所塑成的。同安人民的打鱼、航海传统,往往必须与天搏斗,与浪争存,遂造成冒险与果敢的所谓"同安精神"。这也说明了陈嘉庚一生何以最服膺美国汽车大王亨利福特之格言:"正当之失败,并非耻辱。畏惧之失败,才是耻辱。"一个不怕失败的人,便能做三思而后行的大事业,也敢做冒风险的经济决策,谋事在人,成事在天。自古成功在尝试。

陈嘉庚一生从事社会公益、文教事业,自称是抱社会主义思想而为之。其实,他服务社会的作风与精神却源自"以天下为己任"的儒家哲理。在《南侨回忆录》的弁言中,陈嘉庚承认经济事业的重要性,认为"先有营业而后能服务社会,继而后得领导南侨襄助抗战工作也"。但是,他也多次强调:"念社会事业,当随时随力,积渐做去。如欲待富而后行,则无有可为之日。"

在英殖民政府统治下的新马,资本主义方兴未艾,财富便成为社会名誉地位建立的主要阶梯之一。但是,如何以财富来利于社会,如何领导移民社会发展文教事业,才是华族社会众望所归的帮领、侨领或社会领袖。以勤俭诚毅起家的陈嘉庚,把财富用在赈灾慈善、兴学办校,从而实践服务社会的心愿。

作为新马以及南侨的领导人物,陈嘉庚也有不少劲敌,其主要者是新马国民党人与中国国民党人。1946年"电报风波"爆发,新马国民党人把陈嘉庚形容为"天字第一号的公敌"。英国殖民政权虽然敬佩其才华,但是对其政治权力常施压力或做威胁。不过,由于陈嘉庚在事业上每每以"大原则"出发,且有"同安精神"的助力,故其处事常有坚持性,也有始有终,因而其企业、教育、政治事业的成就不凡。在同时代的东南亚华族社会里,很少人有其才华胆识,有其"以天下为己任"的大志,有其多方面的成就和影响。

他不仅发展了马来西亚树胶种植业以及树胶加工业,在职业上为新马华人提供了无数的就职机会;还在新马办教育、启蒙民智,在中国,全力发展厦、集两校,为两地培育人才;他所领导的"南侨爱国无党派"的救亡运动,其深度与广度,史无前例,浩气长流;他更是一位极特出的政治人才,集闽帮帮权、社会地盘实力、政治力量来搞中国政治;其教育救国、工业现代化、科技立国的言行,大部分为中国与东南亚各国所接受与推行。其创业、改革和不畏惧失败的精神,也为华族社会所敬佩与学习。

(资料来源:林水檺主编:《创业与护根:马来西亚华人历史与人物儒商

篇》，华社研究中心2003年版，第3—45页。陈厥祥编著：《集美志》，侨光印务有限公司1963年版，第117—118页。陈嘉庚：《南侨回忆录》，南洋印刷社1946年版，第1—5页。）

四、以身作则、不断进取的日企——京都陶瓷

稻盛和夫，创立了日本京都陶瓷和第二电信。在他的努力下两家公司都进入了世界500强企业。稻盛和夫一生强调以德为先的管理理念，将"敬天爱人"作为自己经商的座右铭，提倡"以心为本"，要以建立人与人之间的互信关系为出发点去经营企业，体现了儒家文化对成功日本商人的积极影响。除了爱人之"仁"，稻盛和夫的勤勉敬业也是日本工匠精神的典范。下文摘自稻盛和夫的自传，描述了他在创业过程中的自强不息和积极进取。

京都陶瓷创业之初是依靠松下电子工业的订单支撑下来的，但是为了公司的长久发展，今后必须开发新客户。于是，我先于营销部跑遍了日立制作所、东芝、三菱电机、索尼、日本电信电话公社电信通信研究所等研究开发显像管、信号收发器、真空管等电子管的制造商和研究所。

……

青山先生曾接到一笔不同寻常的订单。作为开拓新客户的重要一步，我们首先从所处的关东地区开始发展业务，所以青山先生走访了三菱电机制作所。正巧三菱电机正苦于没有公司承制用于冷却发射管的陶瓷蛇管。"要是京瓷什么订单都能接的话，那就拜托你们了。"客户定制的是一种外径30厘米、内径20厘米、高60厘米的大型陶瓷圆筒，其中冷却用水通过的空洞呈双层螺旋状。面对如此复杂的形状，连被公认为技术过硬的某绝缘体制造商都婉言谢绝了。

三菱电机一根出价5万日元，而且一个月最少要用10根。这对当时的京瓷来说是非常具有诱惑力的。在巨额利润的吸引下，青山先生承接了这笔订单，他认为如果使用挤压机制造的话，应该

问题不大。但它并不是新型陶瓷，而是普通陶瓷，这是连专业的制造厂家都不愿染指的东西。我也很吃惊，说道："无论怎么说，这也太大胆了。"但事到如今，退缩也来不及了。

我生来就有股不认输的劲儿，眼下也只有硬着头皮做下去。客户定制的蛇管尺寸，要比我们挤压机的口径大许多。首先，我先安装上一个接头，然后，通过旋转一个外径为20厘米的木制模子，将挤压出来的黏土沿着这个模子涂抹其上，这样尺寸的问题就迎刃而解了。

到此为止还算顺利，但干燥却又是个难题。因为没有干燥室，我们就把它放在电子隧道炉下面的板上烘干。但是由于烘烤的不均匀，蛇管出现了裂痕。10根里面，有7～8根都有裂痕，只有2～3根是质量好的。

龟裂的问题让我碰了壁。一般来说，要烘干大型黏土制品，都要在干燥室一边调节温度与湿度一边干燥。可是，我们没有多余的资金来购齐烘干设施。就在这时，我突然想到是否能在龟裂的两端用布缠绕住。于是我立即用布把湿的陶瓷裹住，并且为了每面都能均匀烘干，我决定在炉边抱着它睡觉。一边从上方给它加湿，同时在适当的时候旋转它，达到均匀烘干。整晚我都像抱着一个婴儿一样，守到天明。这样一来，有7～8根都是合格产品。

……

这项工作费力而收益不高，连专业厂家都敬而远之，可是外行的京瓷出色地完成了。这让我感到极大的满足。公司接下这个订单时，员工们最初都认为这是不可能的事，即使能完成，也至少要花3～4个月。但正是我的这份执着给全体员工传递了一股"决不认输"的精神。对此收获，我感到无比喜悦。

……

此后，我开拓海外市场的愿望越来越强烈。两年后，我又经由香港到欧洲和美国出差。这次出差，我有了一位得力助手，他就是前一年加盟我们公司的原松风工业的贸易部长上西阿沙（后任京瓷副社长）。然而，勇敢踏上征程的两个人，却分歧不断。

这次我是抱着决不空手而归的悲壮决心而来的，不惜任何代价，都要把产品推销出去。可是每天都是疲惫不堪地回到旅馆，抱头哀叹："今天又白干了，那么多钱又打水漂了。"

看到这样的我，上西冷静地对我说："努力了也拿不到订单，这也是常有的事。"

"这样下去公司会倒闭的，正因为如此我才请你一起来的。"

"拿不到就是拿不到，事情总需要一个过程。"

两个人越说声音越大。

维也纳、罗马、伦敦，还有巴黎，无论哪个地方，所有人都对我们的技术水平瞠目结舌，但都没有签单订购。有时我会觉得愧对公司同仁而流下眼泪，上西看到我居然因为这个哭而觉得很不可思议。

我希望上西能抛开固有观念，毫无保留地去努力。于是我每天都跟上西说，我们要一起打造一个同甘共苦的公司。希望他能变成一个"感性的人"，"即使结果不能令人满意，但只要我们努力下去，我们的热情与恒心一定会获得上天的垂怜，得到订单的"。

最初很抗拒的上西，不久以后也成了我最亲密的同伴。在京瓷海外战略中起到了核心作用。与此同时，满世界奔波的劳苦终于开花结果，1964年底，香港微电子公司以及在第2年美国飞兆半导体公司先后让我们为其生产半导体管用的陶瓷串珠。

（资料来源：[日]稻盛和夫著，杨超译：《稻盛和夫自传》，东方出版社2015年版，第57—64页。）

五、百年传奇——永安百货

上海永安公司是上海驰名海外的一家百货公司。永安坐落于上海著名商业街南京东路，自1918年创建，历经多次时代变迁，至今已有百年历史。

永安公司最早是由在澳大利亚经营水果起家的郭氏兄弟创办。郭氏早年在澳大利亚以"永安果篮"经营水果批发，在完成了早期资本积累之后，便打算投资兴办百货公司。一方面水果销路有一定的限度，另一方面郭氏看到百货公司的发展前景更为光明。他们通过暗中考察当地的几件英商百货，学习了大型百货商店的一些经营管理方法。

但百货公司开设在何地？是继续开设在澳洲，还是向国内发展，"永安果篮"的企业家经过思考，决定向国内发展。这主要是出于两方面的考虑。一方面，生意人总是要赚取利润的，受制于澳洲的殖民政策和当地华人消费能力，华人在澳洲开设百货公司困难重重。另一方面是民族意识的考量。郭乐在"回忆录"中写道："余旅居雪梨（悉尼）十余载，觉欧美货物新奇，种类繁多，而外人之经营技术也殊有研究。反观我国当时工业固未萌芽，则（即）商业一途也只小贩方式，默（墨）守陈法，孜孜然博蝇利而自足，既无规模组织，更茫然于商战之形势。余思我国欲于外国人经济侵略之危机中而谋自救，非将外国商业艺术介绍于祖国，以提高国人对商业之认识，急起直追不可，是以1907年有创设香港永安公司之议。"郭乐的这种"谋自救"的思想在当时华侨中比较普遍，这些华侨的民族意识还比较浓厚，希望祖国能够尽快富强。赚钱的动机和一定的民族意识使得郭乐、郭泉等决定向国内投资，他们先在香港开设了香港永安公司。经过在香港十多年的经营，不论在资本积累，还是管理经验，都为上海永安公司开办创造了条件。

1918年9月5日，上海永安公司开幕，人潮汹涌，一片繁荣。永安公司依靠较为先进的管理经验和成功的营销方式，迅速占领了上海百货市场，成为稳居上海百货业的龙头公司，也成为老上海文化的一部分。

在永安早期创办的历史中，郭氏兄弟的勤勉和特别的管理方式留下了许多广为人知的故事。在1907年，香港永安创立时，郭乐只有33岁，上海永安开张，他也只有44岁。在员工眼里，郭乐事无巨细，都要过问。身兼永安资本集团各联号企业的监督，郭乐除了每周召开两次管理会议、部长会议、听取各部门的汇报，做出各种决定，他很少坐在办公室，而是经常在商场里转悠，观察营业员招待顾客的态度、商场的布置、商品售价等，还经常到其他商店看看,特别是几家构成竞争的大百货公司,他几乎每天都去,只要看到有什么可取之处,他回来就会跟有关人员商量如何学习,甚至夜里他也经常到商场来转转。有时,深更半夜也会到商场检查值夜人员是否打瞌睡。

郭乐深知公司仅靠家族人员是管不过来的,因此他给予高级职员相当大的权力,不仅业务方面有权力,人事方面也有。职工偶尔外出或请假,需部长批准;婚喜事要预支工资,需部长疏通;职工在公司购买商品,能否打折扣,折扣多少,由部长决定;年底考勤,能否加工资,由部长签署意见;部长甚至有权开除一般职工。部长的上一级称"管理",他们负责对部长的监督和指导。各个商品不可自行决定商品售价,进口货虽由郭乐按进货价和关税等亲自计算成本,最后也是由各个商品部根据成本和行情来定售价,遇到老客户,部长就有权打九五折。高级职工不仅工资高,加工资也快,还能成为"受职股东",得到许多额外收益。这样,就保持了管理层的忠诚度。而在郭泉的经验之谈中,"树模范"是提高员工业绩的重要方法。要提高公司的地位,先要提高职员人格,需由重要职员做起,以起到上行下效的示范作用。身为高级职员,"务必忠勤任事,戒绝不良嗜好,以勤慎朴厚治身,以谦和公正处众,以身作则,洁身自爱,为众人之表率"。从而使全体职员,都能做到勤慎职守,爱惜公司名誉,丝毫不敢苟且。这样公司的声誉就能长久保持,职员也能共享荣耀。

郭氏兄弟将西方的商业运行模式和发展民族商业的初衷结合在一起,创立了永安百货,永安百货早期的创立和发展一定程度上体现了早期华商眼界开阔,思路敏捷,富有创新精神,而且能够吃苦。在上海民族商业发展中留下了浓墨重彩的一笔。

中华人民共和国成立之后,永安百货又几经变革创新,不断适应着时代的变化和发展。现如今,历经百年,永安百货仍然亭亭玉立于"中华商业第一街"的南京路步行街中心,以"经典百货"为经营理念,以经营个性化、品牌化、特色化的中高档服饰类商品为主的经典百货商店。在百年的发展中,"永安精神"始终以顾客为中心,注重调动员工的内在驱动力,多次举办员工培训、营销大赛来提高员工的服务水平。在历年的上海市劳模评比中,也多有永安百货公司员工的身影。经多年努力,永安有着良好的口碑和形象,成为目前市级零售商店中唯一连续十二届获得"上海市文明单位"称号,连续十年获得上海市和全国"物价、计量、质量、服务"四个信得过荣誉单位。

(资料来源:上海社会科学院经济研究所编著:《上海永安公司的产生、发展和创造》,上海人民出版社1981年版,第1—9页,第236—257页。傅国涌:《民国商人:追寻中国现代工商文明的起源》,中国友谊出版公司2016年版,第41—46页。永安百货有限公司官方网站资讯。)

六、以孔训在美创业的中国新儒商桑士聪

桑士聪,毕业于清华大学机械工程系,在美经商取得成功。1998年回清华为MBA学生捐赠设立"桑士聪"奖学金。在回忆自己的创业经历时,桑士聪提到了一个以儒家推己及人之心建立起员工忠诚度的故事:

> 我雇的第一个员工就是丹尼,我的工头,后来他成了厂里的总管。他是个非常勤奋、认真、忠心耿耿的人,手还特别巧。我当初用那么少的资金开业时,他就跟着我干。任何一个跟我冒这么大风险的人都值得我忠诚相待。他亲自肩扛、搬运过数千磅的塑料。当我们只有三五台铸塑机时,他把工厂管理得很好。那时客户对质量的要求还不那么严。可是,当我们有了更多的机器和工人以后,他就开始显得紧张。每当厂里出了麻烦,如机器坏了,操作工没来上班,或者停了电等,他就变得心烦意乱,经常发脾气。我能感觉到他已接近能力的极限了。
>
> 我想卡内基的基本课程也许会对他有好处。就送他和我们铸塑修理房的工头去上卡内基的管理课程。当他们学完了课,我要求他们对厂里的工头们和办公室职员讲解他们都在课堂上学到了什么。我们的铸塑修理房工头是个聪明人,有点害羞。他谈了两三点自己在课上印象最深的地方。我们的总管带着上课用的参考书走到大家的前面。他说,他认为最重要的内容已经写在书里的两篇文章里了,于是他大声地读出来,然后就坐下去了。他似乎选

择了书中的重要部分来朗读，但他没有把主要意思用自己的话讲给我们听。我真不知道他在那个课程上学到些什么，我只能肯定这对他没害处。

不久，我得出结论，他大概可以监督一种已经开始执行的制度运行，但绝对不能有管理新技术、新通信、现代化管理概念、新质量控制系统、新规章、制度等的职位。

有一次我问他："我们又有坏产品了吗？"他回答："约翰，我们生产了数百万个零件。几个坏产品根本不算个事儿。他们还要指望什么？"丹尼永远都不明白时代已经变了，出一个坏产品都嫌太多。我没有跟他争辩或解释，因为我以前试过都没成功。搬到第三个厂房以后，我们就引进了自动化设备。我用个年轻人替代了丹尼，也把总管的头衔改成了工厂经理。因为丹尼手很巧，而且了解这栋厂房，我就派他负责厂房的维修和相关的工作，像暖气、冷气、照明和美化环境等。我这是专为他设的职位，没有头衔但没减他的薪水，虽然这不是个高技术的工作，但维修工作不仅只是换换灯泡，它实际上要求做计划、立规定以及执行维修计划和预防及处理紧急情况。例如，他必须定一个时间表来检查屋顶，在它漏水之前进行维修。但他什么也没做。当我们厂房没有任何问题时，他就只是到处走走。

一天，我把他叫到办公室来，告诉他作为一个维修工作的负责人，必须为每个系统建立一个保修制度，而不只是等着问题出现。他听着，但没有任何反应。我猜他有些沮丧和失落。

在考虑对他如何处理时，我想起了多年以前自己参加过一个人事管理课程。讲课者提到一个老员工的问题，他们跟不上公司的发展步伐。他把这种人叫作"老查理"。他说处理这类问题的唯一途径就是解雇他。

我不同意。支付一个人的薪水不会让公司破产。当一个人为公司忠心耿耿地工作了好多年，谁还能如此狠心地把他解雇呢？

现在我们有个"老查理"，而我留下了他。有好几次他把我气得想当场解雇他，但我忍住了。在我内心深处，我为他感到可怜。他没有爱因斯坦的大脑不是他的过错。其他员工都知道丹尼表现不好却拿高薪，是因为他是个忠心的老雇员。这个榜样使其他每个人都感到更安全，而且会对公司更忠诚。

有一次，一个铸塑修理工犯了一个严重的错误，主管大发脾气。他叫起来："你太蠢了！"这事就当着我的面发生在这位主管的办公室。等他平静下来，我对他说："别对他这么生气。他是笨，但他有什么办法？他的父母没有给他一个聪明的脑袋。他无能为力。想想你有智慧该是多么幸运。但你做了什么应该得到你父母给予的这个珍贵的礼物呢？什么也没有。也许你在学校学习得很刻苦，获得了更多的知识，但那是因为你幸运地进了一所好学校。我认为我们应该同情他。"

他沉默了一会儿，然后说："好吧，如果你这么看的话。"我坦白地说："说实话，因为有人干了些蠢事，有时我也感到愤怒。但我们都是人，这个世界需要各式各样的人，有人劳心，有人劳力。"

带着这些想法，我开始回想我们的"老查理"做过的好事。创业的最初几年，他帮我们生存下来，而且还使公司得到了发展。他从未故意干过任何坏事。作为一个维修工，他干得还不错。

我来自一个古老的国家，那里的人们有史以来一贯注重情义，我很自然就对我的员工们有情有义。这个人是我们的第一个雇员，当然值得我们忠诚相待。

在做生意的过程中，我与一些人由工作关系变成了私人朋友。我对我的几个客户也产生了一种感激之情。对其他朋友，像律师、会计师、顾问工程师等，我们不仅信任他们，而且还忠诚地对待他们。作为回报，他们也提供了优异的服务，同时对我们也很忠诚。

多年以前，尤其是在日本，公司都力图留员工一辈子。可悲的是，近几年来，忠诚已经在很多公司丧失了。为了应付全球竞争，世界各地的公司都在通过裁员来降低成本。公司的忠诚已经丧失殆尽。为了保护自己，员工们尽量在最短的时间内，在付薪最高的公司里赚更多的钱。

玛金塔是个比较小的公司，还能够在公司和雇员之间培养忠诚。我们保留了家庭似的氛围来鼓励忠诚，并在可能的情况下给员工升职。多年来，我们把大量员工提升到了负责的岗位上。我们所有的装配员和工头以及一些主管都是从学徒提升起来的。

如果我们希望雇员对我们忠诚，我们就必须首先对他们忠诚。忠诚也是一项长期的承诺。人不能只对别人忠诚一次，而必须自始至终都保持对他的忠诚。我一直对我的雇员忠诚，他们表现忠诚的象征就是终生为我们工作。

作为一名受过良好教育的企业家，桑士聪有着较完善的现代管理知识，但同时，他保留了一颗有人情味的儒家之心。正因为他的这份人情味，在冰冷的效率管理中温暖了周围的人，换得了员工、朋友和合作伙伴真诚的钦佩和友爱。他抱有对员工关怀的责任心，而他的员工则忠诚敬业地为他工作来回馈他。桑士聪的管理思想正是现代管理学和儒家文化结合的典范。

（资料来源：桑士聪：《孔训：一个中国儒商的美国创业史》，新华出版社2006年版，第167—178页。）

七、"以身作则"的联想控股

联想控股股份有限公司（以下简称"联想控股"）创立于1984年，在柳传志的带领下，从联想集团到联想控股，不断追求更高目标，从单一IT领域到多元化，再到大型综合企业，历经三个跨越式成长阶段，并在多个产业领域内打造出一批卓越企业，实现产业报国的理想。

柳传志总结自己在联想控股的领导经验，就是一句话，"以身作则"。他说："有一句话是我在联想控股美国公司的墙上看到的标语，话说得有点绝对，但是在我自己的体会中，我觉得这真的是最重要的一件事。这句话就是：'以身作则，不是劝导他人的重要途径，而是唯一途径。''唯一途径'的话说得固然重了点,但是以身作则确实是能不能树立企业文化的根本基础。"在联想控股,有一条铁律——迟到罚站。柳传志描述了这条铁律的起因:"在联想创办之初,大家都说忙,开会总有人迟到,会就没法开。于是公司就定了一条制度,迟到者如果没有请假,要罚站一分钟,大家把会停下来,静静地看着他,那种场面就像默哀一样,非常难受。"在接受媒体采访时,柳传志曾详述推行这一制度时的尴尬:第一个罚站的人是我的一个老领导。他罚站的时候,站了一身汗,我坐了一身汗。我跟他说:"今天晚上我到您家去,给您站一分钟。"不好做,但是也就这么硬做下来了。柳传志说:"我自己也被罚过三次,都是有原因的,有一次是电梯坏了,电话打不出去,没法请假,但都毫无例外地罚了站。"如此严格的目的是要树立一种观念,"规矩就是规矩,不管是谁,都不能破"。

在一次与学者的对话中,柳传志提出:"我觉得传统文化也应一分为二,里面确实有非常好的部分。"其中,柳传志特别信服明代儒学大师王阳明的哲学。王阳明的哲学思想精髓是知行合一,学用结合,学以致用。在柳传志看来,这对于现代企业发展和企业家领导素质的修炼,都具有重要的启迪作用。他指出:"企业做什么事,就怕含含糊糊,制度定了却不严格执行,最害人。"一个企业立下规矩是要求全体成员遵守的,而全体成员遵守的关键是这一企业的领导者要带头遵守。领导者既是一个组织中发号施令的人,也是这个组织的排头兵——所有的成员都向领导看齐。在军队里,领导应该身先士卒;在企业里,管理者更应该如此。一个领导的执行力是下属执行力的上限。

在柳传志看来,一个公司风气正不正,最关键的还是第一把手自己为人正不正。假如领导人有一个办大企业的目标,那么就得要求自己把事做正。推而广之,联想自觉承担起自己作为中国企业"排头兵"的责任和使命。联想的愿景是:"以产业报国为己任,致力于成为一家值得信赖并受人尊重,在多个行业拥有领先企业,在世界范围内具有影响力的国际化投资控股公司。"在其官方网站上,联想控股对此进行了详细的解读:联想控股的社会责任首先是把企业自身办好,遵纪守法,照章纳税,解决就业,提供高质量的产品和服务,打造出一批卓越企业;同时,秉承"为人为本"的理念,关爱员工,高度重视人才的培养和激励,建立优秀的企业文化;通过自身的践行和努力,积极倡导良好的商业道德风尚;此外,利用多年积累的资源与经验,助力更多的中国企业成长壮大,贡献于中国经济。依据柳传志多年领导经验总结出来的"联想管理三要素:建班子、定战略、带队伍",已经成为中国企业管理的教科书内容。

(资料来源:黎红雷:《儒家商道智慧》,人民出版社2017年版,第208—210页。)

八、力争上游的快递——顺丰快递

现如今,互联网高速发展,让人们终于享受上了足不出户也能"吃穿不愁"的好日子。然而,中国互联网商业的高速发展离不开中国式物流的异军突起,正是那些起早贪黑、风雨无阻、全年无休的"快递小哥"们撑起了繁荣互联网经济的半边天。快递的服务质量、运转速度、可靠程度极大程度地影响着人们的消费体验。如今,物流快递成为诸商家必争之地。一方面,似乎一辆摩的加一部手机就可以跑快递,于是快递业留给人们的印象是"多劳多得""物美价廉"靠拼体力、拼速度、拼价格的低技术高竞争行业;另一方面,正因为这种性质,没有高效且先进的信息化技术和管理方式,沉浸于低端竞争的快递必然要面临难以维系而被市场淘汰的困局。

一直以"内敛"形象著称的顺丰快递最近成为市场关注的"明星企业"。2017年2月24日,顺丰控股在A股市场借壳上市。从目前来看,顺丰控股市值高达2 100亿元,接近快递股中"三通一达"(圆通、申通、中通、韵达)四家企业的市值总和。王卫也由此成为快递行业中的首富。在所有民营快递中,顺丰的价格是最贵的,却也是最受喜欢的。这个看似奇怪的现象,折射出中国人消费观念正在发生的深刻转变。

人们喜欢找顺丰,并不是因为其贵,而是因为其贵得有理。支撑顺丰可以要高价的因素,是顺丰远远高出同行的服务品质。

单看一下顺丰小哥们的行头,就和其他的快递小哥大不相同。顺丰小哥的工装上有十多个口袋,这些口袋里装着统一配发的工具,除了秤、笔、胶带等"常规武器"外,还有可以打印快递单据和发票的打印机。差不多等于一个"小公司"。职业化的着装和专业化的工具,一下子就让人增加了不少信任感。

春节假期对于快递公司是个考验,其中大多数快递公司都会放假关门。原因是快递小哥都要回家过年,而快递公司对快递小哥却没有约束力。但早在几年前,顺丰快递就可以和国有的邮政公司、EMS一样过年期间坚持营业。顺丰把快递小哥转变为有高度职业素养和纪律性的员工,顺丰小哥的素质和稳定性远远高于其他同行业公司。公司赚得多,就可以给员工发高工资,也就能招聘高水平的人,公司的竞争力就更强,由此形成一个良性循环。

高投放让顺丰拉开与同行的差距。每年电商"双十一"期间,都有超十亿量级的包裹堆积在快递公司,"爆仓"成为许多快递公司长期的"痛"。2016年"双十一"过后,一组在高铁座位上堆满了顺丰包裹的照片于网络上爆红,这正是顺丰租用整辆高铁运送快递的场景。从第一个买飞机运快递,到第一个让快递包裹坐高铁,顺丰用一个又一个的行业第一,不断变化竞争招数,增强竞争实力,保持和对手的安全距离。时至今日,顺丰拥有45 000个网点,15 000台运输车辆,6 200条运输干线,72 000条运输支线,20多万名员工,成为覆盖200多个国家的"快递帝国"。到2020年,位于湖北鄂州的顺丰专用机场将投入使用,这又是顺丰新创造的行业第一。

众所周知,对于物流快递企业来说,速度就是生命线。在信息化综合集成的基础上,顺丰根据物流快递的行业特性,提出了"快件全生命周期"的概念,并据此开创了全新的信息化建设模式,开始了一场与时间赛跑的竞赛,牢牢抓住了速度这一生命线。据悉,顺丰是目前国内唯一拥有快件全生命周期管理系统的企业,也是唯一收派人员全员配备手持终端设备的企业,保有量超过11万只。

顺丰将快件全生命周期划分为客户、收派、仓储、运输、报关五大环节。在客户环节,呼叫中心能够做到每一通呼叫都可记录对应的通话原因,每个客户投诉都有完整的处理流程。通过呼叫中心系统数据记录统计,已整理100个左右的解决方案,普通座席人员可以很有信心地处理90%的客户来电,从而降低呼叫中心员工的工作压力,帮助员工提高了工作绩效,也为优秀员工提供了职业发展的空间。

在收派环节,手持终端程序的最大优势,就是减少人工操作中的差错,提高操作人员的工作效率。而在仓储环节,顺丰的全自动分拣系统能连续、大批量地分拣货物,并不受气候、时间、人的体力等因素限制,可以连续运行。在运输环节,GPS对车辆的动态控制功用,完成了运输过程的透明化管理,可以对运输方案、车辆配置及时中止优化,运输成本综合降低25%。在报关环节,数据交换采用加密机制,从根本上保证了数据信息安全,并能统一录单、审单与清关流程,提高报关及时性,降低物流通关风险。

高品质、高价格、高成本的经营模式和竞争策略,也曾经给顺丰带来过巨大的压力和挑战。2013—2015年,顺丰的业绩不断增长,但利润非但没有同步增长,相反却出现了利润率下降、资产负债率增高的严重问题。这些数据表明,高品质、高价格、高成本的竞争策略,在几年前的中国还存在着"水土不服"的问题。顺丰的利润在2016年出现了翻番式的增长,有两个重要的支撑,包括拥有新消费理念的人群和顺丰快递业务量,都积累到可以支持高质高价模式的临界点。作为同行对标参照物,其他快递企业采取的低价竞争策略,却显露出越来越严重的问题,甚至出现了崩溃迹象。2016年4月,每一百万件快递,顺丰的投诉率是1.74件,圆通是5.13件,邮政EMS是5.91件,天天快递高达20.84件。

对于消费者而言,贵贱不是最重要的,喜欢不喜欢才是最重要的。弄明白了这个新商业逻辑的企业,就不应当再去一味拼价格。

顺丰快递的成功在很大程度上依赖于顺丰快递员的高素质和顺丰的不断创新精神。儒商的敬业不是一场拼体力、拼成本的恶性竞争,而是高质量、高价值的创新活动,是能够提高每个基层员工效率与福利的一套敬业系统。只有在创新的支持下,再加上每个员工的勤奋敬业才能真正地、更好地满足顾客真正需求。

（资料来源：敏青：《顺丰打造核心竞争力的秘密武器》，《现代物流报》2013年2月1日。丁是钉：《顺丰成功背后的新商业逻辑》，《中国企业报》2017年2月28日。）

九、"仁者必有勇"的安踏铁军文化

孔子说："仁者必有勇。"这话用在安踏身上，倒是非常贴切。安踏从创立以来，每每到企业发展的关键时候，总能飙发出一股悍勇之气，心雄万夫，舍我其谁？置之死地，而后为天下先！也正是这种大勇、大破又大立的精神使安踏总能化危机为转机，聚势能为新的动能，往往在行业中辟出一条新的阳关大道来。

1994年，丁世忠便决定创立"安踏"品牌。安踏的鞋子价廉物美，性价比高，在销售商圈子里很有口碑，但是怎么让更多的人知道它、了解它？丁世忠动了脑筋，也下了决心。2000年，安踏借助悉尼奥运会的良机开展了奥运营销，几乎投入了全年的利润在中央电视台做品牌形象广告。当时在很多人看来是"豪赌"的投入，却让安踏赢了，借助奥运冠军的知名度让"我选择，我喜欢"的品牌广告语家喻户晓，此后销售额一路飙升，连年翻番。2007年，公司在香港成功上市。

2010年前后，因北京奥运会带来了全国体育市场的资本热潮，各个品牌争先恐后、无理性地投入。据说那时生产的运动鞋，全中国市场卖十年都够。很快，泡沫破裂、哀鸿遍野，安踏也深受重创，产品积压严重。这个时候该怎么走，是蛰伏原地等待冬天过去，还是勇敢探索、另辟蹊径主动脱困？安踏的基因里没有"退缩"，也决不会甘于平庸，面对困局，安踏人再一次勇猛破击，以破釜沉舟的气概，在全国体育用品行业率先进行批发转零售的转型。也就是，别人卖不动了，我亲自来卖，直接面对大众客户。丁世忠提出"只有一个乙方"。但是，这涉及整个渠道的下沉，门店体系、营销体系、管理体系全面地规划、搭建、运营等一系列烦琐和开创性的事务，看起来困难重重。不过，在安踏这里，没有什么蹚不过去的河。他们靠着铁一样的执行力和坚韧的意志品质，用一年时间，基本将这件事做完。到2014年，安踏率先

走出困境,开始盈利,2015年销售额冲过百亿元大关,成了无可争议的行业龙头。有许多其他的品牌也纷纷效仿安踏向零售转型,但是,安踏的早一步行动已奠定了在市场上不易撼动的格局,并且直到现在,安踏的零售终端仍是行业里做得最好和最彻底的。

说到安踏的执行力,就不能不提安踏的"铁军文化"。丁世忠认为,"没有执行力,再好的决策也白搭",因此,他在管理中特别强调"令必行,行必果,战必胜"的执行文化,只要工作方案一旦形成决议,那就不管多大的困难也要上,而且公司上下所有人必须坚决、充分、迅速地执行。这种意识在安踏从高层到基层,再到各个部门、各条线的任何一个员工,都出奇地统一、一致,并且自觉奉行,实在令人惊异。"其身正,不令而行,其身不正,虽令不从",安踏这种铁军精神之所以能够贯彻始终,说到底,还是和丁世忠及安踏所有高管们身先士卒的表率作用紧密相关。

丁世忠和安踏集团的高管团队一直坚持亲自下到门店考察,坚持亲自了解市场和消费者。安踏将这种密集地走市场叫作"拉练"。每年,他和集团高管们基本都要走上大半个中国。每次公司从外部招聘了高管,他都要亲自带着去巡店,通过言传身教传达这种冲锋陷阵的文化。以他为首的公司管理层身先士卒,做榜样。管理层每天行程排得特别满,但好像什么事都不耽误。昨天还刚刚在美国开会,今天一早就到办公室了,从来也不倒时差。安踏集团董事局副主席丁世家,也是丁世忠的哥哥,在晋江基地工作二十多年如一日,每天早上7点45分前一定到公司,每天的上午和下午分别要走一趟车间,让员工看到他,也帮助员工现场解决问题。"微信运动"的记录上,一般员工每天走几千步,而他每天都走2万步以上。其他的安踏高管也同样如此,要求员工做什么,自己首先要做在前面。此外,如副总裁李玲所说,"安踏公司的人都是超级爱拼的人,有超强的执行力",为了完成工作任务,有一种"不达目的誓不罢休,赴汤蹈火百折不挠的"的狠劲。有一个比较典型的事例,2005年,安踏刚成为CBA合作伙伴之初,负责该项目的体育市场中心总监杨春连夜坐火车赶往俱乐部,为保证精密仪器的正常使用,杨春一行6人乘坐火车,用了18天时间跑了11个俱乐部,用手工工具和仪器测量以及人工量体,收集了当时300多位CBA球员的脚型和身型数据,这也成为安踏科学实验室的最初的一批原始数据库。可想而知,有这样"拼命三郎"的劲头,肯下到这样的功夫,无论是个人还是企业,想不成功都难!

2018年12月7日,安踏正式宣布组成财团收购Amer Sports(亚玛芬体育),董事局主席丁世忠的一封写给全体员工的信"一次分量最重的决定"也在朋友圈热转刷屏。丁世思在信中回忆了创业历程,说:"公司的每次重大决定,都是要把看似不可能的事情变成现实。而我每次都在思考:安踏是谁,从哪里来,我们要到哪里去,我们的使命和价值是什么。""回望安踏成长的每一步历程,所有成绩的取得,依靠的是在一次次变革、颠覆、突破中打造出来的具有超高战斗力、超强执行力的安踏铁军队伍,有这样一个懂生意、高标准、敢创新、重协同的团队,我们有信心面对未来的任何挑战!"

敢于变革的勇气,加上不折不扣的执行力,一起铸就了安踏的"铁军精神"。有勇,故而能开创、能突破、能变前人所未变,能领天下之先,因此安踏总能跻身行业前沿,做"破局"之大事业,争得发展先机;有执行力,故而能贯彻、能落地、能以终为始、能持之以恒,因此安踏凡事图必有成、举必有功,很少半途而废的。这样的安踏,既扎实,又勇猛;既昂扬,又厚重,在市场上向前推进的时候,就会形成无可抵挡的力量。

(资料来源:杨渊:《大道归仁——安踏之道的中国文化式解读》,《首席人才官商业与管理评论》2019年第1期。)

十、海底捞成就服务明星

四川海底捞餐饮股份有限公司(简称"海底捞")成立于1994年,是一家以经营川味火锅为主、集各地火锅特色为一体的大型跨省直营餐饮品牌火锅店。自成立以来,杰出的服务管理和良好的企业文化是海底捞的制胜法宝。海底捞始终坚持营造"以人为本,顾客至上"的企业文化,实行人本化管理,这也正是其在短时间内迅速发展壮大成为国内火锅连锁巨头的主要原因之一。

极具中国特色的火锅,多年来始终是餐饮行业中竞争最为激烈的"红海"。火锅可说是标准化程度最高的餐饮品类,同样的菜品,不管是红锅或鸳鸯锅,各家菜肴味道其实差不多,区别主要在于各人面前的调料碗、店面的装修以及你所享受的服务。火锅是中国的国民美食,注定出不了什么烹饪大师,涌现出的多是运营专家,放眼大江南北,南拳北腿,流派纷呈:个个是顶尖高手,明争暗斗,谋时谋势,纵横捭阖……就以火锅界标杆海底捞为例,你就算没去过也一定听说过。在海底捞,天天都可见到消费者排长队在等候,连三伏天也不例外。中国各地的火锅多了去了,消费者不是没吃过好的火锅,许多人只是为了亲眼看见与享受一把传说中的顶级服务。因此才会有食客说:"来海底捞等坐,还免费给我擦皮鞋、给我媳妇美甲,啥玩意儿都有。"

海底捞以"服务"为核心竞争力在如火如荼的火锅行业中杀出重围,形成了自己鲜明的品牌形象,这是如何达成的呢?"服务"说到底是要靠人,产品自身不能产生服务,技术自身不能转化为服务。那么"海底捞"是如何激励管理员工,又如何让顾客真正产生宾至如归的被良好服务的感受的呢?

海底捞董事长张勇认为,"善待客户和员工"是海底捞提高"服务质量"的核心理念。他说:

> "创业从来不是一件容易的事,只有经历过失败的人才能知道如何去获取成功,才会更加珍惜成功。很多人都觉得海底捞不仅是餐饮界的楷模,更是很多互联网大佬都想学习的榜样。有很多人问我成功的秘诀,其实,成功没有诀窍,重点在于服务好客户、把员工当人看,这就够了。1994年3月,海底捞第一家火锅城在四川简阳正式开业,我、我太太、同学和同学太太四人组建了海底捞较早的创业团队。那时连炒料都不会,只好买本书,左手拿书、右手炒料,就这样边炒边学。可想而知,这样做出来的火锅味道很一般,所以想要生存下去只能态度好点,客人要什么速度快点,有什么不满意多赔笑脸。1999年,我决定将海底捞的牌子做到外地去,海底捞走出简阳的第一站,选在了西安。海底捞刚到西安头几个月接连亏损,眼看就要把我们之前辛苦积攒下来的老本赔个光。

危急关头,我果断要求合伙人撤资,重拾海底捞的核心理念——服务高于一切！短短两个月内,西安海底捞店居然奇迹般地扭亏为盈。

海底捞的优质服务离不开每个员工的努力。说起海底捞的服务员,很多人都是员工互相介绍过来的。只有当员工对企业产生认同感和归属感,才会真正快乐地工作,用心去做事,然后再通过他们去传递海底捞的价值理念。不光是在工作上要把员工当人看,在生活上,我也希望大家能感受到快乐,于是我把盈利的部分资金为员工租了房子。在薪酬方面,我也做过一些调整,把薪资控制在中端水平偏上,并配置很完善的晋升机制,层层提拔。绝大多数管理人员包括店长、经理都是从内部提拔上来的。海底捞的员工有很多级别,有合格、优秀、标兵、劳模等,还有一个晋升的机制,只要干得好,就可以慢慢获得晋升。海底捞提拔干部,有一个重要的原则,看这个人是不是与人为善,是不是获得了客户点赞,是不是有很强的团结能力？我觉得这个特别重要,所以有了这个考核,身边很多人都能去考核这个员工适不适合做领导。有很多人跟我说,我的管理过于人性化,太把员工当人看。做得不好的员工肯定也会受惩罚,不会加薪,不会升职,有的还要降职。没人愿意打一辈子工,如果这个人极度糟糕,没有理想,就想混一辈子,他也进不来海底捞。因此,成功的秘诀就是既让顾客满意,又让员工满意。"

到2018年底,海底捞已在中国(含香港、台湾地区)100多个城市,以及新加坡、美国、韩国、日本、加拿大、澳大利亚等国家经营466家直营门店,拥有超过3 600万会员和超过69 900名员工,成长为业务涉及全球的大型连锁餐饮企业,依靠的正是服务至上的经营理念。把人当人看,让员工获得价值感和成就感,正是这些看似不起眼的管理方法,使得海底捞的员工发挥出了更高的积极性,也就实现了海底捞对顾客贴心服务的品牌建设目标。

儒家伦理所秉持的人道原则,即"仁"是面向所有人的一种关心与责任。敬业不仅意味着对顾客用心,更要对内部的员工有人情味,把人当人看,员工才会内在激发起真诚的服务热情。儒家的"仁"讲"推己及人",要从关心身边的人起逐渐推广,海底捞就是从惠及身边的员工做起的。是"仁"让海底捞的管理富有特色,而最终也让他们的服务具备了核心的竞争实力。

(资料来源:邓勒:《一个新理念改换了中国餐饮业的风向标》,《上海证券报》2018年4月14日。张勇:《善待客户和员工》,《中国合作时报》2019年5月7日。海底捞官方网站。)

主要参考文献

[1] [美]彼得·德鲁克著,齐若兰译:《管理的实践》,机械工业出版社2019年版。

[2] [日]涩泽荣一著,高望译:《论语与算盘》,上海社会科学出版社2016年版。

[3] [日]稻盛和夫著,杨超译:《稻盛和夫自传》,东方出版社2015年版。

[4] [德]马克斯·韦伯著,阎克文译:《新教伦理与资本主义》,上海人民出版社2018年版。

[5] 黎红雷:《儒家商道智慧》,人民出版社2017年版。

[6] 丁栋虹:《企业家精神》,清华大学出版社2010年版。

[7] 张正明主编:《明清晋商资料选编》,山西经济出版社2016年版。

[8] 张海鹏、王廷元主编:《明清徽商资料选编》,黄山书社1985年版。

[9] 庞利民:《晋商与徽商》(上下卷),安徽人民出版社2018年版。

[10] 郝忠亮、梁培卿:《马家大院》,山西经济出版社2014年版。

[11] 赵靖、易梦虹编:《中国近代经济思想资料选辑》(下),中华书局1952年版。

[12] 黄绍筠编著:《商道流芳录:中国商业文化百例》,浙江工商大学出版社2013年版。

[13] 陈嘉庚:《南侨回忆录》,南洋印刷社1946年版。

[14] 林水檺主编:《创业与护根:马来西亚华人历史与人物儒商篇》,华社研究中心2003年版。

[15] 上海社会科学院经济研究所编著:《上海永安公司的产生、发展和创造》,上海人民出版社1981年版。

[16] 桑士聪:《孔训:一个中国儒商的美国创业史》,新华出版社2006年版。

[17] 张德胜:《儒商与现代社会:义利关系的社会学之辨》,南京大学出版社2002年版。

［18］杨渊:《大道归仁——安踏之道的中国文化式解读》,《首席人才官商业与管理评论》2019年第1期。

［19］汪雷:《明清时期徽商集团拓展壮大原因分析》,《学术月刊》2001年第6期。

［20］施炎平:《儒商的经济伦理及其现代意义》,《华东师范大学学报》1998年第1期。

第七章　公益慈善与家国情怀

积极参与和投身各种公益慈善事业是儒商之所以为儒商的内在要求和重要表现，体现了儒商的社会责任感，用通俗的话来说就是儒商的家国情怀。儒商的这种社会责任感是建立在儒家仁义观和民本论基础上的。在中国古代，儒商大量从事宗族、乡里、社会和国家等各层面的各类慈善公益活动。近代以来，儒商吸收了西方慈善公益观对传统家国观和公益观做了近代转型，不仅积极参与社会公益慈善活动，还大力投身近代中国的民族爱国事业，把传统儒商的家国情怀提升到新的境界。当代中国企业社会化日益增强，企业肩负起了更大的社会责任，因此，融合当代企业责任观与传统公益慈善观建构当代儒商公益慈善观，并积极投身当代中国公益慈善事业，已成为当代中国儒商的必然要求和历史使命。

第一节　儒家思想与中国公益慈善观的建构

在中国古代典籍中，"慈"与"善"最初是分开使用的。"慈"的意思是爱心。"善"的意思是吉祥、美好，后引申为和善、亲善、友好的高尚品行。西汉末年佛教传入中国，其慈悲观对"慈善"观念的影响很大。佛教的慈悲观中，"慈心"是希望他人得到快乐，"善行"是帮助他人得到快乐，"悲心"是希望他人解除痛苦，"悲行"是帮助他人解除痛苦。南北朝时"慈善"二字开始合并使用，意指人的慈心和善举。在当代汉语中，慈善大体包括慈心和善举两种含义，即对人的同情心、仁慈心或爱心及帮助他人的美好行为，它既可以是救助弱势群体的行为，又可以指增进他人福祉的善行，是一种广义的慈善。公益，即公共利益，则是近代中国出现的新概念，指独立于个人利益之外的群体利益,有整体性和普遍性两大特点,是整体而非局部、普遍而非特殊的利益。公益一般也指民间实施的公益,或者指狭义的公益。现实生活中,人们习惯用"公益慈善"来指称广义的慈善。也就是说,"公益慈善""慈善"和"公益"的概念可以等同。公益慈善既是一种事业,即由民众慈善之举形成的社会事业;也是一种文化,即一种由"爱"支撑的行为模式和心理积淀。只有当慈善文化穿透人的心灵,善行成为人的自觉意识,公益慈善事业才可能得到广泛发展。[①]

一、先秦儒学为传统公益慈善观提供了思想来源

中国有悠久的公益慈善文化传统,儒家思想为传统公益慈善观和事业提供了重要的思想资源,孔子、孟子和荀子等先秦儒家的创始人和集大成者的思想中都含有慈善观,为后世慈善思想形成和发展提供了重要思想来源。概括起来说,这方面的思想主要有四个方面。

一是仁爱性善观。"仁者爱人"(《论语·颜渊》),是孔子的核心价值观。"仁"就是爱人,这是仁者的善念和品质。为实现"仁"即由仁而趋善,人们须加强人格与道德修养,做到扬善抑恶,与人为善,利人利他,这是"仁者"应有的道德践履。孟子对此做了发展,主张人性善,以恻隐、羞恶、辞让、是非四种善端引导人们扬善抑恶,布善祛恶。其中,"恻隐之心,仁之端也"(《孟子·公孙丑上》),是人们从事各种社会慈善活动的动机所在。在他看来,所有仁爱之行、慈善之举都发自人的内心,所谓"仁,人心也"(《孟子·告子上》)。故而"仁"也就由恻隐之心的道德感情直接发展成道德行为。他还把"仁"与"礼"建立在"恻隐之心"和"辞让之心"的道德基础上,使之成为一种趋善的道德价值,由此提出了以善施于民的"仁政"主张。在儒家思想中,"善"被归纳为两点,即把"善"看作"大",孟子说:"君子莫大乎与人为善。"(《孟子·公孙丑上》)把"善"看作"宝",《大学》说:"惟善以为宝。"

二是民本思想。"民为邦本"是儒家重要思想。孟子说:"民为贵,社稷次之,君为轻。"(《孟子·尽心章句下》)荀子则提出:"君者,舟也,庶人,水

---

① 参见邓国胜主编:《公益慈善概论》,山东人民出版社2015年版,第2—3页。

也;水则载舟,水则覆舟。"(《荀子·王制》)这种民为邦本的思想反映到社会慈善观上,就是主张君要"惠民",实施仁政。儒家的民本思想推及政治统治和社会生活领域,成为历代王朝统治者实行种种惠民政策的文化基础和思想渊源。

三是大同思想。儒家大同思想的形成与孔子主张财富均分和反对贫富悬殊有关。孔子说:"闻国有家者,不患寡而患不均,不患贫而患不安。盖均无贫,和无寡,安无倾。"(《论语·季氏》)在他看来,在一个安定和谐的社会中财物分配平均是最重要的,物同一体,无贫富差别,人才会和睦相处,才是理想社会。这种"天下为公"的大同思想,对中国历史上的思想界影响极其深远。可以说,大同思想为后世举办慈善事业指出了路径。

四是义利观。"君子喻于义,小人喻于利"(《论语·里仁》),是孔子的名言。只有君子才能超越眼前利益成为道德的典范。孔子甚至将道德与利益的关系提升到对人的生命终极关怀的高度。受儒家义利观的熏陶,古代儒者大多重义轻利,不言名利,孜孜不倦开展救困扶危的慈善事业。在古代,商虽为四民之末,但有不少商人自幼习儒,不以利害义,在经商致富之后,乐输善资。由此,散则种德、市义以归成为中国古代商人立身宏业之本的价值观。

二、宋明理学公私观与传统公益慈善观的建构

正确看待公私关系,即集体利益、个人利益及其关系,是儒家伦理的基本问题之一。先秦儒家已提出公私问题,主张立公去私。但是,宋明理学对公私观念做了深入的阐发,为传统公益慈善观的建构和发展提供了新的思想来源。

《尸子·广泽》谓"孔子贵公"。孔子以"大同"与"小康"表达了公善和私恶的观念。孔子说:"大道之行也,天下为公,选贤与能,讲信修睦。故人不独亲其亲,不独子其子,使老有所终,壮有所用,幼有所长,鳏寡孤独废疾者,皆有所养。男有分,女有归。货,恶其弃于地也,不必藏于己;力,恶其不出于身也,不必为己。是故谋闭而不兴,盗窃乱贼而不作,故外户而不闭,是谓大同。"可见,大同社会就是公和善。又说:"今大道既隐,天下为家。各亲其亲,各子其子,货力为己。大人世及以为礼,城郭沟池以为固,礼义以为纪,以正君臣,以笃父子,以睦兄弟,以和夫妇,以设制度,以立田里,以贤勇知,以功为己。故谋用是作,而兵由此起。禹汤文武成王周公,由此其选也。此六君子者,未有不谨于礼者也,以著其义,以考其信。著有过,刑仁讲让,示民有常。如有不由此者,在势者去,众以为殃,是谓小康。"(《礼记·礼运》)可见,小康社会就是重私,自然不如大同社会那样美好。显然,孔子是主张立公去私的。但先秦儒家讨论公私的不多。

宋明理学家对公私之辨做了重要发展,将公私之辨与理学的根本问题理欲之辨和仁爱等密切结合起来。宋代理学的开山鼻祖周敦颐首先把"公"视为重要德性,说:"圣人之道,至公而已矣。"(《通书·公》)张载则说:"君子于天下,达善达不善,无物我之私。循理者共悦之,不循理者共改之。"(《正蒙·中正篇》)又说:"小人私己,利于不治;君子公物,利于治。"(《正蒙·有司篇》)可见,君子公正地对待善恶,不会偏私己恶而排斥他善,"公"也是君子小人之区别所在。二程认为,仁义就是天理,私心利欲就是人欲,"不是天理,便是人欲","人欲肆而天理灭矣"(《粹言》卷二)。程颐说:"人心私欲,故危殆。道心天理,故精微。灭私欲则天理明矣。"(《河南程氏遗书》卷二四)他们主张:"故君子之学,莫若廓然而大公,物来而顺应。"(《二程集·定性书》)也就是说,心中大公无私是君子之学的两个重要方面之一。程颐还阐释了公与仁之间的相似性,并以公说仁,说:"仁者公也,人此者也。""孔子曰:'仁者己欲立而立人,己欲达而达人,能近取譬,可谓仁之方也已。'尝谓孔子之语仁以教人者,唯此为尽,要之不出于公也。"(《河南程氏遗书》卷九)又说:"'唯仁者能好人,能恶人。'仁者用心以公,故能好恶人。公最近仁。人循私欲则不忠,公理则忠矣。以公理施于人,所以恕也。"(《河南程氏外书》卷四)可见,唯公近仁,私欲便是不仁。

朱熹十分重视公私之辨,说:"人只有一个公私,天下只有一个邪正。"(《朱子语类》卷一三)他将公私之辨与理欲之辨密切结合起来,认为理欲关系本质上是公私关系,公私便是区分理欲的标准,"心之所主,又有天理人欲之异,二者一分,而公私邪正之涂判矣"(《晦庵先生朱文公文集》卷一三《延和奏札二》)。"而今须要天理人欲,义利公私,分别得明白"(《朱子语类》卷一三)。朱子将理欲与公私之辨联系起来,旨在阐明个人利益要服从群体利益,当两者发生冲突时,要牺牲前者来维护后者,即"存天理,灭人欲"。有学者说:"天理人欲之分便是公私之分,这是朱熹和理学家的共同看法。""就其实质而言,反映了群体利益和个体利益的冲突。"[1]为什么公私之辨如此重要呢? 首先,公即是公理,仁即天下之公,两者本质上是相同的,"盖公只是一个公理,仁是人心本仁。人而不公,则害夫仁"(《朱子语类》卷九五)。"仁者,天下之公。私欲不萌,而天下之公在我,何忧之有!"(《朱子语类》卷三七)可见,公即是仁,仁即是公。其次,公与仁是体用关系,公是仁的道理,是实现仁的方法,只有实现公,才能达到仁。朱熹说:"仁是爱底道理,公是仁底道理。故公则仁,仁则爱。""公是仁的方法","公却是仁发处。无公,则仁行不得"(《朱子语类》卷六)。再者,公私之分亦是君子与小人之分,"君子公,小人私"(《朱子语类》卷二四)。"君子之心公而恕,小人之心私而刻。天理人欲之间,每相反而已"(《论语集注》卷七《子路第十三》)。

陆王心学亦有类似主张。南宋心学家陆九渊说:"私欲与公理,利欲与道义,其势不两立。"(《与包敏道》)明代王阳明则说:"何者为天理? 曰去得人欲,便识天理。"(《传习录》上)可见,"宋明理学把私利与天理绝对对立起来,认为私利在天理不在,天理存私利不存,私就是恶,就是不仁,就是不德,是一切罪恶产生的根源,有私者必不为公,不为公者必不行善,立私弃公阻碍人们成为圣贤"[2]。

---

[1] 蒙培元:《理学范畴系统》,人民出版社1989年版,第305页,第310页。
[2] 吴亚卿:《经济改革新旧观念论》,海洋出版社1992年版,第24页。

第二节　明清儒商的义行和近代儒商的公益事业及爱国义举

一、明清儒商的义行

中华民族自古以来就有乐善好施、积德行善的优良传统。养老慈幼、扶贫济困、赈灾救险、建桥修路等公益慈善事业，是中华民族传统美德具体、生动的体现。明清时期，工商业经济的繁荣、早期资本主义的萌芽和市民意识的增强，促进了民间公益慈善事业及其组织的发展和兴盛，其中，儒商扮演着重要角色，发挥了积极的作用。在古代，儒商从事的公益慈善事业往往被称为"义行"而载入各类史籍。明清儒商秉承了宋明理学重视群体利益的思想，将奉公和守公作为处理公私关系的前提和根本，私（利）仍必须服从和服务于公（利）。《士商类要》的"经营"篇便说："凡人作事，先须克己无私。为客经营，勿以贪小失大。……财何损身，只为私贪而致害。利终养己，盖因公取以成家。"[1]明清儒商践行儒家公私观主要表现在处理宗族、乡里、社会和国家等各层面的公私关系上。

许多商人致富后，热心宗族和地方公益事业，建义仓、兴赈会、置祀田、设义塾、立文社、建学宫、施棺木、修会馆、造桥和砥道等。《士商类要》"和睦宗族"篇说："凡处宗族，当以义为重。盖枝派虽远，根蒂则同。仁人之恩。由亲以及疏，笃近而举远，岂可视之如路人邪？昔范文正公为参知政事，所得俸禄必与宗族人共享之。尝曰：'吾不如此，将何面目见祖宗于地下。'又立义田以周宗族之贫乏者，是岂不可以为万世亲亲者法哉！"[2]明歙县商人方迁曦40岁返乡后，"专以纲纪宗族为己任。训饬子弟严而有礼，弱不能立者，扶植之；贫乏无以自给者，济之。……常念方氏入国朝以来，宦学继美无间，近世兹寝有愧，乃谋诸族，肇建书屋于金山隈，伸后嗣相聚相观以振儒业。"[3]

---

[1] 贾嘉麟等主编：《商家智谋全书》，中州古籍出版社2002年版，第67页。
[2] 贾嘉麟等主编：《商家智谋全书》，中州古籍出版社2002年版，第99页。
[3] 《方氏会宗统谱》卷19《明故处士南滨方公行状》。

明代晋商王海,"幼从父贾河南,数能捍贼患,义气激发,日无艰巨,生平未尝学问,而雅好士人,其立义塾、义冢,济急周围困,为善若嗜欲然"①。乾隆两淮总商鲍志道生平好施,"敦本好义,捐银八千两,增置城南紫阳书院膏火。偕曹文敏公倡复古紫阳书院,出三千金落成之"②。清歙县商人吴之骏,"孝友性成,敦善行不息。祖祠倾圮,不惜重资以襄厥成。……置义田数千亩,以济族之贫乏者。族子弟之秀者,或无力延师,谋设义塾以教,惜未竟厥志"③。清婺源商人余席珍在景德镇经商,"其市廛为五方杂处,客死者多。徽商会馆向设义渡、义棺、义冢,赀竭难敷,珍集六邑绅士捐置田产,为长久计。并倡义瘗会,每岁雇工培土,泽及枯骸。又兴惜字会,建文昌宫,筹画极周详。居乡禁赌博、养杉苗、立茶亭、修桥路、息争讼,济人之事靡不勉力为之"④。清代晋商王发运性爽直,有义气,"贸易京都,为商界巨擘,凡同乡至京必款待酬应,有告贷者,辄探囊相助不计所报。对于慈善事业,乐施予,无吝色"⑤。清代闻喜商人李喜信,幼贫,"贾於都致富。乡人公车至都有贷无不应,诸商贫不能归者,恒助资斧。光绪庚子三年歉收时,喜信归老,赈恤村邻,多赖以济"⑥。

助赈救灾是徽商从事社会公益事业的重要内容。明歙县商人吴荣乐善好施,"先是嘉靖甲申,户部奉恩例召义民输粟以救灾,荣以冠带。君如例入粟,不受冠带,有司强之,后受焉。岁甲辰、乙巳连凶歉,都移文府县谕富民出银分赈饥户,君即应召,盖性乐于施非假以荣名也"⑦。清代徽商的捐赈更是巨大。"乾隆三年十月盐政三保奏:据众商以扬郡被旱,愿设八厂煮赈,自本年十一月起至次年二月止,共捐银十二万七千一百六十六两有奇。又商

---

① (雍正)《泽州府志》卷37《孝义》。
② [民国]《歙县志》卷9《人物志·义行》。
③ 《丰南志》第5册《皇清诰封中宪大夫、大理寺寺副加五级岁进士捐斋太老姻台吴公行状》。
④ (光绪)《婺源县志》卷35《人物·义行》。
⑤ [民国]《翼城县志》卷29《孝义》。
⑥ [民国]《闻喜县志》卷17《独行》。
⑦ 《古歙岩镇镇东礀头吴氏族谱·仰山吴君行状》,张海鹏、王廷元主编:《明清徽商资料选编》,黄山书社1985年版,第319页。

人汪应庚独捐银四万七千三百一十两有奇,请给议叙嗣子。"①鲍志道之子鲍漱芳,在嘉庆十年夏洪泽湖涨决时,集议公捐米六万石助赈,"遂于各邑设厂,并赴泰州恭亲督视。是年,淮黄大水,漫溢邵伯镇之荷花塘,漱芳倡议仍设厂赈济,并力请公捐麦四万石展赈两月,所存活者不下数十万人"②。清代晋商王纯,"起家商贾,道光癸巳,岁祲,煮粥救饥。明年春,复分给籽种,咸感其惠"③。

儒商的奉公还体现在报效国家上。商书和许多儒商的族规、家训明文规定要及时向国家缴纳税粮。《士商类要》中《立身持己》篇说:"税粮乃国家重务,迟速必不可免者,每年宜早办完纳,毋得延挨,自取罪辱。"④徽州《璜蔚志·训族歌》说:"三训忠,要急公。饱食暖衣歌帝德,尊君亲上见仁风。粮早纳,役早供,官吏何当来累汝,还有奖赏到乡农。士子读书思报国,陇亩臣庶乐年丰。安分守法家室庆,长在光天化日中。要急公,教以忠。"明代休宁商人汪弘在乡里好施义行,"复输百金航梓宫,以济王事。用财于此,义莫大焉"⑤。清代歙县盐商江登云曾对人说:"丈夫志功名为国家作梁栋材,否亦宜效毫末用,宁郁郁侪偶中相征逐以终老耶!"⑥助饷是徽商报国的重要形式,清代尤巨,"或遇军需,各(盐)商报效之例,肇于雍正年,芦商捐银十万两。嗣乾隆中金川两次用兵,西域荡平,伊犁屯田,平定台匪,后藏用兵,及嘉庆初川、楚之乱,淮、浙、芦、东各商所捐,自数十万、百万以至八百万,通计不下三千万。其因他事捐输,迄于光绪、宣统间,不可胜举"⑦。清代晋商高集衡家贫,"后以居积致富,然积而能散,俭而知礼。值岁兵荒,助军饷者二

---

① 《清盐法志》卷154(两淮55),《杂记门二·捐输二·助赈》。
② [民国]《歙县志》卷9《人物志·义行》。
③ (光绪)《山西通志》卷143《义行录中》,张正明主编:《明清晋商商业资料选编》(上),山西经济出版社2016年版,第273页。
④ 贾嘉麟等主编:《商家智谋全书》,中州古籍出版社2002年版,第95页。
⑤ 《江氏统宗谱》卷Ⅰ16《弘号南山行状》。
⑥ (歙县)《济阳江氏族谱》卷9《清覃恩累晋武功大夫衷临时将署南赣总兵官登云公原传》。
⑦ 《清史稿》卷123,志98《食货四·盐法》,中华书局1977年版。

千余金,济贫穷者二百余石"①。徽商为两淮、浙江盐商中坚,故捐饷多出自徽商。

每当国难当头和民族危机深重时,还会有不少儒商挺身而出,有的输资捐财,有的操戈上阵。在明代的抗倭斗争中,商人相当尽力。明隆庆倭寇压境时,松江商人孙铠,"尝以倭寇压境,纠集山、陕。诸商协力御之,战死"②。嘉靖三十三年(1554),扬州巡盐御史莫如士,"选取山西、陕西盐商家属善射骁勇者五百名为商兵,专委运司副使汇集操练,以备城守"③。在明末清初的抗清斗争中,也不乏儒商的身影。顺治二年(1645)闰六月,"城上有山西客商善射者二三十人,一面发矢射之,一面缒人下城杀去,伤彼(清兵)数人方退"④。有的商人甚至毁家纾难报国。顺治二年,清兵逼江阴城,徽商程壁散家资充饷,"而身乞师于吴淞总兵官吴志蔡。志蔡至,壁遂不返"⑤。在清代后期新疆平叛战争中,晋商贡献颇著。晋商荆中璞刚毅有胆略,与弟中璜在新疆叶尔羌城经商,道光六年(1826),"逆回张格尔骚扰边界,商民共结团为守御计,以中璞兄弟果敢任事,同辈推为团长。……未几,贼陷喀城……遂围叶尔羌城……遂陷,中璞率众拒战……为贼所杀。中璜……奋前击贼,贼又杀之"⑥。忻州商人卢英锐在新疆阿克苏经商,道光六年,"逆回张格尔破喀城,英锐闻大兵至,自绘地图,谒军门,陈进取形势。旬月间,西四城以次克复。叙功赏兰翎五品衔,补固原提标后营外委,将不次擢用。七年,以张逆逃窜未获,请在达尔瓦斯一带谕布鲁特回众,中途遇贼,力战死。赐恤赏

---

① (同治)《稷山县志》卷6《孝义》。
② 《明穆宗实录》(卷12),李国祥、杨昶主编:《明实录类纂 浙江 上海卷》,武汉出版社1995年版,第1134页。
③ [明]郑晓:《擒剿倭寇疏》,张正明主编:《明清晋商商业资料选编》(上),山西经济出版社2016年版,第242页。
④ [清]叶绍袁:《启祯记闻录》(卷5),张正明主编:《明清晋商商业资料选编》(上),山西经济出版社2016年版,第242页。
⑤ 《徽志补遗》,张海鹏、王廷元主编:《明清徽商资料选编》,黄山书社1985年版,第401页。
⑥ (光绪)《山西通志》卷137《忠烈录》(下)。

如制,予恩骑尉世职"。① 明清时期文献中对儒商此类义行壮举的记载相当多。

二、近代儒商的公益慈善事业和爱国义举

近代以来中国受西方资本主义入侵的影响,西方公益慈善观在中国得到传播。同时,随着中国资本主义的发展和新式实业家的兴起,慈善企业家在清末民初以来开始成为重要力量。他们吸收西方现代公益慈善思想,对传统儒商公益慈善观做了转型和发展,开展办学兴教、创办医院、修建基础设施、赈灾救济、公益救助等公益和慈善事业。由于近代中国一直处于西方列强侵略的危机中,因此近代企业家和商人的家国情怀更为强烈,积极参加民族救亡运动,为近代中国民族民主革命做出了重要贡献。

近代以来,慈善组织逐渐呈现多样性。由于连绵不绝的天灾人祸,慈善救济十分迫切。而资本主义发展使得一批工商业者聚集了财富,为民间慈善的发展准备了物资条件。加之近代社会民族救亡思潮的涌动,唤醒了国人的民族意识,将慈善事业与民族救亡相结合,激发了广大的民众参与,一大批绅商纷纷成为慈善家,他们形成了许多慈善家群体、组成了大量慈善机构,担负起近现代慈善救助的重任,替代了缺位或不到位的政府。在组织形式上,近代慈善机构已演变为以民间慈善团体为主体,辅之以其他社会组织的慈善团体。其中,由各种企业捐资成立的慈善机构特别活跃。近代著名企业家、上海仁元钱庄董事经元善在光绪四年(1878)与友人李麟策、屠云峰及慈善组织果育堂董事瞿世仁等数人创立了上海公济同人会,劝捐救济河南旱灾,此举得到郑观应、王介眉、葛藩甫等沪上绅商的广泛支持。此后,他又和其他实业家在上海发起主持的协赈公所,即实行募赈分离,是为近代慈善事业中募捐机构之雏形,标志着近代社会公益慈善事业的开始。由企业捐助的不同性质慈善事业机构的出现,使我国的社会救助机制进一步完善。近代慈善事业的发展得益于企业慈善家群体的出现,这也是近代慈善事业

---

① (光绪)《山西通志》卷 137《忠烈录》(下)。

兴盛发达的重要标志。在传统慈善事业中,虽然也有绅商开展赈灾救济等善举,但对象多限于原籍和邻近地区,总体上属于个别和临时性的慈善活动。随着近代慈善事业的兴起,各地慈善机构纷纷设立,许多绅商善士在济贫赈灾时相互联络呼应,从而形成了许多慈善家群体。19世纪80年代初,以上海协赈公所为中心聚集了经元善、谢家福、李金镛、盛宣怀、郑观应、严佑之等十余位江浙绅商。他们在办理义赈的过程中,分别负责募捐、司账、转运、放赈、查赈等环节,既各司其职,又和衷共济、密切合作,形成了近代第一个慈善家群体。上海为近代中国慈善事业的发源地,不仅慈善机构居全国首位,而且慈善家团体也是最多的。如顾履桂、杨逸、张嘉年、吴馨、莫锡纶等人发起创办的济渡社;姚文楠、王一亭、朱葆三、李平书、熊希龄、徐乾麟、宋汉章、施则敬、虞洽卿、周金箴等1919年发起成立的中华慈善团全国联合会。慈善家群体的形成使原来各不关联的慈善家,通过相互联络初步形成了社会组织网络,从而扩大了慈善事业的社会影响和救济效果。再者,出于社会经济和公益慈善发展的需要,许多实业家在组织和参与生产经营、社会教育、乡村建设等社会、经济、政治活动的同时兼顾公益慈善事业。抗战之前,一些地区出现了从事工业和土地经营的赈济团体,陈嘉庚以及江浙一带的民族企业家自办慈善,还产生了出于保障个人人身需要的互助组织,如东南沿海出海渔民、出洋到海外的中国居民等特殊人群都自发设立了人人参与的互保组织。工商业在东南沿海快速发展,使各地商人纷纷建设以同乡会为基础的商会、行会,这些组织不仅向同乡中需要帮助的人行善,还跨越地域和领域,将保持公共秩序和社会利益,包括救济城市贫民和每逢大灾救济灾民作为自己的目标,将救穷与行公益之道结合起来。[1]

近现代中国实业家中涌现出大批公益慈善家,他们对中国传统公益慈善观念的近现代转型和中国近现代公益慈善事业发展做出重大贡献。经元善是中国近代公益慈善事业的开拓者,在理论上和实践上为传统公益慈善

---

[1] 参见李洪彦主编:《中国企业社会责任研究》,中国统计出版社2006年版,第22—24页;邓国胜主编:《公益慈善概论》,山东人民出版社2015年版,第58—60页;周秋光:《关于近代中国慈善研究的几个问题》,《史学月刊》2009年第9期。

的近代转型做出开拓性贡献。在理论上,他融合中西公益慈善思想,将传统公益慈善观发展为近代社会公益慈善观。他认为救急不如救贫,慈善事业要从扶贫根本做起,主张善举之惠应从一身及至一家,从一时及至永久,将行善的范围亦扩大到兴学育才和兴办实业教育的领域,其公益慈善观包括经商、慈善、公益、教育、政治和风俗各个领域,是一种大经营观。张謇是又一杰出代表,慈善公益活动是其人生事业的重要组成部分。他之所以高度重视慈善公益事业,与其儒家的仁爱思想、绅士的社会责任感和民族自强意识密不可分。其慈善事业主要包括兴办各类新学校,兴建新育婴堂、养老院、残废院、济良所和贫民工场等福利设施,创办体育馆、博物苑、图书馆、公园等文化公共设施。张謇从事的公益慈善事业取得良好社会效应,推动了南通及中国近代社会的发展。近代著名的企业家集团——荣家集团的荣宗敬、荣德生热心兴办学校、创办图书馆、兴修水利、捐款救灾扶贫济困等慈善事业。他们捐资创办的公益小学与竞化小学、大公图书馆、江南大学、上海交通大学图书馆等,成为近代民族企业家捐建的著名文化教育机构。荣德生时刻不忘为建设家乡、服务地方出力,提出许多颇有远见的建设祖国和家乡的思想和主张,为地方社会经济发展做出了重要的贡献。[①]

爱国思想是儒家传统伦理思想的重要内容之一。儒家重视集体利益、国家利益,认为个人命运系于国家民族的盛衰安危之中,个人利益是与国家利益是融为一体的。因此,他们倡导"天下兴亡,匹夫有责",有着浓厚的儒家家国情怀。在近代中国西方列强以武力为后盾,以先进的技术和经济实力瓜分中国市场,在同中国民族企业的竞争中处于绝对优势地位。这不仅激励了中国民族企业家的斗志,也使他们得到本企业职工和广大人民的支持。他们企业经营的各个环节和各个时期,注意运用爱国救亡的旗帜进行竞争。同时,近现代资本主义企业的发展,决定了企业的命运必然是与国家命运联系在一起的,国家的强弱影响着企业的国际市场地位。因此,面对饱受侵略的民族危局,不少企业家将爱国、救国作为自己的社会责任,将爱国

---

① 马敏:《商人精神的嬗变——辛亥革命前后中国商人观念研究》,华中师范大学出版社2011年版,第245页。

精神培养作为企业文化建设的重要内容。

1895年清朝同日本订立了丧权辱国的马关条约,允许日本在中国有设厂权,其他帝国主义国家纷纷仿效,这给中国民族实业的生存造成极大威胁。张謇就提出设厂自救的口号,说帝国主义每年掠走中国大量的财富,长此下去,中国"即不亡国,也要穷死";要救中国,必须发展实业。现在外国资本取得了中国设厂权,中国人应该自己赶快办厂来进行抵制。为此,他在南通办起著名的大生纱厂。民族实业家刘鸿生在"九·一八"事变前经营章华毛绒纺织厂,因技术和质量不过关,老是亏本。"九·一八"事变后,广大人民愤于日本帝国主义的侵略,发生抵制日货运动。刘鸿生就趁机生产了一种"九·一八"牌毛呢,并努力提高技术,保证质量。广大人民拒买日本毛呢,一见出了"九·一八"毛呢,特别兴奋。该品牌毛呢迅速夺取了日本毛呢在中国的市场,刘鸿生的企业也扭亏为盈。再如,20世纪30年代初,天津实业家宋棐卿看到华北毛线市场几乎被日本"麻雀"牌和英国"蜜蜂"牌毛线占领,于是就生产了"抵羊"牌毛线,商标是两只羊角相抵,暗含着抵制东、西两洋(日本和英国)产品的意思。广大人民心领神会,加上"抵羊"牌毛线质量确实很好,故"抵羊"牌毛线一上市,就把日本"麻雀"和英国"蜜蜂"赶出了华北市场。甚至连北京长春堂那样规模较小、实际是半新式的企业,也为抵制日货"宝丹"制造出风靡全国的"避瘟散",为抵制日本"仁丹"生产了"无极丹"。爱国的民族实业家为提倡国货想尽各种办法,他们不是单纯地在这个口号下推销自己的产品,而是力求研制物美价廉、确有竞争力的"抵货产品""争气产品"来支持提倡国货的运动。南洋著名实业家陈嘉庚则把忠于国家作为企业经营管理的原则之一。他反复强调,企业应以振兴国家经济为己任。[①]

企业价值观既是导向仪,也是动力源。树立爱国的企业价值观,可以启迪并培养全体职工对企业的忠诚、热爱和荣誉感,增强企业的向心力和凝聚力。同时,它也会受到广大公众的赞许和支持,使公司声誉海内外皆知,产品销路大增,企业生命力不断旺盛。

[①] 邹进文、赵玉勤主编:《儒商法典》,湖北人民出版社1999年版,第8—9页。

第三节 儒家公益观和当代企业责任观与公益慈善事业

一、传统慈善文化现代转型的必要性和价值

慈善文化是人类在长期的慈善行动和慈善事业发展过程中形成的思想、价值观和行为规范的总和,包括思想、观念、行为规范三个层面。首先,慈善文化是人类在日常生活中付诸特有的情感、思考与实践的产物,是以人性为本源、以人的情感和理念为支撑的行动文化。中外慈善文化在这方面有共通性。其次,慈善文化不仅具有多元性和多样式特性,而且具有时代性、地域性和民族性。其中,最能体现慈善文化特点的是民族性,民族不仅是慈善文化的创造者,也是慈善文化的承载者。中国慈善文化植根于传统儒释道文化,特别是儒家文化对历代公益慈善事业产生了深远影响。其中许多思想仍是当代国民和华侨恪守的慈善道德行为守则,为建构当代中国特色慈善文化提供了思想资源。

慈善文化作为既传统又现代的精神文化,是当代国人最可接受的理念。因此,要培育与建设好中国当代慈善文化,既要吸收传统慈善文化的精髓,又要根据当代社会发展和时代需要建构有中国特色的当代慈善文化。

第一,明确培育慈善文化的目标和原则。民族文化具有历史继承性,民族慈善文化的演进也不能完全超越传统与历史。中国传统慈善文化应是我们的立足点。现代慈善事业是由平民大众与专业慈善组织互动和共同实施的社会事业,从传统施恩向现代慈善过渡是中国当代慈善事业发展的迫切需要。国人一方面应继承和发扬传统慈善文化资源,同时要跳出以亲疏远近施善的原则和施恩图报的观念,树立公益慈善观,形成新的全社会互济互助的文化氛围。培育当代中国慈善文化,从狭义上讲是为慈善行为培土立基,为中国慈善事业可持续发展注入永不枯竭的动力;从广义上讲是弘扬中国文化的核心价值,将中华民族的道德精神世世代代传续下去。

第二,发掘和继承传统,更加注重中国经验和中国原理。继承和发扬这

份传统,是中华民族自立于世界之林的文化根基。积德行善、慈悲为怀是中华民族的慈善文化传统,仁爱、调和、大同等道德原理以及互助共存是人类共同的文化遗产。存在于乡里、族群的官民联动,是中国慈善史颇具特色的传统。中国慈善文化传统蕴含的这些中国原理和元素可以在新的历史时期重放异彩,成为抵御经济至上、利润至上的拜金主义的思想源泉,成为未来中国慈善文化和慈善事业发展的重要动力。

第三,拓展慈善意涵,培育现代慈善文化。中国传统的慈善含义较为狭窄,只将捐赠款物给贫困人群的行为称为慈善,因此,有必要将当代慈善拓展为现代民间公益,借鉴传统官民联动的模式,采取国家公益与民间公益并举的举措。同时,建立内含健康财富观、人道主义和人文关怀、"助人就是助己"的功利观、让受助者有尊严等基本价值观的现代慈善文化。

第四,进行平民慈善的社会教育,培育社区的善行精神。进行平民慈善的社会教育,首先要注重传统慈善文化的传承,其次要注重榜样,再次要注重行动。利他主义是西方慈善文化的核心,西方的互惠主义与中国的互济文化有相似之处,可以作为中国平民慈善社会教育的文化资源。这对于广泛传播志愿精神,激励国人的义工服务,培育社区的善行精神是很有助益的。

第五,重视慈善文化的研究和传播,营造良好的慈善文化氛围。慈善文化的培育是一个过程,需要加强社会认同,这就要靠慈善文化的学术研究和大众的慈善实践互通共举。慈善文化的研究不仅要发掘中国传统文化的瑰宝,也要找出传统文化不适应现代公益慈善的不足;不仅要研究比较中西文化的不同,还要发现其间的相似性和可融通、融合的一面。同时,还要通过各类媒体尤其新媒体的广泛传播而走向大众,使新媒体既可以成为慈善募捐的平台,也可以成为平民慈善的传播平台,为传播慈善开辟新路径。[①]

[①] 杨团、葛道顺主编:《中国慈善发展报告(2009)》,社会科学文献出版社 2009 年版;邓国胜主编:《公益慈善概论》,山东人民出版社 2015 年,第 60—71 页。

二、当代企业的社会责任与公益慈善事业

当代企业生产经营日益社会化,这就使企业要承担起更大和更多的社会责任,企业也必须自觉树立起强烈的社会责任感。积极从事公益慈善是企业承担社会责任的重要内容和企业文化建设的基本要素。因此,吸收中国传统公益慈善文化的优秀理念,弘扬传统和近代儒商的家国情怀,适应中国特色社会主义建设需要,建构富有时代精神的企业公益慈善文化,大力投身公益慈善事业,已经成为当代中国儒商企业发展的内在要求。

当代企业生产经营日益社会化。企业生产经营管理已超出企业之外,与整体社会发展紧密联系在一起,企业社会责任的范围愈益扩大和强化。因此,当代企业必然要承担起更大和更多的社会责任。具体而言,体现在五个方面:(1)现代社会对企业的期待已由纯粹经济性组织转变为兼具社会性使命的组织,因此企业应调整其角色,承担起社会责任。(2)从企业利益最大化角度分析,应由过去的急功近利为基准,变为着眼于长远利益的追求。这样,企业社会责任可以改善企业所处环境,有利于其长期发展。(3)企业在道德上有义务帮助处理社会问题。由于很多社会问题,如环境污染和破坏等是企业直接造成的,因此,企业应负起责任,参与处理有关社会问题。(4)企业本身拥有很多资源可以帮助解决社会性问题,而企业资源是社会资源的重要组成部分。(5)企业行为如果加上社会责任有利于提升企业形象,有利于企业的发展。如果企业自动履行社会责任,可以主动避免政府不必要的法规制约,有利于企业经营环境的改善。目前,企业社会责任越来越受到社会各界的重视。国内外一些有名的企业评选特别加入了企业社会责任考核标准。《南方周末》中国内地人物"创富榜"以全新标准评判中国内地创富人物,这一评价指标即由四项分类指标组成:个人资产(占30%权重),社会责任(纳税、捐赠、提供就业机会数,占40%权重),企业文明(含守法经营、尊重和保护职工合法权益两项,占20%权重),公众形象(占10%权重)。主办方明确指出:"虽然一些企业家很有名,但如果违背了创阳光财富、建和谐社会'宗旨的话,也不能上榜。"得到全国工商联和全国总工会大力支持的这

项评选活动还分别推出了"诚信纳税榜""慈善捐赠榜""关爱员工榜""公众形象榜"四个子榜。从企业社会责任角度衡量一个企业的财富,其意义已远远超出财富本身的价值,即企业社会价值在于为社会带来更多的就业机会、资金捐赠、缴纳税金等。[1]

企业社会责任是指企业在广义的社会范畴里所承担的责任,包括经济责任、社会责任、法律责任、环境责任、伦理责任、慈善责任等。企业社会责任有广义和狭义之别。广义的企业社会责任是指企业作为社会的单元细胞,应该对社会发展做出自己的贡献,并履行自己相应的服务社会、贡献社会的责任。狭义的企业社会责任是从对企业经济利益和非经济利益的区别分析中得出的。一般来说,企业社会责任是指企业在创造经济利益、获取经济效益,即获取利润、对股东利益负责的同时,还要承担对员工、消费者、社区和环境等方面的社会责任。其基本内容包括遵守商业道德、生产安全、职业健康、保护劳动者的合法权益、保护环境、支持慈善事业、捐助社会公益、保护弱势群体、促进社会信用体系建设等。创造物质财富、为股东赢得利润是企业最基本的社会责任。然而,对于普通公众而言,往往最看重的还是企业产品的质量和企业的公益慈善责任。所以,公益慈善责任是中国企业履行社会责任的重要组成部分。[2]

当代中国企业社会责任观念和制度的建构,应当继承中国传统文化仁爱观和公私观等优秀思想,使之富有中国文化特色。"财富之路"与"德性之路"应当在同一条轨道上。现代文明的发展使人们发现了经济发展的两个巨大秘密,即通过"经济理性"和"经济德性"来实现"财富之路"和"德性之路"的汇合统一,创造出一个自由繁荣的新世界。企业家及其企业的慈善事业就是经济德性的具体实现形式。慈善事业的"舍"就是"得",即"内得于己、外得于人",它是企业赢得公众好感,改善公共关系,取得社会信任,获得长久发展以及实现企业家终极价值的至善途径。世界著名企业家已把慈善

---

[1] 李洪彦主编:《中国企业社会责任研究》,中国统计出版社2006年版,第5—6页。
[2] 李洪彦主编:《中国企业社会责任研究》,中国统计出版社2006年版,第12—13页;邓国胜主编:《公益慈善概论》,山东人民出版社2015年版,第187页。

事业作为实现其崇高理想、社会价值、经济价值的途径,通过投入慈善事业,达成经济德性与经济理性互补统一的完美境界。中国传统儒商重视"经济德性",走"德性之路"的公益观与此是不谋而合的,正可以为当代中国特色的企业公益观的建立提供深厚的思想资源和理论基石。[①] 不少当代中国企业家对此有着清醒的认识。SOHO 中国有限公司董事长潘石屹说:"古人云:'穷则独善其身,达则兼济天下。'我们这些现代人,要多多向古人学习,当你的财富积累到一定的程度时,做慈善也不是什么难事。""企业要有社会责任心,中国的商人其实是很愿意做慈善的,谁都知道'好心有好报'的道理。"大连万达集团股份有限公司董事长、总裁王健林则说:"企业信誉承载的不仅是个体的责任,还应当有社会责任。在经营中融入你特有的文化,就很容易得到消费者的承认。""中国的企业当中,万达的实力肯定不是最大的,民营企业家当中,我个人的钱也肯定不是最多的。这些年来,万达的公益事业服务最多,这不但没有拖垮万达的发展,反而使万达的发展更快更好。"恒大地产集团董事局主席许家印说:"恒大人都是社会主义事业的建设者,对企业负责,就是对国家负责、对社会负责、对个人负责。""讲责任体现着生活的价值,映照着人生的意义。逃避责任、坐享其成、虚度光阴,这样的人生没有价值。勇敢地担负起自己的责任,人生才会充实,生活才有意义。"[②]

改革开放以来,中国企业逐步开始承担社会责任,至 20 世纪 90 年代后企业社会责任管理意识不断加强。90 年代末以后,在非公有制经济快速发展、国有企业调整改制等大的背景之下,中国企业的治理结构发生较大变化,形成股东权主导型的公司治理模式。现在,许多中国著名企业家及其企业开始把兴办企业、回报社会、报效国家作为实现自身崇高理想和社会价值的途径。他们在不断发展壮大自己企业的同时,不断地捐赠巨资投入公益慈善事业。根据相关统计分析,2013 年我国接受国内外社会各界的款物捐

---

① 李洪彦主编:《中国企业社会责任研究》,中国统计出版社 2006 年,第 30 页。
② 徐宪江编:《中国 500 强企业总裁语录》,中国法制出版社 2010 年版,第 218 页,第 220 页,第 221 页。

赠总额共计约989.42亿元。企业捐赠一直是社会捐赠的主体,2013年企业法人捐赠总额为689.33亿元,占年度捐赠总额的69.97%。其中,民营企业的捐赠额度一直占据企业捐赠总额的一半以上,并且民企是以现金捐赠为主,占企业现金捐赠总量的84.75%。资金捐赠具有直接、便捷和使用方便等优势,是最受公益慈善组织欢迎的捐赠方式。① 同时,许多企业还提供物资捐赠。企业的物资捐赠以药品、救灾物资、图书、软件、衣物、医疗设备、电子设备、交通运输产品和房产为主。其中,药品和医疗设备捐赠最多,其次是软件、出版物和教学设备,再次是以食物和水、衣被、日用品、机械设备为主的救灾救济物资。② 许多著名企业家积极投身到当代公益慈善事业中来。如,SOHO中国有限公司董事长潘石屹说:"我自己花不了那么多钱,但是有更多的人需要钱,尤其是西部的那些孩子。我把慈善看作是一种精神,其实它也是一项投资,我获得了别人的好评,孩子们获得了学习的机会,何乐而不为呢?"腾讯公司董事会主席兼公司首席执行官马化腾说,"汶川大地震发生后,腾讯从上到下所有的人都在想怎么表达我们的感情,除了捐献之外,我们觉得要利用现有的平台和网络,把全国每个人的爱心表达出来。在短短一个月的时间里,有超过30多万人通过我们的支付平台和即时通信的宣传,捐助了2 300万元,我觉得这在当时应该说是国内最大的一次在线捐助的行动。"大连万达集团董事长、总裁王健林说:"财富的本质是用来帮助别人。""我想成为一个大慈善家,首先成为中国最大的慈善家,然后成为世界级慈善家。"③

当代中国企业公益慈善包括传统公益慈善和现代公益慈善。一是传统公益慈善。企业开展传统的慈善事业是企业基于慈悲、同情和救助等观念,为灾民、贫民及其他生活困难者举办捐款、施舍、救助与关爱活动,是一种救急、治标、短期的社会救助与救济。传统慈善活动有施粥、施衣、施棺、慈幼、

---

① 彭建梅主编:《2013年度中国慈善捐助报告》,企业管理出版社2014年版,第26页,第82页。
② 孟志强等主编:《中国慈善捐助报告(2011)》,中国社会出版社2012年版,第23页。
③ 徐宪江编:《中国500强企业总裁语录》,中国法制出版社2010年版,第218页,第219页,第220页。

养老、恤孤、助残、扶贫、济困、救灾等。这些慈善活动易于开展,活动效果显著,社会影响较大,是企业履行社会责任的组成部分。根据中民慈善捐助信息中心分析,2010年中国社会捐赠最集中的领域为救灾,流向救灾和重建领域的款物捐赠占全国捐赠总额的24.4%,总额约252亿元,其中救灾物资捐赠占救灾捐赠的10.4%。众多的企业参与到救灾和扶贫的传统慈善事业之中,为赈灾和济困做出了重大贡献。二是现代公益慈善。这主要包括环保、文化娱乐、创业等新的内容,同时讲究从输血式慈善转向造血式慈善,标本兼治。据相关统计,在生态环保领域2013年收到的捐赠占捐赠总额989.42亿元的1%左右;在文化艺术与体育领域,占捐赠总量的5.7%。[①] 另外,越来越多的企业资助大学生创业或扶持青年创业,还有一些企业通过公益慈善组织开展小额信贷模式进行扶贫。这些新的领域为企业从事公益慈善活动,注入了新的活力,提高了公益慈善资源的使用效率。

第四节　案例选编

一、中国近代慈善事业的开拓者经元善

浙江商人经元善是中国近代著名儒商,中国近代公益慈善事业的开拓者,在理论上和实践上为传统公益慈善的近代转型做出重要贡献。他积极从事义赈,用近代方法开展义赈,使传统义赈实现了近现代的转型。同时,融合中西公益慈善思想,将传统公益慈善观发展为近代社会公益慈善观。

近代中国由于连绵不绝的天灾人祸,慈善救济需求十分迫切,促使慈善组织机构大量涌现,其中,由企业捐资成立的慈善机构特别活跃。经元善在这方面有开创之功。光绪三年(1877年)冬,河南等省发生特大旱灾,赤地数千里,死亡枕藉,人相食。经元善得知后决定联合沪上绅商开办义赈,募捐救济豫灾,由此开始了他一生领导和组织民间救灾的活动。1878年2月,时任上海仁元钱庄董事的经元善与友人李麟策、屠云峰及慈善组织果育堂董

[①] 邓国胜主编:《公益慈善概论》,山东人民出版社2015年,第200—201页。

事瞿世仁等人创立上海公济同人会,劝捐救济河南旱灾,此举得到郑观应、王介眉、葛藩甫等沪上绅商的广泛支持。1879年,为专心筹赈救灾,他毅然将自己的仁元钱庄停歇,改为"协赈公所",作为组织上海绅商从事义赈的常设机构。协赈公所实行募赈分离,是近代慈善事业中募捐机构的雏形,标志着近代社会公益慈善事业的开端。在他的号召和努力下,以上海协赈公所为中心聚集了经元善、谢家福、李金镛、盛宣怀、郑观应、严佑之等十余位江浙绅商,形成了近代第一个慈善家群体。他们在国内和海外21个城市设立赈捐代收处,建立一套制度使募捐、收款、押运和发放等分工负责,并公开账目和杜绝舞弊。这种由慈善家群体开展的制度化、网络化的大型民间赈灾,得到海内外商人、官吏和华侨的广泛支持。1878—1893年,他参与组织和办理了豫、晋、秦、皖、苏、浙、鲁、奉天、顺直等诸多重大义赈活动,"募款达数百万,传旨嘉奖者十有一次"。这既极大地推动了近代慈善事业的发展,也是近代慈善事业兴盛的重要标志。因为,传统慈善救济虽然也有绅商开展赈灾救济等善举,但多限于原籍和邻近地区,多属个别和临时性的慈善活动。近代慈善家群体的形成则使原来各不关联的慈善家通过相互联络形成了社会网络,从而扩大了慈善事业的社会影响和救济效果。经元善还适应时代发展潮流,将近代教育发展与慈善公益事业相结合,从早期积极从事义赈转为到晚年大力兴学。1893年底,他在上海城南高昌庙附近开设"正经书院",教学上"中西并重"。1897年下半年"正经书院"停办一年后,又创办第一家"中国女学堂",在当时开风气之先。1898年夏,又拟在家乡余姚和上虞创办农工学堂。

经元善所以能在近代中国慈善事业上做出开拓性贡献,在于他勇于吸收西方近代新思想,并融合传统慈善思想加以创新。首先,他意识到救急不如救贫,慈善事业要从扶贫根本做起。他说,"民生困穷,日甚一日,丰年啼饥,况于歉岁。灾患无穷,荒年之饥民有限,丰年之饥民无限。语云救急不救贫,不知不救贫,则贫亦变急",因此应亟讲善后之法。所谓"善后之法","一曰兴农开荒,一曰课工教艺",尤以后者为急。因为,设立工艺院,教给贫者以谋生手段,是惠广泽远的最大善举,"工艺院教成一艺,则一身一家永可温饱,况更可以技教人,功德尤无限量","此举不但恤贫,且以保富;不仅可变通赈济,亦可变通一切善堂"。其次,将慈善与教育发展相结合,他认为只有这样才能将善举之惠从一身及至一家,从一时及至永久。1898年夏,经元善拟在家乡余姚和上虞创办农工学堂,"以改良农事,振兴工艺,俾贫民俯仰有资,自不至铤而走险"。这使社会慈善公益事业从传统的重养轻教发展到重教轻养。他说:"善举以博施济众为极功。养老、育婴、恤嫠非不善也,然惠仅一身,不能及一家也。施粥、施衣、施药非不善也,然惠仅一时,不能永久也。"最后,强调兴办女子教育。他兴办女子学堂的动机与谋求中国自强相关,他说:"我中国欲自强,莫亟于广兴学校,而学校本原之本原,尤莫亟于创兴女学。人自胚胎赋形,即禀母之胎教,自孩提成立依依恃母,饭食、教诲,触处皆关学问。在昔魁奇伟彦得贤母之教,而显名于世者,史不胜书。是欲妇女通知大义,不得不先兴女学明矣。"而兴办女学和赈济有异曲同工之妙,"女学堂之教人以善与赈济之分人以财可同日而论,且并行不悖。"可见,经元善的公益慈善观是一种"大经营观",经商、慈善、公益、教育、政治、风俗全面介入和关注,相互作用,体现了儒家修身、齐家、治国、平天下的社会关怀和入世理想。

(资料来源:虞和平编:《经元善集》,华中师范大学出版社2011年版。马敏:《商人精神的嬗变——辛亥革命前后中国商人观念研究》,华中师范大学出版社2011年版,第239—252页。李洪彦主编:《中国企业社会责任研究》,中国统计出版社2006年版,第21—24页。)

二、乐善好施的"首善之商"叶澄衷

叶澄衷(1840—1899),浙江镇海人。中国近代著名的工商业家和公益慈善家。他一方面成功经营工商业,一方面热心社会公益事业,被誉为"积财而义能散财者"。

叶澄衷以经营五金商品起家,是中国最早和最大经营进口五金商品的商人。14岁时,他到上海杂货店当学徒。三年满师后,以小船贩卖百货食品供应黄浦江外轮之需。每当外国船舰进港,他就前往兜售,船上的水手、水

兵常用船用工具、废旧五金同他交换食品,生意兴隆。同治元年(1862),他在虹口独资开设"顺记"五金杂货店,成为上海第一家由国人开设的五金商号。同治九年(1870),扩充分设南顺记、新顺记,原来的顺记则称老顺记。其业务不断扩充,人称"五金大王"。同年,买下经营进口煤炭旧铁的德商可炽煤铁号,成为上海经营钢铁业的第一家华商。后又投资经营银钱业、房地产业及水上运输业。光绪十六年(1890),先后在汉口、苏州创办中国最早的两家火柴厂。1894年,在上海开设缫丝厂,成为上海机器缫丝业老大。到1899年去世前,他以南顺记为中心,在江浙、长江流域、华北、东北一些城市开设了10多家分号,形成一个经销五金、煤油、洋烛和洋纱等多行业的商业网,财富高达800万两白银。

叶澄衷十分热心社会公益慈善事业。他出资建"怀德堂"以安顿孤寡,建"忠孝堂"以抚励族人,设牛痘局施药济贫;还捐资修水利,筑道路,抚恤孤寡,赈济灾民等。不过,他从事的公益慈善事业中最有影响还是兴办近代新式教育。

叶澄衷自幼饱尝失学痛苦,深感穷人的孩子不是没有出息,而是没有学习的机会,因此深感办学的重要。同治九年(1871),他在一次慈善会议上说:"中国之积弱由于积贫,积贫由于无知,无知由于不学。兴天下之利,莫大于兴学。"1873年,他在家乡庄市设叶氏义塾(中兴学堂前身)。光绪元年(1875),在上海外滩金陵东路创办叶记商务学馆,即成人职业学校。学校传授机器设备和商业知识,培养外贸人才。他每年要选派学徒与员工到商学馆学习,按照顺记五金洋杂货店的商务、会计格式进行训练。很多学馆学生在叶氏企业里当上了副经理、经理,也有在上海、天津和汉口等城市的洋行当上了买办、协办,有的成了巨商。晚年,他又投入重金创办上海澄衷蒙学堂和镇海中兴学堂。

澄衷蒙学堂兴建于光绪二十五年(1899)。当时,废科举兴学堂已成为一股新潮流。具有时代意识的叶澄衷便在虹口唐山路下浦西侧置地30亩,斥资10万两银兴建校舍。是年10月,校舍尚未建成,他便病逝。弥留之际,他殷殷叮嘱后辈:"吾死,必竟吾志。"他又拜托诸校董悉心筹办,"俾无力从师者皆得就学"。学校开工后因规模大,长子叶贻铨又捐银10万两。1900年4月,中西合璧建筑风格的学校建成,有正舍30幢,两层旁舍15幢,风雨操场一个。为了纪念叶澄衷,学校取名"澄衷蒙学堂",首任校长是著名教育家蔡元培。学堂开办时,礼堂两侧挂的楹联表明了叶澄衷办学的缘由和目的。上联为"余以幼孤,旅寓申江,自伤老大无成,有类夜行思秉烛";下联为"今为童蒙,特开讲舍,所望髫年志学,一般努力惜分阴"。校训最初定为"诚朴"二字,因为叶澄衷为人诚实勤俭,讲究信用,意在要求师生以他为榜样。这是一所具有初小、高小的完全小学,是上海第一所由国人创办,并自行管理和自编教材的新式学堂。学校以近代班级授课制替代旧式私塾制,是中国教育制度的一大进步。学堂自编木刻版图文兼有的课本,在当时也是创举。学堂先为小学,后增办中学并加设师范科和商科。学校办学认真,为上海贫困子弟读书广开大门,人所瞩目。建校百余年来,在校任教的名师有王怀琪、丰子恺、陈虞孙、卢于道等,受邀讲学的社会贤达有陶行知、章太炎、李公朴、马寅初、林语堂、章乃器和夏丏尊等。培养学子近5万人,其中有一大批社会精英,如著名学者胡适、夏衍和袁牧之等,院士竺可桢、陈通培、俞梦生、乐嘉陵等,还有李达三等著名企业家。今天的澄衷中学是上海市虹口区重点中学,叶澄衷全身铜像屹立校园入口,成为师生永远缅怀和学习的榜样!

　　叶澄衷去世前还立下遗嘱,在镇海庄市家乡建造叶氏义庄。叶氏义庄于1902年开建,1903年建成,内设义塾。1904年开始办学,收招叶姓子弟。1906年改为叶氏中兴学堂。后来,又相继更名为叶氏中兴学校、叶氏中兴小学。1949年,学校因故停办。1987年复校,定名为中兴中学。在中兴学校四十多年的办学史中,数以千计的学子在这里启蒙,为人生发展打下全面扎实的基础,许多人成为各个领域的精英人物,尤其是培养了包玉刚、邵逸夫、包从兴、赵安中、叶庚年、楼志章、林连水、庄启发等一大批商界名流。他们驰骋商海,推动经济发展,享誉海内外。包玉刚更成为宁波帮新一代领军人物,中兴学校因此被誉为"宁波帮"的摇篮。此外,学校还培育了王尔功、包启昌、阮维肇、庄熙英、陈鸿元、吴衡康、包智星等教育、医疗、工艺、行政等领域的精英。复校后的中兴中学办学也取得辉煌成绩。叶澄衷疏财兴学的高尚精神不仅在中兴几代学子身上薪火相传,也在宁波帮商人中形成了优良传统。此后只要有人在外经商发财,都要回宁波家乡办学。仅镇海一县,十年左右就办校五十余所。后来,柏墅方家创办的培玉学校、城区樊氏创办的便蒙学校、小港李家创办的养正学校与叶澄衷创办的中兴学校,被称为镇海四大名校,它们培养和造就了大批高素质的"宁波帮"人才。叶澄衷开拓创新、爱国爱乡的可贵精神,值得大书特书,供后人学习。

(资料来源:镇海基础教育地方课程编委会编:《镇海商帮》,宁波出版社2012年版,第27—29页。濮阳华子编著:《中华商圣:12位中国著名商人的财富传奇》,中国纺织出版社2007年版,第276—278页。黄国新、沈福煦编著:《老建筑的趣闻——上海近代公共建筑史话》,同济大学出版社2005年版,第153—155页。)

三、近代大实业家张謇的慈善公益事业

近代著名实业家张謇晚年这样总结其一生救国救民的事业,说:"窃謇以国家之强,本于自治,自治之本,在实业教育,而弥缝其不及者,惟赖慈善。""謇自乙未(1895年)以后,经始实业;辛丑(1901)以后,经始教育;丁未(1907年)以后,乃措意于慈善。"可见,他把从事慈善公益事业视为兴办实业、教育之外的第三大人生功绩,且是其晚年主要的人生事功。

张謇全身心投入慈善公益虽在晚年,然而其慈善公益人生却始于早年。光绪二十年(1894),考中状元的张謇没有想在京城谋官就职,而是希望回南通做实事。1895年,新任两江总督张之洞授意并支持张謇筹办海门滨海荒滩事宜及总办通海团练、通州纱厂等。此后,他开始大规模兴办实业与慈善公益事业。这一年,他借债经营家庙、义庄、社仓、石路、石桥,并对开辟海门滨海荒滩非常重视。为更好地解决纱厂原料问题及根本解决农民的生计,他决意举办垦牧公司。如果说办义庄和社仓还是传统的赈灾举措,那么开路和垦荒就已不是传统形式,而是将救济贫民、灾民与发展实业结合起来。从光绪二十九年(1903)起,张謇的慈善公益事业进入高潮。到他去世前,所

办慈善公益涉及领域相当广泛,成就卓著,有鲜明的近代特色。

(1)建立社仓。1898年他创办了常乐二十八圩社仓,一直维持到20世纪20年代。这个社仓除了发挥赈济作用外,他还从中取资兴办了常乐镇初级小学,从而将社仓这一传统的慈善设施与办教育联系起来,使之发挥了更大效益。

(2)赈灾。1903年和1906年江苏先后发生大水灾,张謇认为赈灾固然重要,但徒赈无益,甚至可能养成灾民的依赖性,故需"以工代赈"。在消除灾害上,主张"标本兼治"。1907年后,他还提出设立公司来治理水患。最终,江淮水利公司顺利成立,并在治淮中发挥了重要作用。

(3)创办贫民工场。他先后开办了南通、东台、仪征3个贫民工场,办场资金是其担任两淮盐政总理的薪金。工场主要从事手工生产,另有养鱼塘和园圃。工场的工人以南通贫民子弟为主。工人学会一门手艺后,送回原地谋生。

(4)设立育婴堂。从1904年张謇与其兄一起设新育婴堂于唐闸开始,育婴堂前八年收养弃婴6 407名,开办费用的3/4由张謇兄弟及大生纱厂的执事捐助。后又在石港、五福桥、兴仁、金沙等地建育婴堂,收养弃婴,开办一年,便活婴千余。

(5)开办养老院。张謇60岁时开办了第一养老院,能容纳120人。养老院建成后十年间,先后收养老人250余名。1922年70岁时,又开办了能容纳146人的第三养老院,收养的老人更多。养老院内设工场,老人可从事力所能及的工作。

(6)开办济良所。随着南通工商业的发达,妓女随之增加。济良所1914年开办,开办后收养女子多达五六百人。这对改良社会风气、保障妇女身心健康发挥了积极作用。

(7)建立残废院。张謇认为除鳏寡孤独者,穷而无告者则为窿笃残废之人,亦当悲悯,应当为他们提供生路。1916年遂在狼山北麓创办残废院,院中设男女工场,使衣食无着的残疾人各尽所能,不仅有了谋生之路,还能服务社会。

(8)开设栖流所。1916年张謇兄弟将养济院改造成南通栖流所。栖流所创办后,不仅收留谋食者八九百人,而且使市容市貌有了明显改观。

(9)设立南通教养公积社。鉴于南通的教育和慈善事业渐次达成,所需经费较多,1921年他主持成立"南通教养公积社",订简章二十条。

(10)建立保坍会。1911年南通保坍会成立,张謇为会长。他聘请荷兰、瑞典、美国、英国等国水利专家来南通勘测,先后修建单、双水榭共18榭,保坍工作成效显著。

(11)办医院。1909年,与兄计划设立医院,遂派人去日本学习。1911年设立军医处,1912年撤销军医处。1913年改院为医学专门学校,并重新购地建新院,1914年6月建成。后来,又办了数所医院,为南通及其附近地区的患者提供了便利。

张謇之所以将慈善公益作为人生的重要事业,是因为内心深存着儒家仁爱观、社会责任感和浓厚的家国情怀。面对近代中国的贫穷落后,他倡言"国家兴亡,匹夫有责;一日不死,不得不引以为耻"。而要救国救民,就必须保民生。他将自己创办的纱厂取名为"大生",说:"儒家有一句扼要而不可动摇的名言:'天地之大德曰生',这句话就是说一切政治及学问,最低的期望要使大多数的老百姓,都能得到最低水平线上的生活……为什么称大生纱厂,就是由天地之大德曰生的含义。"同时,近代中国面临传统社会的转型,仅靠传统的慈善公益又难以适应时代发展的需要,因此,张謇的慈善公益事业也吐故纳新,将慈善公益事业与国家富强、社会发展相结合。他认为,从事慈善公益与举办地方自治、实业教育是相辅相成的,国家之强本于自治,"自治之本,在实业、教育,而弥缝其不及者,惟赖慈善"。关于实业、教育、慈善公益之间的关系,他又说:"以举事必先智,启民智必由教育,而教育非空言所能达,乃先实业。实业、教育既相资有成,乃及慈善,乃及公益。"严学熙的《近代改革家张謇》这样解读张謇的这种思想,说:"办实业是提高社会生产力的发展水平;办教育是提高人的素质,即社会主体的科学文化思想道德水平;办慈善事业是解决社会发展过程中的各种矛盾和社会问题,安置'失教'和'失养'之民,使各得其所。"

张謇兴办的慈善事业既源自传统,又有鲜明的近代特色。他将慈善公益事业与救亡图存相联系,以富国强民为目标。在路径上,立足家乡南通,以自治为本,致力于实业、教育、慈善事业。他涉足的慈善公益多达十几种,远远超出了传统慈善的范畴。他取法西人,虚心借鉴;广开渠道,多方筹措。特别是结合近代社会的新条件,利用创办垦牧公司的经验,以公司运作的新方式经营慈善公益事业。他特别重视慈善教育事业的作用,积极创办和发展新式教育,促进当地教育事业和社会的进步。为提高国人素质,他还兴建体育馆、博物苑、图书馆、公园等公共文化设施。尤为重要的是,在他的慈善公益人生事业中,勇于克服各种困难和挫折,展现了勇往直前的品格和坚韧不拔的精神。

张謇的慈善公益事业取得了巨大成功。其子张孝若在《南通张季直先生传记》中说:"我父亲经营地方的志愿,到二十余年方才有一点模样。实业方面从种植原料到造成货物运输出去,直接、间接的农工商人,依赖生活的,总有几十万人,为地方国家兴的利益,每年总近千万元;教育从幼稚园办到大学,慈善事业做到老者安之有养老院,少者怀之有育婴堂,其他无告无教的人,有残废院、盲哑学校;全县有齐全的图,通行的路,完备的水利;全县没有一个乞丐。我父本来拿南通当一个大花园去布置点缀,所有的心血,所有的家产,都用在这个志愿上。他拿南通地方的事,当作他自家的事;他自家的荣誉就是南通地方的荣誉。"他的慈善公益事业也受到中外人士的赞誉。日本人驹井德三在《张謇关系事业调查报告书》中说:"如张公所怀之理想,数十年始终一贯,表面以分头于实业交通水利之建设,里面则醉心于教育及慈善事业之学理,乃唯一主新中国之创造者,诚可谓治现今中国社会之良药,而非过言者也。"北京民国政府内务部、教育部曾呈文时任大总统袁世凯说:"南通县绅张謇慨捐巨款,提倡公益,振兴教育,请特予褒扬。"袁世凯遂发布策令,褒扬张謇在南通提倡自治,办理学校、善举及一切公益事业,"以创办实业之余财,为嘉惠地方之盛业。洵属急公好义,为国楷模"。确如其言,张謇为中国近代儒商的慈善公益事业树立起一座丰碑!

(资料来源:王敦琴主编:《张謇研究精讲》,苏州大学出版社2013年版,第240—249页。李洪彦主编:《中国企业社会责任研究》,中国统计出版社2006年版,第21—22页。)

四、以销售国货著名的商人宋则久

宋则久(1867—1956),又名寿恒,天津人,中国近代倡导和销售国货的著名商人。天津是近代西方列强在华北倾销商品的最大集散地,洋货充斥大街小巷,民族工业受到排挤和压抑。天津人无不义愤填膺地大声疾呼:"振兴实业,提倡国货,挽救民族危机。"宋则久是学徒出身,后因有经营才华受聘担任敦庆隆绸布庄经理。为顺应爱国潮流,他毅然放弃优厚待遇,创建国货售品所经营国货。

1903年,直隶总督袁世凯派周学熙在天津成立直隶工艺总局和实习工厂,并设考工场,陈列实习工厂的产品,以振兴实业。民国元年(1912),考工场改名"天津工业售品总所",但因官办不善,转年招商承办。宋则久为完成实业救国的夙愿,1913年5月以2万元接办了天津工业售品总所和实习工厂的全部货底。总所设在天津北马路,今祥德斋糕点所在地。他的经营方向是,提倡国人使用国货,以扶持资助小手工业户、改良和仿洋精制的日用小商品为主。其商店成为国内唯一专售国货的私人独资商店,简称"售品所"。由于洋货精巧便宜,国货粗糙价贵,人们仍争相选购洋货,因此,只卖国货十分艰难。敦庆隆绸布庄多次劝他回去任职,均被拒绝。他说:"我做绸布洋货,于己有益而于国家有损。我干国货,干得好国家受益多,干得不好国家受益少,但总是于国于民有益的。我宁愿牺牲小我,舍私而从公,绝不半途而废。"为充实国货货源,他到全国各地采集著名土特产,吃喝穿戴无所不有,突破了只售天津工业产品的范围。到1923年,经营商品达4800多种。

1919年五四运动爆发后,宋则久倡导天津商界"救国十人团"与当时周恩来、马骏、邓颖超等领导的爱国学生运动相呼应,形成各界爱国力量的大联合。宋则久还创办《白话报》,用歌谣等群众喜闻乐见的形式宣传抵制日货的重大意义。由于他坚持提倡国货,抵制外货特别是日货,招来日人及其走狗的忌恨。五四运动前后,有人造谣说国货所掺杂卖日货,宋则久当即登报声明:如查出属实,认罚 5 000 元。此类造谣事件还有很多。不仅如此,日本人还对他进行威胁。一次,日本人在日租界公堂放映日本影片,前面加映天津北马路国货售品所的门脸和宋则久的住宅楼,并特别说明:"这是天津反日的大本营。"那时,他成为日本人的眼中钉,各种威胁不断袭来。然而,他与同人毫不屈服,坚持销售国货,受到天津市民的敬佩。为突出专卖国货的特点,他将店名改为"天津国货售品所"。他还撰写宣传国货传单,阐发专售国货原因和售买国货与国家兴亡的关系:

  本所系为救国救民而志愿自我牺牲之营业,与普通商业迥乎不同。本所之目的,向不问销售之难易、利钱之厚薄,唯一宗旨是非国货不卖。中国受外国侵略百有余年,全国工业扫地而尽。国人既皆欲买美而贱之洋货,商买当然也要贩卖美而贱之洋货,非为过也。唯因为此,则中国工业势无存在之可能。必有人焉,置身商买而志愿牺牲,舍易销利厚之洋货而不售,专要搜集国产,不问销售难易、利钱厚薄,列肆而售之,使少数热心爱国、肯牺牲个人利益之人,用国货则有处可购,而一二热心工业、不惜牺牲、制造国货之厂,出品也有处可销……

  不特此也,国货质差价贵销售困难时,本所独担之。而对美贱之货,则各洋货店皆争售、不专让本所也。是牺牲时则一,而受益则大众,本所营业之价值可知矣。

他创作了《国货宣传歌》,歌词是:

  既是中国人,当用中国货。莫谓不干己,人人应尽责。君不见,街上走的外国人,通身哪有中国货。寄居中国尚如此,何况在本国。

又自编《维持国货歌》,歌词是:

  救中国,救国货,国货畅销民安乐!国货畅销工厂众,穷人工作得吃喝! 穷人多,将奈何,安插救济人有责。国货畅销工厂众,穷人工作得吃喝!

洋货好,洋货好,每年进口四万万,雪白银子不见了!洋货好,洋货好,中国工厂立不住,穷人遍地怎么了!国货好,国货好,人人尽用本国货,工厂多时闲人少!国货好,国货好,事浮于人工价涨,赚钱容易闲人少。

1931年"九一八"事变后,日货大量倾销,不少奸商配合日本浪人武装走私,国货销售受到严重打击。在民族危亡的紧急关头,他采取断然措施将天津售品所的资金和人员转移疏散,先后在北平、济南、青岛、上海、郑州、太原和西安等地设立售品分所或分庄,大力扩展售品所业务。1937年售品所职工达370余人。各地分所、分庄的创建和发展顺利,其提倡国货之举在华北产生广泛影响。1937年"七七"事变后,日军侵占天津。因其售品所一向宣传"提倡国货"和"抵制日货",被日军警告不得使用"国货"二字,于是1938年被迫将店名改为"天津百货售品所"。1945年抗战胜利后,美国货充斥天津市场,国货产品难以立足。针对当时形势,售品所1947年增设国外贸易部,经营范围已不限于国内,销售商品也不都是国货。于是,又将店名改为"中华百货售品所"。中华人民共和国成立后,该所经历了1956年的公私合营。1958年,因天津调整商业网点,售品所全部人员和商品并入南市百货商场。

1984年,天津工商界人士、和平区政协委员、原中华百货售品所经理李士钧等5人联名给全国政协主席邓颖超写信,褒赞原中华百货售品所在历史上提倡国货和挽回利权的爱国事迹,请求在天津市恢复该商场。邓颖超主席办公室将此信批转给天津市人民政府,同意国货老店"售品所"恢复营业。1987年,世纪老店再次开业,开始谱写新的篇章。久居津门的"老天津"看到新牌匾上"售品所"三个字备感欣慰,仿佛又看到了宋则久身上的那股爱国精神。

(资料来源:刘炎臣、宋延璋:《中华百货售品所的由来》,《今晚报》1987年5月17日。李正中、索玉华主编:《近代天津知名工商业》,天津人民出版社2004年版,第63—64页。宋长琨、沈忠秀:《宋则久:牺牲小我,舍私从公》,《儒商商道概论》,武汉大学出版社2013年版,第198—199页。)

五、"嘉庚精神":陈嘉庚的爱国兴学之举

著名实业家陈嘉庚是杰出的华侨领袖和爱国主义者,一生心系国家前途和民族安危,无私奉献。他生于国难、长于国难,继承和发扬了儒家"天下兴亡,匹夫有责"的精神。他对宋朝名臣范仲淹推崇备至,赞赏其传世名言"先天下之忧而忧,后天下之乐而乐",并毕生躬行。他以拯救国家危难为己任,把兴教育、办实业、发扬民族文化同振兴中华联系起来,希望实现报效祖国的宏愿。

陈嘉庚从小就有远大抱负。当他目睹近代中国落后挨打,中华民族存亡迫在眉睫时,惊呼如若袖手旁观,后患何堪设想,"思欲尽国民一分子之天职"。他始终把个人命运和祖国命运紧密联系在一起。他早年便关心民族革命事业,把爱国和反清、加入同盟会、拥护孙中山、支援辛亥革命等活动相结合。抗战爆发后,陈嘉庚开始领导南洋华侨支援祖国抗战,在南洋华侨中奔走呼号,"随时随地惦念着祖国"。1940年,组织慰劳团回国考察。他排除种种困难,亲往重庆和延安考察。他多次声言要"凭良心与人格"说话。这种"良心"正是赤诚的爱国之心,这种"人格"就是坚持正义的人格。在重庆考察时,他不无忧虑地说:"中国的救星不知在哪里?即使出世了,或者正在学校读书,恐怕还要三几十年后才能出来担当国家大事,国家前途深可忧虑!"考察回来后,他将国共两党的抗战情况如实向南洋华侨做了汇报,揭露和抨击蒋介石集团热衷内战的行为,痛斥汪精卫集团的叛国投敌罪行。这种唯实求真和"直言不欺隐"的风范被称颂为"坦白纯诚","这样一事如是,心亦如是,表如是,里亦如是的人,其诚之度,可谓至矣"!此行所作所为充分展现了他的爱国主义精神。

抗战胜利后,陈嘉庚从爪哇脱险返回新加坡等地时受到华侨们的热烈欢迎,新加坡有五百个社团联合举行欢迎大会,重庆也有十个社团发起庆祝大会。他的爱国爱家和追求正义之举,得到毛泽东、周恩来、郭沫若、黄炎培、邵力子等人的祝词和称颂。一时间盛况空前,影响深远,奠定了他"华侨旗帜、民族光辉"的至尊荣耀。这一时期,他对国民党政府的腐败与祸国罪

行的揭露更加淋漓尽致,说:"余为国家民族前途计,亦为公理正义计,故不能苟安缄默也。"1947年,他劝告美国停止对蒋介石国民党的一切援助,长此以往,"中国将视美国为日本第二"。他积极响应中共建立中华人民共和国的号召,应邀回国参加新政协筹备会,认真参政议政。1950年回国定居后,关心着海峡两岸关系发展,为社会主义发展事业献计献策,成为中华人民共和国的积极建设者。

儒商一向重视教育,陈嘉庚继承了此优良传统。他虽为富豪,却生活俭朴,把自己积累的千万资产全部用来兴学。他说:"国家之富强,全在于国民,国民之发展,全在于教育,教育是立国之本。"又说:"民智不开,民心不齐,启迪民智,有助于革命,有助于救国,其理甚明。教育是千秋万代的事业,是提高国民文化水平的根本措施,不管什么时候都需要。"

早在1894年,他便捐献2 000银圆在家乡创办了惕斋学塾。不过,他兴学中最有影响的还是"集美学村"和厦门大学。1913年,陈嘉庚在家乡集美创办小学,以后又陆续办起师范、中学、水产、航海、商业、农林等10所学校;另设幼稚园、医院、图书馆、科学馆、教育推广部,统称集美学校。此外,他还资助福建各地中小学70余所,并提供办学指导。1923年,孙中山大元帅大本营批准"承认集美为中国永久和平学村","集美学村"之名由此而来。如此规模宏大和体系完备的学校,在当时的中国是首屈一指的。他兴学的另一壮举是创办了著名的厦门大学。1921年,陈嘉庚认捐开办费100万元,常年费分12年付款共300万元,用以创办厦门大学。4月,厦门大学举行开学仪式,成为中国第一所由华侨专办的综合性私立大学。厦门大学从开办到无偿移交给国家,他独自维持16年。后来,经济不景气使华侨企业受到冲击,办学经费无从筹措。面对艰难困境,他"倾资兴学"甚至"毁家兴学",说:"宁可变卖大厦,也要支持厦大。"他把自己的三座大厦变卖作为维持厦大的办学经费。他一生捐献的教育经费在1 000万元以上,相当于他的全部不动产。为了办学,他反对修复被日军炸坏的私宅,称若先建私宅"难免违背先忧后乐之训"。对于自己的毁家办学的原因,他在《致集美学校诸生书》中有清楚说明:"教育不振则实业不兴,国民之生计日绌。言念及此,良可悲也。

吾国今处列强肘腋之下,成败存亡,千钧一发,自非急起力追,难逃天演之淘汰。鄙人所以奔走海外,茹苦含辛数十年,身家性命之利害得失,俱不足撄吾念虑,独于兴学一事,不惜牺牲金钱,竭殚心力而为之,终日孜孜无敢逸豫者,正为此耳。"

陈嘉庚受到中共三代领导人的高度评价。毛泽东称赞他是"华侨旗帜,民族光辉"。邓小平则说:"福建有个陈嘉庚,广东有个李嘉诚。"陈嘉庚的精神被我们党和国家领导人誉为"嘉庚精神",可谓是对陈嘉庚人生崇高精神和品质的总称。在"嘉庚精神"中,爱国主义是精神实质,靖国御侮、心系祖国和大力兴学则是具体表现。这种精神是中华民族的宝贵精神财富,超越时空,仍值得当代中国企业家去继承和弘扬!

(资料来源:《陈嘉庚的爱国思想与"诚毅"精神》,载徐培华:《市场经济的义利观:市场经济与义利思想》,云南人民出版社2008年版,第167—172页。《陈嘉庚:变卖大厦,维持厦大》,载宋长琨、沈忠秀:《儒商商道概论》,武汉大学出版社2013年版,第193—194页。)

六、近代船王卢作孚的爱国情怀和壮举

卢作孚(1893—1952),四川合江人,近代著名爱国企业家。1925年怀抱实业救国雄心的卢作孚创办了民生事业股份有限公司。他从70吨小火轮起家,惨淡经营,崛起于长江,争雄于列强,短短十年间就将列强的航运公司逐出长江,成为当时中国最大的民营航运企业,他因此被誉为"船王"。他以"民生"命名企业,意在实现孙中山倡导的民生主义。他怀有强烈的爱国之心,倡导实业救国和服务社会的思想。

卢作孚早年投身教育,后转而创办实业,是近代中国主张教育救国和实业救国的杰出代表。他把企业作为教育来办,说:"办事业,也等于在办教育,是要把事业当中全部工作人员培养起来,提高他们的技术和管理能力。"他所说的"办教育"不限于培养工作人员的技术和管理能力,还包括明了对国家和社会的大义。他向职工大力宣传要"爱事业,爱国家"。抗战爆发后,积极支持员工的抗日活动,经常教育员工要牢记民族屈辱,毋忘国耻。企业宿舍每位职工的床单上都印上了他拟定的16个大字:"作息均有人群至乐,梦寐毋忘国家大难。"他要求职工时刻想着国家和社会,时刻帮助国家和社会,说:"民生公司的最大意义绝不是帮助本身,而是帮助社会。"他把"帮助社会"列为民生公司的三大运动之一,说:"我们只帮助社会,帮助个人亦是因为他要帮助社会,这是我们的事业所含的意义,不但要十分明了它,而更要努力去实现它。"为此,他把"服务社会,便利人群,开发产业,富强国家"确立为民生公司的宗旨。他特别重视从思想、工作和生活方面训练职工的社会责任感,说:"个人为事业服务,事业为社会服务。个人的工作是超报酬的,事业的任务是超经济的。"他利用各种场合和形式使职工懂得为公司工作就是为国为民效力,以增强广大职工的责任感和事业心。而培养职工树立热爱祖国、热爱集体、艰苦奋斗、苦干实干、无私奉献的精神,即民生公司的"民生精神"。

在国家危难关头卢作孚挺身而出,在抗战初期举全公司之力实施了一场"中国的敦刻尔克撤退"。1937年抗战爆发前,民生公司已拥有轮船46艘,总吨位18 718吨,成为中国内河航运最大的民营企业和长江航运的主力。抗战爆发后,国民政府任命卢作孚为军事委员会第二部副部长,兼农产、工矿、贸易调整委员会运输联合办事处主任。他临危受命,放弃了到欧洲考察船运业务,向员工明确提出"民生公司应该首先动员起来参加战争"的倡议。随着华北陷落,淞沪战争爆发,南京告急,武汉面临威胁,民生公司奉命集中所有的轮船在两个星期内将4个师、2个独立旅的川军将士,由重庆、万县等地以最快速度输送到武汉前线。上海、南京沦陷后,武汉成为中国的政治、军事中心,卢作孚出任国民政府交通部次长,兼任军事委员会下属的水陆运输委员会主任。当时包括民生公司、招商局等在内的所有大小轮船公司的船只均归这个委员会指挥,主要任务是抢运战略物资入川。此时,从上海、南京和华北、华中撤退到武汉的工厂设备、战略物资、大批军队和给养以及故宫南迁的国宝等,都需要在短时间内运到西南后方。

1938年秋,日军进攻武汉,国民政府迁往重庆,转运任务更为急迫。于是,卢作孚集中所有轮船展开了一场与时间赛跑的宜昌大撤退。他们日夜工作,紧急抢运,将滞留宜昌的人员、物资源源不断地运到大后方。宜昌这座小城市一时变得空前拥挤繁忙。从前线撤下来的各类人员3万人等待入川,房屋早已挤满,人们露宿街头,街道堆满行李,因担心敌机空袭,秩序混乱不堪。这里还堆积着从上海、南京、武汉撤下来的9万吨各种战略物资,包括中国兵器工业、航空工业、重工业、轻工业的关键技术设备,没有装箱,敞露在地上,任凭风吹雨淋。这些物资及人员如果不能及时运走,会造成严重损失。为了尽早完成人员和物资的大撤退,卢作孚亲临宜昌指挥调度。40天后,滞留宜昌的3万人和重要战略物资基本运送完毕。在此期间,他对整个运输情况了如指掌,知道每个小时有多少吨物资被哪条船运走,知道每条船在什么地方,知道哪些物资在哪个港口卸货。民生公司为此付出巨大代价,156名员工牺牲,61人伤残,16艘船只被日机炸沉,船舶损失近万吨,码头、仓库和货栈等损失也相当巨大。

正是由于有"梦寐毋忘国家大难"的爱国精神,卢作孚才能领导民生公司全体职工在国难当头之际,不畏劳苦和牺牲,完成著名的宜昌大撤退。其老友、教育家晏阳初后来把这一壮举称作"中国的敦刻尔克撤退"。《大公报》评论说:"中国的敦刻尔克撤退的紧张程度与英国的敦刻尔克并没有什么两样,或者我们比他们还要艰苦些!"

(资料来源:岳南:《南渡北归·南渡》,湖南文艺出版社2011年版,第190—193页。《卢作孚:中国的敦刻尔克》,载宋长琨、沈忠秀:《儒商商道概论》,武汉大学出版社2013年版,第195—196页。)

七、急公好义的香港爱国实业家霍英东

霍英东(1923—2006),广东番禺人,杰出社会活动家、著名爱国人士、香港知名实业家、中国共产党的亲密朋友。主要职务有立信置业有限公司董事长、霍英东集团主席、香港地产建设商会会长、香港中华总商会会长、永远名誉会长;第五、六届全国政协常委,第七届全国人大常委会委员,全国政协第八、九、十届副主席。他不仅在商业上取得巨大成就,而且急公好义,为祖国建设和内地与香港的慈善公益事业做出卓越贡献。他说:"为祖国和家乡的建设事业做一点贡献,就是我的生平夙愿。"

霍英东从小热爱体育,是个体育迷,因此特别重视资助和支持中国体育事业的发展。他先后任担任过国际足联执委和理事、世界羽毛球联合会主席、世界象棋联合会主席、亚足联副会长、香港足总会长等体育界领导职务,获劳伦斯冠军奖中最重要的终身成就奖。他为中国恢复亚足联席位,推动中国重返羽毛球、篮球、排球、自行车等单项体育项目国际组织,为北京申请和举办亚运会、奥运会均做出重要贡献。他捐巨资建体育场馆、体育历史博物馆和武术研究院等,大力扶持中国体育事业发展。为配合1990年北京举行的亚运会,他捐资1亿元兴建了亚洲最大的游泳馆"英东游泳馆";同时,出资2.3亿多港元在北京兴建高级酒店——贵宾楼。他捐赠3 000万港元为中山大学兴建体育馆,还在家乡资建了番禺英东体育馆。他捐赠2 500多万港元在全国许多地方和学校建立网球场,以推广和支持网球活动。1984年,他捐赠1亿港元设立霍英东体育基金会。北京成功申办奥运会后,他捐资2亿港元以示支持。1991年11月,他出资500万港元在广州举办第一届世界女子足球锦标赛。他还鼎力支持中国足球队参加亚洲比赛和内地运动员赴港参赛。他赞助培养了第一支国际高尔夫球队,并参加1986年的汉城亚运会。他捐赠500多万港元建立亚洲象棋基金,为把中国象棋推向世界,他捐赠4 500多万港元。他还为在国际重大赛事取得优异成绩的中国运动员和教练员颁发奖金。此外,他还在北京兴建中国体育历史博物馆和中国武术研究院。改革开放后的20多年间,他捐赠中国体育事业的款项达10余亿港元。可以说,在海内外华人企业家中无人能出其右。

霍英东幼时家贫没有受过多少教育,深感知识的重要,说:"中国要富强,要靠科技和教育的发展,并借此振兴中华大业,从而尽个人绵薄之力。"因此,他捐出巨款支持内地和香港的教育文化事业发展。1982年,他和香港其他爱国企业家联合发起建立培华教育基金会,为内地培训经济管理人才和少数民族地区管理人才超过1万人。1985年,他为暨南大学捐款100万元建起华侨医院。1986年,出资1亿港元与教育部合作成立霍英东教育基金会,资助和奖励全国高校优秀青年教师出国留学,鼓励学成回国任教。

1986年,他向中国发明协会捐款50万元,鼓励科技人员创造更多成果。1988年,分别捐资560多万港元和2 000万港元帮助建立广州教育基金会和番禺教育基金会。1991年,捐赠近4 000万港元建成北京师范大学英东教学楼。1996年,捐资1 000万港元建立番禺理工学院学术交流中心。此外,他还向香港医学专科学院基金会、香港职业训练局、香港皇仁旧生会中学、香港大学、香港中文大学、香港科技大学等教育机构捐赠了大额款项。他的基金会对中国各地教育、文化事业的捐赠累计达7.6亿港元。

霍英东对卫生事业的捐助也是不遗余力。他在内地和香港捐款资助医院,兴建大楼,增添设备,设立研究基金等,以救死扶伤和造福乡梓。他捐献848万港元给中国癌症研究基金会,捐资100万美元兴建心血管病研究所心脏中心,捐赠2 200万港元兴建暨南大学华侨医院门诊大楼。1988年,他了解到北京解放军总医院新成立了泌尿外科体外碎石中心,却缺少先进的体外碎石机,于是捐赠一台150万美元的、世界上最先进的西德产品HM-4型体外震动波碎石机。他还捐资2 200万港元兴建广州市第一人民医院门诊医疗中心。1992年华东水灾,他捐赠690万港元用于赈灾。2003年"非典"期间,他捐赠2 000万港元支持广东的防治工作,捐赠1 500万港元给香港大学支持抗"非典"研究。

霍英东是改革开放后第一位到内地投资的港商。他心系祖国建设,1984年出资10亿港元成立的"霍英东基金会"投入运作,以投资捐资等方式参与祖国经济建设和港澳城建及慈善事业。到2006年上半年,他以独资、合资、捐赠和低息贷款等方式在内地资助了数百个建设项目,总支出90多亿港元。这些项目大多集中在交通领域,主要有:1984年,投资建设广珠公路上的4座大桥;1982—1988年,与何添、何贤等爱国商人在广东番禺捐建大石大桥、洛溪大桥和沙湾大桥;1985年,捐款2 000多万港元扩建自中山到顺德的30公里路段。后来,又投资3 400多万港元建设广中公路中山段。他还倡议成立"霍英东番禺家乡建设基金会",支援桑梓建设,振兴侨乡。他十分关心革命老区建设,常说:"我们追求共同富裕的理想,最后要在山区才能实现。"他提出在广东韶关、江西赣州和湖南郴州三个革命老区建立优势互补、带动经济发展的"红三角"经济区规划,带头出资捐助该区域的基础设施建设。他通过所属基金会在该地区捐助小学33所、中学10所、大学2所;还兴建水电站,支持开展各种交流活动等,资金总额超过1.5亿港元。

霍英东说:"我们在内地多方投资、捐赠,目的只有一个,就是希望国家兴旺、民族富强。我始终没有忘记自己是一个中国人,我愿尽我之所能,为国家的繁荣昌盛多办些实事。"他的善举得到国家的充分肯定,2005年荣获民政部、中华慈善总会颁发"中华慈善奖"。香港社会高度肯定他的爱国精神,称他是香港与内地沟通的"桥梁"。

(资料来源:《霍英东》,本书编写组编著:《统一战线人物志》(第2卷),华文出版社2007年版,第854—860页。陈列:《饮誉中外的大实业家霍英东》,潘亚暾、汪义生等:《儒商列传》,暨南大学出版社1995年版,第83—88页。)

八、李嘉诚:多为世间播下慈善的种子

香港首富、当代儒商李嘉诚热衷慈善公益事业,乐此不疲,向内地和香港的科教文卫和福利事业捐赠了大量钱财。

"不义而富且贵,于我如浮云"是孔子教勉学生的话,李嘉诚将其作为座右铭。他常说,金钱不是衡量财富的准则,更不能决定生命的价值,"只有你做些让世人得益的事,这才是真财富,任何人都拿不走"。在他看来,"富贵"两字必须分开看,"富"者不一定"贵",真正的"贵"者,必须懂得用金钱去回馈社会,否则只是"富而不贵"。有人问:"怎么能够使一个人内心真正富贵呢?"他回答说:"能够在这个世上对其他需要你帮助的人有贡献,这个是内心的财富。这个是我自己创造出来的,这个是真财富。因为金钱的财富,你今天可能涨了,身价高很多,明天掉下去了,你的财富可以一夜之间变为一半。只有你做出使世人受益的事情,这个才是真财富,任何人都拿不走。"1980年,李嘉诚创立"李嘉诚诚基金会",宣布未来将1/3的个人财产捐给公益慈善事业,有关资产会放入李嘉诚基金会,并把基金会称为自己"第三个儿子"。他声言,无论家族成员或是董事都不能从基金会拿取一分一毫,基金会是百分百做捐献的。至2008年,他已捐出及承诺捐出的款项总和近80

亿港元,其中六成用于内地的助教兴学、医疗扶贫和文化体育事业。

李嘉诚所做的慈善事业与众不同的一大领域是医疗慈善事业。他说:"不论花多少钱,多少精力,我都在所不惜。……我希望多些时间放在医疗及教育上,对自己国家民族也有好处。"在他捐资兴建的医院中,最有影响的当属汕头大学医学院。他决定捐建汕头大学医学院时,有朋友劝告说办医学院很贵,比一般的大学可能贵10倍,而且医学院一定要有附属医院才有用,因此,不如建一些费用较低的大学。可是,李嘉诚坚持己见。因为中国近代"东亚病夫"的形象和父亲贫病交加的生活,使他痛切感到发展医疗卫生事业的重要性,说,"人生的病痛对一个人来说,是很痛苦的事。""一个人如果得了病,得不到好的治疗,有时甚至会丧失劳动能力,会增加家庭的负担,增加对社会的负担,本人艰苦,社会也艰苦。"因此,"中华民族要屹立于世界强国之林,国民体魄之健康至为重要。"

1980年春,李嘉诚与友人交谈时得知汕头医专附属医院的仪器不仅落后,而且数量有限,于是通过友人联系让汕头医专附属医院报送需要购置仪器设备的清单。医院报送须购仪器项目仅人民币200万元左右,李嘉诚却赞助了500万港元。这使汕头医专及附属医院得以引进110多种先进仪器设备,大大提高了医疗质量,扩大了诊治项目,医院也旧貌换新颜。后来,李嘉诚打算集中力量办好汕头大学医学院及附属医院,并向新华社香港分社告知了这一想法。此举得到教育部和广东省政府支持。经国务院批准,汕头医学专科学校及附属医院于1983年9月升格为汕头大学医学院。1985年春,当汕头大学校本部首期建校工程显露眉目后,李嘉诚便开始积极筹划医学院附属第一医院的新建工程和校本部二期工程的推进工作。他说:"有着1 000多万人口的潮汕地区,应该拥有一所一流的现代化的多功能的综合性大医院,应既能发扬高度的人道主义精神,救死扶伤,造福民众;它又应是一所高质量高水平的现代化的教学医院,在这里培养出一流的医学技术人才,为保证民众健康、为发展特区经济服务。"1985年4月,他在汕大副校长、医学院院长伍正谊教授的陪同下到医学院看望师生员工和了解教学科研情况。听了工作汇报和巡视后,他对在座的人兴奋说:"我们办事业,决心很重要！我们现在的情况是条件够、决心够、运气也好。我们要实实在在地干,汕大的前途是无限的！我有机会为国家、为乡亲父老做一点事,是很应该的。"

为了办好汕大医学院及附属医院,李嘉诚数次派专人到医学院具体联系并指导工作。1985年7月,他顶着暑气高温前往正在做内部装修的新建附属一院视察。他对汕头大学医学院新建附属一院寄予很大期望,投入的基建费用和引进先进仪器设备费用超过1亿港元。他说:"这所医院要能培养出一流的医科学生,要多为潮汕人民造福!""要服务于潮汕民众,要充分发挥医院的社会效益,要为潮汕人民多做好事!"他还强调:"要与上海二医大搞好协作。要认真进行改革,培养好师资,努力提高教学、科研、医疗质量,要在较短时间内达到高规格水平,为国家培养出一批批好医护人员使他们都能安居乐业,让他们爱我们的医院,爱我们的事业,为造福潮汕人民做贡献!"1988年2月3日,国家教育委员会发出《关于上海第二医科大学支援汕头大学医学院及附属医院的通知》,称:"为加快汕头大学医学及其附属医院的建设,经各方协商后,确定由上海第二医科大学承担全面支援汕头大学医学院及其附属医院的任务。"对此,李嘉诚深表满意。

汕头大学医学院新建附属医院的规模和设备不仅在粤东是罕见的,在广东和全国也属罕见。该院在发扬人道主义精神、救死扶伤和保证人民健康方面做出了许多贡献,造就了一批好医护工作者,培养了一批好医生。尽管名为"汕大医学附属第一医院",但群众却习惯称为"李嘉诚医院"。

李嘉诚在医疗及教育方面捐助了多少钱,一直没有详细的记录。某出版社要出版一本关于李嘉诚的书,他却拖了两年,表示不想出版。一次,负责有关事宜的人士在香港逗留了两个月,几次见李嘉诚都追问他究竟捐了多少钱,却始终也问不出一个确切数目。李嘉诚曾说:"当你想起人生只是短短的旅程,便希望趁着有能力做事的时候,尽量在世上播下好的种子,这是值得的。"虽然他已富可敌国,却不追求荣华富贵,而是认为只有为世人播下慈善的种子,才是真正富有的人。他仍在继续自己的慈善事业,不断为世间播下更多慈善的种子。李嘉诚的商业天赋是难以复制的,但他坚持"取诸社会、用诸社会"和"奉献家国桑梓"的品格风范是可以学习,也是值得学习的!

(资料来源:曾禹编著:《李嘉诚:财富人生》,北京工业大学出版社2009年版,第288—297页。)

九、万达集团:获"中华慈善奖"最多的企业

万达集团创立于1988年,经过30多年发展已成为以现代服务业为主的大型跨国企业集团。万达是世界领先的不动产企业、影视企业、体育企业、儿童产业企业。同时,它还有另一项殊荣,即获得国家"中华慈善奖"最多的企业。这与万达集团董事长和总裁王健林的人生哲学是分不开的。他说:"我最欣赏古人两句话——行善最乐,读书最佳;行善而且有能力行善,是我人生最大的哲学。"

中国文化有"达则兼济天下"的优良传统。对于当代企业来说更是如此。企业都要以营利为目标,但绝不可唯利是图。企业是社会的细胞,离开了社会,企业便无法生存和发展。因此,企业做大做强后,回馈社会是其必须承担的社会责任。王健林对此十分认同,说:"企业信誉承载的不仅是个体的责任,还应当有社会责任。""万达要做好慈善捐助,捐助额要与企业发展规模相适应,企业规模越大,捐助额越大。"同时,企业积极从事慈善公益,对企业的发展也大有助益。因为,当企业用慈善公益回馈社会时,社会也会积极回馈企业。王健林对此同样看得很明白,说:"中国的企业当中,万达的实力肯定不是最大的,民营企业家当中,我个人的钱也肯定不是最多的。但是十几年来,包括2005年在内,万达的公益事业服务都是最多的企业之一。万达已经形成了自己的市场。我们投资了8个多亿,没有拖垮万达的发展,反而使万达的发展更快更好。我用我的示范行为,也用万达发展的实践告诉中国的企业,中国的企业家,只要有爱心、责任心,你的企业才能真正发展好。"因此,万达集团一直热心慈善公益事业。慈善公益给万达赢来的不仅是名声,更是发自群众内心的信任,正是这份信任和认可成为万达腾飞的坚实基础。

万达集团在发展中一直将慈善公益作为企业的有机组成部分,将"共创财富、公益社会"作为万达人的核心价值理念和行为标杆,将慈善文化变为企业文化的重要内容。万达设有专门的慈善制度,每年公司财务部会单独做出慈善预算。预算可以超支,只要理由合适。2012年时,万达慈善捐助总额已达208亿元。万达的慈善公益事业涉及的领域和内容相当广泛,其中社会慈善捐助和教育慈善捐助是最主要的。

万达的慈善事业与企业的创建是同步的。1990年,西岗住宅开发公司业绩刚有起色,资金仍捉襟见肘,但当听说大连西岗教师幼儿园因缺乏资金迟迟无法建立的消息后,王健林咬着牙从公司抽调100万元捐给幼儿园。1992年,万达集团斥资280万元对大连人民广场进行硬面改造,把广场换成绿茵茵的草坪。为了维护好草坪,他花了200多万元从国外买回一套使用时间长、效果好、操控简便的灌溉设备。当时同类功能略低一等的国内设备只要70万元,这让很多人都不理解。有人问王健林,他的回答很简单:慈善不是作秀,要买自然要买好的。在王健林的慈善捐助中,这种"阔绰大方"之举还有不少。如,为弘扬中华优秀传统文化,2010年11月王健林捐款10亿元建设南京大报恩寺遗址公园,这是当时中华慈善史上最大数额的单笔个人捐款。

1994年,万达集团的异地扩张计划开始不久,集团发展相当艰难。然而,王健林没有放弃自己的慈善梦。当年,万达为正在建设的西岗区体育馆注资2 000万元,为大连大学更是捐了5亿元的巨款。万达在大连捐建了不少中小学,还给大连理工大学捐助了数亿元。王健林之所以在大连开展这么多的捐助,是因为对大连抱有特殊的感情,他在大连起家,在大连走过了人生最值得纪念的节点和辉煌。然而,王健林的慈善心胸是宽广的,他的慈善事业没有局限于大连,而是遍及全国各地。2010年10月,万达集团捐款2亿元建设成都七中万达学校,成为当时国内中学教育的最大一笔企业捐款。他说:"再穷不能穷教育,再苦不能苦孩子。"万达在全国各地捐建的希望小学和中学多达40多所,使爱的芬芳洒遍整个中华大地。

在灾难来袭时,万达的表现同样值得称赞。2008年5月12日汶川发生大地震，万达第一时间向灾区捐款，且捐款数次，总额达到惊人的 3.5 亿元，是全国民营企业中捐款最多的企业之一，其中万达员工人均捐款 1 300 元，这让业界感到不可思议！2010 年 4 月，青海玉树发生强烈地震，地震灾区一片狼藉，在很多企业犹豫捐多少时，万达 1 亿元的捐款已打到灾区账户上。2010 年 8 月，甘肃舟曲发生特大泥石流，2013 年 4 月雅安地震，万达都给了1 000 万元的捐助。凡此种种，不胜枚举。

"在万达，每个人都是义工"，已成为万达集团慈善文化最重要和最真实的体现。从 2006 年开始，万达集团总部和各地公司均成立义工站，每名员工每年至少做一次义工，让他们以这种形式服务社会和回报社会。仅 2014 年，万达的义工人次数就达 96 309 次，义工累积达 399 023 小时。2015 年 5 月 21 日，万达武汉项目公司全体员工在中北路中学开展了盛大的"校企联谊爱心助学"义工行动，公司为中学捐款 8 万元进行校园改造。此外，公司员工还对家庭经济困难、品学兼优的学生进行一对一的爱心捐助。2015 年 7 月 31 日，万达龙岩项目公司组织龙岩万达广场系统员工为遭受洪水袭击的福建龙岩市连城县进行名为"洪水无情，万达有爱"的爱心募捐。后来，公司又专门组织人员购买矿泉水、大米、方便面、帐篷、棉被等赈灾物资赶到连成县进行慰问。

王健林及其万达集团的慈善事业已蜚声中外，但是他并没有满足。他有着更高远的目标和追求，说："我想成为一个大慈善家，首先成为中国最大的慈善家，然后成为世界级慈善家。"祝愿他早日梦想成真！同时，也希望中国当代中涌现出更多"王健林"式的企业家。

（资料来源：姬剑晶：《万达思维：王健林的财富之道》，中国财富出版社 2016 年版，第 187—199 页；万达集团官网。）

十、马云的"善""富"观

衡量当代企业家成功与否，物质财富只是次要标准，更重要的看其社会责任感和社会贡献。一个企业家只有对社会做出贡献，才是真正成功的企业家。阿里巴巴集团董事局主席马云便是这样的企业家。

马云认为,现代企业家必须注重培养和塑造责任意识与担当精神,企业在自身获得发展的同时,要关心社会和回馈社会。一个运行良好的企业,其经营与慈善是相辅相成和相互促进的。企业家积极投身慈善事业,一方面,是主动承担社会责任,履行"企业公民"的社会角色;另一方面,也是企业提升品牌形象和形成企业文化的一种方式。他说:"做公益和慈善,在我看来是人生一种很大的福报。我们努力的结果,既能帮助自己,又能帮助别人。我们今天捐赠的任何一笔钱,不管多与少,对改变世界甚至别人都是微不足道的,但帮助别人是改变自己,让自己的内心发生变化,更加丰富。"

2012年2月,阿里巴巴集团网站公布消息,为规范公益事业发展,集团及旗下子公司联合成立的"阿里巴巴公益基金会"通过民政部审核批准,由民政部直接主管。基金会初始基金为5 000万元,今后的发展资金主要来源于集团及其旗下公司的捐赠。公益范畴包括自然灾害救助、扶贫助残、帮助受助群体提高能力以改善生活条件,并将重点开展环境保护宣传,支持环保类公益性组织的发展。与其他非公募基金会不同,将公益与商业模式结合成为阿里巴巴独有的公益模式。通过将企业平台模式及资源融入公益领域,可以让公益项目得以持续健康发展;通过电子商务生态体系,可以帮助全球中小企业和创业者得到生存和发展,不仅授之以鱼,更是授之以渔。

2014年,马云步入知天命的50岁。这年,阿里巴巴在美国上市,集团首次公开招股便创下250亿美元的历史性纪录,马云却决定全身心从事慈善公益活动。这源于20多年前他创业时便和太太订下的人生规划:50岁之前赚钱,50岁之后用赚来的钱做公益。为了实现50岁后的慈善人生理想,他做了两件大事:一是,2014年3月捐出高达145亿元的阿里股权,在境外注册成立一只公益信托基金,用于环境、医疗、教育和文化领域。这是亚洲规模最大的慈善基金之一。二是,2014年底在杭州成立"浙江马云公益基金会"。

2013年5月,他卸任阿里集团的CEO。第二天,就出任大自然保护协会(TNC)的中国主席。4个月后,马云夫妇加入生命科学突破奖基金会,并担任理事,计划每年捐赠300万美元帮助基金会援助那些研究癌症、糖尿病等恶疾的科学家。2014年,他在完成慈善公益的两件大事后,更是马不停蹄地开展慈善公益事业。2015年3月3日,阿里巴巴向台湾地区出资百亿台币设立创业投资基金。4月3日,以1亿元人民币设立"杭州师范大学马云教育基金"。4月10日,联手马化腾、沈国军等商界大佬在宁波共同宣布成立旨在保护中国水和空气不受污染的"桃花源生态保护基金会"。2015年4月尼泊尔大地震后,阿里旗下的淘宝公益第一时间捐赠200万元人民币。

曾当过教师的马云十分关心教育。为了推动基础教育和乡村教育的发展,2015年9月,马云基金会启动"马云乡村教师计划",每年投入1 000万元寻找优秀乡村青年教师、投入1 000万元为获奖青年教师提供专业系统能力的培养。2015年,首届马云乡村教师奖评选在陕西、甘肃、宁夏、云南、贵州、四川六省区展开,100位乡村教师入选,每人获10万元奖励,并被邀请到三亚参加颁奖典礼。2016年,第二届评选扩大到13个省市区。他不止一次地说,2015年最开心的事是在海南给100位乡村教师颁奖。"一生都是学生,一辈子愿意做老师"。对于已在商业获得巨大成功的马云来说,心里最放不下的仍是"教师情结"。正是这份"教师情结",激励他勇于承担起社会责任。

马云在"2016亚布力中国企业家论坛"的演讲中对他的"善""富"观做了精辟阐发,他的商业和慈善成就得到了国内外的高度赞誉。2017年12月,他荣获"影响中国"2017年度教育人物。2018年12月,党中央、国务院授予他改革先锋称号,颁授改革先锋奖章。2019年5月,马云等17位全球杰出人士被联合国秘书长古特雷斯任命为新一届可持续发展目标倡导者。2019福布斯中国慈善榜排名第3位,2019年10月获得福布斯终身成就奖。

(资料来源:上官凤:《马云传:阿里巴巴掌门人成长全档案》,台海出版社2016年版,第228—231页。希文:《马云内部演讲(最新版)》,哈尔滨出版社2016年版,第33—35页。有删减。)

主要参考文献

[1]邓国胜主编:《公益慈善概论》,山东人民出版社2015年版。

[2]李洪彦主编:《中国企业社会责任研究》,中国统计出版社2006年版。

[3]宋长琨、沈忠秀:《儒商商道概论》,武汉大学出版社 2013 年版。

[4]邹进文、赵玉勤主编:《儒商法典》,湖北人民出版社 1999 年版。

[5]贾嘉麟等编:《商家智谋全书》,中州古籍出版社 2002 年版。

[6]张海鹏、王廷元主编:《明清徽商资料选编》,黄山书社 1985 年版。

[7]张正明主编:《明清晋商商业资料选编》(上),山西经济出版社 2016 年版。

[8]虞和平编:《经元善集》,华中师范大学出版社 2011 年版。

[9]马敏:《商人精神的嬗变——辛亥革命前后中国商人观念研究》,华中师范大学出版社 2011 年版。

[10]王敦琴主编:《张謇研究精讲》,苏州大学出版社 2013 年。

[11]李正中、索玉华主编:《近代天津知名工商业》,天津人民出版社 2004 年版。

[12]潘亚暾、汪义生等:《儒商列传》,暨南大学出版社 1995 年版。

[13]濮阳华子编著:《中华商圣:12 位中国著名商人的财富传奇》,中国纺织出版社 2007 年版。

[14]曾禹编著:《李嘉诚:财富人生》,北京工业大学出版社 2009 年版。

[15]姬剑晶:《万达思维:王健林的财富之道》,中国财富出版社 2016 年版。

[16]上官凤:《马云传:阿里巴巴掌门人成长全档案》,台海出版社 2016 年版。

[17]徐宪江编:《中国 500 强企业总裁语录》,中国法制出版社 2010 年版。

[18]徐培华:《市场经济的义利观:市场经济与义利思想》,云南人民出版社 2008 年版。

[19]杨团、葛道顺主编:《中国慈善发展报告(2009)》,社科文献出版社 2009 年版。

[20]孟志强等主编:《中国慈善捐助报告(2011)》,中国社会出版社 2012 年版。

[21]彭建梅主编:《2013 年度中国慈善捐助报告》,企业管理出版社 2014 年版。

[22]周秋光:《关于近代中国慈善研究的几个问题》,《史学月刊》2009 年第 9 期。

第八章 "儒商并重"的企业文化和企业家精神

企业文化是指企业在经营管理中形成的带有本企业特征的基本观念、文化形式和价值体系,核心是企业的价值观。企业文化是企业发展的灵魂,对企业的发展有决定意义。在企业文化建设中,作为领导者的企业家精神在其中发挥着决定性作用。企业文化的概念虽然是20世纪70年代末才在西方正式提出的,但凡是企业都有其文化价值观,故企业均有其企业文化。中国传统文化重视商人精神的培养,提出了"儒贾并重"的儒商价值观,强调商人必须具备儒家文化。近代以来许多民族企业家及其企业重视以传统文化,特别是儒家文化作为个人修养和企业文化建设的思想指导。中国当代企业文化和企业家精神建设同样离不开中国传统文化、特别是儒商文化的支撑,必须走"儒商并重"之路,建设有儒家文化特色的中国当代企业文化和企业家精神。

第一节 宋明理学的儒商关系新论与传统儒商文化的建立

宋代以来,特别是明清时期商品经济获得长足发展,商业繁荣,商人的社会地位有了很大提升。同时,大量儒生的治生问题变得十分突出,儒生被迫弃儒经商。因此,传统的重儒轻商和儒尊贾贱的职业伦理观已经不能适应社会历史发展需要。这促使宋明理学家要对儒贾和士商关系及其职业伦理做出新的阐释,为这一时期出现的新儒商观和士商观提供理论支撑和合法性证明。宋明理学对儒商关系的新阐释不仅推进了明清儒贾关系的平等化,还为传统儒商文化的建立做出了重要贡献。

一、朱熹对儒商关系的新阐释

南宋商品经济的发展促使民众大量经商,特别是儒生开始普遍经商,"宋代商业已经相当发达,士、商之间的界限有时已不能划分得太严格。因此,新儒家也不得不有条件地承认'经营衣食'的合法性了。……早在南宋时代,新儒家的伦理已避不开商人问题的困扰了"①。程朱理学的集大成者朱熹对儒商关系做了新的解释,不仅肯定商人经商的正当性和应有社会地位,而且认为儒士出于生计需要亦可经商。

朱熹,一方面强调国家须以重农为本,认为只有这样才能使社会达到理想的道德之境,"契勘生民之本,足食为先。是以国家务农重谷,使凡州县守皆以劝农为职……盖欲吾民衣食足而知荣辱,仓廪实而知礼节,以共趋于富庶仁寿之域,德至渥也"(《晦庵先生朱文公文集》卷一〇〇《劝农文》)。另一方面,又承认只要符合天理,包括经商在内的谋利行为都是合理的,说:"夫营为谋虑,非皆不善也。便谓之私欲者,只一毫发不从天理上自然发出,便是私欲。"(《晦庵先生朱文公文集》卷三二《问张敬夫》)对于商人的正当利益也加以维护,他任提举浙东常平盐公事时,"凡丁钱、和买、役法、榷酤之政,有不便于民者,悉厘而革之。"②他也不反对孙从事工商业,其《不弃自文》说:"士其业者,必至于登名;农其业者,必至于积粟;工其业者,必至于作巧;商其业者,必至于盈赀。若是则于身不弃,于人无愧祖父,不失其贻谋。"③有学生问贫穷不能学的子弟能否经商,他以当时的心学家陆九渊亦开药肆为例做了肯定的答复,说:"止经营衣食,亦无甚害。陆家亦作铺买卖。"(《朱子语类》卷一一三)朱熹的外家祝氏是新安名族,宋代有两人中进士。祝氏善于经商,他称赞其贾而好儒,"外家新安祝氏,世以资力顺善闻于乡州。其邸肆生业,几有郡城之半,因号'半州祝家'"(《晦庵先生朱文公文集》卷九八《祝外大父祝公遗事》)。他本人开书肆做生意。在他眼中,"四民"只是职业的

---

① 余英时:《中国近世宗教伦理与商人精神》,安徽教育出版社2001年版,第173页。
② [元]脱脱:《宋史》卷429《朱熹》,中华书局1985年版。
③ [清]石成金编:《传家宝全集》,北京师范大学出版社1992年版,第353页。

不同,并无道德高下之分。

但是,这并不意味着朱熹平等看待"四民"的社会地位和主张儒贾平等。程朱理学倡导"人伦日用"的世俗化儒学,以求最终建立一个以儒家伦理为本位的理想社会。那通过什么途径才能做到这点呢?朱熹明确主张只有读书穷理才能做到这点,"盖为学之道莫先于穷理,穷理之要必在于读书"(《晦庵先生朱文公文集》卷一四《行宫便殿奏札二》)。这表明他将儒士视为建立儒家理想社会最重要的职业和阶层。再者,他对于士和商的职业职责的规定是:"士其业者必至于登名"和"商其业者必至于盈赀",即是说,士求名,商求利。以朱熹为代表的程朱理学对商业和商人的新认识既是宋代商人地位提升和儒生经商治生现象的理论反映,同时,因其在明清时期成为官方意识形态,故而对明清儒商职业关系的转化和儒商文化的建立都产生了重要影响。

二、王阳明的"儒贾同道"论

陆王心学是宋明理学世俗化的更大发展。特别是王阳明生活的明代中叶,商品经济快速发展,商人群体不断壮大,许多士人弃儒经商。面对这种新的社会历史变局,王阳明在看待"四民"的职业伦理价值时比朱熹更为解放,对儒贾和士商关系做了更新的阐释,提出了"四民异业而同道"的重要命题。其新的儒贾和士商关系论为明清儒商的形成提供了理论指导和基础。

首先,王阳明从"体用一源"的角度说明儒贾关系,即商人治生亦是儒者之事,是儒者实现自我道德理想和人生价值的途径和手段。王阳明主张"体用一源",即良知本体(道)是通过发用流行所做之事体现的,良知存在于事功之中,必须即事求取和实现良知,这便在理论上说明了道德修养与追求事功的统一。他说:"然欲致其良知,亦岂影响恍惚而悬空无实之谓乎?是必实有其事矣。故致知必在于格物。物者,事也,凡意之所发必有其事,意所在之事谓之物。格者,正也,正其不正以归于正之谓也。正其不正者,去恶之谓也;归于正者,为善之谓也。"(《续编一·大学问》)又说:"良知不由见闻而有,而见闻莫非良知之用,故良知不滞于见闻,而亦不离于见闻。……大抵学问功夫只要主意头脑是当,若主意头脑专以"致良知"为事,则凡多闻多见,莫非致良知之功。盖日用之间,见闻酬酢,虽千头万绪,莫非良知之发用流行,除却见闻酬酢,亦无良知可致矣。故只是一事。"(《传习录》中)所以,良知是"不离日用常行内"(《外集二·别诸生》)。在王阳明看来,不能空谈天理和性命,将致知与行事分为二橛,而应在日用见闻酬酢中来致良知,以实现儒家的理想人格,这就克服了程朱理学将致知与事功相对立的观点。它对商人的伦理意义是,经商以治生持家即是他们实现儒家伦理理想的手段和途径。所以,王阳明与弟子讨论如何处理读书治学与经商治生的关系时,提出了"学何贰于治生?"的命题。他说:"但言学者治生上,尽有工夫则可。若以治生为首务,使学者汲汲营利,断不可也。且天下首务,孰有急于讲学耶?虽治生亦是讲学中事,但不可以之为首务,徒启营利之心。果能于此处调停得心体无累,虽终日做买卖,不害其为圣为贤。何妨于学?学何贰于治生?"(《补录·传习录拾遗》)王阳明说的治生自然是指经商,因为汲汲营利以治生当然是经商。在他看来,学者自然应以治学为首务,但也可以经商治生,因为经商治生里存在"良知",因此经商与治学并不是对立的,如果经商时不动营利之心,而是致良知,那么虽身为商贾,也"不害其为圣为贤"。他甚至说:"良知只在声色货利上用功,能致得良知,精精明明,毫发无蔽,则声色货利之交,无非天则流行矣。"(《传习录》下)总之,只要经商求富之类追求声色货利的活动能"致得良知",便同样能够彰显和实现儒家的道德理想目标。很显然,王阳明上面的话是针对明代大批士人经商这一社会现象所发,意在说明经商只要尽心修身和以"致良知"为目标,那么与读书业儒致仕没有本质区别。这种思想为人们从事被传统轻贱的商业提供合理和正当的伦理依据。

其次,王阳明提出了"四民异业而同道"的重要命题,对传统四民职业等级观做了新的诠释,充分肯定商人及其职业的伦理价值,提出了"商儒同道"的思想。明嘉靖四年(1525),王阳明在为苏州商人方麟所写的《节庵方公墓表》中说:"苏之昆山有节庵方翁麟者,始为士,业举子,已而弃去,从其妻家朱氏居。朱故业商,其友曰:'子乃去士而从商乎?'翁笑曰:'子乌知士之不为商,而商之不为士乎?'"遂经商,后弃商为士,以儒业授二子皆成进士。王阳明据此阐发了"四民异业而同道"的思想,说:"古者四民异业而同道,其尽心焉,一也。士以修治,农以具养,工以利器,商以通货,各就其资之所近、力之所及者而业焉,以求尽其心。其归要在于有益于生人之道,则一而已。士农以其尽心于修治具养者,而利器通货,犹其士与农也;工商以其尽心于利器通货者,而修治具养,犹其工与商也。故曰:'四民异业而同道。'……自王道熄而学术乖,人失其心,交骛于利,以相驱轶,于是始有歆士而卑农,荣宦游而耻工贾。夷考其实,射时罔利有甚焉,特异其名耳。"(《外集七·节庵方公墓表》)王阳明明确提出士农工商"其归要在于有益于生人之道,则一而已",并以托古方式论证了"古者四民异业而同道,其尽心焉一也"的新命题,把传统观念中被视为贱业的工商业者提升到与士农同"道"的高度,认为他们之间是平等的。在他看来,农工商只要与士人一样尽心,即"致良知",同样能够达到道德的自我完善和人生伦理目标的超越,因为,"夫圣人之学,心学也;学以求尽其心而已"(《文录四·重修山阴县学记》)。同时,既然经商为工也能尽心(致良知),那就不存在职业的高低贵贱,所以"四民异业而同道"。社会上出现"交骛于利,以相驱轶,于是始有歆士而卑农,荣宦游而耻工贾"的现象,完全是因"王道熄而学术乖,人失其心"所造成的。总之,王阳明虽然说"四民异业而同道",然而他是在给亦商亦儒的方麟树碑立传,可见其根本意图旨在说明为商、为士者只要"尽心"(致良知),那么,两者在不同职业和生活领域同样可以实现儒家的道德超越,他为商人所做的伦理正名显而易见!

王阳明对四民观的新解读,特别是其"儒贾同道"论产生了广泛的社会影响。这种新职业观和儒商文化观固然是适应16—17世纪明代社会商品经济迅猛发展、逐末营利逐渐成为社会风气形成的,然而,反过来对扭转重农轻商和重儒轻商的陈腐传统观念起了推波助澜的作用。更重要的是,包括程朱理学在内的宋明新儒家对儒贾和士商关系的新解释,既为商人地位的提升提供了价值观的支撑,同时也提出了商人之为真正商人的标准,即必须以儒家思想作为商业指导思想。易言之,只有成为有儒家思想的商人,即儒商,经商在职业伦理上才是正当的。这种思想对明清和近现代儒商文化的发展产生了重要作用。

第二节　明清儒商的文化价值观和中国近代企业的儒商文化

一、明清儒商的文化价值观

明清社会重商观念得到很大发展,出现大量贾服儒行、儒贾事道相通的商业言行,形成了新的商业文化观。许多商贾认为,只要能遵循儒家道德规范,即"贾服儒行",那么贾与儒即是事道相通的。进而言之,商贾与儒士在职业上便无贵贱之分,他们的社会地位也无高低之别了,如此则"贾不负儒"了!可见,明清商人已经确立"贾服儒行""贾不负儒"和"儒贾同道"的文化价值观。

明中叶徽州休宁《汪氏统宗谱》说:"古者四民不分,故傅岩鱼盐中,良弼师保寓焉。贾何后于士哉!世远制殊,不特士贾分也,然士而贾其行,士哉而修好其行,安知贾之不为士也。故业儒服贾各随其矩,而事道亦相为通,人之自律其身亦何艰于业哉?"此文接着叙述了汪远的行谊,"公贾而儒行者也,其裕父之志,启诸子以儒,精勤心思在焉。又让所丰于昆季,而自居其瘠者,诸细行不悉数。儒者所谓躬行率先宜乎。"[1]为何说"业儒服贾各随其矩,而事道亦相为通"呢?因为,儒与贾之"事道"都应遵循儒家伦理之道。由于汪远"贾而儒行",能以儒家伦理之道贾贾,故虽为贾,却与儒者没有职业贵贱和地位高下之分了。明清商人的"儒行"还表现在以儒家思想治家立业,这从明清儒商的族规家训可以看出。如山西榆次富商的《常家家训》说:"能知勤俭,享人生千万福;能节欲,荣贤科名成大儒;能孝亲,尔子穷惧照样行;能教子,后代兴隆全在此;能足受,合家欢乐无嗟怨。"祁县富商渠氏的《渠氏家训》说:"善人则亲近之,恶人则远避之,不可口是心非,须要隐恶扬善,此

---

[1] 张海鹏、王廷元主编:《明清徽商资料选编》,黄山书社1985年版,第439页。

训以格人非,捐资以成人美,做事须循天理,出言要顺人心。"①

宽泛地说,"儒行"是指经商事贾要以儒家思想为指导,对商人来说,核心则是要正确处理义利关系。儒家特别重视义利之辨,主流价值观是重义轻利,强调以义为本,利从属于义,因为,"义"是人之为人的本质特征,"利"只是人生活的物质基础。"义"是仁、性善、天理或良知等人性的体现,具体地说,就是要遵守儒家所说的各种伦理道德规范。"贾服儒行"关键是要商人重义轻利、以义制利和以义取利。"贾服儒行"的商人价值观为明清许多商人所奉行。如,歙县人黄长寿,"少业儒,以独子当户,父老,去之贾。以儒术饬贾事,远近慕悦,不数年赀大起。……嘉靖庚寅,秦地旱蝗,边陲饥馑,流离载道。翁旅寓榆林,输粟五百石助赈。副都御史萧公奏闻,赐爵四品,授绥德卫指挥金事,旌异之。翁云:'缘阿堵而我爵,非初心也。'谢弗受。翁虽游于贾人,实贾服而儒行,尝挟资流览未尝置。性喜吟咏,所交皆海内名公,如徐正卿、叶司徒等,相与往来赓和,积诗成帙,题曰《江湖览胜》并《壬辰集》,前太史景公赐为之引,梓成藏为家宝"②。黄长寿"以儒术饬贾事",急公好义,被朝廷赐爵授绥德卫指挥金事,他却婉言谢绝。在人们看来,他"实贾服而儒行",故无异于儒士。再如,嘉靖年间歙商黄玘芳,"少读朱子小学,至温公训刘无城以诚;读《尚书》至'有忍乃济',即有颖悟,谓诚与忍乃二字符也,当佩之终身。平生自无妄话,与人交悃愊忠信。商游清源,清源齐鲁之墟,犹有周公遗风,俗好儒备礼。然其俗又宽缓阔达,而足智好议论,公一以诚御之。故足智好议论者服其诚,而好儒备礼者亦钦其德。若公者,商名儒行,非耶?"③他谨守儒家道德,奉诚与忍为经商之道,为众望所孚,被人誉为"商名儒行"。明末晋商杨义,"其先业盐淮南,至义,以儒术显登崇祯元年进士,知汝阴县,政最,擢御史,巡盐两浙、长芦,督学南直隶,所至风节凛然,累

---

① 张正明主编:《明清晋商商业资料选编》(上),山西经济出版社2016年版,第163页。
② (歙县)《潭渡黄氏族谱》卷9《望云翁传》,张海鹏、王廷元主编:《明清徽商资料选编》,黄山书社1985年版,第449页。
③ (歙县)《竦塘黄氏宗谱》卷6《黄公玘芳传》,张海鹏、王廷元主编:《明清徽商资料选编》,黄山书社1985年版,第441页。

官工部尚书"[1]。清人李清栋原为廪生,"父立功,以商致富于汴,及清栋入学至汴,遣从名师游数年,乃返里,所为文乡名宿极称之"[2]。

　　正是由于能"贾服儒行""儒贾事道相通",遂使明清商人产生了"贾何负于儒",甚至是"良贾何负宏儒"的思想。明中叶歙商程澧少孤,后被迫远游经商,贾业有成,为乡里楷模。他回忆自己的人生历程,感叹道:"澧故非薄为儒,亲在,儒无及矣。藉能贾名而儒行,贾何负于儒!"[3]明末歙商吴肖甫,父善经商,肖甫为贾,"间划一筹,巧出若翁上",他说:"岂必儒冠说书乃称儒耶!"[4]可见,儒者并非以外在的"儒冠说书"为标准,行贾只要遵守儒道同样是"儒"者。明代大学者汪道昆更是喊出"良贾何负宏儒",他说:"大江以南,新都以文物著,其俗不儒则贾,相代若践更。要之良贾何负宏儒,则其躬行彰彰矣。"[5]在他看来,良贾在道德行为上"躬行彰彰",有什么比宏儒差呢?与"贾何负于儒"相比,"良贾何负宏儒"所体现的新儒贾观更具思想解放意义。

　　有些明清商人甚至认为商贾之功名可与科举之功名相埒,经商失败往往被视为"功名未遂"。歙商胡廷仕,外出行贾,久未归。其子胡士畿徒步至山东和直隶遍寻不见,沿途号泣,"遇旧仆,引与父相见。父以功名未遂,坚不欲归,乡人感士畿之孝,群相敦劝和资助,其父姑允之"[6]。有的商人为追求经商"功名",有不成功便成仁的精神。休宁商人朱模立志经商时,击楫中流誓言:"昔先人冀我以儒显,不得志于儒。所不大得志于贾者,吾何以见先人地下,吾不复归。"[7]这位商人想法的背后同样是视商贾为功名。有些商人

---

[1] (同治)《两淮盐法志》卷43《人物》。
[2] (民国)《闻喜县志》卷17《独行》,张正明主编:《明清晋商商业资料选编》(上),山西经济出版社2016版,第248页。
[3] [明]汪道昆:《太函集》卷52《明故明威将军新安卫指挥佥事衡山程季公墓志铭》,黄山书社2004年版。
[4] 《丰南志》第5册《光裕公行状》。
[5] [明]汪道昆:《太函集》卷55《诰赠奉直大夫户部员外郎程公暨赠宜人闵氏合葬墓志铭》,黄山书社2004年版。
[6] [民国]《歙县志》卷8《人物志·孝友》。
[7] [明]李维桢:《大泌山房集》卷69《朱次公家传》。

甚至将商贾的功成名就视为可匹勋阀,乃至君王的事业!商人汪新说:"郡中贤豪起布衣,佐国家之急,致身乎金紫,等于勋阀。"①在他看来,郡中成功的商人能够佐国家之急和致身金紫者,位等勋阀。明中叶歙商许秩则说:"丈夫非锐意经史,即寄情江湖间,各就所志,期无忝所生而已。若其积学力行,善事吾父母,各将适中土,相厥土宜,收奇赢以给若。"他离家为贾20年,致息数倍。归家两月,又准备行装。有人劝他在家颐养天年,他不以为然地说:"男子生而桑弧蓬矢以射四方,明远志也。吾虽贾人,岂无端木所至国君分庭抗礼志哉?"②明末商人程廷周,"立志干蛊,贾居江西武宁乡镇,素手建立",其兄和弟相继助之,"遂致殷裕,为建昌当,为南昌盐,创业垂统,和乐一堂"③。时人将其商贾之业视为"创业垂统",气概非凡。

总之,明清商人将商贾的功名视为可与儒士功名相埒,甚至视为等同勋阀,可比素封,能创业垂统,实是对"贾服儒行"和"儒贾事道相通"的更高理解和诠释。在他们看来,商贾之业也能和儒士一样实现治国平天下的理想追求,同时,这也反映出传统儒商的家国情怀和宏大志向。

二、中国近代企业的儒商文化

中国近代企业家成长于中国传统社会,许多人有浓厚的儒家文化修养,意识到儒家文化的重要价值,故将其作为指导思想来建设企业文化,使近代企业文化有浓郁的儒家文化色彩。同时,由于近代中国处于西方帝国主义的侵略压迫之中,民族危机特别深重,实业救国成为近代民族工商业者的重任,因此汲取儒家社会责任感和家国观来建设企业文化亦成为近代中国企业文化的鲜明特点。

近代民族企业家融通儒家思想和近代企业文化观建设有中国特色和自身特点的企业文化,在建设路径和思想内容上主要表现在五个方面:

---

① 《休宁西门汪氏宗谱》卷6《挥金新公墓志铭》,张海鹏、王廷元主编:《明清徽商资料选编》,黄山书社1985年版,第76页。

② (歙县)《许氏世谱》第5册《平山许公行状》,张海鹏、王廷元主编:《明清徽商资料选编》,黄山书社1985年版,第216页。

③ [明]曹嗣轩编撰:《休宁名族志》卷1《程》,黄山书社2007年版,第155页。

一是许多企业将传统文化和理念写入或融入行训、厂训和示训。这些规章是中国近代企业经营管理的重要规章制度，最能体现其企业文化。许多企业的这类规章有浓厚的传统文化内涵和思想。如天津东亚公司以"己所不欲，勿施于人""你愿人怎样待你，你就先怎样待人"作为厂训。上海冠生园食品厂创始人冼冠生提出了"三本主义"——本心、本领、本钱。大实业家周学熙创办的华新纱厂要求员工"尚勤、尚实、尚公、尚廉、各秉血忱、拔除旧习"。天津国货售品所制定了"爱人、惜物、忠事、守章、耐久"的所训。上海实业家项康元创办的制罐厂以"勤、俭、诚、勇、洁"作为厂训。可见，这些规章在内容上都继承了儒家思想，特别是将为人处世的理念运用于企业的经营管理中。

二是民族爱国思想和实业救国的宗旨。中国民族工业企业发展之初，备受帝国主义的欺凌和压榨，民族爱国思想成为中国近代企业文化的核心价值观之一。许多优秀企业家弘扬儒家的家国情怀，将实业救国作为企业的宗旨，把开放产业、富强国家和发展民族经济作为企业的目标。实业救国不仅成为民族企业家实现人生价值的手段，还成为激励员工的精神动力。同时，实业救国还使企业被社会所认同，为其赢得更广阔的发展空间。如20世纪20年代初，华侨企业家陈嘉庚看到橡胶业能振兴中国民族工业，在别人不敢问津和个人资金并不充足的情况下，竟然花2 000元购进橡胶种子，最终成功地使橡胶制品输入国际市场，在华侨中首先打破英国橡胶的垄断。卢作孚创办"民生实业股份有限公司"，就是愤慨于扬子江上游触目可见西方列强轮船公司悬挂的国旗，反而不易看见本国国旗，因此，鲜明标示"民生精神"为"爱事业，爱国家"，为振兴中国航运和富国强民做出了杰出贡献。

三是关注民生和服务社会思想。受儒家文化经世致用、经国济世思想的影响，不少近代民族企业都把关注民生、服务社会作为企业发展的目标之一。被毛泽东称为"四大民族资本家"之一的范旭东，把"我们在精神上以能服务社会为最大的光荣"作为职工共同遵守的四大信条之一。东亚毛纺公司的宋棐卿提出"要以生产辅助社会的进步"，说凡是生产事业必须都有营利，否则生产就成为消耗，但是，东亚"并非专为营利而生产，仍在利用生产的出品,供给社会的需要,利用合理的生产余利,辅助社会上有益于人类的事业"。民生实业股份有限公司提出"服务社会、便利人群、开发产业、富强国家","个人为事业服务,事业为社会服务""事业是超经济的,个人的工作是超报酬的"。这些企业价值观就像一面旗帜,引导着企业在近现代残酷的社会环境中生存与发展。

四是艰苦创业精神。中国近代民族企业家大多是在重重压迫和困境中创办企业的,因此大多把艰苦奋斗、勤俭办事作为谋生存、求发展的武器。东亚毛纺公司在《精神训育稿》中向职工宣扬"不受苦中苦,难为人上人"的儒家思想,鼓励职工克勤克俭,"想生活得比别人美满就要更受苦",就要刻苦学习和掌握新的知识与技能,用辛勤劳动来换取自己的美满生活。范旭东在天津创办的久大精盐公司、永利制碱公司、黄海化学工业研究社,合称"久永黄工业团体",提出"我们在行动上宁愿牺牲个人,顾全团体"的信条。西南最大百货公司的宝元通提出"牺牲小我,顾全大我"的信条和号训。这些艰苦创业和勤奋工作,成为近代中国民族企业优秀文化的重要精神财富。

五是对"和""合"的价值认同。"和""合"是中国传统文化的重要价值观,也成为近代中国民族企业的重要文化价值观。在这种企业价值观指导下,很多企业提炼、总结与培育出自己的企业精神。如,周学熙华新纱厂提出了"互助合作"的"华新精神"。上海郭乐、郭顺兄弟创建了上海"四大百货"之一的永安集团,郭氏兄弟便将"彼此同心、团结合作、民望相助、勿以小我忘大我"和"同号相连,同舟共济"确立为集团的"永安精神"。浙商蔡声白经营的美亚织绸厂则提出了"和衷共济"的"美亚精神"。上述企业的这些精神主要便是以中国传统文化的"和""合"精神为思想来源的。[①]

近代民族企业家成长于中国传统社会,故多重视自身修养和企业文化的培育。近代著名教育家、中华书局创始人陆费逵曾著有《实业家之修养》。该书1914年由中华书局出版,影响很大,至1929年便出了8版。他认为,在

[①] 陈春花、曹洲涛、曾昊等编著:《企业文化》,机械工业出版社2010年版,第238—239页;廖树东、向翔、冯德辅主编:《企业文化建设理论及其在云南的实践》,云南民族出版社1993年版,第61—63页。

竞争激烈和迅速发展的近代经济中实业家要取得成功必须具备良好修养，"实业家果需何种资格乎？以余所见，勤俭也，正直也，和易也，安分也，进取也，常识也，经验也，节嗜欲也，培精力也，殆无一可以或缺。人苟能是十者，虽天资稍逊，未有不成功者也。十者缺一，虽天才卓绝，而能成功者鲜矣。有志实业者，曷以是而反诸躬乎！"[1]其书对近代企业家修养的期许和产生如此大的社会影响，正说明中国近代民族企业家是把个人修养和企业文化建设作为企业经营发展的重要任务。他们在企业文化建设中创造出许多在近现代史上乃至对后世有深远影响的著名企业文化精神，以下列举四种：

1. "民生精神"

1925年创建于重庆的民生实业公司，创业初期仅有1艘70吨的小客轮和30名职工，20年后却发展成中国最大的民营轮船公司，有大小轮船148艘，职工9 000余人。民生公司发展如此迅速，得益于创始人卢作孚注重培养和塑造优秀的企业文化。他说，创办民生公司的目的是"服务社会，便利人行，开发生产，富强国家"，宣称"个人为事业服务，事业为社会服务""职工的得失，完全把握在自己手上""忍耐、苦干，就能成为出人头地的时势英雄"。他注意强化企业对职工的凝聚力，鼓励企业和职工的双向参与，提出了"公司问题，职工来解决；职工问题，公司来解决"的著名口号，并把它印在轮船的床单和茶杯上。这样，既鼓励职工积极参与公司的事务，也提醒管理人员为职工解决实际困难，使职工树立和公司共存共荣的集体意识，在企业发展中起到了良好作用。这些原则和口号被该公司上下称之为"民生精神"。

2. "宝元通团队精神"

宝元通兴业股份有限公司初创于1922年，由重庆熊郁村与四位姑表同堂兄弟创办，原名"宝元通商店"。公司从建立时起便重视企业文化的培育，公司"以经营百货、从事生产为业务，发展民族经济为目的"。其经营原则是："图事业于久大"，"惟大于微，图难于易，自近而远，自卑而高"。职工必

---

[1] 陆费逵：《陆费逵谈教育》，辽宁人民出版社2015年版，第127页。

须遵守的训条则是:"牺牲小我,顾全大我,服务社会,发展事业。"这些原则、宗旨和训条的确立以及其他管理办法的实施,使它成为在20世纪40年代西南地区信誉最卓著和最大的百货公司,也是重庆第一家跨国工商企业。1946年,公司改为"宝元通兴业股份有限公司",在由股东和职工大会通过的企业《组织大纲》中便将上述号训明确称为"宝元通固有的精神",即"宝元通团队精神"。

3."久永黄四大信条"

范旭东20世纪20年代先后在天津创办的久大精盐公司、永利制碱公司、黄海化学工业研究社,合称"久永黄工业团体"。他们把艰苦创业、发展中国化工工业的经验概括为四大信条,作为团体成员共守的行为准则,即(1)我们在原则上绝对相信科学;(2)我们在事业上积极发展实业;(3)我们在行动上宁愿牺牲个人,顾全团体;(4)我们在精神上以能服务社会为最大光荣。他热心实业救国和科学救国,全力倾注自己的事业,立志不做官。1935年,蒋介石邀请他出任实业部长,被婉言谢绝。抗战爆发后,范旭东表示"宁举丧,不受奠仪",决定将工厂内迁,在大后方重建中国化工工业。其企业在这些信条的激励下发明了"侯氏制碱法",成为饮誉世界的化工集团。

4."东亚铭"

1932年宋棐卿在天津创办东亚毛呢纺织股份有限公司,生产著名品牌"抵羊牌"毛线。他重视对职工进行"精神训练",将东亚公司的主义、厂训、厂歌和为人做事的准则用格言形式书写出来,被称为"东亚铭"(东亚职工的座右铭)。公司的"主义"是:"人无高尚之主义,即无生活之意义;事无高尚之主义,即无存在之价值;团体无高尚之主义,即无发展之动力;国家无高尚之主义,即无强盛之道理。"公司大楼墙上高悬的"厂训"是:"你愿人怎样对待你,你就先怎样对待人。"公司有"厂歌",还出版定期刊物。为了使员工记住和执行这些条训,公司的办公室,甚至职工家中都挂着《东亚铭》。公司还规定,每天上班前要由车间管理员结合新发生事例对职工进行15分钟有关公司精神的讲解,在每周一次经理主持的职工聚餐会上要宣读《东亚》精神。

这些方法和手段增强了东亚公司对职工的凝聚力,使企业获得了很大成功。[①]

总之,中国近代民族企业家充分认识到文化在企业经营管理中的重要作用,将传统儒商文化价值观融入近现代企业文化建设,使这些企业经营取得成功,成为中国近现代史上著名的企业,为中国近现代经济发展做出了重要贡献。

第三节 儒家文化的传承和当代企业文化与企业家精神建设

一、当代企业文化建设必须传承儒家文化

企业文化是指企业在经营管理中逐渐形成的、具有本企业特征的基本观念、文化形式和价值体系的总和,主要包括企业的经营理念、经营目的、经营方针、价值观念、社会责任、经营行为、经营形象、管理制度和产品服务等。它由企业的精神文化、制度文化、行为文化和物质文化构成,其中,企业精神文化(价值观)是核心。[②] 企业文化是企业生存、竞争和发展的灵魂,在企业发展中具有导向、教化、约束和凝聚的功能,对企业发展发挥决定作用。作为企业的领导者,企业家精神在企业文化建设中发挥着引领和决定作用。因此,当代中国企业文化和企业家精神建设必须立足于民族文化传统,以中国传统文化,特别是儒家文化作为重要支撑,这样才能建成有中国文化特色的企业文化和企业家精神。

企业文化的提出始于20世纪70年代末。二战后,特别是20世纪五六十年代,日本、中国台湾和香港、韩国、新加坡等先后快速实现了现代化,引发了世界性的有关东亚现代化成功经验原因的探讨,人们通过比较东西方企业经营管理价值观念,发现东亚企业管理重视人本和价值观问题,由此企

---

① 廖树东、向翔、冯德辅主编:《企业文化建设理论及其在云南的实践》,云南民族出版社1993年版,第59—60页。
② 周北辰:《儒商管理学》,中国发展出版社2014年版,第129页。

业文化被提出并引起企业管理界的重视。此后,企业文化建设愈益成为各国企业界的中心议题,认为企业的终极竞争力离不开文化。企业的寿命取决于企业文化建设,一个企业如果能在文化竞争中胜出,才是世界一流的;一个国家的企业在世界上的竞争力也取决于该国企业文化建设及其竞争力。

中国当代企业文化建设始于改革开放初期。1984年,青岛海尔公司的张瑞敏便提出了"文化先行、企业理念先行"的管理理念。[①] 20世纪90年代以后,中国企业文化建设进一步开展。随着中国企业的迅速发展壮大,当代企业文化建设既取得很大成绩,也存在诸多问题,其中最突出的问题之一便是中国特色的企业文化建设问题。因为,国家和民族的文化不同,便会使之形成不同的竞争力。公司的命运是与民族文化紧密联系的,民族文化是企业立足的根本。现代企业产生于西方,因此西方企业文化长期掌握着企业文化的话语权。然而,二战后东亚国家和地区现代化的成功,标志着不同于西方现代企业文化的出现。因为东亚属于"儒家文化圈",故儒家文化被看作东亚成功经验背后的文化支撑,成为解释东亚现代化奇迹的有力论据。儒学包含博大精深的管理智慧,特别强调以人为中心的人本主义和强调管理的人文关怀,这对企业管理来说是十分重要的,因为企业管理归根结底是人的管理。西方企业文化则强调工具理性和科学理性的权威,缺乏人文关怀,只是将员工视为生产流水线上的技术性工具。儒家文化几千年来在包括中国在内的东亚地区有着深远的影响,故而以人本主义为核心价值观的儒家思想成为东亚地区企业文化建设的理论指导和重要思想来源。

综观国外近百年的企业文化建设的历史,虽然中国企业文化建设还处于发展初期,不过类似企业文化的商业文化在传统儒商文化中早已有之。尤其近代以来,许多民族企业家继承中国传统文化,特别是儒家文化,在企业文化建设上取得重要成就,提出了诸多企业文化的经典模式。中国当代企业制度和企业管理早先主要是学习西方,因此企业文化也多是模仿西方。然而,西方企业文化的价值观产生于西方历史文化中,当代中国企业难以全

---

① 定雄武编著:《企业文化》,经济管理出版社2012年版,第29页。

盘照抄；同时，西方企业文化还存在缺乏人本主义的弊病。所以，要建设中国当代企业文化，就必须传承中国传统文化，尤其是儒家文化，弘扬传统儒商和近代儒商精神，对儒家思想中有现代价值和恒久意义的思想加以创造性转化，只有这样，中国当代企业文化才有真正的民族文化基础和核心价值理念，质言之，才能真正形成有儒家文化特色的中国企业文化。

在创建中国当代儒商企业文化中，企业家精神发挥着决定性作用。企业家是企业高层管理人员，是以创新为特质，能科学和自主经营企业、承担风险、具有战略眼光的成功经营者。因此，企业家是企业文化的倡导者、企业文化的创造者、企业文化的培育者、企业文化的传承者与推动者。企业家精神则是企业家在长期经营管理活动中形成的思想、价值观、品格、作风和文化修养等个人素质或涵养的结晶，体现了企业家的理想和目标。企业家不仅是企业精神的塑造者，而且是企业精神的垂范者和表率。国内外企业文化建设的实践证明，任何一个有优秀企业文化的企业，其企业理念、企业精神和企业价值观等无不是企业家倡导的。卓越的企业文化是卓越企业家的人格化。企业家精神及企业家的形象，是企业文化的一面镜子，是企业家德才、创新精神、事业心和责任感的综合反映。学术界和企业界将当代中国企业家精神概括为七点：一是独具慧眼的创新精神，二是敢冒风险的开拓精神，三是敢于拼搏的进取精神，四是科学理性的实效精神，五是尊重人才的宽容精神，六是面向世界的竞争精神，七是热爱祖国的奉献精神。[①]

由此可见，当代中国企业家精神与中国传统文化，特别是儒家文化有诸多共同之处，亦可说是对中国当代企业家精神的总结和概括，表明儒家文化在当代中国企业家精神培养中发挥了重要作用。所以，要培养有儒家文化特色的中国企业文化，企业家必须重视和加强儒家精神意识的培养。

二、以儒家思想建设当代企业文化与企业家精神

儒家思想博大精深，内含丰富的管理思想，许多思想具有超越性和普适性。概括学界和商界的研究，一般认为儒家思想可以在七个方面为中国当

---

① 柯可编：《国德立企》，世界图书出版广东有限公司2015年版，第118—120页。

代企业文化和企业家精神建设提供思想资源和价值引领。①

1. 以人为本的思想

儒家人本思想有两个基本内涵：一是以人为万物之灵，认为人有价值自觉和践履能力。儒学管理观的最大特点就是以社会人的管理作为思考对象，把人与人之间的关系转化为各种人伦关系，以实现社会的和谐。二是民本论，把民视为国家和社会的基础和根本，治理国家和社会便是治理民众。而"治民"之要在于"得民心"，为此就要重视"民意"和关注"民生"。人本思想使企业必须确立"以人为本"的企业文化，要求企业家不能只见物不见人，而是充分认识到人的价值、人的素质、人的能力在企业经营中的决定作用。

2. 重道德教化观念

儒家的核心理念是道德性的"仁"，它有两层基本含义：一是确立了人的道德主体性，认为人之为人的根源在于其道德，即"仁义立人"和"仁者，人也"。以道德规定人的主体性，那么，在处理个体与群体关系时就必然以社会群体为主体，对个体的要求就是要为群体承担义务。二是强调人与人之间建立和维持良好人伦道德关系。儒家主张用道德来"化民"，认为人皆有羞恶之心。因此，儒家主张以道德教化引导和影响人的经济行为，使"经济人"决定应做什么和不应做什么。这已为传统儒商经营管理的历史经验所验证。可见，儒家的道德教化观可以使企业重视道德建设。

3. 积极入世的精神

儒家文化主张经世致用、兴邦治国、教民化俗。其主要信条，如"内圣外王""修齐治平""正德、利用、厚生""立德、立功、立言"等都要求将内在的思想外化为积极的事功。儒家这种积极入世精神，导致中国人注重实际、求实务实的文化性格。这种文化作用于中国当代企业文化建设，可以促进企业民主制度和职工的参与意识的发展与完善。企业经营管理者应该自觉地发

---

① 谭珂瑾等主编：《企业文化研究（下）中国传统文化与当代企业文化》，山东大学出版社1995年版，第5—13页；黎贤钛：《中国哲学的企业文化》，浙江大学出版社2013年版，第108—113页；郭廷建：《儒家文化与企业文化建设》，《现代企业家》1990年第1期。

挥广大职工参与企业生产经营活动的聪明才智,激发企业职工的民主参与意识。

4. 家国情怀

这主要包括两个方面:一是民族爱国情怀。以国为家和为国献身是中华民族的优秀传统,《汉纪·惠帝纪》中说:"欲使亲民如子,爱国如家。"爱国精神实质上是肯定个人与社会的统一,由此形成崇高的爱国情感和使命感。爱国精神表现在企业和职工行为上,便是高扬爱国精神,维护国家尊严;以国家利益为重,正确处理国家、集体、个人三者利益关系;发愤图强,为国争光。二是集体荣誉感和责任感。儒家看待公私关系时尚公重公,强调社会责任感。对企业来说,弘扬这种思想可以抑制利己主义,更好协调管理者与被管理者的关系。企业只有弘扬精诚团结和集体主义精神,才能使职工热爱企业,提高企业凝聚力,使职工为企业贡献力量。

5. 自强不息和开拓创新的精神

《周易》曰:"天行健,君子以自强不息。"《大学》云:"苟日新,日日新,又日新。"这些思想集中体现了中华民族自强不息和开拓创新的精神,对当代企业文化建设有指导意义。首先,当代企业竞争日趋激烈,自强不息精神成为企业生存发展之要道。当代企业自强不息的内涵主要有:强烈的危机感和振兴意识;不怕苦累,忘我工作;勇于拼搏和奉献。其次,开拓创新是当代企业发展的动力。科技发展和市场竞争要求企业确立新的管理体制,实施新的经营战略,开发新产品,开辟新市场。当代企业开拓创新的内涵主要有:改革成为企业的主导意识,敢于突破旧框框和开拓新的生产经营领域;企业要有鼓励改革和创新的制度,有不怕挫折和敢冒风险的革新骨干。

6. 诚信至上的精神

诚信是儒家的核心价值理念,是人安身立命的道德准则,《孔子家语》说:"言必诚信,行必中正。"《中庸》说:"君子诚之为贵。"同时,主张人的交往必须重信。《论语·颜渊》说:"自古皆有死,民无信不立。"儒家的诚信观必须成为当代企业文化建设的基本原则。因为,企业作为市场经济的经济行为主体,在与其他企业和顾客交往时要相互信任和诚实不欺。"以质取胜,重合同守信用""诚招天下客"和"利从誉中生,誉从信中来"等,就是诚信思想在企业经营中的体现,并给企业带来信誉和效益。当代企业诚信文化的主要表现和要求是:坚持正确经营方向,依法经营;诚实守信,对人对事表里如一;企业信誉良好,视顾客为上帝,顾客放心满意等。

7. 中庸的原则和方法

中庸是儒家的重要思想。《论语·雍也》说:"中庸之为德也,其至矣乎!"中庸的"中",是指矛盾双方都在适度内发展,没有过和不及的缺陷,矛盾统一体处于平衡状态;"庸",即常。故,中庸的方法是"允执其中",即站在中立的角度,使矛盾统一体协调地保持下去,反对过头和不及,由此达到《中庸》所说的"致中和,天地位焉,万物育焉"的美好状态,使万物发展到最佳境界。中庸的原则有普遍的方法论意义,是当代企业文化必须采纳的。其主要表现和要求是:企业必须吸收古今中外一切有利的文明成果和经验,对之加以融合调适;为实现企业预期目标,必须注意分寸,抓住时机,严防"过"与"不及";为达到管理目标,在实施有效控制时,要做到宽严相济。

儒家文化也有消极性和局限性,在传承儒家文化并建设当代企业文化和企业家精神时要着力克服。一是在价值取向上,重视道德和轻功利。在德知关系上,重德轻知;在义利关系上,重义轻利。如不克服这种弊病,便容易造成企业家空谈理论和轻视实践的性格,偏重向内心寻觅"天理""良知",而鄙视追求外在世界的功利。二是在致知取向上,重视"形而上学"的研讨,忽视"形而下"的探求,以致"重道轻艺"。中国传统文化把科学技术称作"方技",无论多么高明、多有贡献的科学家只能写入"方技传",科学技术无论多么高明只不过属于"艺"和"器",科学技术和科学家的社会地位并不高,没有形成系统的科学理论,致使近代中国备尝科学技术落后的苦果。三是在思维方式上,强调"尊经""征圣"和"法古",信奉"述而不作,信而好古",从而妨碍自由思想,泯灭人的个性和创造精神,阻碍文化和科学进步。[①]

[①] 钱圣南:《论传统文化和企业文化、民族精神和企业精神的关系》,载印国有主编:《企业文化:走出管理的困境》,中国城市经济社会出版社 1989 年版,第 63—64 页。

总之,在中国当代企业文化和企业家精神建设中,既要大力继承传统儒家文化的优秀思想遗产,又要充分吸收西方企业文化的理论方法。对于儒家思想在企业文化建设和企业家精神培育中的传承,应当以辩证和历史的眼光来看待,取其精华,去其糟粕,只有这样,才能建成真正富有儒家文化特色的中国当代企业文化和企业家精神。

第四节 案例选编

一、"贾而好儒"的清代富商"扬州二马"

扬州位于长江与京杭运河的交汇之处,临海濒江,得天独厚,是清中前期最繁荣的商贸城市、文化名城和两淮盐业中心。这里云集了全国各地的大商人,其中徽州商人最有影响和势力,民国时期陈去病的《五石脂》说:"扬州之盛实徽商开之,扬盖徽商殖民地也。"徽商是典型的"贾而好儒"的儒商,在经商的同时爱好文化和儒术,喜爱藏书、刻书、写诗和结交文人墨客,在这些方面投入巨资,为保存中华传统文化做出重要贡献,"扬州二马"则是他们的典范。

"扬州二马",即在扬州经商的马曰琯、马曰璐。马氏兄弟是清代徽州府祁门县人,清代大盐商。马曰琯(1667—1755),字秋玉,号懈谷,曾以附贡生的资历援例候选主事,授道台衔;弟马曰璐(1695—1776),字佩兮,号南斋。马氏兄弟在离瘦西湖不远的东关街南有座美丽的私家园林,雅称"街南书屋"。"街南书屋"是祖辈遗留下来的,是扬州著名的私家园林。马氏兄弟发扬徽商"贾而好儒"的优良传统,拿出资金投入文化事业建设。他们在"街南书屋"修建了12个景点,其中以小玲珑山馆丛书楼的藏书最著名,藏书多达10余万卷,数量之多,质量之高,举世无双。当时苏州藏书名家姚世钰称赞马氏藏书比肩唐宋名家、超迈明清前贤,被时人视为可与明清最大藏书楼之一的"天一阁、传是楼相埒"。马氏兄弟为搜罗书籍,往往是不惜代价,藏书盈百橱柜。乾隆三十七年(1772)《四库全书》的编纂时朝廷征求海内秘本,马曰璐之子马裕进献被采用的书籍达776种之多,为当时全国私人藏书之最。其中收入《四库全书》的有144部,另有225部被列入《四库全书存目》。据《四库全书总目》著录,马氏藏书有373种529卷,其中经部57种670卷,史部123种1 658卷,子部43种731卷,集部150种2 470卷。马家因进献图书卷帙浩繁,邀功受赏,奉到乾隆帝恩赐内务府所刻《古今图书集成》一部,共5 200卷,分类32典。随即装成520匣,藏贮10柜,供奉正厅。继而又获赐《平定伊犁御制诗三十二韵》《平定金川御制诗十六韵》,并《得胜图》32幅。有关小巧玲珑山馆藏书和进献四库馆藏书情况,李斗的《扬州画舫录》卷4记载非常详细。

小玲珑山馆藏书富甲东南,吸引了大批饱读诗书的文人墨客,其中许多是当时的名儒硕学,如全祖望、金农、姚世钰、厉鹗、郑板桥、闵华、王藻、杭世骏、陈章等。他们在这里交流学习、吟诗作画、收藏古籍和刊刻著述,使小玲珑山馆闻名大江南北。李斗的《扬州画舫录》说:"扬州诗文之会,以马氏小玲珑山馆、程氏筱园及郑氏休园为最盛。"这里也成为培养学者的沃土,王念孙、段玉裁、洪亮吉、孙星衍和汪中等都长期在此学习切磋。马氏兄弟和许多著名学者交谊甚笃。全祖望是清代著名史学家和文学家,浙东学派的代表人物之一。他和马氏兄弟交往密切,是小玲珑山馆的常客,一度主馆小玲珑山馆,并为"二马"作《丛书楼记》。当马氏兄弟得知全祖望眼睛有毛病时,特邀请全祖望赴扬州,并延医抓药疗其目疾。全祖望临终前嘱咐弟子董纯秉将所抄文集交马氏藏书楼。马氏兄弟还不吝金银资助贫寒学士,特别是那些有发展前途、崭露头角的寒门士子。清代著名诗人和学者厉鹗一度衣衫褴褛、穷困潦倒。马氏兄弟不仅在生活上关照他,还为他提供研学场所,使他能潜心研究。厉鹗长期寓住小玲珑山馆,直到去世的前一年,还同全祖望、马曰璐在小玲珑山馆以散曲相酬答。厉鹗的《辽史拾遗》《宋诗纪事》《南宋杂事诗》《东城杂记》《南宋院画录》和《湖船录》等都是在这里完成的。可以说,没有马氏兄弟就没有厉鹗在文坛上的成就。清代著名的画家、"扬州八怪"之一郑板桥晚年曾住在小玲珑山馆,并亲题一联:"咬定几句有用书,不忘饮食;养成数杆新生竹,直似儿孙。"此诗用朴实的语言既称赞了马氏兄弟藏书刻书的贡献,也赞扬小玲珑山馆培养了许多人才。

马氏兄弟非常喜爱诗词。他们利用小玲珑山馆与文人学者饮酒吟诗,进行雅集唱和与诗文创作,马曰璐的《小玲珑山馆图记》对此有生动的描绘。马曰琯曾被推举参加博学鸿词特别考试,著有《沙河逸老集》10卷和《嶰谷词》1卷。他也是颇有盛名的诗人,曾自为盟主,同厉鹗等人通过"邗江吟社"吟诗作赋。乾隆年间著名诗人与诗歌评论家沈德潜称其诗"峭刻得山之峻,明净得水之澄"。他还喜爱考校典籍,在家中设刻坊,不惜巨资刻印书籍。仅刻朱彝尊《经义考》一书就花去千金,当时称为"马版"。

马氏兄弟用大量资财扶持学者们的学术文化创作,不惜巨资从事藏书、校书和刻书活动,为清代学术文化发展和中华传统文化传播做出了重要贡献。

(资料来源:徐国利、林家虎编著:《徽学》,安徽文艺出版社2012年版,第100—102页。张健:《清代徽州藏书家与文化传播研究》,安徽师范大学出版社2015年版,第75—84页。)

二、重德、立诚、守信的同仁堂文化

"同仁堂"经历了三百多年风雨,然而这块金字招牌不但没有因岁月风尘地洗刷而黯淡,反而日见辉煌。这与"同仁堂"将重德、立诚、守信作为核心价值观密不可分。在民众眼中,"同仁堂"已成为德、诚、信的化身。

一是重德,将养生济世作为经营宗旨。"同仁堂"的创业者尊崇"可以养生、可以济世者,唯医药为最"。北京大栅栏同仁堂药店的店堂里有这样一副对联:"同气同声福民济世,仁心仁术医国医人"。该店历代继业者始终以"养生""济世"为己任,对求医购药的来客,无论是达官贵人还是平民百姓,一律以诚相待,一视同仁。300多年间历史发生了翻天覆地的变化,然而"同仁堂"养生济世的宗旨却雷打不动。今天,"同仁堂"在继承老创业宗旨的同时,又汇入全心全意为人民服务的精神,提出"想病家患者所想,做病家患者所需"和"患者第一"的经营思想。某年南方一些城市流行甲肝,特效药板蓝根冲剂需求量猛增,有些药厂和药店趁机抬价,到"同仁堂"拉板蓝根的汽车排起了长队。有人提出,需求量这么大,如果按原价出厂不划算,也应该提高售价。但"同仁堂"认为,治病救人是自己的天职,不能乘人之危发民难财,药品一律按原价出厂。药厂还派出车队,一直把药送到目的地。多年来,"同仁堂"的优质服务和便民服务一直没有中断过。来买药的顾客有时对药性不很清楚,许多人是代别人抓药的,难免会有疑问。为此"同仁堂"在店堂设立"问病服药处",聘请有经验的退休老药工为顾客免费提供咨询。代客邮寄药品业务是赔本的买卖,但"同仁堂"始终做到有信必答,有求必应。"同仁堂"的便民服务还有代登记紧张药品、代向工厂机关的医务室送药、代收购药材、为顾客医治小病小伤、为残疾人送药上门等,而这些服务几乎都是赔钱的。三尺柜台温暖了顾客的心,同仁堂药店每年都收到许多感谢信,感谢药店服务台介绍的"灵丹妙药"。

二是立诚,确立精益求精的敬业精神。在同仁堂药厂、药店的醒目位置都可以看到这副对联:"炮制虽繁必不敢省人工,品味虽贵必不敢减物力。"这是药店乐家第一代传人乐凤鸣为"同仁堂"留下的训词。"同仁堂"的处方来源很广,有民间验方、家传秘方、宫廷太医良方,也有现代名医的新方。千方易得,一效难求。为求一个"效"字,"同仁堂"根据中医辨证论治的理论、处方配制的原则,选用药料十分讲究,"产非其地,采非其时"的药材坚决不用。有些特殊药料不能用收购办法保证质量,"同仁堂"就想尽办法自己培育。中药里许多品种价格昂贵,天然牛黄等比黄金价格还高,但他们绝不偷工减料。中药生产过程极其复杂,"同仁堂"生产的中成药从购进原料到包装出厂有上百道工序,每道工序都有严格的要求。"修合无人见,存心有天知",同仁堂人常用这句话自励自勉,兢兢业业,不逊分毫。俗话说,丸散膏丹,神仙难辨。传统的制作工艺历来是靠老药工口传身授,代代相传。"同仁堂"在严格按传统质量管理方式进行生产经营时,逐步完善并形成了一套适应现代发展要求的质量管理制度,先后建立了三级质量管理网和质量否决权制度。"同仁堂"总是以高于部颁工艺的标准制定自己药品的质量标准。同仁堂人可以自豪地说,别人可以盗去我们的配方,分析出同仁堂药品的成分,但学不去我们精湛的炮制工艺,仍然不能制出好药。

三是守信,树立童叟无欺的职业道德。到"同仁堂"抓药,极少出现差错。一次顾客反映,买到的"天王补心丹"中混装了一丸"地榆槐角丸",虽然混服这两种药并没有危险,但他们以极端负责的精神,把已发售到各地的4万盒药品一盒盒追了回来。"同仁堂"有不少高档药,但廉价药也十分丰富。"同仁堂"做大生产,也不拒绝小买卖。想借"同仁堂"的金字招牌发财的也不乏其人。由于"同仁堂"的名牌效益,其他厂家产品一进同仁堂药店,销售很快就"火"起来。于是,不断有人到同仁堂药店推销药品,提出要给予相当丰厚的"好处",但"同仁堂"从不动心。他们说,我们不但不卖假冒伪劣药品,就连不是优质名牌的药品我们也不经销。在商业经营中,许多商店搞柜台出租。有人找上门来,"同仁堂"都断然拒绝,说:"'同仁堂'永远自家卖药,而且永远卖好药,绝不会为眼前利益丢弃养生济世的经营宗旨。""同仁堂"在海外的影响也非常大,来"同仁堂"买药的海外游客很多,而且往往是大客户。许多导游借机向"同仁堂"索取回扣,"同仁堂"坚决抵制,宁可减少客源,也不助长歪风。

"德、诚、信",使"同仁堂"美名远播,有口皆碑,许多顾客对它已形成一种难解的"同仁堂情结"。1994年4月,"同仁堂"在中国香港开设分店,一开张就顾客盈门,出现了香港少有的排队看病、抓药的情景,不仅香港人来求医购药,一些身居中国台湾、新加坡等地的人也专程赶来。"德、诚、信"早已成为"同仁堂"的企业文化,在这种企业文化指引下,"同仁堂"的发展肯定会越来越好。

(资料来源:申望编著:《企业文化实务与成功案例》,民立与建设出版社2003年版,第392—398页。)

三、企业家的理想人格:涩泽荣一的"士魂商才"论

涩泽荣一被称为"日本企业之父",在日本第一个把儒家精神与西方经济模式相结合,奠定了日本近代经营思想和企业管理模式的基础。他将《论语》作为第一经营哲学,写出了闻名世界的经典之作《论语与算盘》,提出了现代企业家应当具有"士魂商才"的儒商人格理想。所谓"士魂"就是指信奉儒家思想，有儒家士大夫的精神和灵魂；所谓"商才"，则是指具备经商的才干。而作为一名合格的商人，必须同时具备这两种素质。

涩泽荣一把《论语》作为培养士魂的根基，认为只有这样，商人和企业家才能做到"富而仁"和"利而义"。他说："养成士魂的思想底蕴终究还是在于《论语》。至于商才，也可以通过《论语》来充分地培养。或许有人觉得，谈论道德的书籍与商才好像没有关系，但是所谓的商才原本也是以道德为根基的，如果商人背离道德，欺骗、浮华、轻佻，赚取不义之财，那只是玩弄小聪明，绝不是真正的商才。因此我主张商才与道德是不可分割的，应该靠论述道德的《论语》来培养。此外，虽然为人处世之道相当艰难，如果熟读《论语》，仔细品味其中的内涵，就会领悟到许多人生的至理。所以我毕生都遵从孔子的教诲，把《论语》当作处世的金科玉律，从未离开过案头。"他最后说："要学习处世，首先应该熟读《论语》，才能不误入歧途。如今随着社会的进步，有各种新的学说从欧美国家传入日本，然而在我们看来，这些新的学说实际上大多是老调重弹，是东方人在几千年前就已经阐述过的内容，只不过表达的方式比较巧妙，或者容易让人接受而已。"

涩泽荣一继承和发展了儒家的"义利"观。他认为孔子并不反对富贵，只是反对不仁不义的富贵，若仁而义的富贵，孔子不但不反对，反而大加推崇。他引用《论语》中"富与贵，人之所欲也"和"不义而富且贵，于我如浮云"的话，以证明孔子不反对富贵，只是反对以不正当手段谋取富贵。在阐述道德与经济的关系时，他充分肯定追求个人利益是人的自然要求，认为这是不能加以禁止的，但是这种要求必须符合"公义"。他引用孔子的话说："富与贵，是人之所欲也；不以其道得之，不处也。贫与贱，是人之所恶也；不以其道得之，不去也。"（《论语·里仁》）在他看来，"道德与经济本来是并行不悖的。然而由于人们常常倾向于见利忘义，所以古代圣贤极力纠正这一弊病，一面积极提倡道德，一面警告非法牟利的人们"。因此，"如果要问我获得这种财富最根本的是靠什么的话，那应是仁义道德。否则，所创造的财富，就不能保持长久"。总之，必须将把《论语》作为培养士魂的根基，这样的商人和企业家才能做到"富而仁"和"利而义"。通过对《论语》的新诠释，他发掘出《论语》中以仁义之道谋取财富的真精神,在工商人士心中树立了追求利润的合理动机,为工商文明在日本的兴起做好了心理准备。

涩泽荣一生活的时代正是日本迈向现代化的时代,他敏锐觉察到,要使人民富裕、国家强盛,非走工商兴邦的道路不可。虽然政治法律的改革十分必要,但振兴工商实业更是富民强国的当务之急。《论语》提出"博施于民而能济众",并把"博施于民而能济众"称为圣者。因此,企业家必须将"博施于民"作为企业的经营目标。要想使人民富裕,国家富强,就必须走工商兴邦的道路。涩泽荣一把追求财富看作完善个人生命和完善政治的先决条件,实际是为追求利润作合理性的解释,为工商文明的兴起奠定神圣的理论基础。基于这一认识,他认为,有社会责任感的现代企业家要把兴办企业、谋求利润的行为,服从于国家兴旺、民众幸福这一最高目标。因此,他终生都在努力兴办企业以振兴日本。1877年,他组织了日本第一个近代经济行业团体,并按《论语》"择其善者而从之"一语,取名"择善会"。他一生参与创办500多家企业,其中许多是世界500强的前身,开启了把工商兴邦作为富国益民的立国之本的道路,为日本的经济发展和现代化建设做出了巨大贡献。

涩泽荣一的"士魂商才"论有着重要的理论价值和现实意义。士魂是儒商内在生命成德成圣上达天德的存在境界,即内圣;商才是儒商外在事功成人成物济世益民的凭借手段,即外王。内圣外王是儒家所追求的最完满的人格理想,在古代表现为立己立人、尽伦尽制、修己以安百姓的政治道德实践,成就的是以仁道治天下的圣王人格,和以仁为己任和死而后已的士君子人格。在近代,为适应工商文明的需要,他对儒家内圣外王的人格理想进行了现代转化,使儒家内外双修、圣王合一的生命追求具有了新的内容和要求,即具有了工商文明的内容和要求,为现代企业文化建设和企业家精神塑造提供了思想准则。以"士魂商才"理念培养出来的商人既是有内圣外王生命追求的儒者,又是有实际工商才干的优秀企业家,可谓是现代儒商人格精神的最佳表达。

(资料来源:[日]涩泽荣一著,高望译:《论语与算盘》,上海社会科学院出版社 2016 年版。唐任伍:《儒家文化与现代经济管理》,经济管理出版社

2003年版,第233—234页。蔡鑫:《和商——塑造企业亲和魅力》,中国统计出版社1999年版,第221—223页。)

四、近代巨商张謇的儒商精神

张謇是近代著名儒商,"言商仍向儒",称自己首先是"儒",其次才是"商"。他一生都在研读儒家经典,并以孔孟风范作为楷模,他说:"吾欲用世之心,犹之孔子也。"他始终将儒家思想作为其商业人生的指导思想,其"儒商"精神与言行主要体现在七个方面:

第一,"民本"思想与"仁爱"精神。这是张謇弃官经商、投身实业的精神支柱。他多次谈及自己投身实业是为践行儒家"天地之大德曰生"的思想,为乡民开源生利,让穷困的百姓有饭吃,改善他们的生活困苦。他经商成功后没有积累个人财产,而是将大部分财富反哺社会,承担了南通教育、慈善和其他各项社会事业的大部分经费。为造福乡里,他倾其资产苦心筹划,资金不足时甚至不顾盛暑年迈,为慈善事业鬻字筹款。"建设家乡,造福乡里"成为他的人生目标和精神寄托。

第二,"义利合一"的价值观。张謇扬弃儒家"重义轻利"观,主张功利与道义并重,认为凡是凭劳动所得均是光明正大的"利",应予以肯定,并以实际行动影响世俗风气。他在给黄炎培的信中说:"仆愚以为人世取与之道最明白正当者,无过以劳力为金钱之交易。"他十分重视近代工商业发展,因为只有投身工商实业获取"利",才能更好地实现服务社会之"义"。但是,他坚决反对重利轻义的行为,说,"重利轻义,每多不法行为,不知苟得之财,纵能逃法律上之惩罚,断不能免道德上之制裁""与其得贪诈虚伪的成功,不如光明磊落的失败"。

第三,"诚信为本"的经营理念。张謇将诚信作为立身、为人、谋事、经商的准则。在立身为人上,待人以诚,做人实在,不说空话、大话和套话,他说:"人之所以为人与所以立于世,良心而已,公道而已。良心之证忠信是,公道之证则仁义是。"在商业经营上,以诚信为本,他批评当时商人不讲道德,"信用堕落,弊窦丛生,破产停业,层见叠出。"他办企业和做生意处处体现了以诚为本的理念。在企业用人上,将"诚"作为首要的衡量标准,他说:"我所愿保护而提奖之者,笃实安分之人也。"大生集团所用之人多注重其德行,讲诚信、有志气、肯吃苦的人会得到重用。在企业人才培养上,强调要培养诚信之人。他谈到商业人才教育时说:"首重道德,次则学术。"勉励学生做有道德和讲诚信的人。他给创办的学校所立的校训均有诚信的思想。如,通州师范学校校训是"坚苦自立,忠实不欺";南通商业中学校训是"忠信持之以诚,勤俭行之以恕"等。

第四,"勤以立志、俭以养德"的精神。勤俭是中国文化优良传统,故传统儒商亦尚节俭,被称为"廉贾"。张謇特别崇尚节俭,认为"俭"不仅是美德,也是实业发展的前提条件。他目睹不少实业家因奢侈"倏而即败",说,"而所谓实业家者,驷马高车,酒食游戏相征逐,或五六年,或三四年,所业既亏倒,而股东之本息,悉付之无何有之乡","吾观于此,乃知勤勉节俭任劳耐苦诸美德,为成功之不二法门"。50岁后以"啬庵"为号,晚年更自称"啬翁"。但是,他所说的"俭"不是"小人之俭",而是"君子之俭"。他对自己节俭,对有益社会和民众之事却毫不吝啬,几乎倾其财产用于地方建设,真正体现了儒商"君子之俭"的品质。

第五,"通达世变、改革进取"的意识。与"在商言商"的商人不同,张謇通达世变,紧跟时代潮流,锐意进取,清醒认识到"与世界竞争文明,不进则退,更无中立"。他十分关注工商业的变革和创新,探讨欧美和日本富强的经验,剖析中国贫弱的经济原因,认为"以农为本"和抑制工商业的传统观念和政策是根源。为此,他提出了"国非富不强,富非实业不张"的近代化主张,指出中国要振兴实业,"一当乞灵于法律,二当求助于金融,三当注意于税则,四当致力于奖励"。他为中国近代实业发展做出许多开创性贡献,如,创办大生企业集团而推进中国近代股份制,创办中国首家农业企业"通海垦牧公司",创办长江航运史上第一家民营公司"大达轮步公司"等。

第六,"包容汇通"的精神。儒家主张和而不同,万物并育而不相害,培育了中国传统文化包容汇通的精神。这种精神在张謇身上也有鲜明体现,一方面,他倔强执着、立场鲜明、不会见风使舵;另一方面,善于接受新思想、新观念和新事物。他既执着和迷恋传统文化,又用开放心态接受和容纳西方文化。他将西方的管理方法、人才优势与其对外侵略扩张区别开来,利用一切机会和通过各种关系寻求西方的管理人才和技术人才。他先后聘请日本、德国和荷兰等国专家来南通讲学和工作;同时,又资助许多青年人才赴欧美留学和考察。

第七,"立志兴学、教育救国"的精神。儒家以孔子为万世师表,重视教育,因此儒商有重视教育的传统。张謇无疑是中国近代实业家兴学办学的杰出代表。尽管他是实业家,却对兴学更感兴趣,经营也最勤奋。从1902年创办南通师范学校到1926年去世,他先后创建或参与创建的大中小学、职业学校、技工学校、平民学校和盲聋哑学校共计300多所,所办学校数量之多、种类之广、时间之长和影响之深远,在中国近代教育史上均属罕见。其兴学成就举世公认,1905年被推举为江苏教育会会长,1911年被推为中央教育会会长。美国教育家杜威访问南通后称其为"教育之源泉",希望南通成为"世界教育之中心"。日本友人内山完造两次到南通,称之为"中国的一个理想的文化城市"。

(资料来源:王敦琴主编:《张謇研究精讲》,苏州大学出版社2013年版,第267—270页。金其桢、黄胜平等:《大生集团、荣氏集团:中国近代两大民营企业集团比较研究》,红旗出版社2008年版,第300—301页,第308页。)

五、荣氏兄弟"中西兼容"的企业家精神

企业管理者就是领导者,因此他们的文化品格和精神修养,即企业家精神修养对企业发展便具有决定性作用。荣德生、荣宗敬兄弟将荣氏集团发展为中国近代史上规模最庞大、资产最雄厚的民族资本企业集团,原因固然是多方面的,但根本原因则是他们"中西兼容"的企业家精神和企业经营管理。

荣氏兄弟继承传统文化,尤其是儒家文化,主张"重振纪纲"和"人人以'正心诚意'为本",认为只有这样才能"治国平天下"。在父亲的严格要求下,他们从小便在私塾中熟读了《千字文》《百家姓》和《幼学》等启蒙读物,同时还学习了《论语》《孟子》《礼记》和《尚书》等儒家经典,为理解中国传统文化打下较良好的基础。这使他们不仅终生遵循儒家伦理和处世立身的准则,而且将其运用到企业经营管理和企业文化建设中。荣德生极为重视企业职工的传统道德教育,亲自手订纲目和聘请专家写出《人道须知》一书,先后印行数万册,在企业内和社会上广为散发。该书分孝悌、忠信、礼仪、廉耻、家庭、生活、自治、处世八卷,既汲取儒家伦理道德思想,又赋予其积极上进的近代内容。如,指出"孝悌"之"孝"是亲亲爱亲的感情,"悌"是兄弟关系,应互相关心,互相谦让和互相照顾。"忠信"是"尽己之心",为人诚实,"至乎其极,斯谓之忠"。所以,士之"忠信","一在品行。改过迁善,具有实心,忠也;内不欺己,外不欺人,信也。一在学问。切实研求,从无满足,忠也;外来名誉,惧不符实,信也"。农之"忠信",就是学习"农学新法,专心务农",即是忠;"出品精良,不杂私伪",就是信。工之"忠信",就是"忠于其业,亦能征信于用物之人"。对于商人,"诚实经营"谓之"忠","声名远播"谓之"信"。荣氏兄弟便是以书中阐发的儒家伦理道德和处世立身准则来要求和管理企业员工的。

  同时,荣氏兄弟又主张积极学习西方的先进思想和先进技术,特别是其先进的管理思想和科学技术。他们虽然没有去过西方国家,但是通过自己的读书学习、开办研究所介绍西方先进经验和派人出国进修深造等,以努力学习和接受西方先进管理经验,不断推进企业的现代化发展。早在1900年,荣德生就开始阅读介绍国外企业经营管理的书籍,学习西方的先进经营思想。他还到增裕等面粉厂参观学习,收集外国设备样本等资料钻研阅读。他们非常重视对国外先进技术和先进经验的学习,"深知欧美机制工作,日新月异,欲资师道,非从实地考虑不可",多次派人到日本或"分赴欧美考察机械,为取发之资"。1919年,他们请曾留学海外和熟悉国外情形的荣月泉去欧美考察,订购设备。1947年,他们通过考试选拔,派出6名学员去美国著名工厂实习。1944年,荣德生创办公益研究所,聘请纺织和化工专家研究介绍西方科技。1947年,创办《公益工商通讯》,大量刊登译述文章详细介绍世界各国的新理论、新技术、新工艺和发展趋势。

荣氏企业实行"恩威并用"的管理方法便是中西兼容管理思想的产物。"恩"是采纳以儒家文化为主的传统文化来管理企业;"威"则是吸纳西方严格的科学管理方法来管理企业。荣氏企业初期实行的是工头制管理,其弊端是工头拉帮结派,对工人动辄打骂,任意勒索,严重压抑工人的生产积极性,阻碍了企业发展。当时,泰勒制等西方企业管理学说和实践在中国开始传播。荣德生与时俱进,于1924年以申新三厂为试点开始"恩威并用"的改革,逐步兴办劳工福利事业。他们逐步废除封建工头制,聘用一批有较高科学文化素质的工程技术人员和管理人员,在设备、技术、工务、财务、行政和人事等方面仿照外国企业实行科学和严格的管理制度,企业劳动生产率明显提高。与此同时,他们秉持儒家"民本"观,采取许多惠工措施:每逢节日给工人发奖金,过年前加发15~30天工资,对平时出满勤、完成生产定额、产品质量又好的工人发工资时可得到几天"赏工",在通货膨胀和物价飞涨时给工人加发米贴、面粉贴、布贴、膳贴等。20世纪30年代申新三厂首创的"劳工自治区"名扬全国,大大缓解了劳资对立和矛盾,极大提高了工人的生产积极性。国际劳工总局特派员伊士曼参观后,称之为"工业界先觉"。社会各界也好评如潮,许多报纸专题介绍荣氏的"恩威并用"管理法,称其"关于工人福利事业之自治区,足树国内工业界之模范"!

荣氏兄弟既弘扬中国传统文化和倡行儒家伦理道德,又积极学习和采纳西方先进思想、先进文化和先进技术,形成了中西兼容的经营管理理念和制度方法。其"恩威并用"模式为荣氏企业的发展产生了决定性作用,对当代中国企业文化建设和企业家精神培养仍有积极的借鉴意义。

(资料来源:金其桢、黄胜平等:《大生集团、荣氏集团:中国近代两大民营企业集团比较研究》,红旗出版社2008年版,第310—314页。荣德生:《荣德生文集》,上海古籍出版社2002年版。)

六、南洋儒商典范林健民的文化情怀

林健民,笔名但英、林孤帆,生于著名侨乡福建晋江县。从小生活艰难,6岁起便捡柴抬粪做家务。七八岁时,读了两年私塾,在熟读《千家诗》和《古文观止》的同时,还被兄长督促背诵了大量古文诗词,为日后文学创作与翻译活动奠定了古典文学基础。其后,又在新华小学接受了两年新式教育。11岁随父兄赴菲律宾马尼拉,白天当学徒,晚上入侨校学中英文,生活艰苦。苦难的少儿生活,把他训练得体魄健壮、吃苦耐劳和诚实守信。

林健民17岁回国考入泉州黎明高中。适逢校长梁披云邀请巴金、曹禺、丽尼等十多位著名文学家前来任教,使学校文学氛围相当浓厚,很多学生对文学创作产生兴趣,自办文艺刊物,经常开展文学活动,受此熏陶,他开始步入文学道路。两年后,他返回马尼拉,工作之余与人先后创办了《天马》和《海风》等文艺刊物,辛勤播种耕耘,被誉为"菲华文坛的开荒牛"。抗战开始后的前两年,他半工半读,白天在马尼拉一德国洋行担任华人部经理,晚上则到贺西·黎刹大学攻读商科,完成英文大学学业。二战结束后,他专心经商,与友人在市郊外创办了两家纱厂。20世纪60年代中期,又创办了菲律宾第一家大规模现代化纺织厂——太平洋纱厂,员工多达3 000余人,实现了棉花-纺纱-织布-漂染-成品的一条龙生产,成为菲律宾乃至东南亚华人商界颇有名气的企业家。经商之余,他经常撰写文章与新诗发表在华文报纸上。

20世纪80年代初,他从工业界退休,把公司交给儿女经营管理,自己则专门代理英国金融公司在菲律宾的放款。这使他可以全身心从事文学创作,硕果累累。重返文坛之初,他偏重于论著和译评,轰动菲华文苑。1985年7月,与文友组织"菲华艺文联合会",主编《艺文》月刊。该刊不仅发表菲律宾华人作家作品,也发表海峡两岸的作家作品,为中菲文化交流搭建起一座桥梁。1986年2月,菲律宾发生震撼世界的不流血革命,推翻了马科斯20年的独裁统治。他用14个月时间收集大量资料和照片,以史诗的形式艺术再现了这场革命,全文长达2 500行,题为《菲律宾不流血的革命》。该书出版后好评如潮,菲华商总颁予"历史巨著"铜牌奖章,阿基诺夫人、时任国防部长拉莫斯等致函祝贺。该书在北京再版时达20 000册,深受读者欢迎。海内外评论家充分肯定这部史诗的成功。

在译作方面,他花了三年时间写出《中国古诗英译——整齐美集》,1988

年 7 月由艺联出版社出版。1995 年 5 月,解放军文艺出版社推出中英文对照本。此书首创英文译句"整齐美"规格,即每首四句英译,一片整齐,一个英文字母不多亦不少,包括标点符号。他说,台港书店的中国古诗译本近十种,皆因译文模仿中国诗句而将英文押韵,致欠标准。"整齐美"译法不押韵,但准确性可达九成半以上。此书在北京再版后,已为 26 所高校外文系采作教学参考书。在论文、译评和散文方面,1991 年 6 月江苏文艺出版社出版了《林健民文集》,集中反映了其生平事迹、学术见解、文学主张、翻译和实践乃至生活哲学。1998 年 12 月,阮温凌主编的《林健民学术生涯 65 周年创作研究文集》由暨南大学出版社出版。该书包括林健民传记、林健民文学著译作品选编、海内外研究论文选编、作品研究史料选编四部分,选录了他的大量古诗英译、新诗、散文、译评与回忆录作品。由于他学贯中西,对菲华文坛贡献巨大,写作与翻译成就卓著,菲律宾著作家联合会推荐林健民为 1991 年度全菲九位杰出作家之一。1993 年,他被选入深圳天下名人馆。1994 年 5 月,荣获台湾文艺作家协会颁发的中兴文艺奖与 16 届资深优秀文艺作家奖章。

林健民扶贫济困,乐善好施,捐资兴办家乡公益和教育事业。他十分关心家乡母校新华小学和黎明高中的发展。抗战胜利后,就与几位同乡复办旅菲新华小学校董会,亲任董事长,积极开展募捐以支持母校办学。改革开放后,又捐资设立新华学校奖学奖教基金,担任校董事会董事长、校友会理事长等。1984 年,在原黎明高中校长梁披云等人的努力下,黎明职业大学成功创办。他积极参与该校的筹建,后受聘为董事会董事。1994 年 10 月该校十周年校庆时,他捐赠了价值 10 000 多美元的珍贵英文图书。他还每月寄钱养育数十家亲属,资助父老乡亲治病扶贫,在家乡购买墓地和建筑墓园,供人安放骨灰等。他生活节俭朴素,救助他人一掷千金,自己生活却清淡寡欲。回国途中他常吃的是简单的汤面,日常穿着也是便宜货。他热衷于儒商学会,宣传儒商精神,带头捐款创办儒商基金,以商养文,以商助文。

林健民的艰苦创业道路和自学成才旅程,折射出当代华人儒商的高尚品格和理想追求。他在求学从商和亦商亦文的岁月中,始终坚持真诚守信和仁义为本的原则;事业成功后,仍保持着朴素节俭的作风,遵尚崇德报恩和尊亲孝祖的品德。他行仁义之举,发慈善之心,为社会、民族和国家尽一份赤子之情,被誉为"南洋儒商典范"!

(资料来源:潘亚暾、汪义生:《南洋儒商典范——林健民》,载潘亚暾、汪义生等:《儒商列传》,暨南大学出版社1995年版,第33—39页。郑锦怀:《泉籍翻译家与中西交流——生平述介与著译考录》,中国海洋大学出版社2016年版,第70—73页。)

七、方太企业文化的儒家精神

"中国高端厨电专家与领导者"方太集团创建于1996年,集团董事长兼总裁茅忠群创建了中国当代企业的儒家管理模式,被誉为当代儒商。2008年以前,他崇尚用西方管理理论。2009年,他逐渐发现用西方理论管理企业存在问题,开始以儒家思想来管理企业,形成了"中学明道,西学优术"的企业文化,展现了鲜明的儒家文化精神。

第一,以儒家思想为指导来管理企业。茅忠群认为,中国企业管理模式应该有适合中国企业的哲学和规范。然而,当代中国企业大多缺乏信仰和价值观,员工首先想到的是钻制度的漏洞和空子,导致制度很难落地。因此,他采取"中学明道,西学优术"管理企业,主张管理企业就要两条腿走路:一条腿是西方所强调的制度管理,一条腿是儒家所注重的价值观。2009年,方太成立了儒家管理模式推进小组,茅忠群出任组长,用流程化的做法把儒家思想打造成一种管理模式和管理制度。那么,如何把儒家文化与企业管理制度相结合呢?他引用《论语》"道之以政,齐之以刑,民免而无耻;道之以德,齐之以礼,有耻且格"来说明政令法规的约束虽然有效,但难以达到自我约束的效果,管理成本自然高昂,而道德引导和礼法约束却可深入人心。与西方管理制度相比,儒学育德行礼的作用显著。为把儒家价值观贯彻到企业管理中,他把方太的制度拿出来对照修改,认为严格的制度并非最好的管理,人性化的管理才是最好的,"道之以德"远胜于"道之以政",因为当员工对其过错"有耻且格",就不会违反制度。他说:"在儒家的体系里,符合仁义要求的制度才是好的制度。""仁"就是"仁者爱人",这个制度是设身处地为员工着想的;"义者宜也",这个制度要公平、公正、合理。方太以儒学管理企业的重要体现便是推行儒家人本思想。2006年,方太导入全员绩效管理系统,以激励和奖励的方式提高员工积极性。2010年,更是实行全员身股分配制,规定员工只要任职满两年,便会根据他们的职位和贡献大小获得一定公司股权,享有年底分红权利。方太还花巨资大量引进人才和对员工进行培训等。上述制度和措施充分显示了方太儒学管理理念和实践,体现了儒家的仁爱观和以人为本的核心价值观。

第二,以儒学建设方太的品牌文化。《2011—2015年中国组织企业文化建设指导意见》指出:"品牌是文化的载体,是企业文化的标志。企业未来的竞争是品牌的竞争,更是品牌所代表的文化的竞争。"茅忠群认为儒家思想是方太品牌文化建设的核心思想指导,《方太企业文化手册2006(简化版)》将"产品、企品、人品,三品合一"作为企业文化的核心价值观,他说:"我们不仅要为顾客提供最优秀的产品,还要成为一家受人尊敬的卓越企业,更要帮助每一位方太人都德才兼备、获得成功,三者合而为方太品牌,三者相辅相成,缺一不可。"在"三品"中,方太把人品放在首位。所谓"人品",即合格的方太人必须具备四大品质——传统美德(仁、义、礼、智、信)、职业道德(遵守规则、廉洁自律、秉公办事)、职业精神(认真、负责、创新、极致)、职业能力,目的是要将儒家美德转化为企业管理者和员工的品德。"三品合一"成为方太企业文化的最大特色,其内涵是:以儒家文化为依托,丰富方太的企业文化,加强方太人的文化素养和德行修养,最终将其内化为品牌文化。正如茅忠群所说:"儒学强调修己以安人。品牌的一个含义是定位品牌在消费者心目中的感觉,品牌的口碑,就是消费者对品牌的信赖与赞誉,方太的品牌追求就是在于消费者百分百的安心,这与儒学是相融的。"

第三,在企业中大力推行儒家思想教育。西方现代企业教育主要是知识技能的培训,儒家的管理思想则重视为人处世的培养。为了让儒家思想融入方太企业文化,从2008年起,方太制定了多种制度和措施对员工进行儒家道德培训,要求员工学满规定的50课时。方太把儒家的"仁、义、礼、智、信"写入企业价值观,为员工购置了《三字经》《弟子规》和《千字文》等传统文化读物,并给员工提供辅导教材等。公司规定,每天上班前15分钟所有员工一起诵读《弟子规》,但是,上课不实行强制制度,公司也不设定考试、业绩挂钩等方式。这一规定的目的是希望通过这种方式,让员工在企业里成为知仁义、识廉耻、懂报恩的人,以营造方太的和谐氛围和企业人文精神。在方太公司慈溪总部,茅忠群建了占地200平方米的儒家讲堂"孔子堂",其中有尊2米高的孔子铜像,这一度成为中国企业界的轰动性事件。孔子堂主要用于儒学教育,同时涵盖其他国学内容。教育方式既有内部的儒学宣讲与学习交流,也外聘国学导师现场授课等,茅忠群则经常为员工专场讲述儒学。此外,方太还积极组织或参与公益性的传统文化宣传活动。如,2011年3月,创办"方太青竹简国学推广计划"大型公益活动,内容包括"民间国学推广项目评选""网络征文大赛""孔子堂教室""高校国学周""相约《论语》100"和"年度国学论坛"六大主题活动,旨在通过多层次活动在国民中普及"分层次、全系统"的国学自修理念。

茅忠群说:"我们希望真正地能够打造出一个令人向往的企业文化,包括怎么样把中西方文化融会贯通,形成有中国特色的管理,甚至再形成管理理论进行推广,就像日本管理模式、德国管理模式。""我觉得儒学完全可以与实践管理相结合,中学明道,西学优术,且要中西合璧。"方太秉承儒家思想建设企业文化在当代企业界和社会产生巨大影响,为当代儒商企业文化发展树立了典范。

(资料来源:胡海波编著:《中国管理学案例选辑》(第2辑),浙江大学出版社2016年版,第132—142页。凌继尧、张晓刚主编:《2011—2012中国品牌年度发展报告》,辽宁美术出版社2012年版,第305—313页。茅忠群:《企业管理的儒道之间》,《国学》2013年第8期。)

八、儒有合志同方——清华同方的企业文化

清华同方股份有限公司是清华大学企业集团于1997年6月创办的。公司以高新技术产业为主导,以科技成果产品化、产业化为经营宗旨,紧密依托清华大学的人才、科技优势,把大批科研成果推向市场。"同方"二字源于《礼记·儒行》的"儒有合志同方","方"乃"道义"之意。清华园最早的建筑同方部,曾长期作为每年8月27日祭奠孔子的地方,意为"志同道合者相聚的地方"。清华大学在百余年发展中形成了校训所宣扬的文化——自强不息、厚德载物。这种文化继承了中国传统文化的基本精神,体现为一种健全的人格,集刚健和柔顺两种特质于一身,标志着人格的全面发展。同方文化与清华文化一脉相承,同方将清华文化作为企业文化的核心价值观,将其贯彻于企业的经营宗旨、管理模式、发展模式、员工意识和企业标识等方面。同方企业文化的核心理念是12个字,即"承担、探索、超越"和"忠诚、责任、价值",它是"自强不息、厚德载物"精神的具体诠释,是对儒家人本主义的现代发展。

1. 承担、探索、超越——做事准则

所谓"承担",即"承担责任,认准目标,认真负责做好每一件事情"。从整体上说,同方作为有高校背景的高科技企业既肩负着重要的社会责任,又承担着广大投资者的厚望;从个体来讲,同方的每位员工为着一个共同目标肩负着各自职责,并要坚持走下去。因此,要实现企业和个人的价值,首先必须承担起责任。所谓"探索",即创新精神和针对企业发展及共同目标的不断变革。同方人的目标是创建世界一流企业,为此,需要公司上下保持不断探索、不断创新的变革精神。从公司总体战略到每位员工的作为都要在"大事业"的胸怀下精益求精永争第一。所谓"超越",即"不断超越自我,永远改正错误,打破成功的束缚"。超越是企业和员工不断提升的过程,是在总结和认识发展阶段基础上的继续向前。只有勇于承担责任和不断探索,才能实现超越。在不断超越对手、超越自身的过程中,才能真正摸索出中国高科技企业向世界一流发展的途径。

2. 忠诚、责任、价值——做人准则

忠诚是指对事业的忠诚,强调个人对企业的忠诚、企业对社会的忠诚。企业与人之间、企业与企业之间、企业与社会之间都需要培养这一信念。要让人们对你个人信任和对企业信任,就必须强调对企业和对事业的忠诚。

对于责任与价值,同方人说,你承担多大的责任,你就有多大的价值。个人在企业中的价值取决于对企业承担的责任,企业在社会中的价值取决于它对社会承担的责任。个人和企业的价值,就是其所承担的责任的大小。不承担责任,就没有价值。同方非常强调责任意识,认为一个人的责任心、事业心最重要。在同方文化中,忠诚、责任和价值等同,无论是个人还是企业,所承担的责任越大,自身的价值也越大。这不仅适用于企业内部、企业与员工、员工与企业、部门与部门、员工与员工之间的工作关系,而且适用于企业所涉及的一切领域:同方对股民、对政府、对商业合作伙伴乃至整个社会。

3. "以人为本"的管理文化

企业的生命力在于管理文化,核心是企业的价值观。现代管理文化必须紧密围绕"人"来建立。为了迈入世界一流行列,同方建立了"以人为本"的现代企业管理制度,这充分体现在其十八字管理方针上,即"资产授权管理,投资回报考核,公司监督执行"。这一方针强调承担责任基础上的充分授权,强调整体利益基础上的共同发展。随着公司规模的不断扩大,同方不断提出相应的约束与激励机制,如计划预算制度、实时监控制度和针对控股公司的系列规章制度,以及认股期权计划、职工持股计划和孵化阶段的虚拟持股计划等。所有这些规章制度和计划,一是为企业发展和科技成果产业化服务,二是为建立企业与员工的共同利益观服务。同方在探索科技成果产业化过程中,充分释放人才潜能,为员工创造良好的发展环境和事业舞台,使员工明白只有企业发展了,个人才能发展;企业的整体利益与个人的利益是统一的。

同方的企业文化与清华文化的精神是一致的。如果将清华校训"自强不息,厚德载物"分为两部分来理解,那么,同方文化的12个字正好诠释了这两种精神。同方的"承担、探索、超越",内涵就是不断进取和努力创新,这是"自强不息"的实质所在。"忠诚、责任、价值"则与"厚德载物"精神相通,揭示了同方人肩负重任,对自己事业的无限忠诚,把担负的企业责任等同于个人价值。这种文化价值观蕴含在同方要做成世界一流高科技公司的目标中,蕴含在同方"自强不息、厚德载物"的做人做事准则中,成为企业长久发展的强大生命力。

（资料来源：祝慧烨主编：《发现企业文化前沿地带：30家中国企业文化优秀案例》，企业管理出版社2003年版，第170—179页。申望、李秋燕编著：《成功企业的企业文化》，华侨出版社2002年版，第48—51页。）

九、马云"太极思维"的企业文化

2013年5月，太极禅苑在杭州西溪揭牌，马云现场表演太极拳。在人们眼中马云是商界传奇，他却希望人们称自己为"太极拳师"。他不仅喜爱太极拳，而且悟出太极思维对企业管理的重要作用，说："愈学习太极之后愈发现，其实我做企业无论是企业的内部管理、员工管理，还是跟客户、跟对手的竞争关系，几乎完全是按照太极的宗旨。"在阿里巴巴，太极文化无所不在。马云的太极管理思想和实践主要有七个方面：

1. 太极阴阳平衡的管理思想：企业制度和文化

太极管理思想将企业管理分为阳性管理和阴性管理。阳性管理以规章制度为中心，用制度约束、纪律监督、奖惩规则等手段管理员工，类似西方的制度化管理。阴性管理则以人为中心，塑造企业的价值观和文化来感染和熏陶员工，使他们的需要与企业意志相协调，从而全面提高生产和管理效率。很多中国企业学习西方管理时，往往制定繁多的规章制度，恨不得把员工从头管到脚。马云却反对这样做，因为没有人愿意在制度的条条框框下干活，制度越多，员工干得越不开心，企业何来活力？再者，总有制度无法到达的地方，再严密的制度也能找出规避的办法。因此，没有好的企业文化，制度再多也难以有效执行和落实。

2. 太极虚实相生的管理思想：员工的使命感和价值观

太极拳无论内外、上下、左右都体现了虚实规律，太极拳之虚犹如企业管理的使命感。如果没有使命感，没有理想和信念，只以利益最大化为目标，这样的企业越努力，对社会越有害。使命感犹如太极拳中的虚腿，虽不着力，其势却未断，而且就是虚腿掌握着伸缩变化的关键。阿里巴巴的秘诀便是"虚事实做，实事虚做"，即从看起来很"虚"的企业文化和制度入手，然后落实到很"实"的员工行为与业绩；从很"虚"的理想激情着眼，转化成很"实"的市值和利润。看似"虚"的使命感不仅能使企业正常运转，而且能激发员工的激情。

3. 太极拳舍己从人的思想：成就他人，成就自己

舍己从人是指在太极拳搏击中，由于对方力量很大，因此自己不跟对方的来力对抗，而是避其锋芒，顺着来力加以化解，最终反败为胜。马云做企业不是跟中小企业抢饭碗，而是以成就中小企业为目的，为他们搭建一个容易做生意的平台。马云在成就他人时，也成就了自己。阿里巴巴创立的前3年，公司没有收入。他去餐馆付钱时，发现有人已经付了。对方说："我在你的平台赚钱了，知道你没钱，我给你买单了。"还有人给马云寄雪茄，附上感谢纸条。他去北京打的，的士司机说女朋友在淘宝上赚得比他开车还多。阿里巴巴做的是平台，其宗旨就是帮助小企业做生意。

4. 太极拳快慢相宜的思想：企业发展的速度

练习太极拳时要求"慢、松、沉"，而搏击时却要求"快、准、狠"。马云说："我希望人能够静下来、慢下来，在慢中体会快的道理。"坊间还流传他的话："人要活得长，要少动；要活得好，要多动。人生和公司一样，要想活得又长又好，就得练太极拳，慢慢动。"他把太极拳快慢相宜的思想运用到企业管理中。互联网公司运转节奏快，他便试图通过太极思维消除同事们内心的焦躁。再如，作为电商企业，外界担心中国经济速度放缓会影响阿里巴巴的销售前景。他却认为放缓比持续高增长好得多，长期9%的增长率肯定有问题，意味着再也看不到蓝天，中国经济应更关注质量。

5. 太极拳的顾、盼、定：企业的定位和领导力

太极拳有13种搏击方法，最后3种是：顾、盼、定。马云对好领导的要求有3个标准：眼光、胸怀和超越伯乐。眼光和胸怀就像顾、盼，影响着局势的判断和出拳效果。他尤其强调胸怀的重要，说10个能干的人有9个是古怪的，作为领导一定要有包容的胸怀。"盼"则是善于用理想和梦想来激励员工。马云十分注重员工的利益，只要你签单就有提成，就可拿到丰厚的物质奖励。"定"是指定力。马云把它用在企业管理中,旨在强调要找准自身定位。他说,我们不是干互联网的,更不是干电子商务的,我们只是为中国互联网和电商参与者搭建商业生态系统。这就是马云对公司的定位,公司的很多战略都围绕这个定位做文章。

6. 太极拳内外三合的思想:企业团队建设及对外沟通

太极拳的"内三合"是指心与意合、意与气合、气与劲合;"外三合"是指手与足合、肘与膝合、肩与胯合。太极拳的内外三合原理被马云用到团队建设中。一是内三合,含义是:信任高层管理人员,信任、感恩员工和员工家属,相信自己。二是外三合,含义是:让客户信任,让投资者信任,让政府信任。

7. 太极拳随机随势的思想:适应变化

太极拳搏击要根据对手的出招变换自己的招式,要做到无招胜有招。马云始终有居安思危的意识,即使在企业发展鼎盛时,也要研究市场变化趋势,以便走在市场变化之前,这是阿里巴巴每每能捕捉到最佳商机的重要原因。马云说:"做CEO其实很难,最难的地方就在这里:你要判断3年以后的灾难是什么。在所有人兴高采烈的时候,你要判断未来的灾难。相反,在所有人都在考虑灾难的时候,你要判断,再过多长时间,就可以迎来一个'峰',而且这个'峰'你自己要相信。"追随变化、研究变化、应对变化是马云太极管理理念的一大特点。

马云说,西方和日本的管理都有自己的文化根基,中国的管理则是学习西方或日本的,没有文化根基,"我们必须要有一个文化根基,中国的管理才能够进入到世界的管理财富中。我从太极拳里悟出了儒释道文化,……我把它融入企业管理"。他之所以将太极思维作为企业管理和文化建设的核心,在于它综合了道家、儒家和佛家管理思想和价值观,"道家是领导力,儒家是管理水平,佛家是管理人心,太极结合三层"。他以太极拳的阴阳、虚实、开合、进退思维把握和推动阿里巴巴的发展节奏,打造出富有太极思维的中国企业文化,为中国企业管理找到了民族文化的根基。

(资料来源:仇学琴、宋笑宇:《马云太极管理理念及实践研究》,《现代管理》2017年第6期。刘开银:《马云痴迷太极拳 把太极定为阿里巴巴内训项目》,"中国企业家网·商业"。)

十、华为企业文化对传统文化的多方继承

华为技术有限公司1987年注册成立时资金仅20 000元。然而,30多年间它却发展成通信领域的"巨无霸"。2019年7月,美国《财富》杂志发布最新一期世界500强名单,华为排名第61位;8月,2019中国民营企业500强发布,华为以7 212亿元营收排名第一。中国当代成功的企业都重视从传统文化中汲取思想精华用于企业文化建设,华为成功的秘诀亦在于此。

华为文化的直接体现是《华为基本法》,它明晰了核心能力的构成因素在企业中如何定位和如何发展等重要问题,是华为实现其核心能力的纲领性文件。它主要包括两方面的内容:一是与企业塑造核心竞争力密切相关的公司宗旨,二是保障核心竞争力实现的公司基本经营政策。华为以成为世界一流通信设备供应商、世界级领先企业为目标,将认真负责和管理有效的员工作为最大财富,主张在客户、员工与合作者之间结成利益共同体,主张以产业报国和科教兴国为己任。《华为基本法》通过阐述企业的发展方向、经营目标、处事态度等重要问题,帮助企业明确战略和规范行为,督促核心能力形成,规范和引导华为发展。华为文化被称为"狼性文化"。华为老总任正非说,狼有三大特性:一是嗅觉敏锐,二是不屈不挠、奋不顾身的进取精神,三是群体作战。他用狼性来指导企业的发展,使企业能敏锐察觉到竞争对手动向和市场变化,把握主动权,在竞争中永不言败。它要求企业要依靠全体成员的共同努力,在激烈的市场竞争中取胜。华为的这种企业文化实则全方位渗透了中国传统文化,其中,儒家、法家、兵家和道家思想影响尤为显著,具体表现为:

1. 儒家的王道哲学

儒家主张王道,指出霸道是"以力制人",是以强力称霸天下;王道则是"以德服人",用仁德和道义感化人。企业的王道管理便是以道德为基础,是"以德行仁者王",视客户利益为生命,以员工成长为依附,视国家发展为根本。华为对客户的王道,体现在"一切以客户为中心"八个字中。华为从以客户需求为导向,到与客户结成战略伙伴关系,再到一切都以客户的思考为原点,最终以满足客户的需求为终点,形成了客户闭合循环圈。对员工的王道,不仅在于给员工高工资,对员工培训高投入,还倡导员工间的高竞争,从而为华为筛选出大批真正有价值、有能力、有才干的员工,体现出华为用德育人,公平、公正、公开对待员工的王道思想。对竞争者的王道,从过去你死我活的竞争,变为现在与所有竞争者都握手。这既是华为能容天下之物的合作精神、开放妥协文化的体现,更是华为崇尚灰度的王道境界。对社会的王道,则聚焦于可持续发展战略,消除数字鸿沟,为网络稳定安全运行提供保障支持,推进绿色环保,实现共同发展,真正践行"取之于民,用之于民"的经营理念,积极承担应当担负的各种社会责任。

2. 法家的法治理论

法家主张用强制性的"法"来约束人的行为,视法为治国安邦,国家富强和社会稳定的根本保障。法家的法治思想对现代企业的借鉴意义是,重视以规章制度来管理企业,使每位员工都能自觉遵守规章制度。1997年,任正非提出建立适应企业生存发展的组织和机制,即著名的"狼文化与狈文化"。"狼文化"激励员工像狼一样嗅觉敏锐,团结作战,不顾一切捕捉机会,扩大产品和市场,"狈文化"则培养一批善统筹、能立制、出效果的综合管理平台,两者共同形成"狼狈之势"。1999年以后华为步入平稳发展期,任正非明白必须将原有的粗放型管理,变为更细化和科学的管理。于是,一方面建立以流程为核心的管理体系,使华为的生存发展不再依赖少数英雄和天才,而是依靠流程化和模板化的高效运作团队;另一方面建立末位淘汰制、个人与组织绩效承诺制、信息安全制等"强制权力"制度,让华为的员工拧成一股绳。

3. 兵家的军事谋略

兵家的丰富军事谋略早已为现代企业运用于商战之中,成为企业在竞争中取胜的法宝。军人出身的任正非也给华为铸上了"兵家文化"的烙印,其"服从文化""牺牲文化"和"压强文化"等便有浓厚的兵家色彩,促使华为人不断突破自我。华为的军事管理可以从其卓越的市场策略中窥见一斑。

在早期的价格战中对竞争对手猛烈进攻,遵循的是"只要能活下来,就成功了"的经营理念。"胜者举杯相庆,败者拼死相救"的营销策略,则让华为在成长初期的进攻中无往而不利。华为对客户需求的响应用"神速"来形容毫不为过,只要能够察觉到即将出现的市场,华为会暗自储备和积蓄力量,一旦提出需求,便立刻响应,一击成功。

4. 道家的自然主义

道家倡导自然主义,认为人类应当效法自然,效法天地,主张无为而无不为。华为的成长便是"有为"和"无为"的完美结合。它有为于势,无为于逆,顺势而为,研究规律,寻找新市场,开辟新产业。它有为于大,无为于小,专心办大事,集中干要事,亲客户文化是其持续成功的根本。它有为于下,无为于上,对基层员工的小改进用大奖励,对高层员工的大建议只鼓励。它有为于制,无为于权,用制度约束,而非权力压制。华为的价值观可用"妥协"二字来表述,妥协在华为不但是无处不在的手段,更是一种思维方式;不但是与竞争对手的合作共赢,更是团队间包容与宽广的胸怀。

华为文化吸收了中国传统思想,特别是儒家、法家、兵家和道家的思想精髓,将其中的礼、法、谋和道等完美融合形成了灰度管理思想。正是这种极具华为特色的企业文化和任正非的灰度哲学使华为在激烈的国内外商业竞争中不断壮大,创造了中国企业赶超世界一流的奇迹。

(资料来源:张筝、朱丽:《解密华为的传统哲学价值》,《佛山科学技术学院学报(社会科学版)》2014年2期。段磊、张宏波:《企业集团管控——理论、实践及案例》,中国发展出版社2012年版,第227—229页。)

主要参考文献

[1] 余英时:《中国近世宗教伦理与商人精神》,安徽教育出版社2001年版。
[2] 张海鹏、王廷元主编:《明清徽商资料选编》,黄山书社1985年版。
[3] 张正明主编:《明清晋商商业资料选编》(上),山西经济出版社2016年版。
[4] [明]汪道昆:《太函集》,黄山书社2004年版。
[5] [日]涩泽荣一著,高望译:《论语与算盘》,上海社会科学院出版社2016年版。

[6]李秀丽:《中国近代民族企业劳工问题及企业文化研究》,东北财经大学出版社 2013 年版。

[7]金其桢、黄胜平等:《大生集团、荣氏集团:中国近代两大民营企业集团比较研究》,红旗出版社 2008 年版。

[8]王敦琴主编:《张謇研究精讲》,苏州大学出版社 2013 年版。

[9]廖树东、向翔、冯德辅主编:《企业文化建设理论及其在云南的实践》,云南民族出版社 1993 年版。

[10]陈春花、曹洲涛、李洁芳等编著:《企业文化》,机械工业出版社 2013 年版。

[11]周北辰:《儒商管理学》,中国发展出版社 2014 年版。

[12]唐任伍:《儒家文化与现代经济管理》,经济管理出版社 2003 年版。

[13]周桂钿、邓习行:《中国传统管理思想的现代价值》,中国人民大学出版社 1993 年版。

[14]黎贤钛:《中国哲学的企业文化》,浙江大学出版社 2013 年版。

[15]李洪彦主编:《中国企业社会责任研究》,中国统计出版社 2006 年版。

[16]柯可编:《国德立企》,世界图书出版广东有限公司 2015 年版。

[17]谭珂瑾等主编:《企业文化研究(下)中国传统文化与当代企业文化》,山东大学出版社 1995 年版。

[18]申望编著:《企业文化实务与成功案例》,民立与建设出版社 2003 年版。

[19]祝慧烨主编:《发现企业文化前沿地带:30 家中国企业文化优秀案例》,企业管理出版社 2003 年版。

[20]胡海波编著:《中国管理学案例选辑》(第 2 辑),浙江大学出版社 2016 年版。

[21]潘亚暾、汪义生等:《儒商列传》,暨南大学出版社 1995 年版。

[22]钱圣南:《论传统文化和企业文化、民族精神和企业精神的关系》,载印国有主编:《企业文化:走出管理的困境》,中国城市经济社会出版社 1989 年版。

[23]郭廷建:《儒家文化与企业文化建设》,《现代企业家》1990 年第 1 期。

[24]茅忠群:《企业管理的儒道之间》,《国学》2013 年第 8 期。

[25]仇学琴、宋笑宇:《马云太极管理理念及实践研究》,《现代管理》2017 年第 6 期。

[26]张筝、朱丽:《解密华为的传统哲学价值》,《佛山科学技术学院学报(社会科学版)》2014 年 2 期。

参考文献

(一)著述和史料类

[1]杨伯峻译注:《论语译注》,中华书局1980年版。
[2][清]焦循:《孟子正义》,中华书局1987年版。
[3][宋]朱熹:《四书集注》,岳麓书社1987年版。
[4][清]李道平:《周易集解纂疏》,上海古籍出版社1994年版。
[5][明]薛蕙:《老子集解》,中华书局1985年版。
[6]古棣、戚文主编:《孙子兵法全解》,上海辞书出版社2016年版。
[7][汉]司马迁:《史记》,中华书局2008年版。
[8][宋]程颢、程颐:《二程集》,中华书局2004年版。
[9][宋]朱熹:《朱子全书》,上海古籍出版社、安徽教育出版社2002年版。
[10][宋]陈亮:《陈亮集》,中华书局1987年版。
[11][宋]叶适:《叶适集》,中华书局1961年版。
[12][明]王阳明:《王阳明全集》,上海古籍出版社2011年版。
[13][明]汪道昆:《太函集》,黄山书社2004年版。
[14][明]谢肇淛:《五杂俎》,中央书店1935年版。
[15][清]黄宗羲:《明儒学案》,中华书局1985年版。
[16]刘琳、刁忠民、舒大刚等点校:《宋会要辑稿8—9》,上海古籍出版社2014年版。
[17]李国祥主编:《明实录类纂 浙江 上海卷》,武汉出版社1995年版。
[18]张海鹏、王廷元主编:《明清徽商资料选编》,黄山书社1985年版。
[19]张正明主编:《明清晋商商业资料选编》,山西经济出版社2016年版。
[20]贾嘉麟等编:《商家智谋全书》,中州古籍出版社2002年版。
[21](光绪)《山西通志》,三晋出版社2015年版。
[22]赵靖、易梦虹编:《中国近代经济思想资料选辑》,中华书局1952年版。
[23]赵树贵、曾丽雅编:《陈炽集》,中华书局1997年版。

[24]郑大华编:《新政真诠——何启 胡礼垣集》,辽宁人民出版社1994年版。

[25]李明勋、尤世玮主编:《张謇全集》,上海辞书出版社2012年版。

[26]李明勋、尤世玮主编:《张謇日记》,上海辞书出版社2017年版。

[27]虞和平编:《经元善集》,华中师范大学出版社2011年版。

[28]荣德生:《荣德生文集》,上海古籍出版社2002年版。

[29]荣德生:《乐农自订行年纪事》,上海古籍出版社2001年版。

[30]穆藕初:《穆藕初自述》,安徽文艺出版社2013年版。

[31]穆家修、柳和城等编:《穆藕初文集(增订本)》,上海古籍出版社2011年版。

[32]傅国涌、周振新编著:《金融的原理 陈光甫言论集》,新世界出版社2016年版。

[33]何品、宣刚编注:《陈光甫日记言论集》,上海远东出版社2015年。

[34]周永林、凌耀伦主编:《卢作孚追思录》,重庆出版社2001年版。

[35]陈嘉庚:《南侨回忆录》,南洋印刷社1946年版。

[36]弘化社编:《廉俭救国说》,佛学书局1934年版。

[37]葛荣晋:《中国哲学范畴通论》,首都师范大学出版社2001年版。

[38]张岱年:《中国哲学大纲》,商务印书馆2015年版,第180页。

[39]冯契:《中国古代哲学的逻辑发展》,东方出版中心2009年版。

[40]蒙培元:《理学范畴系统》,人民出版社1989年版。

[41]刘凌:《反思传统 重识泰山》,线装书局2010年版。

[42]水中石编著:《中华精神》,上海人民出版社2012年版。

[43]宋长琨:《儒商文化概论》,高等教育出版社2010年版。

[44]宋长琨、沈忠秀:《儒商商道概论》,武汉大学出版社2013年版。

[45]邵作昌、王永超主编:《儒商文化》,上海财经大学出版社2017年版。

[46]张桂平、林锋、王作言:《21世纪儒商文化》,光明日报出版社2016年版。

[47]戢斗勇:《儒商精神》,经济日报出版社2001年版。

[48]戢斗勇:《以义取利的生意经 儒商文化》,山东教育出版社2011年版。

[49]周新国主编:《儒学与儒商新论》,社会科学文献出版社2010年版。

[50]邹进文、赵玉勤主编:《儒商法典》,湖北人民出版社1999年版。

[51]张炎荪主编:《儒商精神价值论》,中央文献出版社2007年版。

[52]施忠连:《传统中国商人的精神弘扬》,海天出版社1993年版。

[53]唐凯麟、罗能生:《契合与升华 传统儒商精神和现代中国市场理性的建构》,湖南人民出版社1998年版。

[54]葛荣晋:《儒商:孔子的德性管理》,中国人民大学出版社 2008 年版。

[55]张启元:《儒商精神与企业管理》,青海人民出版社 2006 年版。

[56]黎红雷:《儒家商道智慧》,人民出版社 2017 年版。

[57]黎红雷:《儒家管理哲学》,广东高等教育出版社 2010 年版。

[58]周北辰:《儒商管理学》,中国发展出版社 2014 年版。

[59]唐任伍:《儒家文化与现代经济管理》,经济管理出版社 2003 年版。

[60]张德胜:《儒商与现代社会 义利关系的社会学之辨》,南京大学出版社 2002 年版。

[61]贺雄飞主编:《儒商时代 中国人的第五次发财机遇》,远方出版社 1996 年版。

[62]丁栋虹:《企业家精神》,清华大学出版社 2010 年版。

[63]曹军:《儒商修养——儒家组织行为实践的当代原则》,东方出版社 2008 年版。

[64]陈书录:《儒商及文化与文学》,中华书局 2007 年版。

[65]龙子民编著:《儒商三宝》,地震出版社 2009 年版。

[66]叶童:《"论语"与现代管理 62》,西苑出版社 2000 年版。

[67]贾国玺、师连枝主编:《儒商"知本"赢局》,机械工业出版社 2006 年版。

[68]张凤山主编:《儒商无敌 1 论语 道德经》,山西经济出版社 2000 年版。

[69]唐凯麟、曹刚:《重释传统:儒家思想的现代价值评估》,华东师范大学出版社 2000 年版。

[70]黎贤钛:《中国哲学的企业文化》,浙江大学出版社 2013 年版。

[71]谭珂瑾等主编:《企业文化研究(下)中国传统文化与当代企业文化》,山东大学出版社 1995 年版。

[72]陈春花、曹洲涛、李洁芳等编著:《企业文化》,机械工业出版社 2013 年版。

[73]定雄武编著:《企业文化》,经济管理出版社 2012 年版。

[74]廖树东、向翔、冯德辅主编:《企业文化建设理论及其在云南的实践》,云南民族出版社 1993 年版。

[75]段俊平:《传承的力量:解码中国化企业文化管理》,中国发展出版社 2013 年版。

[76]周桂钿、邓习行:《中国传统管理思想的现代价值》,中国人民大学出版社 1993 年版。

[77]吴亚卿:《经济改革新旧观念论》,海洋出版社 1992 年版。

[78]张雄:《经济哲学:从历史哲学向经济哲学的跨越》,云南人民出版社 2002 年版。

[79]徐大建:《企业伦理学》,上海人民出版社 2002 年版。

[80]江怡:《民营经济发展体制与机制研究》,浙江大学出版社 2016 年版。

[81]杨建锋等编著:《组织行为学》,复旦大学出版社 2012 年版。

[82]叶建宏:《东方管理以德为先思想研究》,复旦大学 2008 博士论文。

[83]徐培华:《市场经济的义利观:市场经济与义利思想》,云南人民出版社 2008 年版。

[84]李洪彦主编:《中国企业社会责任研究》,中国统计出版社 2006 年版。

[85]柯可编:《国德立企》,世界图书出版广东有限公司 2015 年版。

[86][日]涩泽荣一著,高望译:《论语与算盘》,上海社会科学出版社 2016 年版。

[87][日]稻盛和夫著,杨超译:《稻盛和夫自传》,东方出版社 2015 年版。

[88][德]马克斯·韦伯著,阎克文译:《新教伦理与资本主义》,上海人民出版社 2018 年版。

[89][美]余英时:《中国近世宗教伦理与商人精神》,九州出版社 2014 年版。

[90][美]成中英:《C 理论 中国管理哲学》,东方出版社 2011 年版。

[91][英]雷丁(S. B. Redding)著,张遵敬等译:《海外华人企业家的管理思想——文化背景与风格》,三联书店 1993 年版。

[92][美]道格拉斯·C. 诺思著,陈郁、罗华平等译:《经济史中的结构与变迁》,三联书店上海分店 1991 年版。

[93][美]沃特曼著,康毅仁译:《IBM 变革管理 基业长青的伟大学问》,哈尔滨出版社 2004 年版。

[94][美]彼得·德鲁克著,齐若兰译:《管理的实践》,机械工业出版社 2019 年版。

[95][美]约翰·奈斯比特著,蔚文译:《亚洲大趋势》,外文出版社 1996 年版。

[96]勤学、倩天编:《中国民俗商业楹联通书》,湖南文艺出版社 1992 年版。

[97]韩凝春主编:《商道循之 中华老字号辑录》,中国经济出版社 2016 年版。

[98]黄绍筠编著:《商道流芳录:中国商业文化百例》,浙江工商大学出版社 2013 年版。

[99]濮阳华子编著:《中华商圣 12 位中国著名商人的财富传奇》,中国纺织出版社 2007 年版。

[100]鲍健强、蒋晓东:《儒商之道》,浙江人民出版社 1997 年版。

[101]袁峰编著:《儒商鼻祖子贡全传》,华中科技大学出版社 2011 年版。

[102]庞利民:《晋商与徽商》,安徽人民出版社 2018 年版。

[103]桑良至编著:《徽州儒商》,安徽师范大学出版社 2017 年版。

[104]李刚、宋娟:《大话鲁商》,陕西人民出版社 2009 年版。

[105]冯华主编:《鲁商文化与中国传统经济思想》,山东人民出版社 2010 年版。

[106]张艳玲主编:《胡雪岩的启示全集》,京华出版社 2011 年版。

[107]高阳:《胡雪岩全传》,南海出版社 1998 年版。

[108]郝忠亮、梁培卿:《马家大院》,山西经济出版社 2014 年版。

[109]许涤新、吴承明主编:《中国资本主义发展全史》(全 5 册),人民出版社 2005 年版。

[110]章开沅等主编:《中国近代民族资产阶级研究(1860—1919)》,华中师范大学出版社 2000 年版。

[111]马敏:《商人精神的嬗变——辛亥革命前后中国商人观念研究》,华中师范大学出版社 2011 年版。

[112]杜恂诚:《中国传统伦理与近代资本主义》,上海社会科学院出版社 1993 年版。

[113]汪敬虞:《近代中国资本主义的总体考察和个案辨析》,中国社会科学出版社 2004 年版。

[114]吴序光主编:《中国民族资产阶级历史命运》,天津人民出版社 1993 年版。

[115]李秀丽:《中国近代民族企业劳工问题及企业文化研究》,东北财经大学出版社 2013 年版。

[116]朱钟颐:《中国近现代儒商研究》,中国文联出版社 2003 年版。

[117]陈晓艳编著:《乱世兴国:寻找失落的儒商道德秘籍》,中国社会出版社 2012 年版。

[118]傅国涌:《大商人——影响中国的近代实业家们》,鹭江出版社 2016 年版。

[119]李正中、索玉华主编:《近代天津知名工商业》,天津人民出版社 2004 年版。

[120]唐力行:《江南儒商与江南社会》,人民出版社 2002 年版。

[121]维安雄:《灵活变通:广东人的商业精神》,广东人民出版社 2005 年版。

[122]金其桢、黄胜平等:《大生集团、荣氏集团:中国近代两大民营企业集团比较研究》,红旗出版社 2008 年版。

[123]王敦琴主编:《张謇研究精讲》,苏州大学出版社 2013 年。

[124]刘厚生:《张謇传记》,上海书店 1985 年版。

[125]卢国纪:《我的父亲卢作孚》,四川人民出版社 2003 年版。

[126]上海社会科学院经济研究所编著:《上海永安公司的产生、发展和创造》,上海人民出版社 1981 年版。

[127]秦亢宗编著:《流金岁月——上海名商百年史话(1843—1949)》,东华大学出版社 2014 年版。

[128]赵云喜编著:《知识资本家:中国知识分子面对知识经济的抉择》,中国工商联合出版社 1998 年版。

[129]华商韬略编辑委员会:《华商功勋》,经济日报出版社 2010 年版。

[130]潘亚暾、汪义生等:《儒商列传》,暨南大学出版社 1995 年版。

[131]曾禹编著:《李嘉诚:财富人生》,北京工业大学出版社 2009 年版。

[132]麦瑞台编著:《大陆台商的区域推移与海洋式儒商文化——以休闲农业为例》,科技图书股份有限公司 2007 年版。

[133]林水檺主编:《创业与护根:马来西亚华人历史与人物 儒商篇》,华社研究中心 2003 年版。

[134]桑士聪:《孔训:一个中国儒商的美国创业史》,新华出版社 2006 年版。

[135]蒋思豫主编:《中华当代儒商墨韵》,香港天马出版有限公司 2006 年版。

[136]杨团、葛道顺主编:《中国慈善发展报告(2009)》,社科文献出版社 2009 年版。

[137]孟志强等主编:《中国慈善捐助报告(2011)》,中国社会出版社 2012 年版。

[138]彭建梅主编:《2013 年度中国慈善捐助报告》,企业管理出版社 2014 年版。

[139]邓国胜主编:《公益慈善概论》,山东人民出版社 2015 年版。

[140]徐宪江编:《中国 500 强企业总裁语录》,中国法制出版社 2010 年版。

[141]王来兴编著:《中华儒商智慧全集》,新世界出版社 2009 年版。

[142]陈启智、张树骅主编:《儒商与二十一世纪》,齐鲁书社 2004 年版。

[143]苗泽华编著:《中华新儒商与传统伦理》,经济科学出版社 2018 年版。

[144]贺雄飞:《企业家护照:走近儒商时代》,广东旅游出版社 1999 年版。

[145]贺雄飞编著:《新经济与大企业家:走近儒商时代》,广东旅游出版社 2001 年版。

[146]贺雄飞:《儒商时代——中国人的第五次发财机遇》,远方出版社 1996 年版。

[147]宫达非、胡伟希主编:《儒商读本·内圣卷》,云南人民出版社 1999 年版。

[148]宫达非、胡伟希主编:《儒商读本·外王卷》,云南人民出版社 1999 年版。

[149]宫达非、胡伟希主编:《儒商读本·人物卷》,云南人民出版社 1999 年版。

[150]王晓昕、李友学主编:《传统文化与现代儒商》,贵州民族出版社 2002 年版。

[151]陈少能主编:《儒商——肩负振兴民族使命的群体》,香港天马图书有限公司 1998 年版。

[152]潘亚暾等:《儒商列传》,暨南大学出版社1995年版。

[153]廖小平主编:《现代儒商的魅力:作为现代企业灵魂的企业家文化》,海潮出版社1999年版。

[154]官阳编著:《高级商务经理手册》,中央编译出版社2004年版。

[155]呈献中主编:《儒商与和谐社会》,中央文献出版社2007年版。

[156]刘太昌、郎金秀编:《当代企业家概论》,改革出版社1992年版。

[157]危明华、王小团主编:《中国当代企业家导论》,新华出版社1988年版。

[158]吴光炳:《中国当代企业家成长研究》,陕西人民出版社1998年版。

[159]周光华:《人力资源开发与管理》,哈尔滨出版社2002年版。

[160]胡海波编著:《中国管理学案例选辑》(第2辑),浙江大学出版社2016年版。

[161]申望编著:《企业文化实务与成功案例》,民立与建设出版社2003年版。

[162]祝慧烨主编:《发现企业文化前沿地带:30家中国企业文化优秀案例》,企业管理出版社2003年版。

[163]王宪平:《新儒商日记 与开放时代谈心》,大连理工大学出版社1998年版。

[164]门洪华:《海航竞争力研究》,北京大学出版社2013年版。

[165]李毕华:《海尔识人用人管人留人全书》,海天出版社2013版。

[166]张兴龙:《张瑞敏的儒商智慧》,浙江大学出版社2011年版。

[167]姬剑晶:《万达思维:王健林的财富之道》,中国财富出版社2016年版。

[168]上官凤:《马云传:阿里巴巴掌门人成长全档案》,台海出版社2016年版。

(二)论文和文章

[169]荣宗敬:《总经理自述》,江苏无锡文史资料委员会编:《无锡文史资料》第28辑。

[170]李国伟:《荣家经营纺织和制粉企业六十年》,文史资料研究委员会编:《工商史料(1)》,文史资料出版社1980年版。

[171]刘念智:《实业家刘鸿生传略——回忆我的父亲》,文史资料出版社1982年版。

[172]徐国利:《宋明新儒学与中国传统儒商及其精神的形成》,载黎红雷主编:《企业儒学·2018》,人民出版社2019年版。

[173]汪雷:《明清时期徽商集团拓展壮大原因分析》,《学术月刊》2001年第6期。

[174]施炎平:《儒商的经济伦理及其现代意义》,《华东师范大学学报》1998年第1期。

[175]潘亚暾:《南洋儒商文化》,载世界华商经济年鉴编辑委员会编:《世界华商经济年鉴 1996—1997》,企业管理出版社1996年版。

[176]唐任伍:《论儒商精神的塑造》,载中国企业文化研究会编:《中国企业文化年鉴(2011—2012)》,吉林人民出版社2012年版。

[177]钱圣南:《论传统文化和企业文化、民族精神和企业精神的关系》,载印国有主编:《企业文化:走出管理的困境》,中国城市经济社会出版社1989年版。

[178]成中英:《创造二十一世纪的人类命运:全球化经济发展与儒学及儒商的定位》,《孔子研究》2000年第2期。

[179]张树卿:《儒、释、道的诚信观比较研究》,《东北师大学报》2004年第6期。

[180]易善秋:《儒家诚信思想的精髓与启示》,《人民论坛》2019第5期。

[181]周生春、杨缨:《历史上的儒商与儒商精神》,《中国经济史研究》2010年第4期。

[182]唐凯麟:《传统儒商精神的现代建构》,《求索》2017年第1期。

[183]唐凯麟、罗能生:《传统儒商精神与现代中国市场理性建构》,《湖南师范大学学报》1998年第1期。

[184]施炎平:《儒商精神的现代转化》,《探索与争鸣》1996年第10期。

[185]蔡伯元:《贵和思想的现代价值》,《社会科学》1994年第7期。

[186]管庆霞:《古代儒商文化中的诚信思想及现实关照》,《中国商论》2017第34期。

[187]刘玉明,马洪喜:《一次与时俱进的学术盛会——"儒学与儒商学术研讨会"侧记》,《孔子研究》2004年第5期。

[188]郭廷建:《儒家文化与企业文化建设》,《现代企业家》1990年第1期。

[189][美]道格拉斯·诺斯:《制度变迁理论纲要》,《改革》1995年第3期。

[190]马敏:《近代儒商传统及其当代意义——以张謇和经元善为中心的考察》,《华中师范大学学报》2018年第2期。

[191]周秋光:《关于近代中国慈善研究的几个问题》,《史学月刊》2009年第9期。

[192]林一民、卢太宏:《商业传播中的儒家传统与现代规范——中国"老字号"与西方品牌的文化比较》,《南昌大学学报》1999年第3期。

[193]张雄:《政治经济学批判:追求经济的"政治和哲学实现"》,《中国社会科学》2015年第1期。

[194]张雄、季小江:《中国企业家精神现象问题的哲学透视》,《哲学动态》2007年第3期。

[195]张雄:《从经济哲学看市场精神》,《光明日报》2019年5月13日。

[196]茅忠群:《企业管理的儒道之间》,《国学》2013年第8期。

[197]杨渊:《大道归仁——安踏之道的中国文化式解读》,《首席人才官商业与管理评论》2019年第1期。

[198]张筝、朱丽:《解密华为的传统哲学价值》,《佛山科学技术学院学报(社会科学版)》2014年2期。

[199]仇学琴、宋笑宇:《马云太极管理理念及实践研究》,《现代管理》2017年第6期。

后　记

　　笔者荣幸能参加著名经济哲学专家、上海财经大学人文学院原院长张雄教授主编"匡时·企业家儒商精神读本系列"的编写。这本《儒商优秀文化案例》是该系列教材中的一本。2018年5月,笔者开始设计该教材的写作大纲,大纲几经修改,张雄教授提出了宝贵的修改意见。2019年暑假,开始着手收集写作资料。同时,张雄教授又让刚毕业来人文学院哲学系工作的复旦大学哲学博士刘旻娇与笔者合作编撰此教材,增强了写作的力量。教材编写历时近两年时间,终于完成。在此,对张雄教授的提携和信任表示衷心感谢!同时,对合作者刘旻娇博士的全力合作也表示感谢!

　　商业或企业文化案例著述和教材的撰写在国内外已经成为商业或企业文化研究和教学的重要组成部分。其中,最有影响的当属美国哈佛商学院编写的《哈佛MBA案例》系列教材。受此影响,国内学者编写的企业文化和管理,特别是中国企业文化和管理之类的案例著述和教材如雨后春笋般涌出,数量多达四五十部。遗憾的是,专门的儒商文化案例著述和教材却是空白。目前,儒商和儒商文化的研究虽然成果丰硕,不乏中国商业和企业文化案例之类的,却没有一部明确地、系统地以儒商文化为案例的著述和教材。因此,撰写这样一本著述和教材对于儒商文化研究和教学来说是十分必要和有意义的,同时,对中国当代企业文化研究和教学来说也颇有助益。

　　本教材的撰写将历史方法与理论分析相结合作为写作和叙述的基本方法,这不仅体现在全书整体框架的设计中,而且体现在每章的章节设计和写作中。第一章作为引论,系统和简要地考察了儒商和儒商文化的形成发展历程,分析了儒商文化的内涵与当代儒商文化的建构问题。第二章至第八章则按照儒家思想与儒商文化的内在逻辑结构,将儒商文化七个方面的基本精神和内容做了历史的叙述和理论的诠释。同时,每章精选能够充分反映和展现该方面儒商文化精神的 10 个经典案例。在写作方法上,以案例的史事呈现和义理言说为主;案例内容大体占每章篇幅的 2/3,以充分体现本教材的"儒商文化案例"特色。

目前,儒商文化和中国企业文化研究成果丰硕,为本教材编撰提供了丰富的文献资料和有益启示。本教材的编撰对许多研究著述和文章多有借鉴和引用。对此,每章的注释、参考文献、案例后的资料来源和全书最后所列参考文献分别予以标列和说明。考虑教材编撰的体例和表述,有些参考著述和文献未能像学术专著的引用那样详尽标出,特此说明。在此,对于本教材编撰中所引用著述和文献的作者表示衷心感谢!

本教材的第一章、第二章、第三章、第七章、第八章,以及全书的"参考文献",由笔者撰写。第四章、第五章和第六章,由刘旻娇副教授撰写。全书由笔者起草写作大纲并完成统稿工作。笔者此前从事过儒学,特别是宋明理学和明清儒贾观、明清儒商及徽商的研究,刘旻娇副教授系复旦大学哲学系中国哲学博士,这为我们撰写本教材打下了良好的基础。但是,从事一种与专业学术研究方向不尽相同和写作形式相异的文化案例类教材的撰写,对我们来说仍是一种挑战,整个编撰过程也是一个学习的过程。因此,本教材的撰写肯定存在诸多不足和缺点,还望学界前辈和同仁不吝批评指正,以使我们能在将来的修订中加以完善。

我的哲学博士生马天元认真校对了全书文稿,对此表示感谢!由于新冠疫情等原因,书稿出版延迟一年多,现今终于得以出版,感谢上海财经大学出版社及编辑为此付出的大量辛勤工作!

徐国利

2023 年 1 月

于上海财经大学同新楼